图书馆：
教育创新·资源建设
—— 2013年职教院校图书馆征文论文集

TUSHUGUAN
JIAOYU CHUANGXIN
ZIYUAN JIANSHE

主编／柳金发　熊承刚

电子科技大学出版社

图书在版编目（CIP）数据

图书馆：教育创新·资源建设：2013年职教院校图书馆征文论文集 / 柳金发，熊承刚主编. — 成都：电子科技大学出版社，2014.6（2025.7重印）

ISBN 978-7-5647-2403-0

Ⅰ. ①图… Ⅱ. ①柳… ②熊… Ⅲ. ①高等职业教育－技术学校－院校图书馆－图书馆工作－文集 Ⅳ. ①G258.6-53

中国版本图书馆CIP数据核字（2014）第095215号

图书馆：教育创新·资源建设
——2013年职教院校图书馆征文论文集

主编　柳金发　熊承刚

出　　版：	电子科技大学出版社（成都市一环路东一段159号电子信息产业大厦　邮编：610051）
策划编辑：	李述娜
责任编辑：	李述娜
主　　页：	www.uestcp.com.cn
电子邮箱：	uestcp@uestcp.com.cn
发　　行：	新华书店经销
印　　刷：	三河市天润建兴印务有限公司
成品尺寸：	185mm×260mm　　印张　20.5　　字数　460千字
版　　次：	2014年6月第一版
印　　次：	2025年7月第三次印刷
书　　号：	ISBN 978-7-5647-2403-0
定　　价：	78.00元

■　版权所有　侵权必究　■

◆　本社发行部电话：028-83202463；本社邮购电话：028-83201495。
◆　本书如有缺页、破损、装订错误，请寄回印刷厂调换。

2013年图书馆"资源建设与共享及服务创新"征文论文评审委员会

主任：熊承刚（武汉船舶职业技术学院图书馆）

委员：邱惠芳（武汉铁路职业技术学院图书馆）

张占华（湖北职业技术学院图书馆）

陈祖洪（湖北生物科技职业学院图书馆）

杨　飑（咸宁职业技术学院图书馆）

尹志清（武汉船舶职业技术学院图书馆）

2013年图书馆"资源建设与共享及服务创新"征文论文集组委会

主编：柳金发　熊承刚

编委：邱惠芳　张占华　陈祖洪　杨　飑　朱　沙　段茂盛

袁黎明　尹志清　黄　强　韩　玲　刘丽霞

编者寄语

图书馆是重要的文化设施，是弘扬优秀民族文化、建设新文化的社会组织，对提高全民文化素质、促进人的全面发展具有独特的功能和作用。目前，我国高职院校已占据高等教育半壁江山，图书馆作为高职院校的文献信息中心，在职业教育中的作用也日益明显。近年来，许多高职院校图书馆在新馆建设和馆藏建设上加大投入，在管理与服务上不断创新，取得了一定的成效。湖北高职院校图书馆在适应新时期职业教育发展、满足学校的建设和发展的同时，与时俱进，不断在管理与服务上进行了有益的探索，并取得了丰硕成果。

2013年，湖北省职教院校图书馆协作委员会以"图书馆资源建设与共享及图书馆服务创新"为主题开展征文活动，旨在应用新思想和新技术来改善和变革现有的服务流程和服务项目，加强合作与交流，提高现有的服务质量、服务水平和服务效率，有效促进图书馆工作。自征文通知发布以来，广大职教院校图书馆员踊跃投稿，截至2013年9月30日，共计收到29所职教院校图书馆的论文。

本论文集所收录的71篇论文，专家经过初评、复审、终评等严格的评审程序甄选出来的。这些论文既有对实际工作的经验总结、思考感悟，又有专业领域的理论研究，对图书馆工作具有指导意义。

在贯彻科学发展观这个大背景下，"以人为本"的教育观带给了职业教育新的使命，图书馆工作更需要不断创新发展，为广大职教院校图书馆员提供丰富的思想沃土和创作源泉。此次论文结集出版，是湖北省职教院校图书馆协作委员会的一项丰硕成果，将进一步促进各成员馆加强学习和交流。希望职教院校图书馆诸位同仁继往开来，不断进取耕耘，提高服务水平，提升服务效能。

由于时间、精力有限，不足之处期望得到广大同行、专家学者的指正与引导。

编　者
2013年12月

目 录

Web2.0 在高校图书馆个性化信息服务的应用	尹志清	1
"大思政"视角下高校图书馆思政教育职能与开发途径探索	刘家芬	4
大学生读者期刊阅读倾向分析与阅读指导	唐 莉	10
对高职院校图书馆采访工作的几点建议	崔桂萍	15
对搞好高职院校图书馆信息资源共享和服务创新的思考	谭 理	19
泛在图书馆特征浅析	沈小玉	24
高似孙辨伪方法探析	童子希	28
高校电子阅览室读者骤减的原因分析及对策	张 昱	33
高校图书馆创新服务过程中的问题浅析	司苗苗	37
高校图书馆流通管理的现状及对策	汪 琴	41
高校图书馆图书采访工作中的问题与对策	王铁莺	46
高职高专图书馆服务质量提升探究	叶晓红	50
高职图书馆馆藏文献资源质量评价——以武汉软件工程职业学院图书馆为例	王林琳	53
浅谈高职院校图书馆服务创新	孙 菲	61
高职院校图书馆服务存在的问题及对策探讨	邱惠芳	65
高职院校图书馆服务职能缺失与对策研究	毛兰兰	69
高职院校图书馆为地方服务探讨	汪 婷	73
高职院校图书馆学生读者阅读心理分析	毛阔龙 童子希	79
高职院校图书馆资源共建共享的几点思考	潘 隽	84
高职院校图书馆资源宣传浅议	李洪波	88
高职院校文献信息资源建设的思考	邵晓红	92
高职院校信息化建设中的问题与建议	张占华 张斯婷	96
高职院校样本书库存在的问题与解决对策	宁银鹤	100
关于职校图书馆服务创新的探讨	肖 琳	103
高职院校图书馆开架阅览的管理与服务	罗先红	108
发挥高职院校图书馆的职能	任祥萍	110
基于文献计量的武汉地区高职院校科研能力评价	王林琳	112
简论高校图书馆细节服务的探索与提升	赵仙娟	119
立体阅读——激发高校读者阅读热情的金钥匙	刘 军	123
浅谈图书馆核心价值构建	负爱琴	127
浅谈网络环境下高校图书馆采编工作	罗慧芳	132
浅谈职业技术学院图书馆服务创新	熊爱梅	135
浅析高职院校图书馆服务创新	曾晓芳	139
浅谈知识经济时代图书馆的服务创新	潘 洁	142
浅议高职院校图书馆服务与创新	阮 静	146
浅议职业学校教材建设与管理工作	梅新林	150

标题	作者	页码
全民阅读世界史，以古喻今启来者	张守慧	154
升本形势下图书采访工作浅析——以郧阳师专图书馆为例	徐吉平	159
试论高职高专图书馆人性化建设的思考	胡磊	163
试论高职图书馆核心竞争力	熊学彬	167
浅谈关于高校图书馆计算机网络的管理措施	汤梅	171
数字图书馆馆员论——人力资本、知识导航员	田川	175
数字图书馆中的社会网络服务（SNS）	刘媛	181
谈高校图书馆如何做好读者服务工作	周桂林	186
探讨高校图书馆与读者的沟通	余国军	189
提高纸质图书流通量的思路创新及实践探索	周保银	193
图书馆管理与服务新探——湖北职业技术学院图书馆管理服务案例	张占华 张朋义	197
图书馆建设的服务创新	罗煌	202
图书馆是中职学生人文素质培养的重要平台	李东华 黄星	206
图书馆资源建设与共享	张子君	213
图书借阅管理系统需求分析	彭治容	217
围绕品牌专业建设 进一步优化馆藏结构	曹秋萍	222
高职院校图书馆文献管理集成系统简介及检索应用——以长江工程职业技术学院图书馆为例	杨成芸	226
武当文献服务武当文化旅游的深度思考	胡遂生	233
武汉职院数字图书资源使用现状与建设对策分析——以武汉职业技术学院图书馆为例	曾宪萍	238
高职院校图书馆开展人文素质教育的研究与实践——以武汉职业技术学院图书馆为例	柳金发	244
高职院校图书馆资源建设的现状与对策浅析——以武汉职业技术学院图书馆为例	杜丽馨	249
高职院校图书馆开展学生职业素质教育的探索	韩玲	253
关于高职院校图书馆馆藏资源建设的若干思考	李其港	257
数字时代高职院校图书馆服务方式的转变与人力资源配置研究——以武汉职业技术学院图书馆为例	唐丽聪	262
"校企合作"模式下高职院校图书馆工作探析	杨太秀	267
新媒体时代智慧馆员的素质结构及培养	张燕	273
新时期高职院校图书馆馆藏资源建设的思考	叶绒丽	278
信息检索课实践探索——以咸宁职业技术学院图书馆为例	姜斓	282
移动网络时代的图书馆移动服务	陶波	285
用学科服务创知识服务品牌——以上海交通大学图书馆和丹东市图书馆为例	宁浩	291
云时代下图书馆"云"服务	周云锋 袁黎明	296
职业学校图书馆与校园文化建设	黄先玲	302
中等职业学校图书馆服务创新之我见	黄先玲	306
筑"中国职业教育梦"：建设和谐高职图书馆	万清安	310
改进的TOPSIS方法在图书供应商评价中的应用	高翠英	316

Web2.0 在高校图书馆个性化信息服务的应用

尹志清

(武汉船舶职业技术学院图书信息中心 湖北武汉 430050)

摘要 本文从Web2.0的含义、高校图书馆用户个性化信息服务的特点和Web2.0技术在高校图书馆个性化服务中的应用等三个方面进行论述基于Web2.0的高校图书馆个性化信息服务。

关键词 Web2.0 高校图书馆 个性化 信息服务

随着现代信息技术的迅速发展,传统的高校图书馆信息服务已不能满足新时期用户的信息需求,高校图书馆信息服务以"图书馆为中心"向以"用户为中心"转变。Web2.0的出现,为高校图书馆个性化服务提供了新的发展机遇。高校图书馆作为一个为教学科研服务的文献信息中心,利用 Web2.0 技术为用户提供个性化服务具有重要意义。

一、Web2.0 的含义

Web2.0 的概念自 2004 年产生以来,目前已成为 Internet 上的关注点。许多科研人员对 Web2.0 开始进行研究和应用,特别是高校图书馆对 Web2.0 的关注度持续提升,且许多高校图书馆开始在个性化信息服务中应用 Web2.0 技术。但目前 Web2.0 的相关定义很多,还未有统一的定义。本文采用中国互联网协会对 Web2.0 的定义:Web2.0 是互联网的一次理念和思想体系的升级换代,由原来的自上而下的少数资源控制者集中控制主导的互联网体系转变为自上而下的由广大用户集体智慧和力量主导的互联网体系。Web2.0 作为新一代互联网应用技术,体现了与用户的交互作用,以个性化、交互性、开放性、参与性、及时性为特征,提供个性化的、开放的信息服务。Web2.0 对于高校图书馆而言,既是机遇又是挑战,高校图书馆应主动去研究和应用 Web2.0 技术,以满足用户多元的信息需求。

二、高校图书馆个性化信息服务的特点

(一) 以用户为中心

高校图书馆的用户具有多样性,有教师、学生和科研人员等。针对不同的用户,高校图书馆以用户为中心,采用个性化服务的方法,为用户提供个性化信息。

(二) 主动性服务

高校用户的教学科研活动决定了他们需要广泛、迅速地获取各种信息资源,及时掌

握教学科研的成果和动态,因此他们需要图书馆主动收集用户可能感兴趣的信息,满足用户的个性化信息需求。

(三)新技术的运用

高校图书馆向现代化发展的过程中,需要在原有的服务基础上去开拓新的服务形式,这就需要不断利用新技术(如 Web2.0)来支撑强大的信息源和个性化的服务手段,以实现信息服务方式和服务内容的创新。

三、Web2.0 技术在高校图书馆个性化服务中的应用

(一)Blog

Blog(Web log)即博客,是以网络为载体,发布个人心得的一种互联网信息发布工具,能给参与的用户提供网页。Blog撰写日记的方式与传统信息平台不同,它具有共享性、开放性、交互性,是集知识的生产者、消费者、传播者和管理者于一体的新的传播模式。Blog是一种能展示个性的综合平台,因此个性化是Blog最重要的特色。高校图书馆可应用Blog技术建立学科Blog,为学科服务。学科Blog可为一些学科建立常用资源(课件、视频、习题集等)的链接和介绍。Blog技术的应用改变了传统的信息服务模式,通过Blog这个思想与信息交流的平台,更有利于建立图书馆与用户之间、用户与用户之间的联系。如清华大学、上海交通大学、上海大学的图书馆就建立了一些学科博客。同时,书目导读是图书馆信息服务的传统内容之一,高校图书馆可以根据不同的专业提供专门的书目Blog向读者推荐书目,并通过互动及时了解用户需求。并且,图书馆也可应用Blog向用户介绍电子资源和利用信息,通过Blog解答用户在使用过程中遇到的问题,了解用户的需求,提升信息服务的质量和水平。

(二)RSS

RSS(Really Simple Syndication)即简易信息聚合,是一种集信息聚合、订阅、发布、推送、共享的技术,Internet上有许多网站利用RSS技术来向用户推送信息。传统的图书馆信息推送服务是采用E-mail的信息推送方式,向用户提供需求信息,效果并不理想。在现代信息技术的支持下,在图书馆网站中应用RSS技术,采用即时更新模式,用于开放时间变更、新闻报道、新购图书、书目推荐、电子资源推介、讲座、读者活动、开办的新服务、借阅图书的催还、到期提醒、图书超期等,让用户及时地了解和获取图书馆的更新信息,提高图书馆网站的关注度和资源的利用率。目前,武汉理工大学、厦门大学等图书馆已开展RSS聚合和推送服务,使用户能及时了解更新信息。

(三)Wiki

Wiki 是一种超文本系统,Wiki 站点可以支持多人(其至任何访问者)维护,每个人都可以发表意见,或对共同主题进行扩展或探讨。Wiki 站点上用户可以对 Wiki 的内容进行浏览、创建、发布、修改,或对某些主题进行研究探讨,适合团队协作的写作方式。Wiki 是用户互动的重要工具,高校图书馆通过构建共享知识库和课题研究平台,发挥为用户提供个性化服务的重要作用。高校图书馆通过 Wiki 创建学科知识平台,聚合相关学

科价值信息，形成相关词条，从而建成学科的共享知识库。另外，高校图书馆利用 Wiki 创建课题研究交互式平台，馆员和课题组成员通过交流互动，把课题组所需的相关课题信息检索出来。目前上海大学、厦门大学、东北林业大学的图书馆就利用 Wiki 开展了一些个性化服务。

（四）Tag

Tag 即标签，是一种由用户为发布的信息创建关键字，方便用户查找的分类方式。用户可以为发布的内容、图片、网页，根据自己的喜好，添加一个或多个标签。标签就像图书馆业务中的主体标引。通过标签的创建共享，用户可以查找与标签相关的所需信息，加强用户之间的多种联系和沟通。高校图书馆可以在一些自动化集成管理系统中设置相关标签，便于用户进行查找和浏览相关书目信息，强调用户参与、共享和互动。如湖北大学图书馆在汇文自动化集成管理系统"馆藏书目简单检索"中采用"热门检索"，就是一种典型的标签使用。

（五）IM

IM（Instant Messenger）即即时通信，是一种即时、方便、快捷的网络交流工具，可以通过文字、语音、视频、远程协助等方式进行交流互动。目前腾讯 QQ 是 Internet 上用户使用频率最高的即时通信软件，而 IM 软件则主要应用在高校图书馆的虚拟参考咨询服务上。许多高校图书馆已使用了这种方便快捷的方式为用户提供个性化的信息服务，为数字参考咨询提供了一个馆员与用户之间的实时交流平台。如利用 QQ 开展信息交流，实施用户答疑、传送数字资源、远程协助、读者调查、技术交流等服务，既能较好地与用户进行交流互动，也更有利于问题的及时反馈和解决，提高图书馆的参考咨询服务效率，真正使"以用户为中心"的服务得以贯彻执行。

（六）OPAC

OPAC（Online Public Access Catalogue）即联机公共检索目录，主要是为了检索馆藏书目。OPAC 是 Web2.0 技术在高校图书馆个性化服务中的重要应用之一，国内一些自动化集成管理系统OPAC检索中采用的"我的图书馆"（My Library）就是典型。"我的图书馆"中的系统登录、书目检索、个人借阅情况、借阅历史、借还提醒、标签、图书评论等是 Web2.0 的一些基本应用功能。

参考文献

[1] 王真. Web2.0环境下高职院校图书馆服务模式研究. 管理科学，2011（3）：96.

[2] 王春霞. Web2.0环境下高校图书馆个性化信息服务初探. 科技情报开发与经济，2010（7）：17.

[3] 果青，张莉，宁婉. Web2.0环境下图书馆信息服务创新探究. 科技情报开发与经济，2009（14）：9.

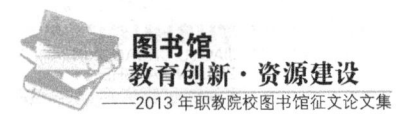

"大思政"视角下高校图书馆思政教育职能与开发途径探索

刘家芬

（三峡电力职业学院图书馆　湖北宜昌　443000）

摘要　"大思政"视角下的高职院校图书馆在学生的思想政治教育中有着不可替代的地位和作用，以其独特的资源育人、环境育人、网络育人和文化育人的优势发挥着不可替代的作用。其思政教育功能更体现在由教育主体主动参与并与主体的自我教育与提高为目标的与阅读为中心的实践活动中。

关键词　"大思政"　图书馆　思政　教育职能　开发

作为贯彻落实中发[2004]16号文件和"05"方案的精神，推进高校思政工作改革实践的产物，基于"大思政"教育观构建的"大思政"教育模式，已经被越来越多的人所认同，被越来越多的学校所采纳。这一模式的具体体现就是全员育人，全过程育人，全方位育人，其实质就是围绕每一个学生的全部，零缝隙地对接到每一个学生的生活的每一个方面，使学生从接触到的每一个环境、每一个个体、每一项活动中都能感受到浓浓的教育氛围，潜移默化地受到教育。

图书馆作为大学生活动的重要场所，大学生成才的必经之地，自然是"三全育人"的重要环节和重要场所，也决定了它在大学生思想政治教育中有着不可替代的重要地位和作用。

一、图书馆在思政教育中的地位和作用

（一）以资源优势为思政教育提供必要的物质条件

图书馆是一个专门收集、整理、保存、传播文献并提供利用的科学、文化、教育和科研机构。文献是图书馆开展一切工作的物质基础，也是图书馆开展思想政治教育的基础。

图书馆拥有丰富的藏书优势是学校任何一个部门所无可比拟的，是大学生取之不尽、用之不竭的精神财富。它收藏着各学科的图书情报资料，表现在思想政治教育方面，有马列主义经典著作，毛泽东等领袖的选集文选，党的路线方针政策的文献及辅导书籍、政治理论读物；有高品位的文艺作品、文学名著和杰出人物传记；还有经过整理和注释的与思想政治教育相关的哲学、伦理、法律、经济、文化、教育、历史等领域的书刊。图书馆特别地将爱国主义教育、道德品质教育、优秀传统教育、青年励志修养等有关思

想政治教育类的文献以专架形式展出，向学生推荐文献和阅读资料。学生无论是在馆内还是馆外阅读学习，都能从中受到教育和启迪，实现自我教育。

（二）以环境优势为思政教育提供良好的外部所场所

中发[2004]16号文件明确指出，思政课堂是大学生思政教育的第一课堂，而图书馆则是大学生思政教育的第二课堂。在第一课堂里，大学生坐在教室里，由教师"耳提面命"进行传道、授业、解惑，这是一种被动式的学习，不利于个性化的发展，更不利于所学知识的实践应用，而在图书馆里，宽敞、舒适、自由的环境使学习的心情舒畅，同时高雅的文化环境和文明的服务还对培养大学生的良好素质起着潜移默化的作用与效果，使他们在不知不觉中领悟人生的真谛、约束自己的行为、发挥完善自我和提高自身素质的主观能动性，使其终生受益无穷。对于大学生来说，这种无形的教育比有形的教育更容易接受，这种配合教育有时比课堂教育更有效。

图书馆作为大学生课外活动的主要场所，本身就是最好的潜在课堂，是实施大学生思政教育不可缺少的文化阵地，它以其丰富的馆藏为基础开展的各种文献信息服务活动，均与育人工作有着密切的联系，都渗透着育人的内容，产生着育人的效应。图书馆的教育不受时空与内容的限制，大学生可以通过不断地利用图书馆，随时随地接受教育，因而图书馆也被誉为"没有围墙的大学"。

（三）以文化优势为思政教育提供积极的精神氛围

高校图书馆都有着自己的独特图书馆文化，不论是从环境的布置、资源的收藏，还是从制度的建设、服务的周到与人性化来说，高校图书馆都凝聚形成了自己独特的文化环境和精神氛围。这种独特图书馆文化对大学生具有导向、教育、凝聚、激励等功能，它可以在潜移默化中感染学生的情绪，陶冶学生的情操，塑造学生的心灵，引起学生的共鸣，进而使学生形成一种内在的驱动力。因此，这种教育方式与教书育人、管理育人相比具有独特的优势。学校教育及其课堂教学是面对面地传授知识，教师是主动的传道者，学生是被动的接受者，学生的主体作用往往被教师所掩盖，从而限制了学生主观能动性的发挥。而图书馆的教育方式是开放性的，以其丰富的知识资源及人文精神为指导，为处于主导和主动地位的学生提供服务，促进人与知识的有机结合，并内化为学生的素质能力，寓教育于服务。这种开放性的教育方式，充分尊重了学生的兴趣爱好、自身特长，以及对阅读对象和阅读方式的选择自由，学生的主体意识和主动精神得到充分发挥，保证了他们个性发展的多样化。另一方面，学生在图书馆的学习活动，不是靠外在压力所维持的被动接受过程，而是靠内在需求所维持的主动吸收过程，学生既能获得足够的知识，又能拥有充分的认知体验机会，从而保证了教育的成效性，更有利于学生综合素质的全面提高。

二、如何开发图书馆的思政教育功能

（一）开发思政教育功能的目标

古希腊哲学家普罗泰戈拉说过："人是万物的尺度。"对于教育而言，人是教育的出发点，也是教育的终极归宿，教育要取得实效，受教育者是根本，教育者则是关键，只有抓住了关键，才能触及根本。思想政治教育其本质是做人的工作，其宗旨、功能、目标、内容乃至方法都应该围绕关心人和塑造人来进行。因此，图书馆开发思政教育功能的目标就是促进大学生的全面发展，具体来说，就是要按照"以科学的理论武装人，以正确的舆论引导人，以高尚的精神塑造人，以优秀的作品鼓舞人"的要求，促进人的全面发展和社会的全面进步。

（二）开发思政教育功能的途径

思想政治教育得到最终实现的途径是受教育者的自我教育，也就是说思想政治教育的主体一定是有着丰富个性的年轻大学生，教育能否发挥作用，取决于主体的认知、体验、反省、内华的深度。从这个角度看，图书馆在大学生思想政治教育中的功能应该分两个层面，一个层面是为大学生的自我教育、自我提升提供更多平台，重在大学生的自我参与，是大学生的自我教育、自我感悟与自我展示；另一个层面是为大学生提供资源、环境和服务，重在为大学生的自我教育提供外在条件。从这个层面看，图书馆功能的开发主要集中在以下三个方面。

1. 知识组织方面

在传统的知识组织方面，为学生收集整理更多符合他们需要的和兴趣的各种资源，并以他们感兴趣的方式呈现，以吸引他们更多地到图书馆来阅读和思考。

在这方面，三峡电力职业学院图书馆做了以下尝试：一是根据学校地域与行业特色，建设了三峡工程特色资料室，收集了三峡工程建设的相关资源，以图片展览、视频播放等方式集中呈现，吸引了更多的学生去了解、认识伟大的三峡工程，从而使其增强对自己专业的自信心和自豪感；二是开辟了图书荐购平台，定期收集读者推荐的好书，按照学生的兴趣和爱好采购图书；三是开辟了新书阅览架，定期将新书推荐给读者。

2. 服务理念方面

改变服务手段，提升服务层次，为学生的自我教育提供更多更好的服务。

一方面，加强导读工作，不断丰富导读内容，提高导读质量。提高学生的思想道德素质，引导学生读好书是图书资料工作很重要的一个目的。图书管理者应注意社会思潮动向，把握学生心理状态，及时给学生推荐优秀书刊，正确引导学生阅读社会进步主流中健康向上的书刊。图书馆工作者应精心做好导读工作，向学生推荐思想性强、既开阔视野又能帮助他们提高思想修养的图书，同时与班级任课教师密切配合，共同磋商，开列出书目。这样，在学生中形成良好的口碑，使得他们纷纷主动到图书馆借阅这些健康有益的图书。

另一方面，充分利用图书馆现代化的网络管理特点，开辟交流与教育的新平台。

网络对青年学生的影响非常深刻，要充分利用图书馆的软硬件设施，利用网络所创造的机遇和提供的条件，对大学生进行思想政治教育，以适应其发展的需要。在重视传统服务的前提下，注重开发网上服务项目，完善服务功能；设立网上读者意见箱，及时了解、解决读者利用图书馆设施时遇到的问题，开展一些个性化的服务，开展形式多样的用户教育，开展以现代信息技术为基础的信息咨询服务，在服务过程中有的放矢，主动发现问题，以自身良好的形象和优质的服务影响和教育读者。

3. 教育环境方面

营造良好的、人文气息浓厚的图书馆环境，对大学生进行潜移默化的教育。

一是在自然环境方面，三峡电力职业学院图书馆是学院的心脏，处于学校最便利的中心位置，是学校最漂亮的建筑。馆外绿树成荫，馆内宽敞、明亮、干净、整洁，给人以赏心悦目的感觉，从而使全体学生更加向往图书馆，并使图书馆的神圣感倍增。

二是在人文环境方面，三峡电力职业学院营造了良好的育人环境。进图书馆的玻璃门上贴着"三峡电力职业学院图书馆欢迎你"的标语，大厅有导引图，墙上张贴着图书馆的规章制度，在适当位置张贴着名人名言、科学家画像；在阅览桌和书架上，放着许多温馨提示牌，整体布置庄重严肃、宁静典雅；服务台旁设置花槽花卉，书库内书架排列整齐、图书排列有序、环境整洁幽雅。学生置身其中，既能陶冶情操，提高审美能力，又能受到潜移默化的思想品德教育。

三是在人本环境方面，三峡电力职业学院营造了和谐管理的人本环境，以学生为本，读者至上，尊重人，关心人，爱护人。在馆内倡导"五心"服务模式，本着一切为了读者，用诚心去感动读者、用爱心去关爱读者、用热心去帮助读者、用细心去观察读者、用耐心去打动读者。在工作中与读者之间宽容相待、和睦相处，真诚地给予读者帮助。服务工作做到位了，不和谐因素消除了，馆读之间的信任与支持就会油然而生，图书馆的工作就会得到读者的理解与认可。同时，馆员通过不定期的服务素养培训，不断拓宽工作思路，营造高质量的人文环境，开展细致周到的特色服务，树立图书馆特色的服务品牌，以此吸引更多读者。

其实，在"大思政"视角下的图书馆的思政教育功能的开发更应该集中在学生的自我教育的实践活动中。三峡电力职业学院图书馆在学院的"大思政"体系下，坚持"以阅读为中心，以活动为载体，以自我教育和互为教育为手段，以提升品德和素养为目的"的活动开发原则，不断探索，尝试着在以下方面开拓着图书馆的思政教育功能：

（1）组织丰富多样的阅读活动，让主体参与到活动中来，感受阅读的美妙，在阅读的自省与反思中，实现教育主体的自我教育。

阅读本身就是一种提升，一种发展和一种自我教育。培根在《论学习》中就曾道出了阅读的精辟："读史使人明智，读诗使人灵秀，科学使人深刻，伦理使人庄重，逻辑使人善辩，凡有所学，皆成性格。"

在图书馆宽敞明亮的阅览室、大厅或书吧里，倚着斜阳，抚着清风，品着咖啡或茗茶，捧一本好书，与书中人物同呼吸共命运，与作者对话，与历史相谈，在诗歌中吟唱，在哲学中反思，感受文化，感受心灵，提升品位……这是一幅多么美好的画面！这是一种多么惬意的享受！

为使更多的学生参与到阅读活动中，我们开展"每周阅读一本书"的班级阅读活动；与各学院党总支部联合组织党员阅读活动；定期不定期组织阅读报告会，"书香伴我行"读书征文等各种活动，组织学生走进图书馆，感受阅读的快乐。

（2）定期组织读者沙龙，为学生进行阅读交流和思想碰撞提供一个生动活泼的交流平台，让学生在交流与碰撞中实现互为教育。

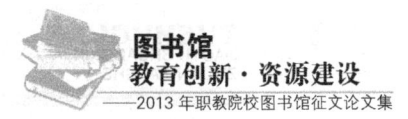

阅读是美好的，也是快乐的，但有时也是痛苦的，因为阅读过程中会产生许多思想和火花，渴望与人分享或碰撞，正是基于这种需要，三峡电力职业学院图书馆依托读者协会，开辟了读者沙龙，每周组织基于阅读基础上的思想交流活动，活动的形式不拘一格，主题自由，只要有兴趣，都能来参加，只要想说的都能来说，可以谈自己读某一本书或阅读某一篇文章的体会和看法，也可以针对别人的观点进行批评。总之，沙龙上无禁忌，有深入的讨论，有张扬的批评，有自我陶醉式的介绍。在这种民主、平等的氛围中，反思、碰撞、教育与自我教育不知不觉中就完成了。在这里，没有强行灌输，没有必须完成的作业，没有被迫的压力，有的只是"我要学，我要说，我想说"的冲动。

（3）定期组织基于阅读基础的大学生讲坛，为大学生展示自我，也为展示阅读思考的成果提供一个展示平台，在大学生的自我展示与讲学论道中实现自我教育与互为教育。

所谓专家，就是专注地做某一件事情，研究某一方面的东西，时间长且占有的资料多，思考得比其他人深。其实，学生中也有对某些东西特别感兴趣的人，他们不自觉地在某些方面涉猎得多，阅读的书籍多，占用的材料多，思考的深度和广度比一般人都大，从某种角度上看，他们也是专家。还有一些人在阅读中不知不觉对某些东西感兴趣了，阅读也多了，思考得也渐渐深刻了，这时候他们最希望能有一个平台让他们去展示。为此，我们图书馆依托国学社，与三峡大学等宜昌高校合作举办了"大学生讲坛"，为这些学生提供交流平台。这个平台主题不限，形式不拘，主讲人采取自愿申报审批的方式选拔，内容必须是健康高尚的。这样的讲坛，对主讲大学生来说是一种考验和一种展示，对听讲座的大学生来说是一种教育，更是一种希望和信心。因为，讲坛不再只是专家、教授、老师的专用了，青年大学生们只要有阅读、有思想、有研究，一样也有属于他们的天地。这样的教育绝不是课堂上一板一眼的教学能得到的。

（4）提供实践的场所，并在管理过程中熏陶和影响大学生，让他们在劳动和管理中实现自我教育。

高校图书馆每年都安排勤工助学学生、劳动值周学生来馆内帮忙，一方面是利用丰富的大学生人力资源，缓解日常繁重的工作压力，另一方面也给大学生提供了锻炼的机会，给他们的实践活动提供实践的场所。他们既是协管人员，又是大学生读者。这是对大学生进行正面教育的机会，高校图书馆要重视这个机会，利用这个机会加强思想政治教育，将大学生在图书馆的工作视为一项促进成长、发展素质的活动。通过对他们的引导教育和管理，使他们在思想素质、文化素质和工作能力上得到发展和提高，充分发挥高校图书馆服务育人、管理育人的优势。我校图书馆一直都很注重这项工作，根据学生的具体情况，安排他们在书架、阅览室上岗，传授他们图书馆理论知识和工作技能，安排他们进行图书上架、库内巡架、出纳台服务、打扫卫生等工作。在图书馆里，他们切身体会到看似简单的工作背后需要付出多少复杂的劳动，深切感悟到平凡的岗位更需要默默奉献的高尚情操，他们不仅学会了技能，更学会了做人，自觉提高了道德意识。他们生活在大学生群体中间，将会形成一股强大的道德力量灌输到群体之中，形成道德风气，这也是加强和改进大学生思想政治教育的主要任务之一。

参考文献

[1] 林美钦. 浅析高校图书馆在大学生思想政治教育中的作用. 科技情报开发与经济, 2005, 15 (18): 80.

[2] 吴江文, 杨树雨. 高校图书馆在大学生政治思想教育中的地位与作用. 高校图书馆工作, 2002, 22 (3): 64.

[3] 王一飞. 浅谈新时期高校图书馆的隐性思想政治教育职能. 中国科技信息, 2012 (22): 206.

大学生读者期刊阅读倾向分析与阅读指导

唐 莉

（湖北交通职业技术学院图书馆　湖北武汉　430079）

摘要　本文从学院图书馆期刊阅览室近年的借阅情况简要地分析了本阅览室大学生读者的阅读兴趣、阅读倾向和阅读指导方法，分析了各类期刊的读者群及读者的阅读特点，以便进一步改善优化图书馆的藏刊结构，丰富馆藏文献资源，从而更好地服务读者。

关键词　期刊　借阅分析　阅读倾向　阅读指导

期刊作为文献的一种载体，具有出版周期短、迅速反应学科最新动态、内容广泛、形式活泼、传播快、情报量大等特点。因此，期刊一直是图书馆收藏的重点，深受广大读者的青睐。

在高校图书馆中，期刊阅览室经常座无虚席，成为图书馆读者最集中、开放时间最长、借阅率最高的窗口之一。期刊阅览室的绝大多数读者是大学生。他们思维活跃、兴趣爱好广泛、求知欲强、接受新鲜事物快、善于广学博采众家之长、阅读范围广且需求量大。而另一方面，由于其身心发展还不够成熟，因而在期刊阅读过程中，大学生的阅读呈现出盲目从众的不良倾向，影响了期刊阅读的效果，因此图书馆应主动宣传指导，向他们推荐健康、积极、向上的刊物，使他们能够从中获取正能量，树立正确的世界观、人生观、价值观。研究大学生期刊阅读需求，有利于提高大学生的期刊阅读效益，实现期刊阅读的目的；有利于期刊工作者加强对大学生期刊阅读的指导。

调查大学生读者对馆内刊物的借阅情况，进行分析研究，掌握大学生的阅读动态、阅读倾向，以便进一步改善优化图书馆的藏刊结构。

一、我院期刊阅览室大学生读者的借阅状况

现刊阅览室 2011 年读者阅览总数为 18 274 人次、2012 年读者阅览总数为 18 518 人次（由于有相当多的一部分读者未登记，所以统计数远远少于实际数）。

现刊阅览室现有中文期刊 501 种，外文期刊 2 种。503 种现刊基本涵盖了《中图法》的 22 个基本大类，包含了各种关于学术、学习、新闻、娱乐的信息。根据平时的整架经验以及对近年期刊分类流通量统计分析如下：

通过期刊分类流通量统计显示近年期刊借阅量排在前十名的有社会科学类中的 I 类、G 类、C 类、F 类；自然科学类中的 U 类、TP 类、R 类、Z 类、TS 类、TU 类。

（1）平时在巡库整架中发现 C 类、D 类的期刊架通常比较乱，由此可以看出此类期刊颇受读者欢迎。此类刊物代表的是一些反映社会时事、国内政治和国际局势的刊物，

如《三联生活周刊》、《瞭望》、《世界知识》、《半月谈》等这类有关国际、国内政治局势和具有时代特色的刊物是读者比较倾向于阅读的一类。

（2）G类科学、文化、教育、体育类期刊也具有非常多的读者群。此类刊物多用于个人的兴趣爱好消遣，并非辅助专业学习，此类刊物中尤以体育方面的期刊大受欢迎，如《足球世界》、《篮球》、《体育博览》、《围棋天地》等。

（3）T类包括有关TN无线电电子学、电信技术、TH机械、仪表工业、TM电工技术、TP自动化技术、计算机技术、TU建筑科学技术的工业技术类期刊阅读量也较多。如《电子技术应用》、《电信科学》、《机电工程》、《电脑编程技巧与维护》、《网络安全技术与应用》、《建筑机械化》、《工程机械与维修》等此类刊物主要给一些专业课程的读者提供参考，被道路与桥梁工程系、机电工程系、计算机与信息工程系、设计艺术系的读者所用。其中也有一部分关于计算机的刊物用以满足个人的爱好，如《电脑爱好者》、《个人电脑》、《互联网天地》等。T类期刊的读者以男性居多；而TS类关于服装、美容、家居、保健、烹饪方面的期刊其读者又以女性居多，此类刊物多用于个人消遣，如《食品与健康》、《中国烹饪》、《健康与美容》、《时装》、《瑞丽伊人风尚》等。

（4）针对阅读Z类学报以及中国人民大学书报资料中心编选的复印报刊资料的读者并不太多，如《华中科技大学学报》、《上海交通大学学报》等。但此类期刊又是图书馆藏刊中极其重要的一部分，因为这部分期刊相比较其他类期刊而言虽然不具备新闻性、娱乐性、趣味性，但却有着很强的学术性。考察高校图书馆的学术质量就可以从该馆的学术类刊物的数量与质量两方面看出。

（5）U类期刊多为道路与桥梁工程系、机电工程系的读者所阅读，为他们的学习、研究提供学术性、专业性的信息。如《中外公路》、《路基工程》、《桥梁检测与加固》、《公路》、《桥梁建设》、《隧道建设》、《筑路机械与施工机械化》、《汽车维护与修理》等颇受欢迎，借阅频率高。

（6）F类期刊主要为我院管理工程系财会、物流、旅游等专业以及中澳班的读者所阅读。如《财务与会计》、《物流技术与应用》、《物流管理》、《市场营销》、《旅游》等期刊借阅频率颇高。

（7）H类刊物中有关英语学习方面的期刊阅读频率较高，这主要是与读者想提高英语水平、英语应用能力以及英语考级有关，如《英语学习》、《大学英语》、《英语沙龙》、《新东方英语》、《英语文摘》等。另外，有关演讲与口才方面的期刊也颇受读者欢迎、借阅频率高。

（8）D类政治法律类、K类地理历史类阅读量一般；I类文学类借阅量也很大，其中《啄木鸟》、《收获》、《花城》、《当代》、《十月》、《今古传奇》、《中国故事》、《幽默与笑话》等期刊拥有大量的读者群，阅读频率非常高。

（9）J类期刊主要读者群为设计艺术系师生和一些有此类兴趣爱好的读者。此类刊物中借阅频率较高的有《中国摄影》、《艺术与设计》、《艺术市场》、《中国书法》等。

（10）其他受欢迎、借阅频率高的期刊还有B类有关心理研究方面的期刊，如《心理月刊》、《大众心理学》。E类军事类如《环球军事》、《兵器知识》、《舰船知识》等，以男性读者居多。R类医药卫生类中的保健类刊物有《中外健康文摘》、《东方食疗与保健》、

《科学健身》等。N类科普读物有《环球科学》、《大自然》、《科学大观园》等。

（11）其他使用频率比较低的刊物如下：A类马、列、毛、邓理论；O类数理化；P类天文学、地球科学；Q类生物学；S类农业科学；V类航空航天，X类环境科学；TB一般工业技术；TG金属学与金属工艺等，除专业人员外，阅读人数较少。

二、大学生读者期刊阅读倾向分析

根据以上所介绍的大学生对期刊信息的需求及大学生的期刊借阅情况大致可将大学生的期刊阅读倾向分为娱乐消遣型、专业学习型和实用型。

1. 娱乐消遣型阅读倾向

娱乐消遣型阅读倾向受个性心理因素影响表现出个人认识倾向和心理素质特征。具有这种倾向的读者在学习研究之余以消遣娱乐、调节生活、丰富业余文化生活为目的。他们广泛翻阅和浏览社会科学、自然科学中富有知识性、哲理性、趣味性的期刊来开阔眼界、增长见闻、陶冶情操。首先，大学生喜欢阅读一些内容真实、形式活泼及具有哲理性、知识性和趣味性的期刊；其次，大学新生刚从紧张的应试教育中脱离出来，之前迫于高考的压力而被抑制的个人兴趣爱好强烈地表现出来，他们如饥似渴地投向期刊阅读；再次，许多大学生因专业学习感到疲劳时，就去期刊阅览室随意翻阅文学艺术佳品、历史与地理方面的著作、名人传记、服饰文化、旅游知识、生活常识、交际礼仪等趣味性较强的期刊，通过期刊阅读既增长了知识又陶冶了情操，既调节了情绪又休息了大脑。另外，时事政治是当今人们所关心的热点，特别是当前我国正处在社会主义经济转型时期，国际上政治风云变幻，读者通过阅读能够迅速了解国家的方针、政策、时事等，可以知晓世界局势，如《半月谈》、《世界知识》、《瞭望》等。

2. 专业学习型阅读倾向

专业学习型阅读倾向体现了大学生的求知心理。大学生的专业学习方式主要是通过教师的课堂教学来进行的。图书馆一直被视为学生学习的第二课堂，为了系统学习、巩固所学知识、拓宽专业知识面或解决某个专业问题，绝大多数学生都选择到期刊阅览室来查寻相关的专业期刊进行阅读或去期刊室寻找围绕课堂教学的教辅资料，其阅读目的明确。他们在阅读时摘录重点、要点做好笔记，并常常汇集某一专业的各种期刊进行阅读为未来的社会实践积累更多的基础知识和技能。另外，为了撰写毕业论文、完成毕业设计、顺利通过毕业答辩或进一步提升学历而阅读所学专业几乎所有期刊。因此，我们说大学生进行期刊阅读有专业的需求。

3. 实用型阅读倾向

实用型阅读倾向是大学生读者为了实现某一特定目的而产生的对期刊的阅读倾向，其阅读目的性明确，讲究实用。有些大学生为了通过英语四、六级考试、会计资格考试、监理资格证考试或研究生入学考试等而去专门借阅相关专业的辅导期刊。另外，有些大学生为了实现自己的个人理想或实际生活需要，而阅读一些摄影、书法、绘画等方面的期刊，使自己能够获得一技之长；也有一些大学生阅读一些与自身有关的如医学美容等方面的期刊；还有一些大学生为了毕业后能找到合适的工作，充实大学学习生活，阅读一些有利于自己未来就业的期刊。总之，实用型阅读倾向使大学生们更加注重实际知识的掌握。

三、指导大学生有效阅读的方法

在期刊阅读中，大学生从各自的阅读需求出发，对期刊阅读表现出明显的选择性和针对性。因此，期刊工作者应从大学生读者期刊阅读需求出发，有的放矢地对大学生期刊阅读进行指导。

1．根据不同的阅读需求，有针对性地推荐刊物

由于大学生的期刊阅读有娱乐、专业学习和实用等需求，期刊工作者应根据大学生不同的期刊阅读需求认真研究他们的心理，分别向他们推荐优秀期刊。如对有娱乐需求倾向的大学生，应向他们推荐既能陶冶情操、提高文化修养，又能使他们精神放松、疲劳减轻的具有趣味性和娱乐性的期刊。这样既满足娱乐的需求，又贯彻了以人为本的理念。

2．针对大学生对专业期刊的需求因势利导，更好地激发学习兴趣

大学生在学校里的首要任务就是认真学好专业知识，夯实专业理论基础，这是高校图书馆开展一切服务、活动应遵循的中心。因此，图书馆应配合各系，做好专业期刊的需求调查工作，通过问卷调查、与学生访谈的方式，征求各方面的建议，改进工作思路和方法，采取各种有效措施，提高专业期刊利用率，通过开展形式灵活多样的活动，向学生们推荐、报导刊物内容和专业技术新动向，激发大学生对专业期刊的学习兴趣；还可以树立学生典型，谈谈他们的阅读心得，介绍推广他们的学习方法和经验，更好地加深专业知识的引导教育工作，激发其他学生对专业期刊的阅读兴趣。

3．通过分析了解期刊阅读倾向，不断完善馆藏结构

针对大学生的各种不同阅读倾向，应加强期刊阅读指导工作，主动解决大学生在阅读过程中遇到的问题，在现有的条件下尽可能地采纳他们对服务工作提出的一些合理化建议。根据对大学生期刊阅读倾向的研究了解应及时做好分析统计，对期刊利用率的高低要及时归纳汇总，从而不断完善期刊的馆藏结构，为能给大学生提供丰富多样化的馆藏创造条件。

4．注重对阅读指导工作方式、方法的改进

在指导大学生进行期刊阅读的过程中，首先期刊工作者应了解和熟悉馆藏期刊情况，在读者前来借阅时能及时地提供帮助；其次，在阅读指导工作中，应树立服务创新观念，树立主动服务读者的意识。数据统计显示，高校图书馆语言文学类、社会科学类、经济类等期刊借阅率颇高，表明当代大学生还是非常喜爱纸质期刊的阅读，图书馆真正需要做的一项重要工作就是对他们的阅读活动加以疏导和指引，促使其阅读倾向趋于科学化、理性化，可通过编制期刊推荐目录和组织"读书会"社团活动、举办有针对性的专题学术报告、讲座、邀请专家学者写书评等多种形式，来扩大他们的知识面，使之既有休闲性、娱乐性地快乐阅读，也有专业性、研究性地深层次思考阅读；再次，积极改进工作方式和内容，要清楚地认识到图书馆的职能作用，藏用并举，让刊物变"活"多流动起

来，发挥它的文化交流、传播和传承的功能，时刻意识到要对图书馆自身工作作出改进和完善，以便及时有效地提升书刊的利用率，要时刻履行教育职能，牢记服务育人的职责，认真分析目前大学生的心理素质状况，发挥图书馆独特的"阅读治疗"、"阅读教育"的优势，培养大学生健康的心理素质，以使其德、智、体全面发展。

总之，分析、研究大学生期刊阅读倾向是期刊工作中的一项重要内容，是期刊工作者对大学生期刊阅读进行有效指导的前提。同样，了解和掌握大学生期刊阅读倾向有助于期刊馆藏结构的改善和馆藏质量的提高。

参考文献

[1] 史承业. 阅读危机与图书馆的责任. 图书馆园地，2007（22）：83-86.

[2] 赵立清. 浅谈图书馆如何做好阅读指导. 图书馆工作与研究，2007（3）：90-91.

[3] 林运卓. 图书馆导读方法与策略. 广州：暨南大学出版社，2005：422.

[4] 王谢. 论读者心理需求研究与个性化服务. 现代情报，2004（5）：169-171.

[5] 张金凤. 大学生信息消费心理及行为分析. 河北科技图苑，2005（1）：53-55.

对高职院校图书馆采访工作的几点建议

崔桂萍

（恩施职业技术学院图书馆　湖北恩施　445000）

摘要　文章阐述了高职院校图书馆图书采访过程中存在的问题，以及针对这些问题提出的对策。

关键词　高职院校图书馆　图书采访　对策

采访工作作为图书馆资源建设的源头，对其他环节的运作和整个图书馆的发展起着至关重要的作用。图书采访工作是图书馆工作的基础与核心，采访工作的优劣和成效不仅直接关系到图书馆的藏书建设、馆藏布局和读者服务的质量，而且直接影响高校教学科研水平的提高。面对浩如烟海的文献资料，只有经过采访人员系统地、有目的性地进行信息搜集和选择，才能保证图书馆藏建设的有效进行，从而建立一个科学、合理的藏书体系。

一、采访工作中存在的问题

（一）购书经费严重不足

近几年随着文献信息的急剧增长，文献的价格也居高不下，现在中文图书的平均价格都在30元左右，与图书经费的增长形成了鲜明的对比。高职院校经费一般由当地政府拨付，然而现在政府投入不大，更多靠学校自主创收，因此学校的经费更多是用在教学急需的硬件建设上，对图书文献资源建设则心有余而力不足。这也就制约了图书馆的采购数量和质量，致使图书馆新书入藏量逐年下降，期刊品种大大减少，使图书馆藏书日趋老化，馆藏结构不合理，文献保障率大大降低，即无法满足读者的阅读需要和知识更新，也严重影响了教学和科研工作。

（二）原有藏书体系亟待完善

随着我国高等教育事业的飞速发展，高职院校为了在学科发展及专业设置上与社会发展相适应，对学科建设和专业结构布局进行了调整，设置了许多新兴的专业。例如，我校是由原来的农业、工业、财经、师范、供销和农机六所大中专学校合并而成，各校原有的办学痕迹和馆藏基础依然存在，根据社会的需要合并后又增加了旅游管理系、人文系和汽车维修专业。学科由原来的4个系部扩展为8个系部、9个专业。原有学科专业要求资料更新，新开专业要加强资料采购，图书馆原有的藏书体系已不能适应现在学校学科专业对文献的需求。图书馆原有的馆藏特色结构受到强烈冲击，亟待调整。

（三）读者知识结构参差不齐

高等职业教育培养目标是生产建设管理服务一线的高素质人才，与普通高等教育存在很大差别。高职院校图书馆的读者主要是教师和学生，高职院校主要要求学生掌握必要的理论知识，更注重培养学生的实践能力及生产、建设管理和服务中某一方面的专业技能。

读高职院校的学生高考时分数一般都偏低，文化层次相差比较大，因此他们的阅读需求也就呈现出多样性。一部分学生想学习更多理论性的知识，提高自己；另一部分学生则是书太深了看不懂，太浅了又讲不清道理；还有很多学生基本上不看书，特别是专业书籍；部分学生喜欢阅读网络小说等一些流行畅销书，但是教师们又觉得这类书没什么阅读价值。综上，读者的需求多样化、阅读水平参差不齐，导致要想采访时达到统一，都能兼顾确实很难。

（四）采访人员素质不高

高职院校图书馆工作人员很多都是分配来的学校教工家属，而图书采访人员也很少有本科院校正规图书馆专业毕业的。因此，导致采访人员整体素质不高，知识结构等方面的更新能力较弱，不能适应全方位、多层次的新时代馆藏发展需要。其次，采访人员数量少但工作量大，普通高职院校图书馆工作人员数量较少，担任采访工作的人员往往只有一两个，不能很好地完成复杂而繁重的采访任务。

二、解决采访问题的对策

（一）加大经费投入、调整经费结构

"创办一流高职学院必须要有一流的图书馆"这早已是广泛共识。图书馆建设与发展水平是学校综合实力的重要指标。因此，必须加大经费投入，使文献购置经费逐步达到《普通高校图书馆规程》规定的占院校办学经费3%～5%的比例。图书馆要积极向学校争取经费，采访人员要主动向领导和主管部门反映图书馆藏结构和需求以及现实文献价格的增幅情况，让主管领导了解存在的实际困难，争取学校领导和财务部门更多的支持，以保证图书经费足额投入和逐年追加。

（二）合理制订采访计划，减少采访的盲目性

（1）图书馆做采访前必须充分了解学院的学科分类，关注学院所开专业、学科的最新动态，深入教学第一线，直接了解教学、科研情况。围绕学校办学特色，根据所开设的学科专业设置和课程安排，建立本馆的特色文献资源。由于高职图书馆在经费条件、馆藏基础等方面的不足，不要刻意追求各专业的资源平衡，集中图书馆有限的人力、资金，侧重服务于重点、特色专业，形成自己的文献特色。调整经费支出结构，制订采访计划，使资源得到最大利用。

（2）根据高职院校的办学定位和人才培养目标，面向生产、建设、管理、服务第一线需要的是"下得去，留得住，用得上"，实践能力强，具有良好职业道德的高技能应用型人才。因此，图书采访要注重选择一些理论联系实际动手操作和解决实际问题方面的

图书。同时，选择各类文献要注意深度适宜，不追求理论研究型，侧重于基础实践、应用性强的资源建设，纯理论的东西少量采购或不采购；不苛求文献的学术价值，以实践为导向，选择针对性强、能培养学生认识问题和独立解决问题能力的具有实际应用价值的文献。

（3）深入调查研究，进行数据统计，结合本图书馆馆藏状况，制订相应的采访计划。了解学科重点和各层次读者需求、分析馆藏结构，要进行深入而广泛的读者调查以及数据统计。通过对调查结果的收集整理，主动获取教师和学生的需求信息，并及时将所获信息加以处理，进行分析，这样既有助于了解学生的阅读方向，还有助于了解他们对相关学科资源建设和图书馆服务的意见。其次，采访人员还要经常到借阅部了解情况，倾听借阅部工作人员对新进图书的意见以及借阅情况，做好图书借阅的统计工作。图书借阅量将较直观地反映所选购图书的优劣，通过对各类图书借阅量的统计，采访人员可以掌握藏书变化动态，对比各类图书的使用情况，并及时做出相应调整。在此基础上，根据目前馆藏结构存在的不足，合理安排采购工作，完善图书馆馆藏。

（4）拓宽非采访相关人员的参与渠道，以便多方收集信息。随着网络技术的发展，利用网络优势将是未来图书馆的一大发展趋势。通过互联网让师生参与订购，把电子版的书目采访数据通过校园网征求师生读者的意见，能够迅速地把师生读者的意见收集起来，作为订购的重要依据。同时，采访人员还可以组织教师、专家直接参与或委托其选购专业性较强的图书，组织相关人员参加大型的书展，并在图书馆主页上增设图书采访建议留言板等，供读者提出采购意见、信息反馈等，以提高图书品种的针对性。

（三）提高图书采访人员的综合素质

为适应图书馆信息产业的要求，图书馆图书采访人员应具备良好的综合素质。

（1）图书馆采访人员应树立正确科学的人生观和世界观，具有强烈的事业心、高度的责任感和使命感，使自己的行为符合职业道德要求。同时，要保持积极向上的职业态度，善于学习，勤于调查。主动掌握新技术、新知识，进一步加深对各科知识的认识和了解，购到读者满意的文献。

（2）图书馆采访人员必须具备丰富的综合文化知识。首先要具备良好的计算机能力，计算机在社会中广泛使用，不仅是电子文献使用的平台，也是采访人员开展工作必不可少的工具。其次，要具有良好的英语知识，据统计，全世界具有95%以上的文献是非中文形式，外文文献中英语是主要的载体形式，所以现代图书馆要很好地为读者服务，其采访人员就必须具有良好的英语能力来为广大读者采好书。同时，还要具有一定的法律知识能力，现代社会图书种类越来越多，社会中对知识版权保护意识越来越强，这就需要采访人员加强对知识产权保护的意识。

（3）图书馆领导要关心图书馆采访人员，关心他们的业务学习，帮助其更新知识结构，提高自身素质。具体来说，一是要尽量创造条件，对他们进行相关领域的培训和在职继续教育，提高采访人员的专业能力；二是要采取切实措施，为他们创造良好的工作条件，改善硬件设施，提高采访工作的自动化、现代化水平。这样，采访人员对图书信息将具有更强烈的敏感性，能从简短的书目信息中更迅速高效地挖掘出有用信息，满足读者及图书馆馆藏建设的需要。

总之，图书采访工作任重道远，图书采访人员只有不断学习，努力提高理论水平，不断改变思想观念，适时调整采访策略，才能解决图书采访工作中的新问题。只有这样，才能使图书采访工作日趋完善。

参考文献

[1] 刘保权. 高校图书馆采访工作中存在的矛盾与对策. 湖北农业科学，2009（9）：2334-2336.

[2] 梁焰. 高校图书馆图书采访工作存在的问题及应对策略. 图书馆论坛，2006（2）：160-161.

[3] 吴锦荣. 论新形势下图书馆的文献采访工作. 图书馆，2007（4）：99-101.

[4] 程青峰. 新形势下的图书采访工作. 图书馆学刊，2012（7）：81-82.

[5] 金红花. 浅析新时期高校图书馆图书采访工作策略. 现代情报，2008（7）：142-143.

对搞好高职院校图书馆信息资源共享和服务创新的思考

谭 理

(恩施职业技术学院图书馆 湖北恩施 445000)

摘要 高职院校图书馆信息资源共享,是国家重点高校开展图书馆信息资源共享活动的延续、学习和发展,10多年来取得了长足的进步,是以中国高等教育文献保障系统(China Academic Library & Information System,CALIS)和中国高校人文社会科学文献中心(China Academic Humanities and Social Sciences Library,CASHL)为两大支撑,是教育部直接领导和指导下的旨在提高全国高校文献保障能力和水平的具有全局性和战略意义的工程。对高职院校图书馆信息资源共享和服务创新既是一个系统工程,又是一个开发和利用好信息资源的有效策略,必须引起我们足够的重视。

关键词 高职院校 图书馆 资源共享 服务创新

一、指导高职院校图书馆信息资源共享和服务创新思想的理论基础

信息资源共享和服务始于以公众为服务对象的公共图书馆,建于公元前330年的古代希腊雅典的图书馆向公众开放,而建于1903年的湖北省武昌县华林文化学校的文化公书林对公众开放,图书馆资源共享史已历经2 343年,其根本服务宗旨就是一切为了读者、以读者为中心。

信息资源是高职院校图书馆的一种可利用的资本,基于经费的来源也是全社会的一种可利用的资本,而且是一种需要流通的资本,如果不流通或很少、很慢地流通,将造成高职院校图书馆信息资源这种资本价值走向消亡。

《资本论》关于资本周转作用的阐述:"固定在劳动资料上的资本价值和这个价值量中由劳动在反复劳动过程中转给产品部分之间的差额,这是由这种耐久性决定的,这种价值转移进行得慢,固定化的资本就越大,生产过程中使用的资本和生产过程中消费的资本之间的差额就越大。这个差额一旦消失,劳动资料的寿命就完结了,它的价值和它的使用价值一同丧失。"这为高职院校图书馆信息资源实行共享,有效改善信息资源利用率低而造成的大量资源闲置和资金浪费等现象提供了一定的理论依据。

列宁关于公共图书馆资源共享的思想对于实现高职院校图书馆信息资源共享具有指导意义。列宁关于公共图书馆资源共享的思想已跨越整整一个世纪,1913年7月18日,列宁在《对于国民教育能够做些什么》一文中明确提出"这些巨大的图书馆不仅对学者

和教授开放,而且也对一般群众和市民开放"。列宁还指出"衡量教育工作者是否安排得合理,要看有多少书被读者借回家去,对大多数居民提供了什么方便条件"、"在民众中流通状况如何,被利用的程度怎样是判断图书馆在社会中所起作用的主要标准"。

《中共中央办公厅、国务院办公厅关于加强信息资源开发利用工作的若干意见》(中办发[2004]34号),明确提出了加强信息资源开发利用工作的指导思想:坚持以邓小平理论和"三个代表"重要思想为指导,牢固树立和落实科学发展观,以体制创新和机制创新为动力,以政务信息资源开发利用为先导,充分发挥公益性信息服务的作用,提高信息产业的社会效益和经济效益,完善资源开发利用的保障环境,推动信息资源的优化配置,促进社会主义物质文明、政治文明和精神文明协调发展。

这充分说明开发和利用好信息资源是实现信息资源共享的首要条件。实现高职院校图书馆资源共享的终极目标是,搞好图书馆信息资源的开发、流通和利用,最大限度地满足广大读者获取知识的需要,促进社会主义物质文明、政治文明和精神文明协调发展。

二、高职院校图书馆信息资源共享和服务创新的必要性

高职院校与全国重点高校一样都是经过合并专业、整合规模小的职业学校、通过重组建立起来的资源相对集中的大专院校。但两者在图书馆信息资源共享的实现、图书馆服务创新、思想的先进性等诸多方面存在很大的差距,高职院校基本处于初级阶段,其现状不尽如人意。所以,高职院校图书馆的发展令人担忧,其实现信息资源共享显得尤为紧迫和必要。

(一)现实的需要

以"985、211工程"为首的重点高校信息资源共享已经进入深化、拓展阶段,服务创新层出不穷,而高职院校图书馆信息资源共享还基本处于初级阶段。主要表现在以下几个方面:

(1)文献信息资源馆藏结构不合理、内容陈旧、更新速度慢,大量充斥图书馆有效的使用面积,造成严重的资源浪费;

(2)大多数图书馆人力资源素质参差不齐、安于现状、思想落后、结构不合理;

(3)图书馆电子信息资源不健全,文献资源的数字化、网络化、现代化服务和共建共享水平低下,导致图书馆资源共享活动的广度、深度、规模、质量不高,更谈不上整体优势;

(4)信息资源共享开发不足、利用不够、效益不高,相对滞后于信息基础设施建设;

(5)基于高职院校录取学生文化基础薄弱,求知的欲望不强,高职院校图书馆主动开展和培养读者信息资源共享意识、利用和开发的程度也相对偏低。

因此,搞好高职院校图书馆信息资源共享和服务创新成为高职院校图书馆发展的现实需要。

(二)发展的需要

高职院校的发展与图书馆的服务和发展息息相关,读者对于传统的借借还还、报刊借阅、上网游戏的兴趣正在逐步减弱,无线移动、无线射频、物联网等技术的迅猛发展,

逼迫我们作出颠覆性的变革。这些变化发生在短短几年之间，如触屏技术颠覆了按键式手机，智能手机颠覆了固定功能的手机，而苹果公司采用重力感应技术生产的手机又一举颠覆了其他手机。图书馆的读者和馆员也感到图书馆提供的服务和现实的发展存在巨大的差距。

在数字时代，读者来图书馆不再仅是为了查找本馆馆藏，单一图书馆利用本馆馆藏不再能满足读者的信息需求，单一图书馆独立建立馆藏的方式已经不再适合，图书馆合作是国际趋势，资源共享是时代发展的要求。最大限度地满足校内外读者的信息要求，实现最广泛的信息资源共享，是大学图书馆追求的崇高目标。

（三）实现社会价值的需要

高职院校毕业生的就业率、所在岗位的实践学习能力、工作能力、社会声誉是衡量毕业学校培养学生能力的关键性指标，直接影响到后续的招生工作和学校的发展，搞好高职院校图书馆信息资源共享和服务创新是高职院校图书馆的一项重要社会职责。

从高职院校图书馆信息资源的归属性质上来说，不只是一个读者借书、读报、上网的地方，更是一种教育制度的体现，一种读者的生活方式，是社会知识和信息资源的再分配形式。读者免费进入图书馆获取必要的知识，有利于他们为社会创造更多的财富，促进社会和谐发展。同时，高职院校图书馆信息资源也是社会广大读者有权利共享的一种公共资源，最大限度地满足校内外读者的信息要求，必将成为高职院校图书馆实现社会价值的有效途径。

三、实现高职院校图书馆信息资源共享和服务创新的有效对策

（一）解放思想、更新理念，实行对社会公众开放

实现高职院校图书馆信息资源共享和服务创新必须把解放思想、更新理念作为首要任务来抓。一直以来，大多数高职院校图书馆故步自封地在单一的校园里按部就班地工作，对时代变化有比较深入的了解，但缺乏联想思维、集体主义思想相对薄弱、忧患意识不强，已经成为制约学校发展的绊脚石。

"思想有多远就能走多远"是一种积极主义思想心态的表达。高职院校图书馆要实现解放思想、更新理念，必须确保要有年富力强的专职馆长担任主要负责人，要具备德才兼备的工作能力，要有乐于奉献的工作态度，要有与时俱进的学习能力，要有经营企业的风险意识和执行能力。只有馆长在解放思想、更新理念方面起到带头作用，才能为高职院校图书馆信息资源共享和服务创新创造先决条件。

在满足本院校读者教学、科研、实验需要的基础上，进一步搞好系统之间的互借、文献传递、数据交换等信息资源共享，才能实行对社会公众的开放。首先强调的不是接待多少读者，而是藏书有多少万册，有多少"之最"。但如果这些浩如烟海的书没有读者，或只有很少的读者，又有什么意义呢？

（二）建立高度紧密、联合共享的组织机构和数据库平台，使共享系统服务成为亮点

在省教育厅及各地、市、州教育局的领导下，建立起来的高度紧密、联合的共享组

织机构是领导高职院校图书馆实现资源共享事业发展的核心力量，这个机构必须要明确共同的纲领、目标、任务，制定好发展规划和切实可行的工作计划，按照《图书馆合作与信息资源共享武汉宣言》走合作共建、资源共享的道路，实现高职院校图书馆信息资源共享和服务创新。

2007年年初，湖北省将高校数字图书馆建设纳入高校教学质量工程建设项目，三年共安排1 500万元专项建设经费。2009年12月，省高校数字图书馆开通试用行，全省已有114所高校图书馆加入这个"数字联盟"，共同享受8 000多种期刊、70多万册图书及80多万种学位论文的在线访问。与各馆都建立本地服务器和数据库平台相比，不仅规避了900万元的资源浪费，而且初步实现了高校信息资源的共建、共享、共知，成为全国高等教育文献保障体系建设的一大亮点，还为高职院校图书馆实现资源共享创造了便利条件。

（三）搞好读者教育、推陈出新、创新服务

1．发挥面带笑容地教育职能

在美国，小学生要到哪儿去看课外书籍？老师会告诉他们——到图书馆去。遇到难以解决的疑难问题要到哪儿去？老师还是会告诉他们——到图书馆去！培养读者的阅读习惯，我们要从新生抓起。新生入学报到或转学来校，图书馆工作人员就应该在第一时间面带笑容地把图文并茂的、人性化的、亲切的如《我的大学图书馆——导读指南》送到他们手中。在校期间，老师应该上好生动形象的信息课、常常带学生到图书馆耐心地指导文献和数字资源的具体使用方法、在力所能及的情况下真心地帮助学生解决一切疑难问题，建立朋友式的师生感情，从而使图书馆对于读者产生一种凝聚力和吸引力。

2．做好老读者维护工作

维护好老读者的目的在于不断地吸引新读者，为本馆甚至本校可持续发展创造条件。不能因学生就业或教职员工调走就断绝图书馆对他们提供的信息资源共享服务，而是仍然要为他们提供所需要的文献信息服务，这样不但可以培养读者对图书馆的长期信息需求、提高信息意识，而且还会使本馆形成良好的口碑，提高高职院校图书馆的社会价值。

3．不断推陈出新，开展服务创新活动

不断推陈出新，开展服务创新活动是实现图书馆资源共享的有效方法。

（1）建设好为广大师生提供一个更为便捷的WAP2.0的移动图书馆平台，拓展访问电子资源的范围，以期在校园网之外，支持广大师生随时随地地通过手机，以WAP网站或短信的方式利用图书馆资源和服务，利用该平台进行馆藏查询、馆藏续借、馆藏预约、借阅状态和借阅历史查询、最新消息、讲座信息等操作；

（2）图书馆的网页要用读者的视角来设计，做到常常更新、生动形象、方便操作；

（3）改革传统、方便读者，通过对本馆阅览室期刊传统的排架形式进行改革，先将所有期刊先按照分类法准确归类，再将排架号按数字在前、大类号在后的方法进行排架，如1A，2A，…，518Z，519Z，520Z，使读者容易识别、取放方便、不易乱架，这种既合乎图书馆规范，又方便读者的做法，受到读者的欢迎；

（4）虽然我们一再强调图书馆要安静、安静、再安静，但是在这个开放的环境里过于安静,在所难免地会对读者造成死气沉沉的印象,所以必须要开展一些诸如读书活动、有奖知识竞赛活动、办读者小报、学科服务走进院系、图书馆领导接待日、外聘企业精英开展就业知识讲座等,有声有色、以动治静,以此来提高图书馆服务创新能力。

只有这样改革创新、取长补短、相互借鉴,才能不断开创高职院校图书馆信息资源共享与服务创新的新局面,才会让高职院校图书馆提高人气、充满活力!

参考文献

[1] 谭理. 高校图书馆信息资源开发与利用策略研究. 中国教育信息化,2010(10):40.

[2] 文化部图书馆事业管理局. 列宁论图书馆事业. 北京:书目文献出版社,1984(12):22-23.

[3] 王波,吴汉华,姚晓霞,等. 2011年高校图书馆发展报告. http://www.scal.edu.cn/sites/defaulf/files/attachment/zxdt,2013-01-04.

[4] 中国大学图书馆馆长论坛. 图书馆合作与信息资源共享武汉宣言. 大学图书馆学报,2005(6):2.

[5] 寇爱哲. 我所知道的中国图书馆. 中国新闻周刊,2011(7):27.

[6] 韩晓玲,王怀民,掌权友. 资源共享规避"天价"浪费:我省高校共建数字图书馆. 湖北日报,2010-5-20(5).

泛在图书馆特征浅析

沈小玉

(郧阳师范高等专科学校图书馆　湖北十堰　442000)

摘要　泛在图书馆是一个崭新的概念,有别于传统图书馆、数字图书馆、移动图书馆、虚拟图书馆,代表着未来图书馆发展的方向。本文分析探讨了泛在图书馆的定义、起源、特征和实现的途径等因素,提出了传统图书馆的创新发展的唯一模式就是泛在图书馆的观点。

关键词　泛在图书馆　传统图书馆　数字图书馆　移动图书馆　虚拟图书馆

与传统图书馆相比,泛在图书馆直接融入用户获取资源的过程之中,以人为本,具有交互性、动态、无缝对接的特点,是一种面向未来的全新服务模式。尽管目前泛在图书馆的全面实现还有一个探索的过程,但它所表现出来的勃勃生机却受到了图书馆工作者和研究者的共同关注,具有广阔的发展前景。

一、传统图书馆的危机和泛在图书馆的崛起

为了顺应计算机与互联网技术的迅猛发展,许多图书馆工作者进行了广泛深入的探讨,提出了技术主导型、资源主导型、服务主导型、数字图书馆、移动图书馆、虚拟图书馆建设发展模式,并开展了跨库检索、一站式信息获取和个性化信息推送服务,在一定程度上提高了传统图书馆文献信息服务的效率和水平。但是根据调查,广大用户对传统图书馆服务的满意度还不是很高,对传统图书馆的服务抱怨还很多,如借阅图书还要花费很多时间才能找到所需的图书,由于传统图书馆的图书归类混乱、归架不及时等原因,很多用户无法找到或无法及时找到所需图书等。

2004年6月21日的《纽约时报》刊登的一篇专栏文章《Google阴影笼罩下的传统图书馆业》,报道了搜索引擎给图书馆业造成的冲击。越来越多的人把网上电子资源作为自己学习和研究的主要资源,并习惯于通过向Google、Yahoo、百度等搜索引擎获取信息,而不是通过光顾图书馆。2007年百度图书搜索投入使用,同年3月Google图书搜索中文版正式发布,标志着提供信息服务的供应商已超越了与传统图书馆的服务分工,使传统图书馆在信息共享链中越来越边缘化,这给传统图书馆服务带来了新的挑战。

在这种形势下,泛在图书馆应运而生。关于泛在图书馆的起源有两种说法:①泛在图书馆的概念初始于1995年,Neal Kaske在《泛在图书馆在这里》一文中提到"泛在图书馆梦想就是在任何时间、任何地点都能使用的图书馆",国内对泛在图书馆的研究则始于2006年;②1995年美国马里兰大学图书馆馆长Charles B.Lowry在一篇论文中提出,

使用"虚拟图书馆"、"电子图书馆"、"数字图书馆"都不能准确地描述图书馆正在发生的变化，他建议使用一个更好的词——泛在图书馆，而该定义已在马里兰大学图书馆使用一段时间了。

泛在图书馆是一种理念全新的图书馆，不同于传统图书馆、数字图书馆、电子图书馆、虚拟图书馆或移动图书馆。"泛"是指"无处不在，无时不在"，"泛在图书馆"是指用户在任何时间、任何地点都可以获得图书馆的服务，也有人将其称为"渗透性图书馆"或"弥散式图书馆"。

二、泛在图书馆的特征

美国佐治亚州南方大学Lili Li提出了数字时代泛在图书馆的六大特征：网络化、全天候、开放性、多格式、多语种和全球化。具体来说，网络化是指通过网络实现泛在图书馆的设想，没有网络，就没有泛在图书馆；全天候是指一天24小时随时随地地获取图书馆服务，不受时间、地域限制；开放性是指实现全球知识共享，用户可以开放存取，甚至可以实现用户之间的即时交流互动；多格式包括文本、PDF、图像、幻灯片、音频、视频等多种服务格式，用户可以实现格式无障碍转换；多语种是指泛在图书馆的职责是为全球范围内的不同文化背景下的用户提供多语种支持，只有这样用户才能毫无困难地获取所需信息；全球化意味着泛在图书馆应该为全世界的用户服务，不论他们的年龄、性别、肤色、种族、宗教、语言能力、计算机技术。

三、泛在图书馆的构建方法

泛在图书馆技术解决方案涵盖计算机技术、网络技术、通信技术、人工智能技术、数据库技术等新兴尖端技术，如超带宽无线网络、数字通信、语言识别、语音网络传送、人工智能、机器翻译、关系型数据库等。目前可资利用的泛在图书馆构建方法有购买、自建与合作构建三种。

（一）购买

购买是当前最省力的一种构建方式，快捷、方便，但需要图书馆方投入大额资金。直接购买世界上主要厂商的全套产品，如智能化集成图书馆系统、网络数据库、数字图书资源等新产品，从而建立一个分布式的泛在图书馆信息平台或构架。大多数传统图书馆为升级成分布式信息系统普遍使用这种方法。有部分传统图书馆用这种方法来设计、开发、拓展和维护他们特殊的基于网络的图书馆应用，如书目指导、电子资源、网络门户、用户调查、知识共享、虚拟教室等。

（二）自建

自建即利用当代成熟的计算机、通信、数字化、存储技术等自建基于网络的分布式泛在图书馆服务系统，但这种办法投资大、见效慢。

（三）合作构建

各高校、地方图书馆拥有丰富的馆藏资料、音像资料等，而IT产业巨头拥有雄厚的资金、先进技术来实现泛在图书馆的建设。

四、泛在图书馆的服务内容及实现途径

泛在图书馆服务是一种动态的、无疑的、交互式的传递与交流方式，用户接受到的是最方便、快捷、无障碍的服务。泛在图书馆的信息服务传播终端不仅可以通过传统的台式电脑、笔记本电脑，还可以使用平板电脑、个人数字助手（Personal Digital Assistant，PDA）、掌上电脑、手机和电视等一切设备，从而最大限度地体现了用户获取信息途径的泛在性。

（一）数字电视图书馆服务

数字电视可以利用数字电视的交互功能，开发相应的接口，将数字图书馆与数字电视连接起来，用户只需打开电视，通过控制器就可以享受图书馆的便利服务，如查询书目信息、预约续借图书、检索资源、点播经典剧目、阅览电子书刊等。2000年，Duke提出数字电视是一种巨大的泛在图书馆。现在一种新型电视——互联网协议电视（Internet Protocol Television，IPTV）已经出现，它的发展将成为泛在图书馆的一个重要组成部分。IPTV是通过高性能宽带网传输信息的电视，它不同于传统的模拟有线电视，也不同于传统的数字电视，因为它是一种系统，通过宽带网络传输电视信息和视频信号，用户可以广泛地、自由地选择宽带网上提供的电视资源，从而打破了电视单向播放的限制。

（二）手机图书馆服务

手机图书馆服务是指用户通过手机以无线的方式接受图书馆提供的服务，如书目查询、图书到期提醒、图书续借预约、新书通报、移动阅读等。

移动学习最近在欧美十分流行，这种学习模式是利用现代无线电技术和无线终端设备，如手机、掌上电脑等工具进行学习。为了支持移动学习，需要建立手机图书馆，以无线方式连接用户终端设备，如手机。由于手机有一些限制条件，因此手机图书馆的现有资源必须进行改造，以满足手机对图书馆资源的特殊需求，如要求课文、图像、图表、表格、视频等的尺寸必须较小。

目前，国内一些高校图书馆如清华大学图书馆、南京大学图书馆等已经为用户开通了手机图书馆服务，读者可以通过手机等无线终端设备访问图书馆门户网站，使用图书馆的各种信息资源。当然，目前这种服务由于受到技术条件限制还只能提供书目检索、图书预约、续借、新书推荐、RSS订阅等比较简单的服务。

（三）图书馆联盟服务和开放内容联盟

现代通信网络技术的发展为泛在图书馆服务联盟的实现提供了技术保障。通过组建图书馆服务联盟可以充分发挥泛在图书馆环境下网络资源共建共享的整体优势，如中国数字图书馆联盟、全国外语院校图书馆联盟、中国高等教育文献保障系统等。

由雅虎、微软、惠普实验室、波士顿图书馆联盟、美国加州大学、英国哥伦比亚大学、欧洲档案馆等42个机构捐助服务、设施、工具、资金等成立的"开放内容联盟"，以建立一个全球内容开放、自由获取的数字档案馆为己任，通过创建一个日益增长的数

字资源档案"开放内容联盟",将为其捐助者和全球因特网用户提供内容丰富的泛在图书馆信息服务。

参考文献

[1] Andy. 纽约时报:Google 阴影下的图书馆业. http://www.21cnbj.com/industrynews/Google2003/2004-08-12-1938.html,2004-08-12.

[2] 楚存坤,朱瑞峰. 图书馆危机和泛在图书馆. 现代情报,2008(9):24-28.

[3] 余和剑. 我国泛在图书馆研究综述. 图书馆学刊,2013(1):113-115.

[4] Lowry C B. Let's Call it "Ubiquitous Library" instead. Portal:Libraries and the Academy,2005,5(3):293-296.

[5] 郑永田. 国外泛在图书馆理论与实践研究进展. 图书馆杂志,2007(10):3-6.

高似孙辨伪方法探析

童子希
（鄂东职业技术学院图书馆　湖北黄州　438000）

摘要　《子略》是一部子部专科目录，体现了高似孙在辨伪学上的成就。高似孙在《子略》中采用的辨伪方法已经比较成熟，在中国辨伪学史上是上承柳宗元，下启宋濂、胡应麟的重要人物。论文根据《子略》，将高似孙的辨伪方法总结为九种。

关键词　高似孙　《子略》　辨伪学　辨伪方法

高似孙（1158－1231），字续古，号疏寮，浙江鄞县人，南宋著名学者。淳熙十一年（1184年）考中进士，任会稽县主簿、秘书省校书郎、著作佐郎、徽州通判、知处州等职。博洽多闻，著作颇丰，有《史略》、《子略》、《纬略》、《骚略》、《剡录》、《蟹略》、《砚笺》等书传世。高似孙的辨伪成就体现在其《子略》一书中，他的辨伪方法已经较为成熟，一定程度上反映了南宋时期的子书辨伪水平。

一、高似孙《子略》介绍

《子略》是一部子部专科目录，该书共四卷，另有目录一卷。其目录分别取自《汉书·艺文志》、《隋书·经籍志》、《唐书·艺文志》、庾仲容《子钞》、马总《意林》和郑樵《通志·艺文略》中的子书，只著录书名、撰人、卷数。诸家注本则用小字列注于该书之下。此目只有抄录之功，并无新意。《子略》四卷录诸子共三十八家，即《阴符经》、《风后握奇经》、《八阵图》、《鬻子》、《六韬》、《孔丛子》、《曾子》、《鲁仲连子》、《晏子》、《老子》、《庄子》、《列子》、《文子》、《战国策》、《管子》、《尹文子》、《韩非子》、《墨子》、《邓析子》、《亢桑子》、《鹖冠子》、《孙子》、《吴子》、《范子》、《鬼谷子》、《吕氏春秋》、《黄石公素书》、《淮南子》、《新书》、《盐铁论》、《论衡》、《太玄经》、《新序》、《说苑》、《抱朴子》、《文中子》、《元子》、《皮子隐书》，每家分别撰有提要。

《子略》善于辨别诸子源流。《子略》继承了古代目录"辨章学术，考镜源流"的传统，注重辨析子书的源流。如《鬻子》解题引柳伯存之语云："子书起于鬻熊。"《尹文子》解题云："其书言大道，又言名分，又言仁义、礼乐，又言法术、权势，大略则学老氏，而杂申韩也。"《鹖冠子》解题云："著书言道家事，则盖出于黄老矣……其言如此，是盖未能忘情于斯世者。"《淮南子》解题云："《淮南》之奇，出于《离骚》；《淮南》之放，得于庄列；《淮南》之议论，错于不韦之流。"

《子略》在诸子辨伪方面取得了一定的成就。《子略》对《鬻子》、《孔丛子》、《曾子》、《列子》、《文子》、《战国策》、《尹文子》、《亢桑子》、《鬼谷子》九种子书的真伪进行了考辨。高似孙对柳宗元极为推崇，其对子书的辨伪显然受到了柳宗元的影响，同时《子略》的辨伪成就也为宋濂等后来学者所吸收。因此，在诸子辨伪方面，高似孙是承上启下的重要人物。顾颉刚先生说："宋代继承柳宗元辨子书真伪的是高似孙，他所作的《子略》四卷是他说子书时的笔记，从《阴符经》到《皮子隐书》，共搜罗了38种子书，有的是抄撮，有的是列举历代注释本书的书目，有的是批判书中议论的是非和本书著作的真伪。其中考辨真伪的有《鬻子》、《孔丛子》、《曾子》、《列子》、《文子》、《战国策》、《尹文子》、《亢桑子》、《鬼谷子》九种。由于这本书是随笔性的，所以体例不严谨，文辞又拖沓，心得也稀少，在学术上的地位不高。不过，他总是上承柳宗元，下开宋濂、胡应麟的一个人，不能抹杀他的筚路蓝缕的功劳。"

当然，《子略》也存在某些不足。胡应麟曾批评《子略》说："至《握奇》、《鬼谷》，则极其尊信，以真出风后诸人，大可哂也。"《四库全书总目》说："然似孙能知《亢仓子》之伪，而于《阴符经》、《握奇经》、《三略》、《诸葛亮将苑十六策》之类，乃皆以为真，则鉴别亦未为甚确。其盛称《鬼谷子》，尤为好奇。"《子略》在《抱朴子》解题中说："及间观稚川、弘景诸人所录，及《内、外篇》，则往往皆糟粕而筌蹄矣。"高氏对《阴符经》极推崇，而对《抱朴子》全然否定，这是不够恰当的。

二、高似孙的辨伪方法

伪书以子书最为严重。胡应麟云："凡四部书之伪者，子为盛，经次之，史又次之，集差寡……凡子之伪，道为盛，兵及诸家次之。"高似孙上接柳宗元，对多种子书进行辨伪。20世纪30年代，顾颉刚先生曾编辑《辨伪丛刊》，由朴社出版，《子略》列入其中。1955年，《辨伪丛刊》改题《古籍考辨丛刊》，由中华书局出版，选录了《子略》的《鬻子》、《孔丛子》、《曾子》、《列子》、《文子》、《战国策》、《尹文子》、《亢桑子》、《鬼谷子》九种。他对高似孙的辨伪方法进行了总结，"高似孙的辨伪方法，有三点值得注意：第一，高氏能从年代的量度上提出问题……第二，高氏能从资料的比较上提出问题……第三，高氏能注意到古书有缀辑的现象及古书在缀集中的发展"。高似孙对诸子进行辨伪，不但吸收了柳宗元等人的辨伪成果，而且提出了独到的见解，如他对《列子》、《孔丛子》、《亢桑子》等书的辨伪不乏新见；他辨《六韬》不伪，与多数学者的看法不同。高似孙多综合运用多种方法进行辨伪。如辨《孔丛子》之伪，指出《汉志》上无《孔丛子》，这是利用目录辨伪；指出《汉书》注记孔甲事非今《孔丛子》里所见，这是利用他书辨伪；指出《记问》篇载子思与孔子问答之不可能，这是利用所记事实与人物的生平不符来辨伪；认为《孔丛子》其辞差谬多异，驳杂不纯，这是根据一书的文风来辨伪；高氏进一步指出其作伪原因是"好古之癖，每有悦乎异峡奇篇"。由此可见高氏的这一套辨伪方法已较为成熟了。以下对高似孙辨伪方法进行具体分析。

（一）据目录辨伪

《子略》卷三《鬼谷子》解题说："按刘向、班固录书无《鬼谷子》，《隋志》始有之，列于纵横家。《唐志》以为苏秦之书；然苏秦所记，以为周时有豪士隐者居鬼谷，自号鬼谷先生，无乡里、族姓、名字。"高似孙根据《汉志》不录《鬼谷子》，从而对《鬼谷子》

的真伪产生了怀疑。

（二）据年代辨伪

《子略》卷一《孔丛子》解题说："《记问篇》载子思与孔子问答，如此则孔子时子思其已长矣。然《孔子家语后叙》及《孔子世家》，皆言子思年止六十二，《孟子》以子思在鲁穆公时固常师之，是为的然矣。按孔子没于哀公十六年，后十六年哀公卒，又悼公立，三十七年元公立，二十一年穆公既立，距孔子之没七十年矣。当是时，子思犹未生，则问答之事安得有之耶！"[12]高似孙指出《孔丛子·记问篇》中所子思与孔子问答之事是不可能存在的，并根据《孔子家语后叙》、《孔子世家》、《孟子》的记载，说明子思在孔子死后出生。高似孙在《子略》中还对《孙子》有所怀疑，把《孙子》看成是"一切战国驰骋战争、夺谋逞诈之术耳"。对《孙子》的时代与作者的产生怀疑。

（三）据思想辨伪

《子略》卷二《列子》解题说："至于'西方之人有圣者焉，不言而自信，不化而自行'，此故有及于佛，而世犹疑之。'天毒之国纪于《山海》，竺干之师闻于柱史'，此杨文公之文也。佛之为教已见于是，何待于此者乎！"《子略》根据《列子》一书存在佛教思想，而佛教思想在先秦时还没出现，从而证《列子》为伪书。此说影响甚广，黄震的《黄氏日钞》、宋濂的《诸子辩》、姚际恒的《古今伪书考》、钱大昕的《十驾斋养心录》、梁启超的《古书真伪及其年代》、马叙伦的《列子伪书考》等都沿用他的观点。

（四）据内容辨伪

《子略》卷三《战国策》解题说："班固称太史公取《战国策》、《楚汉春秋》、陆贾《新语》作《史记》。三书者，一经太史公采择，后之人遂以为天下奇书。予惑焉，每读至此，见其丛脞少伦，同异错出，事或著于秦齐，又复见于楚赵；言辞谋议，如出一人之口。虽刘向据定，卒不可正其淆驳，会其统归。故是书之泪，有不可而辨者，况于《楚汉春秋》、陆贾《新语》乎？"高似孙认为《战国策》"丛脞少伦，同异错出，事或著于秦齐，又复见于楚赵；言辞谋议，如出一人之口"，发现了《战国策》前后不一、记载混乱的问题，因而对该书产生了怀疑。高似孙又撰有《战国策考》，可惜该书已经亡佚。1973年，马王堆三号汉墓出土了帛书《战国纵横家书》。其中有十一章大体上与《战国策》、《史记》内容相同，其余十六章为逸书。该书的前十四章，保存了已被埋没两千多年的关于苏秦的书信和谈话，为我们考辨《战国策》、《史记》记载内容的真伪提供了有力的证据。

（五）据引文辨伪

《子略》卷二《列子》解题说："刘向论《列子》书，'《穆王》、《汤问》之事，迂诞恢诡，非君子之言'……然观太史公史殊不传列子，如庄周所载许由、务光之事。汉去古未远也，许由、务光往往可稽，迁独疑之；所谓御寇之说，独见于寓言耳，迁于此讵得不致疑耶？周之末篇叙墨翟、禽滑厘、慎到、田骈、关尹之徒以及于周，而御寇独不在其列。岂御寇者，其亦所谓鸿蒙、列缺者欤？"《子略》首先引刘向《列子叙录》证《列子》"迂诞恢诡"；接着根据《史记》不载列子，认为列子其人不是真实人物，而是寓言中的人物；又根据《庄子·天下篇》不叙列子，进一步论证列子非真实人物。

（六）据序跋辨伪

《子略》卷三《尹文子》解题说："仲长统为之序，以子学于公孙龙。按龙客于平原君，赵惠文王时人也。齐宣王死，下距赵王之立四十余年矣。则子之先于公孙龙，为甚明，非学乎此者也。"高似孙根据尹文子先于公孙龙，指出仲长统序所说尹文子学于公孙龙之事并不真实，从而证明《尹文子》之伪。

（七）据史源辨伪

《子略》卷一《曾子》解题说："《曾子》者，曾参与其弟子公明仪、乐正子春、单居离、曾元、曾华之徒，讲论孝行之道、天地事物之原，凡十篇。自《修身》至于《天圆》，已见于《大戴礼》，篇为四十九，为五十八；他又杂见于《小戴礼》，略无少异。是固后人掇拾以为之者欤？"高似孙认为《曾子》的材料来源于《大戴礼》和《小戴礼》，认为《曾子》是后人缀集之书。

又如《子略》卷三《亢桑子》解题说："今读此编，往往采诸《列子》、《文子》，又采诸《吕氏春秋》、《新序》、《说苑》，又时采诸《戴氏礼》，源流不一，往往论殊而辞异，可谓杂而不纯，滥而不实者矣。"高似孙根据《亢桑子》采诸书编凑而成，从而断其为伪书。

又如《子略》卷三《鬼谷子》解题说："鬼谷子书，其智谋，其数术，其变谲，其辞谈，盖出于战国诸人之表。夫一辟一阖，易之神也；一翕一张，老氏之几也：鬼谷之术往往有得于阖辟、翕张之外，神而明之，益至于自放，溃裂而不可御。"高似孙认为"鬼谷子书，其智谋，其数术，其变谲，其辞谈，盖出于战国诸人之表"，指出《鬼谷子》的思想部分源于《易》和《老子》，说明该书是战国之书。

（八）据文辞辨伪

《子略》卷一《鬻子》解题说："然其书辞意大略淆杂，若《大诰》、《洛诰》之所以为书者。是亦汉儒之所缀辑者乎？"高似孙根据《鬻子》辞意淆杂，认为该书是汉儒缀辑而成的。

《子略》卷一《曾子》解题说："又其言曰：'君子爱日，及时而成，难者不避，易者不从。旦就业夕自省，可谓守业。年三十四十无艺，则无艺矣；五十不以善闻，则无闻矣。'质诸'吾日三省吾身'，何其辞费耶？"高似孙将《曾子》中的这一段话与《论语》中曾子所说的"吾日三省吾身，为人谋而不忠乎？与朋友交而不信乎？传不习乎？"进行对比，得出了"辞费"的结论，因而对《曾子》一书提出了怀疑。

（九）据撰者辨伪

《子略》卷三《亢桑子》解题说："孔子曰：'上有好者下有甚焉。'《亢桑子》之谓欤？开元、天宝间，天子方乡道家者流之说，尊老氏，表庄、列，皇皇乎清虚冲澹之风矣，又以《亢桑子》号洞灵真经。上既不知其人之仙否，又不识其书之可经，一旦表而出之，固未始有此书也。襄阳处士王褒来献其书，书褒所作也。按《汉略》、《隋志》皆无其书。褒之作也，亦思所以趋世好，迎上意耶？"高似孙认为《亢桑子》乃襄阳处士王褒为迎合上意而伪撰。

总之，尽管《子略》存在一定不足，如体例不够严谨，对《阴符经》、《握奇经》、《三略》、《诸葛亮将苑十六策》等书鉴别不准确，但高似孙在《子略》中采用的辨伪方法已经比较成熟，在子书辨伪方面取得了一定的成就，在中国辨伪学史上是上承柳宗元，下启宋濂、胡应麟的重要人物。

参考文献

[1] 高似孙. 子略. 丛书集成初编本. 上海：商务印书馆，1939：13，14，24，27，28，31，33，34，36，41.

[2] 顾颉刚. 秦汉的方士与儒生（附中国辨伪史要略）. 上海：上海古籍出版社，2005：193.

[3] 胡应麟. 少室山房笔丛. 北京：中华书局，1958：348，423.

[4] 纪昀，等. 钦定四库全书总目. 北京：中华书局，1997：1132.

[5] 顾颉刚，等. 古籍考辨丛刊. 北京：中华书局，1955：771-772.

[6] 刘固盛. 高似孙《子略》简论. 文献，1998（2）.

[7] 解文超. 先秦兵书研究. 西北师范大学博士学位论文，2005：14.

高校电子阅览室读者骤减的原因分析及对策

张 昱

（武汉船舶职业技术学院图书馆 湖北武汉 430050）

摘要 近年来各高校学生到电子阅览室上网人数呈下降趋势，本文通过电子阅览室读者骤减的原因分析，完善其自身的服务理念，提出增加电子阅览室读者的途径及对策，吸引广大读者，使电子阅览室最大限度地发挥其资源优势和满足读者需求。

关键词 电子阅览室 读者骤减 原因及对策

随着计算机技术的高速发展，高校图书馆纷纷建立了电子阅览室，以满足读者索取数字资源的需求，电子阅览室也成为衡量高校图书馆数字化建设及服务水平的重要标志。但是近年来，各高校学生到电子阅览室上网的人数呈下降趋势，电子阅览室已不再是昔日读者获取信息资源的唯一场所。如何吸引广大读者到电子阅览室，使电子阅览室最大限度地发挥其资源优势和满足读者需求，已成为当今高校电子阅览室的重要课题。

一、电子阅览室读者骤减的原因分析

（一）宣传不到位

电子资源已成为高校师生教学科研活动中主要的信息资源之一，但各高校在建设电子资源的同时，往往会忽视对读者的宣传辅导工作，导致读者对电子阅览室的电子资源缺乏了解。广泛宣传馆藏资源是阅览室的基本任务之一，也是其义不容辞的工作职责。缺乏具体的操作过程、不注重研究宣传的效果和方法、工作人员对宣传的积极性和主动性不高，这些都致使进馆读者在庞杂无序的网络信息面前显得不知所措。

（二）规章制度不完善、执行管理力度较弱

高校电子阅览室一般都对学生开放，由于学生使用频繁，管理工作困难较多，经常会出现一些问题。一般高校电子阅览室都张贴《电子阅览室规章制度》，但其内容都较为笼统和粗犷，缺少具体明确、详细的制度规定。不少学生缺乏文明的行为习惯，喧哗、随意走动、乱扔杂物、私带食品等现象时有发生；有的学生不爱护设备、不按关机程序操作；个别学生不服从老师的管理，恶意破坏机器设备，使得电子阅览室的机器设备不能正常工作。造成这些现象的原因是没有严格细致的制度规定，管理人员执行管理的力度也就大大削弱，只能对这些现象给予说服教育，而这种现象往往伴随着"旧生"走、"新生"来而此起彼伏地发生。

（三）设备落后、维护不及时

电子阅览室计算机配置更新不及时，网速慢，上机环境不理想，无法满足读者的使用需求，有的学生宁愿选择去网吧上网。学生在计算机操作上的能力参差不齐，经常会有意无意地删除系统文件或应用软件，导致系统无法正常运行。再加上人为操作不当等因素，计算机会经常出现硬件故障，如果处理维护不及时，电脑的运行速度自然减慢，甚至出现经常死机的现象，机器使用率大打折扣，就会给电子阅览室的工作带来不良影响，直接导致电子阅览室的读者下降。

（四）电子技术的加速发展和无线网对读者的影响

电子产品和无线网络的普及应用使得读者获取信息的方式多元化。高校除电子阅览室外，还有自己的机房、校外网吧等，个人电脑的普及使得老师在家中及办公室、学生在宿舍都可以上校园网获取图书馆的电子资源。另外，校园无线网的覆盖使师生们可以在校园的各个角落使用电子产品无线上网等。所以，师生们无需再到阅览室也可以上网浏览信息、检索资源、网络娱乐等，这也就导致电子阅览室读者人数的下降。

（五）其他因素

有的电子阅览室没有打印和复印服务，也没有U盘、文件袋等出售，使得学生处理好文件后还要另找别处才能完成手中的工作，这些诸多不便也在一定程度上影响了图书馆电子阅览室的读者量。

二、增加电子阅览室读者的对策

（一）加强电子阅览室信息资源的宣传

读者到阅览室查找和交流信息，首先关心的是本阅览室储存哪些信息资源，自己能否用得上并尽快查找到这些信息资源。本室的馆员应把信息资源的宣传视为一项主要工作来抓，通过多种形式和方法让读者顾名思义、一目了然。新生入校后，电子阅览室可以进行新生入馆教育，可以在电子阅览室入口处或电子阅览室管理员处放置印刷精美、语言简洁的图书馆资源宣传册。这种宣传册如果是资源汇总，可由图书馆自己设计印制，如果是单个数据库的介绍，通常也可以向数据库商家联系获取。除此之外，可以在电子阅览室组织新生熟悉上网搜索工具的使用、熟悉图书馆网站和各个数据库的用途和检索方法。

（二）完善规章制度、加强执行力度

科学合理的管理制度是确保电子阅览室有效运行、有序管理的关键。加强读者管理是电子阅览室管理的重要内容，高校图书馆除了要制定《电子阅览室规章制度》外，还应针对上网读者专门制定规范读者行为的《上网需知》和《注意事项》，以确保电子阅览室工作正常有效地进行。电子阅览室是为学生服务的，良好的上机环境需要管理人员和学生的共同努力来营造，需要制定一个好的规章制度并做好学生工作，使之自觉遵守。学生应服从老师的管理，教师也要经常提醒学生进入电子阅览室后，保持安静、整洁，不大声喧哗、不随意走动；不随意吐痰、乱扔杂物。电子阅览室的管理人员要经常巡视机

房和及时进行检查,对有违规行为的学生首先进行耐心的指导,而对屡教不改的学生则要进行严厉的批评与教育,对刻意进行破坏、造成硬件损坏的学生应照价赔偿并给予适当的处罚。

(三)加强计算机管理和维护,培养学生爱护设备的意识

为加强对计算机的管理,在学生上机过程中,可以规定学生按所登记的座位号入座上机。不允许乱串机器,可以有效地防止计算机附属设备的丢失,同时培养学生爱护机器的好习惯。在管理软、硬件方面,应设立专职维护人员,由其负责软、硬件的日常维护。为了满足每个学期工作的需要,在学期开学前应对全部计算机软、硬件逐机检查。正确使用 CMOS 加密,令恶意的破坏无法进入或修改程序,使用还原卡保护启动盘上的系统文件;安装 Ghost 软件,经常做软件备份和恢复。当电子阅览室教师发现计算机出现故障时,应及时登记,通知维护人员进行检查维修。用电要由专门的管理人员负责,定期检修线路。不管电子阅览室电缆布线和电源插件板是否完好,由于存在老化问题,都应该在 5 年左右彻底更换一次,这样才能避免引起火灾。同时,也要注意特殊天气时的用电安全,在遇到雷电等特殊天气时,最好暂时关闭电源。要根据电子阅览室的大小配备灭火器,以备发生紧急情况时使用。

(四)依据不同读者群的需求,提供多元化服务

首先,根据读者的多样化上机需求,电子阅览室计算机应安装常用应用软件,如 Word、Excel、PowerPoint、FrontPage、PhotoShop、3D Max、CAD 等,以满足读者编辑文档、表格应用、多媒体制作、网页设计、图片处理、设计制图等需求。

其次,电子阅览室的重要功能之一是检索信息,读者可通过网络查阅自己需要的资料信息,并根据需要随时下载或将资料打印出来。因此,占用一点空间配置打印机、复印机等设备也是满足读者之需。

再次,在电子阅览室至少有一半读者是上网聊天、收发 E-mail 或进行网络游戏。有的读者希望在电子阅览室听音乐、看电影,以达到实现课外娱乐、放松身心的愿望。因此,提高上网速度、配置摄像头等网络交流软件非常必要。

(五)加强电脑硬件、软件的维护与升级

硬件设施的正常运行和软件系统的维护升级是搞好电子阅览室管理的基础,也是提高电子阅览室利用率的重要途径之一。例如及时更新显示器、内存、CPU 等,及时升级 AdobeReader、CAJViewer 等软件。

(六)免费服务

为教学、科研人员和学生服务是高校图书馆最基本的职能。无论是过去、现在,还是将来,这一职能都是无法改变的。作为人类智慧的结晶,并积累储藏于各高校图书馆的图书资源,就应该无偿被教师、科研人员和学生所利用,这是每所高校图书馆不可推卸的责任。电子阅览室和普通阅览室有着共同的服务对象、服务内容及服务宗旨,所不同的只是服务形式上的差异。电子阅览室是让读者利用计算机网或在单机上阅读电子刊物,而普通阅览室是让读者阅读纸质读物。纸质读物提供的是免费服务,所以电子阅览

室提供免费服务也应该是大势所趋，必然成为吸引读者的重要途径。

总之，时代在发展，图书馆人也要与时俱进，积极探索、开拓图书馆发展的新方向，电子阅览室是高校图书馆时代发展的产物，也应该随着时代的发展而发展，不断改变其存在的方式、完善其自身的服务理念，更好地适应读者不断变化的使用需求。

参考文献

[1] 潘秀琴. 网络时代高职院校图书馆读者服务方式的转变. 图书馆论坛，2007（1）：124-125.

[2] 叶茜. 论高职院校图书馆数字资源的合理建设. 图书馆，2011（2）：126-127.

[3] 王艳玲. 图书馆电子书资源建设若干问题探讨. 图书馆工作与研究，2011（6）：64-66.

[4] 隋移山. 解析电子资源发展政策与实践——以山东大学图书馆为例. 大学图书馆学报，2013（4）：49-53.

高校图书馆创新服务过程中的问题浅析

司苗苗
（湖北生物科技职业学院图书馆　湖北武汉　430070）

摘要　高校三大支柱之一的图书馆是师生教学科研的重要场所，在高校谋求长远健康发展的过程中发挥着极其重要的作用。服务能力直接可以反映图书馆的水平及高校的办学能力和层次，图书馆若能做好服务工作，并在工作中增强创新意识，将促进读者知识层面、精神层面及其他方面素质的大幅提升，使读者形成正确的人生观、价值观，进一步促进校园文化建设及高校的可持续发展。但是在图书馆管理中突显出的很多创新服务中，不管是在管理的可操作性上，还是在读者的接收能力上，都存在着一些问题。本文就这些问题做一简单梳理，试图找到图书馆服务创新更合适的落脚点。

关键词　图书馆　创新服务　改进

创新是这个以服务业为主流的时代主题，图书馆业乃至图书馆人在社会经济高速发展而带来的物质繁荣背景下对行业的大胆创新是时代发展创新精神的具体体现。但由于服务的跨行业比较，高校读者对图书馆所提供的服务质量和内容将不断提出更高的要求和标准，图书馆人也有更多的责任和义务去最大化满足读者的要求，想读者之所思，做读者之所需，真正地做好图书馆事业。

一、图书馆服务创新的主要内容

（一）服务理念创新

服务理念是服务的根本，它决定着服务的方式、对象、范围等方方面面，由于服务理念的差异，服务的质量、效果会完全不同。图书馆服务理念从传统的"以藏为本"到"以用为本"，体现在图书馆的工作方式、工作效率、工作质量上是大相径庭的。目前，高校图书馆服务理念创新的核心是"以人为本"。近年来，各高校图书馆把"以人文本"的服务理念常抓不懈，时刻将这种理念作为图书馆发展的力量源泉，并完成相应的创新目标，实现高校图书馆的优质化服务。

（二）服务方式创新

图书馆服务方式的创新主要体现在从面对面服务向网络平台服务转变。面对面服务是一种传统的、相对落后的服务方式，读者必须来到图书馆才能接受这种服务。它主要以藏、用为主，而不是以读者为本，占用了读者大量的时间。随着图书馆服务理念的更新，图书馆职能的丰富，节约读者时间成为图书馆员的主要任务。因此，面对面服务这

种传统服务方式正在被快捷、方便的网络服务方式所取代。网络服务方式主要是通过图书馆建立自己的门户网站来实现。读者可以足不出户地登录图书馆网站，向图书馆员提出问题，接受图书馆员的服务。目前，网络平台服务的交流方式主要有解答式和交互式两种：解答式是比较基本而初步的服务方式，如 FAQ（常见问题答案）；交互式是图书馆员在网络上与读者进行的一种实时交流，如 E-mail、腾讯 QQ、微博、微信等。

（三）服务内容创新

图书馆服务内容创新主要是从泛化的文献服务向个性化的知识服务转变。泛化的文献服务是指图书馆员利用馆藏资源向所有读者提供相同的、泛化的文献资料，提供的大多是相关文献而不是读者所需要的特定知识和文献，不考虑或很少考虑特殊读者的特殊需求。个性化的知识服务融入了图书馆"以人为本"的创新理念，图书馆为读者提供一种深层次、个性化的知识服务，以人为本，充分考虑不同读者的不同需求，有针对性地提供读者所需要的知识，而不是相似文献。

（四）服务对象创新

图书馆服务对象创新是指从面向以往的单一读者群到面向大众人群。以前，很多人对高校图书馆服务对象的认知是极为有限的，这很大限度上制约了高校图书馆服务的发展。但是，由于各种迎合读者需求同时发挥图书馆功能的创新服务模式不断推出，图书馆服务的对象、领域也在持续扩展。例如，高校图书馆与公共图书馆的馆际互借、文献交换等吸引到更多的校外读者；图书馆为企业负责人及科技人员提供的服务；高校校友毕业后也可享受学校图书馆的服务；图书馆向本校离退休教授、专家学者的免费开放等。这些服务对象创新使得高校图书馆的服务功能更加强大，读者群也更加宽泛，这是可喜的趋势，也是我们应该继续努力的方向。

二、图书馆创新服务过程中所遇到的问题

（一）理念流于形式

理念没有深入馆员思想，空有口号，流于形式。图书馆缺乏宣传引导，没有将理念贯穿于校园校风学风建设中，学生在思想上没有完全明确创新的必要性，没有创新意识引导，缺乏怀有报复，以创新为荣，为之努力的热情。长期下去，馆员缺乏创新思维、创新技能培养的土壤，图书馆对学生的吸引力不足，学生自然而然地降低了自身对图书馆的知识需求，从而再次进入服务的恶性循环中，馆员积极主动性不高，图书馆馆员实际践行服务理念的行动越来越少，服务模式便很难完全打开，服务效果也大打折扣。

（二）技术人才的制约

图书馆馆员中缺乏专业技术人才也是发展的阻碍之一，尤其是在高职院校图书馆，专业技术人才的缺乏导致图书馆的服务模式效果很不理想。有相当部分的高职院校图书馆只有一两位专业技术人员，他们不但要负责维护图书馆自动化系统、网络等设备的正常运行，还要考虑馆藏数据的准确性、一致性，同时需要保证馆藏资源质量以及考虑更多服务模式的开展，最大化推动图书馆的服务质量等。这些事务由仅有的一两名专业技

术人员全部承担，给其造成了沉重的负担，使得他们没有空余时间去充实自己，也没有更多时间去思考图书馆文化氛围的逐渐形成过程，最终导致整个图书馆内部服务效率低下，创新服务模式完成的质量不高。

（三）经济上的制约

传统图书馆的服务都是无偿提供的，随着图书馆服务模式的大胆创新，图书馆的网络平台服务模式逐渐替代传统的面对面服务模式。但由于大多数创新服务模式中的服务内容都需要读者经济上的投入，如手机图书馆的使用必须依赖于网络运营商的平台，手机图书馆在提供服务时不能做到像其他图书馆服务一样免费，而需要读者自己出钱购买一定的网络流量才可享受服务。加上网络上免费资源的大量涌入，除非需要非常专业的文献资料，一般情况下读者会很少使用这些创新服务模式中的服务内容。

三、对图书馆创新服务的建议

经济、人才、环境等客观因素严重制约了图书馆创新服务模式、内容的全面展开，影响到图书馆"以人为本"服务理念的深入践行。但是作为图书馆人，我们可以另辟蹊径，在更广阔的空间内充分发挥图书馆人智慧，发扬团体合作精神，将图书馆服务工作推向读者心里，让服务成为图书馆的重要符号。

（一）进一步创新服务种类

随着图书馆的发展，除了文献传递、参考咨询、即时通信等传统的服务种类，图书馆亦可将讲座服务，文化展览等多种服务类型逐渐引入到读者服务中来。与图书馆其他服务内容相比，讲座有着信息量大、反应及时、交流性强、普及面广的特点，这是图书馆讲座受到社会各阶层的广泛认同和好评的原因，也是吸引读者的关键所在。利用馆舍而举办的传播传统文化和现在文化的一些展览，既是文化宣传的阵地，更是服务读者的重要形式。这些服务种类以往在公共图书馆应用得较多，将其引入到高校图书馆，不但陶冶了读者的情操，对校园文化的建设起到了促进作用，同时也能加强读者对图书馆的感情，更好地发挥图书馆校园第二课堂的作用。

（二）服务工作的细致化

服务模式的多样化以及服务对象的拓展，要求高校图书馆必须进一步丰富服务内容和细化服务方式。现代社会，人们在享受高质量物质生活的同时，也要求享受高质量的文化精神生活，而便捷、轻松地获取知识信息就是重要的组成部分。高校图书馆可对不同的服务对象采取不同的服务方式，将在校生读者和特殊读者区别对待，帮助读者更快地获取知识信息，当然这是与均等化服务不相冲突的。

例如，图书馆可成立专门的办公室服务于企业负责人和科研人员，对于企业急需的专业文献，利用本馆电子资源检索方便、更新及时、信息量大的优势，与企业有关人员合作，检索、筛选相关文献信息，积极主动地支持企业自主创新，研发新产品，让企业享受文献传递等方面的优先权，同时对于企业借助图书馆研发的新产品，图书馆可将其收存入数据库，方便馆藏读者的使用。当然这是以不侵犯知识产权为前提的。

再如，在图书馆内可设立离退休教授专家阅览室，提供检索、查阅打印、电传等一系列优质服务，并供应茶水，以方便老教授、专家们集中精力完成阅览、研究等专业性工作，对部分体力不支等因素不方便到馆阅览的人，还可派工作人员送书上门，或将他们所需的文献以电子邮件的方式发送。图书馆要经常征求他们对图书馆服务工作的意见和建议，不断改进服务工作。

（三）服务理念的实用化

图书馆的发展要契合图书馆事业自身的规律，即要以读者和社会需求作为出发点，这其实也是图书馆服务中所强调的"人本理念"。印度图书馆学者阮冈纳赞提出"书是为了用的，每个读者有其书，每本书有其读者，节约馆员和读者的时间"。这一观点形象地说明了图书馆的核心服务理念便是为读者服务、以读者为中心，所有的馆藏建设、读书活动、服务模式都应该建立在读者的需求上。先进的服务理念要通过思想的自我改造来形成，当我们把"读者第一、服务至上"作为思考和工作的出发点，接下来的困难和弱点就都可以通过因地制宜的工作实践来克服。

（四）重视创新人才的培养

从传统图书馆一路走来的落后的服务模式及服务配套设施能否在短时间内迎头赶上，首先要创新服务理念和模式，但是深入新理念，进入创新服务模式的良性发展，最关键还在于人。从高校图书馆发展的角度上来说，图书馆不仅要有高学历、高水平的馆员，还必须考虑是否能拥有和培养出具有创新意识的人，可以不落窠臼地发展图书馆事业。而挖掘和培养人才需要我们打破常规和条条框框，这些也是图书馆实实在在的创新，只有创新才能突破传统的僵化思想，才能挣脱体制和条件的束缚，谋求事业的发展和飞跃。

参考文献

[1] 李素梅. 基于知识图谱的图书馆服务创新研究热点与前沿分析. 现代情报，2012（12）：99-104.

[2] 淘涛. 浅析面向移动互联网的图书馆服务创新. 浙江高校图书情报工作，2012（4）：52-54.

[3] 康英姿. 以人为本的高校图书馆服务创新研究. 中国科教创新导刊，2012（35）：254-253.

[4] 谢彦君. 从延伸服务的发展谈图书馆服务创新. 管理科学，2012（2）：175-176.

高校图书馆流通管理的现状及对策

汪 琴

（武汉城市职业学院图书馆　湖北武汉　430064）

摘要　21世纪将是图书馆形成社会知识中心的世纪。随着新技术革命和社会日趋信息化，高校图书馆的管理与服务水平日益显示其重要性。作为知识宝库和国家知识基础设施重要组成部分的图书馆，其传统的服务已不能适应现代经济的发展，满足不了现代读者的多种需求，其服务必将从传统的文献服务转化为知识造取与存储、知识重组与再生产、知识配送与输出为内容的服务。为了探索高校图书馆服务工作的规律和发展趋势，更好地确保高校图书馆发挥自身作用和功能，我们有必要在这一方面作进一步的探讨。

关键词　高校图书馆　流通管理　问题　对策

一、高校图书馆流通管理的现状及问题

随着现代网络技术引入图书馆管理中，提高了图书馆管理效率，但同时也引发了一些矛盾。这些矛盾可以从三方面来分析，分别是计算机管理系统在流通服务中出现的问题、读者方面存在的问题以及系统软件和设备方面问题。

（一）计算机管理系统在流通服务中出现的问题

计算机管理系统在图书借阅的行为是在计算机的广泛运用之后产生的，它被运用于图书借阅活动中并没有很长的历史，还存在非常多的漏洞和问题，需要人们在使用的过程中一步一步地去发现和解决问题。

由于计算机管理系统的漏洞和差错，在图书管理中出现了以下一些问题：①读者借阅图书，可是电脑上没有记录；②读者归还图书，可是电脑上没有消除记录；③将A读者所借的图书借到B读者的卡上；④读者借的A书，可是电脑记录上显示的是B书；⑤经检索该书在馆，可是进库取书没有该书；⑥读者从书库取来的图书要借阅，可是该书在电脑上显示不能借阅状态；⑦读者办完借阅手续，进行了消磁，可是经过防盗系统响个不停，有时消很多次磁才能消除磁性。这些问题在大多数的高校图书馆中都存在，它们严重地影响了图书馆的服务质量，降低了读者对图书馆的满意度。我们应该对这些问题引起高度的重视。

（二）在读者方面存在的问题

图书馆直接服务对象为读者，图书馆书库管理工作也体现在对读者的管理上，但是目前读者工作存在很多问题。

1. 读者不了解排架的方法造成乱架

学生大多不了解中图法的分类和排架方法，有时候进入书库中一下子拿取很多书，在翻阅取舍后丢弃些不需要的图书，这些图书往往都是随意地往书堆里一插，这样取书和归位往往发生错误，造成图书乱架。还有的读者，看到哪里就把书丢到哪里，随意性很大，常常造成满书架都是学生抽取出来的图书，随意堆放着。

2. 读者藏书的现象比较普遍

由于到馆的新书和大量的读者相比，数量较少，势必造成图书的供不应求，基础课程的辅助教材更是如此，所以个别读者会为了下次方便自己阅读而故意寻找一些较偏的地方藏匿那些自己需要的图书，这样就会造成计算机查询到馆藏显示有书，而书架上无书的局面，造成文献资源被个人所占有、无法实现共享的浪费，为此读者意见很大。

3. 图书乱架、破损、丢失的情况呈上升趋势

随着开架的借阅，图书的流通量不断上升，读者群人数不断增加，新书上架往往不久就会破损、开页、被涂改等，甚至出现"失踪"的现象，明明馆藏记录有书存在，但就是找不到，究其原因，无外乎就是读者阅览完了以后，随手放在别的书架上，或者带出馆外。

4. 借阅证件管理不善，丢失、损毁现象严重

在高校图书馆中，借阅证是读者借阅图书的唯一凭证，必须妥善保管。但部分读者未能很好地予以保管，致使借书证条码磨损、模糊不清，严重影响了正常的图书借阅。有的读者出于个人感情，将借阅证轻易借人，致使图书丢失或延期不还，产生诸多连带问题；有的读者将借阅证丢失，又不愿及时挂失和补办，而丢失的借阅证又被其他读者捡到，甚至冒名借书，致使图书丢失。而图书馆只能按照规定向证件原持有人索赔，这便极易造成图书馆与读者之间矛盾紧张。

（三）系统软件和设备方面的问题

办理借阅图书的电脑、浏览图书的查阅系统等一系列图书馆所使用的轻、硬件设备都有可能出现故障，而这些故障都会为图书的流通工作带来麻烦和困扰。第一，计算机图书管理系统经常出现死机和网络不通现象，使正常的借还手续不能进行。由于担心读者超期或遗失等问题，每次出现问题时，图书馆员先用手工操作一下，等系统好了以后再进行电脑操作。第二，系统缺陷。自动化管理系统还有缺陷，有时计算机硬件会出现某些问题，而一旦出现问题，整个系统陷入瘫痪状态，除了长时间不能办理借还等手续外，还会出现其他较严重的后果，有时候会将前几天的借还罚款等记录都抹掉。第三，门口警报系统缺陷。读者借阅图书，进行消磁后，出去不响，进来时却响了，有的书要消很长时间或好几次才能消除磁性，有时警报系统无缘无故响了，这些都严重影响图书馆的阅读环境。

二、图书流通过程中产生问题的原因

图书流通过程中出现问题的原因多种多样，主要是客观条件的限制、管理人员本身的问题以及读者自身的问题。

（一）客观条件的限制

1. 图书管理系统设备陈旧

图书管理系统设备陈旧，更新换代不够及时，致使系统运行过程中经常出现稳定性差、死机、网络不通等现象，造成系统整体瘫痪，致使长时间无法借书。待系统恢复后还会出现借、还书记录错误，甚至出现借、还书都在同一天的情况。

2. 报警与监控系统存在缺陷

图书馆的报警系统设计不完善，无法发挥真正的监控作用，成为名副其实的摆设。读者在借书消磁以后，报警系统仍然鸣叫不止，有时报警系统还会无故自鸣，成为噪声，直接影响到图书馆的整体环境，破坏良好的阅读和学习氛围。

3. 条形码破损、老化严重

条形码是识别每本书的唯一标志，由于条形码是伴随书一起被反复使用的，许多热门书、小说书、计算机和外语类书籍，因借阅人数较多，书上的条形码很快模糊不清，扫描枪不能扫描，只能手工输入，在借阅高峰时容易出错。

（二）管理人员本身的问题

1. 工作人员责任感不强，粗心大意

有些图书馆员在操作时只顾扫描，不注意核对实物书与屏幕显示的书目，一旦遇到有问题的书也看不到；遇到条形码破损的证件、书需要手工输入的，也不认真核对输入数据是否正确，所以造成漏借漏还、错借错还。我们多年来在工作中发现漏借图书是由于工作人员粗心的情况主要有几种：①超过册数，电脑设置已借不进，工作人员没有注意提示，将不能借阅的图书作为已借阅的图书让读者带出馆；②价格昂贵的图书有提示，许多工作人员不按"确定"，连续扫描，造成下一本书变成"遗漏处理"；③电脑设置不能借阅、只能阅览的图书，读者不知道而将该书和其他图书一起拿到服务台办理借书手续，工作人员没有注意到，将没有记录的图书一起交给读者；④由于加工时出错，有些书不能借阅，因为读者借好几本书，工作人员没注意到其中一本书不能借阅，也将没有记录的图书借出去了；⑤扫描时响了一下，屏幕上没有显示，工作人员不看屏幕，将没有扫描的图书借出去，反之漏还和错借错还图书基本也是如此。

2. 操作不熟练

领导不重视图书流通岗，在中午和晚上图书借阅高峰时，却实行馆内人员轮班制，有的人一星期只值一次班，根本不可能对借还岗工作有经验，并认为借还工作很简单，所以不认真对待，加上图书馆工作人员流通性很大，不断有人离开，也就不断有新人进入，新进人员素质参差不齐，有的人即使经过长期的培训和教育，也只是勉强胜任工作。

3. 图书加工时出错

由于人手少，图书馆很大比例的图书请外面公司的人员和学生帮忙输入，他们往往只会打字，不懂图书馆业务，加上粗心，很大一部分图书录入出错，主要表现为几种情况：①不能借阅状态，许多新手由于老师教时没有认真听讲，在图书输入时，没有按上能借阅状态，致使许多图书不能借阅；②由于每本书要贴两张条形码，有的人将两张条形码贴在了两本书上，还有的人一本书上贴了两张不同号码的条形码；③有的书条形码贴了，根本没有输入电脑；④有的书乱套数据，书与电脑显示的数据根本不一致。

（三）读者自身的原因

1. 读者公共意识淡薄

近些年，虽然国家大力倡导素质教育，但应试教育的影响并不能在短时间内消除，只注重分数而忽视道德教育的问题仍然比较突出，再加上一些家庭对独生子女的溺爱，导致部分学生养成了自私自利的毛病，爱护公物的公德意识薄弱。

2. 读者不良心理作祟

虽然绝大多数学生在思想意识上能明辨是非，但自控能力又相对薄弱，因此不能很好地把握自己，造成观念与行为上的矛盾冲突。尤其是近些年来，随着纸张价格的不断上涨，图书价格也一路飙升，而学生们的生活费用有限，没有能力买比较贵且实用的专业书籍或其他书籍，才想到用不良手段占有学校的公共资源，这是造成图书破损和丢失的主要原因。

3. 传统教育模式影响

有些教师和学生都习惯于在书籍上划重点、留批注，这种不良习惯导致部分读者在图书借出以后视为己有，不自觉地留下墨迹；还有一部分读者看到他人在书上直接勾画或做题并没有受到严惩，自己心理失衡，也便在图书上或多或少地留下痕迹，这种由于心理失衡产生的从众心理也是造成图书破损的重要原因。

4. 馆藏资源相对稀缺

随着近些年高校的持续扩招，师生人均书籍占有量呈逐年下降趋势，再加上图书价格逐年上涨，而图书馆资金有限，无法大量购买复本，致使读者的阅读要求得不到及时满足。所以，图书超期不还、毁损问题层出不穷。也有的图书馆为节省资金，购一些质量较差的图书，这些图书纸质差、装订工艺差，很容易出现脱页、书脊开裂等现象，这也是造成藏书容易破损的原因之一。

三、完善图书馆流通管理的对策与建议

（一）提高馆员的综合素质

定期举办培训班或讲座，引进别馆的先进经验，也可以组织馆员去别馆参观考察，实行对口交流，馆员的业务能力直接关系到未来图书馆的发展，从文献的采购、加工、整理，到信息的有效组织，再到信息的管理和服务，这都需要一支高水平的专业队伍作为基础和保障。同时，不断地引进优秀人才，做到人尽其才、才尽其用，实行"末位淘汰"的激励机制，激发馆员的工作热情，转变工作态度，全身心地投入工作中来。

（二）健全各项规章制度

完善图书馆内的各项规章制度，建立明文的奖惩制度，对工作表现出色的同志给予表彰和奖励，在全馆内树立榜样，让师生参与到评选图书馆先进工作者的活动中来；同时接受师生的监督，对工作吊儿郎当且屡屡犯错误的同志给予适当的批评，甚至经济处罚，更为严重的可将其调离原来的工作岗位。

（三）对学生加强辅导与教育

在图书馆的醒目位置摆放详细的借阅指南，定期开办检索课，对读者正确使用图书

馆的设备进行辅导，教会他们使用检索设备在最短的时间内找到要借阅的书；同时在每个书库门口张贴详细的库内说明，使学生对每个楼层、书库的功能都能够详细了解；也可以采用幻灯片、录像等形式在图书馆大厅中滚动播放，让学生加深印象。

（四）工作人员勤于库内巡视，发现问题及时纠正

书库内的工作人员要加强巡视，将读者把看完的书乱丢、乱放的行为予以及时纠正，发现残破的图书要及时下架修补，乱架的图书要及时归位，做到不让一本残破书或者书标脱落的书上架。同时，对在书库内大声喧哗和在书库内接听手机的同学要进行劝诫，保持书库内一个良好和安静的环境。

（五）组织读者来图书馆参观、学习

加大图书馆的宣传教育力度，培养读者利用图书馆的能力。馆员的工作职责不仅仅是对馆藏书籍的管理，同时还包括向读者进行馆藏资源利用的宣传和教育。图书馆在整个学校的教学体系中，有着其他部门不可替代的作用，它是知识的积累、更新和快速传递的桥梁。图书馆应当将读者培训当做大事来抓，对新入校的学生，可以分期分批地组织他们参观学习，教育他们如何合理地利用图书馆的馆藏书籍，还可以定期开展讲座，教授学生利用馆藏设备进行资料检索，增强读者的文献检索与利用的能力，培养读者自助的观念，让读者知道如何快速地找到它所需要的书，在节省读者时间的同时也减少了借书的盲目性。

参考文献

[1] 廖丽艳. 高校图书馆流通管理系统中出现的问题和对策. 河南图书馆学刊，2006（1）：95-97.

[2] 王素琴. 图书流通借还差错的原因及对策. 无锡职业技术学院学报，2007（10）：37-38.

[3] 郑小蓉. 关于我校图书流通服务工作中存在的问题与解决措施. 湖南科技学院学报，2008（2）：242-244.

[4] 邹常诗，景淑华. 减少图书流通差错方法谈. 山东图书馆季刊，1993（1）：34-36.

[5] 刘澂. 高校图书馆人为损毁、丢失图书现象及对策讨论. 贵图学刊，2004（4）：24-25.

[6] 柳文霞. 从图书丢失损毁谈高校图书馆的诚信教育. 科技情报开发与经济，2007（14）：78-79.

[7] 陈竞. 高校图书馆在图书流通管理工作中的问题及对策. 中小学图书情报世界，2009（1）：46-47.

[8] 杨晓东. 高校图书馆藏书损毁丢失情况探讨和个人防范建议. 甘肃科技纵横，2010（2）：108-109.

[9] 许赛璐. 论高校图书馆图书流通的管理创新. 科技情报开发与济，2007（5）：78-79.

[10] 陈平. 高校图书馆图书流通管理和服务的思考. 图书与档案，2011（21）：632.

高校图书馆图书采访工作中的问题与对策

王铁莺

（武汉铁路职业技术学院图书馆　湖北武汉　430205）

摘要　文章分析了制约高校图书馆采访工作的因素，并强调了对图书馆采访调研的规范化、科学化、特色化，从实际工作出发创新采访策略，提出新时代图书馆采访工作的应对措施，以提高图书的利用率，更全面满足高校读者的需求。

关键词　高校图书馆　采访工作　策略

一、图书采访工作所面临的问题

（一）资金紧张、书价上涨

长期以来，困扰图书采购工作的一直是资金紧张和书价上涨两大问题。近年来，各馆的购书经费都有不同程度的增加，但购书经费提高的幅度一直跟不上书价上涨的速度。怎样以有限的资金去购置能满足教学和科研所需的大量图书资料，有的馆采取了舍书保刊、压缩副本保品种的做法，但这样做不可避免地出现了文献信息资源的断层现象，严重影响了图书馆藏书的连续性和系统性，削弱了图书馆的社会服务职能和教育职能。

（二）图书市场空间繁荣，内容质量良莠不齐

图书的大量涌现给图书市场带来了空前的繁荣，但繁荣背后也有不同程度的负面影响，好书多了自不必说，庸书多了却给图书采购工作造成很大负担，而坏书多了就一定会对社会造成危害。例如，盗版书和一稿多投的重版书，不仅质量低劣、内容平庸，对读者没有多大用处，而且给采购人员造成了视觉混乱，加大了工作量。不仅如此，这类图书的购入，还会造成购书经费的浪费，使本就有限的经费显得更加捉襟见肘。而这种图书上架后，也会被束之高阁，遭到无情闲置，造成入藏文献的重复而受到读者的非议。

（三）部分学科经典、前沿著作未被采购

图书馆最重要的职能是向读者提供他们所需借阅和查询的图书资料，但有的时候也会出现老师和学生在图书馆找不到他们所需的图书资料，但这些图书资料又并非特别冷僻，而是各学科的经典著作或有代表性的最新著作。之所以出现这种现象，其原因有：①图书馆机构管理上的漫不经心；②采购人员与读者间的沟通渠道不够畅通；③缺乏严密的组织管理和严谨的采购流程。

二、加强对图书采访的调研工作

从整个图书馆藏书体系来说，要达到藏书建设规范化、科学化、特色化仍任重而道远。这种长期的、持续性的工作，一定要在科学的政策指导下、在大量的科学调查的基础上来实施。因此，图书采访中的调研工作是不容忽视与省略的，它是制订预定书目之前的重要前期工作，应该纳入采访工作的日常程序中去。所采购文献是否合适、藏书结构是否合理、数量与质量的关系如何等这些都是要调研的内容。

（一）藏书量的调查

藏书数量是开展文献信息服务的基础和必备条件，也是形成图书馆规模的基础。每年图书馆购书总量虽然受到经费的限制，但也要把握高等学校图书情报工作指导委员会的文件精神："大学生每年人均藏书量为3～5册，以此初步拟定图书馆每年总的购书数量及购书经费。"在现有藏书量的统计基础之上，逐年对比分析，适时调整当年购书数量。

（二）深入各系部学科的调研

各专业的采购量虽然受到出版信息的约束，但也要科学地选择与取舍。以采购人员的个人偏好，无量化、无标准化地选购，势必造成某些专业购书量过分膨胀，严重影响藏书质量。为确保藏书质量，应根据专业设置情况和各专业学生人数，制订出各专业学科采购册数和种数的比例计划，依照这一数据，量化购书；依据上报学校的教师科研项目，可以作为近期重点采购对象。

（三）做好馆藏图书的分类统计

做馆藏的图书分类统计，不单单是统计人员的工作，采访人员也应做出相关统计。可以年度为单位，按照馆藏图书的学科布局，统计出各年度各学科进书种数、册数及百分比数。这样才能以重点学科为中心，以原始收藏为支撑，根据本校学科性质及时调整馆藏的结构。

（四）读者需求的调查研究

对于中小型图书馆来说，购书经费有限，在文献量剧增、文献类型庞杂、书刊价格飞涨的困境下，坚持"藏以致用"、"以用为主"、"以用定藏"的藏书建设方针，无疑是藏书建设的上策。

读者对不同图书的需求，构成了藏书体系的各个组成部分，而满足读者对图书的需求也是衡量图书馆最佳藏书结构的标准之一。所以，重视读者的需求，才能达到最佳的购书效果。征询读者意见成为采访的重要环节。采访人员不应躲在图书馆的角落，要走出来与读者多交流、多沟通，与流通阅览部门相配合，做出读者图书利用率的调查分析，以掌握读者的读书动向，及时调整购书中的偏差。

对于高校读者可以从知识结构、开设课程和科研项目三个方面着手调查，采取多种形式进行调研，如深入各系部教研室面谈、采用座谈会形式、做读者问卷调查、调用读者借书利用率的统计数据、网上发布并征集新书信息等。

三、网上采购将成为新的采访方式

随着信息化时代的到来,不出几年,网上采购将成为高校图书馆采购的主要模式。而我们作为新时代的高校图书馆,应该做些什么准备工作来迎接这个挑战呢?

(一)必须更新采访观念

20世纪的图书馆在很大程度上是以馆藏丰富来赢得声誉的,增加藏书量是图书馆的工作重点。而21世纪的图书馆将摆脱传统的以书为中心的管理模式,以"以人为本"为宗旨,围绕读者用户的广泛多样的需求,有针对性地开展各种形式的服务活动,依靠先进的科学技术向读者提供知识信息。为此,采访工作必须破除"小而全"、"大而全"的观念,转变一校一馆在自我封闭状态下进行馆藏建设的方针,开展协作协调,共建共享,联合保障。如何享用网络上数以万计的图书信息,更好地开发和利用网络资源为读者所用,与馆藏文献资源互为补充,这是图书采访部门所面临的一个新问题。面对目前国内图书市场无序化的竞争状态和中文理科图书购买艰难的情况,我们的采访观念必须更新。

(二)图书馆的硬件与软件要跟上

图书馆要实行网上采购,必须得有计算机自动化管理系统,具备连接因特网的基本条件,解决通信线路的带宽、本馆数据库与网上书店书目数据共享、网上电子经费结算等问题。要改进软件,开设"采购查重"窗口,其目的是将本馆原有采购库中的所有数据转化成为网上共享数据库,使其与网上数据模块接轨,在网上采访中作为一个独立的窗口和"网上书店"同时进行图书采访工作。

(三)对原有采访人员进行培训

在新的网络信息环境中,对采访人员的要求越来越高,需要他们掌握电脑和网络知识,掌握网上查询、网上编目、网上结算等技能。还需要他们在掌握图书情报知识的基础上,掌握和了解多学科知识和外语知识。同时,采访人员还必须具有强烈的事业心和责任感,随时了解国内外科学技术的新进展,迅速准确地采集到高质量的文献信息。德国高校图书采访工作要求既学有专长又有图书馆学位的高级馆员担任;美国高校图书馆中2/3的馆员除已获图书馆学硕士学位外,还具有第二硕士或更高学位,他们实际上是各学科的专家,其最重要的工作就是选书。因此,有必要对原有采访人员进行网络知识、技能、外语和职业道德等方面的培训。

(四)建立灵活的反馈协调机构,做好与读者、网上书店之间的友好交流

图书馆是为读者服务的,"一切为读者着想"是图书馆的宗旨,文献建设更离不开读者的参与。在我们图书馆的每个阅览室和书库都有读者推荐书目表和读者意见本,24小时开通的计算机网络上也有读者信箱,这些都可供读者发表意见、推荐图书和对馆藏提出好的建议。另外,还有一批固定的教师、教授、博士生队伍为图书馆圈选和推荐图书,这些都给予采访工作极大的支持。采访部门还应做好与网上书店的交流反馈工作,如错送退货问题、新书推荐问题、网上新书采购问题、老版精品书补订问题和网上支付

问题等。

总之，网络技术的进步和社会的不断向前发展，都给高校中文图书采购工作带来了巨大的挑战和压力。网上采购作为一种新兴的采购方式，可能还有一些缺陷，需要不断地完善，有待人们慢慢去接受。但它因具有传统采购方式所无法比拟的优势，必将逐渐成为21世纪图书馆采购中文图书的主要途径。

参考文献

[1] 常忠民，肖玥. 改进高校图书馆图书采购之我见. 保定师范专科学校学报，2003(4)：107.

[2] 费勤龙. 高校图书馆大宗图书采购过程中的问题与对策. 安徽农业大学学报（社会科学版），2003(5)：122.

[3] 汪善建，胡国杰. 高校图书馆中文图书采购新思维. 高校图书馆工作，2003(5)：34.

[4] 赵郭侠. 试论我校图书馆采访工作科学化. 彭城职业大学学报，2003(3)：98.

高职高专图书馆服务质量提升探究

叶晓红

(长江工程职业技术学院图书馆 湖北武汉 430212)

摘要 本文对我国高职高专院校图书馆进行了现状分析,并从阅读环境、工作人员整体素质的培训与提高、规范基础服务和加强与读者的沟通和互动等方面提出了建议,以求全面提高服务质量。

关键词 阅读环境 人员素质与培训 服务质量

服务质量是用来衡量图书馆建设水平的重要指标,服务质量的提高会有效地帮助提高高校图书馆整体水平与建设。高校图书馆肩负着教育和引导学生发展的重任,是学生课内、课外知识的主要来源之一。图书馆服务的方式方法、服务水平与质量、服务理念都影响着人才的培养,因此,图书馆作为学校教学、科研、人才培养的后盾,其服务质量的提高尤为重要。

一、高职高专图书馆服务存在的问题分析

虽然大多数高职高专院校图书馆在满足教师教学与科研方面,以及帮助学生学习课内、课外知识与提高阅读学习兴趣方面发挥了积极的作用,但是随着我国教育改革的深化与职业教育的高速发展,图书馆服务依旧存在着不少问题。

(一)文献资源数量较少、质量偏低

高职高专院校迫于资金的问题,文献资源增长缓慢,而文献资源又具有一定的时效性,所以造成了馆藏文献资源数量与质量上的落后;高职高专院校采购的途径范围小、方式单一,不能够为读者提供完善的选购平台,所以在采购过程中,常常考虑不到到读者的真正需求,不能给读者提供符合其需求的资料及服务,这也是降低资源质量的一个方面。在高职高专教师的教学和科研任务不断加大的情况下,图书馆目前所提供的服务是不足以满足教学和科研之用的。

(二)图书馆的馆舍条件不高

高职高专院校对于图书馆的投入建设不够,图书馆的馆舍条件较差,如很多图书馆馆舍没有空调,寒冬酷暑季节不能为读者提供舒适的阅读环境;开架阅览的书库中使用6层老式书架,不方便读者查阅置于高层的文献。种种条件限制,使得图书馆阅览量持续走低,读者的满意度不高。

（三）馆员水平参差不齐

高职高专图书馆的工作人员有很大部分是非图书馆专业的，缺乏专业素养且服务水平有限。图书馆缺乏图书馆学专业的人员对校内师生的科研情况进行了解，不能够为教师与学生提供具有时效性的专业信息服务；有些馆员在服务态度上也欠佳，对待读者不热心，冷面冷语，这样的服务水平更是降低了读者的满意度，使图书馆流失了很多读者。

二、高职高专图书馆服务质量提升的具体措施

（一）合理有效地采购，建立完善的采购意见平台

高职高专院校虽然对图书馆的资金投入不够，但采购人员要做到使用有限的资金合理地购买资源，使得馆藏结构完整且具有学院的特色，做到可持续发展；保持与系部的联系，建立好采购意见的平台，全面收集采购意见，了解师生的需求，提高资源的质量，也就是提高了读者的满意度，推动了图书馆服务质量的提升。

（二）创造和谐的阅读环境

高职高专院校图书馆作为学校教学科研的重要基地，其阅读环境的好坏直接关系到广大师生学习和科研的效果。所以，创造一个优美和谐的阅读环境，才能吸引更多的读者，增加高职高职院校图书馆的到馆率和借阅率，具体做法如下：①图书馆的规划布局应合理，与环境和谐，室内空间高度需设计合理，馆内需保持宽敞明亮的格局，形成良好的空间关系，打造适宜的阅读环境；②装饰和摆设应符合图书馆的文化氛围，使读者在进入图书馆后其阅读兴趣能尽快地被激发，从而提高学习及研究效率；在图书馆出口和入口都应摆放引导标示及馆内平面指示图以方便读者更快地寻找到所需的图书；在醒目的地方需张贴温馨提示语，提醒读者保持安静及保持馆内清洁，打造更舒适的阅读环境；在阅览室里摆放绿色植物以帮助吸收各类有害物质，净化空气，有效改善图书馆的环境，美化及打造温馨的阅读氛围。

（三）建设高素质的图书馆员队伍

提高图书馆的服务质量离不开图书馆工作人员的参与，因此提高工作人员整体素质和建立完善的培训机制尤为重要。

1. 培养良好的思想素质和职业道德

馆员的政治思想素质和职业道德高低是做好图书馆各项工作的关键。为了进一步提高高职高专图书馆员的政治思想素质，必须对图书馆员进行思想政治教育和职业道德教育。图书馆可以利用集中政治学习、党团组织生活、个别谈心等多种形式开展教育，提高图书馆员的政治思想觉悟和职业道德水平。此外，要求图书馆工作人员要有高度的责任感，只有培养和锻炼高素质的工作人员，才能为读者提高更好的服务。图书馆的工作是提高学生素质的服务性工作，应先加强其职业道德与敬业精神的培养，摆正为读者服务的良好心态，增强岗位的危机意识，严格执行岗位规章制度。

2. 建立完善的培训机制

高职高专图书馆的工作人员有很大部分是非图书馆专业的人才，因此，要提高工作

人员的整体素质就需要加强对他们的相关培训，培训的内容应包括图书馆专业的基本知识，如图书馆基本理论培训、图书分类的培训、图书馆自动化管理系统的培训、机读目录格式的培训等。图书馆员只有通过此类培训，较好地熟悉培训内容，才能够合理规划馆藏，掌握整个图书管理系统，确保借阅系统的顺利运行。此外，培训内容应当及时更新，定期培训，使培训内容和培训时间能及时跟上最新的图书管理系统。特别是新进工作人员在知识和实践技术方面存在局限，必须通过系统的培训，才能适应和胜任高校图书馆的工作。另外，图书馆还应定期举办研讨会、学术报告会、经验交流会，也可以邀请有关专家作专题讲座等，以此来丰富工作人员的知识途径。原有图书馆工作人员也要不断巩固和更新专业技能知识，以适应图书馆的变化发展。

3．规范服务语言，注意礼貌用语

在日常与读者服务的过程中，馆员应使用规范的普通话，多用规范化的服务语言，言辞态度要诚恳、热情，多用"请"、"谢谢"、"再见"等客气的字眼，只有规范的服务，礼貌的用语，才能与高校这样高素质人才集中的地方相匹配，教学与科研环境才能更加和谐。

4．加强与读者的沟通和互动，服务人性化

加强图书馆工作人员与读者之间的沟通和互动，不仅能拉近馆员与读者的距离，还能促进和谐的馆读关系。馆员应用热情感染读者，将"以人为本"的服务理念实践到日常服务工作中来。许多读者对借阅流程不熟悉，馆员应耐心讲解、引导，帮助其了解借阅流程和注意事项，这样可以增强图书馆与读者之间的感情交流与互动，提高图书馆在广大读者心目中的地位和形象。

总之，提高图书馆的服务质量是图书馆研究的永恒课题，与提高教学质量和提高人才素质水平有着密切的关联。各高校应该根据自身情况，对如何提高图书馆的服务质量进行研究和探讨，应重视图书馆并积极发挥图书馆的作用，为高校的科研与教学提供便利条件。

参考文献

[1] 姚思婵. 试论高职高专图书馆工作人员的培训. 读写算，2012（65）.

[2] 覃庆甫. 谈高职高专院校图书馆为教学服务的新思路. 南宁师范高等专科学校学报，2008（12）.

[3] 王亚菲. 论高职高专图书馆如何提高管院的思想素质和业务素质. 科技情报开发与经济，2011（7）.

[4] 窦超玉. 探讨高职高专院校图书馆阅读环境探索. 中国现代教育装备，2011（11）.

高职图书馆馆藏文献资源质量评价
——以武汉软件工程职业学院图书馆为例

王林琳

（武汉软件工程职业学院图书馆　湖北武汉　430205）

摘要　馆藏分析有助于文献资源建设和了解是否能满足读者群的需求，同时还可以帮助图书馆采购经费的合理使用。本文以武汉软件工程职业学院图书馆的馆藏作为研究对象，利用馆藏结构分析法和文献利用统计法对其进行评价，并提出相关建议。

关键词　馆藏质量评价　馆藏结构　文献利用率　高职院校

馆藏文献资源作为图书馆的最主要资源之一，对其建设与优化是图书馆的基础工作。前提是对馆藏文献资源质量进行评价，通过对图书馆现有藏书体系所具有的各个属性进行检测、做出评判的过程，包括对图书馆藏书数量、馆藏结构以及馆藏文献资源满足读者需求程度等。

高等职业教育在我国由来已久，自2006年以来，国家更是将高职教育的作用提到一个新的高度。同年，教育部开始实施被称为"高职211工程"的"国家示范性高等职业院校建设计划"。时至今日，我国的高等职业教育也已迈过迅速发展的第一个五年。作为高校的重要组成职能部门，图书馆有着为高校建设提供文献资源保障的重要作用。

本文以武汉软件工程职业学院为研究对象，试图利用馆藏结构分析法和文献利用统计法对图书馆馆藏文献建设质量进行评价，从而了解其馆藏文献资源的利用情况，馆藏的优势与弱势，馆藏结构是否符合高职院校的文献资源建设和学科结构特点，是否符合学校专业设置和教育的发展目标，是否能满足读者群的需求和需求的满足程度等。同时，图书馆文献建设质量评价还能在决策层帮助图书馆检验本馆馆藏的科学使用价值，有利于图书馆采购经费的合理使用，并为现有馆藏文献的补充和剔旧提供科学和客观的依据。

一、馆藏文献总量评价

馆藏数量涉及馆藏总量及年增加量，包括各类型文献、各学科或主题的文献、各文种文献的馆藏量（均区分品种数和复本数）等。虽然馆藏质量不一定与数量成正比，但一定数量的馆藏是图书馆满足读者需求的物质基础。根据教育部高等学校图书馆情报工作委员会的规定，工科类生均数（专科）必须达到60册/人。表1为普通高等学校针对高职（专科）的基本办学条件指标。

表 1 普通高等学校基本办学条件指标（高职专科）

学校类别	高职（专科）				
	生师比	具有研究生学位教师占专任教师的比例/%	生均教学行政用房/（平方米/生）	生均教学科研仪器设备值/（元/生）	生均图书/（册/生）
综合、师范、民族院校	18	15	14	4 000	80
工科、农、林院校	18	15	16	4 000	60
医学院校	16	15	16	4 000	60
语言、财经、政法院校	18	15	9	3 000	80
体育院校	13	15	22	3 000	50
艺术院校	13	15	18	3 000	60

2011年末我馆的藏书总量已达到515 967册，176 270个品种，馆藏保障率为36.85册/人，纸本文献的数量尚未达到国家规定的生均册数；学科涵盖22个大类，学科覆盖面为100%；学科藏书体系较为完整，能符合各个学科的要求。

二、馆藏文献整体结构评价

馆藏文献结构指的是构成馆藏体系各部分相互结合的形式或构成形式，包括馆藏文献的学科结构、等级结构、时间结构、文种结构、文献类型结构。馆藏结构分析是一种定性的评价方法，它依据馆藏发展政策，从馆藏的学科范围、语言文种、时间结构、文献类型、等级结构等方面对馆藏结构进行全面的分析，以研究馆藏结构中的各种比例关系是否恰当，是否主次分明、专博兼顾。而根据武汉软件工程职业学院图书馆的服务目的来看，目前馆藏以满足高等职业教育的教学和科研需求为重点，并兼顾提高师生文化修养，满足师生精神生活需求。因此在馆藏的等级结构上，应处于基础级，即指经过精选的藏书，以介绍人们认识专业领域为目标，应搜集公认代表性的著作、基础教科书、参考书、代表性期刊，原则上不收外文书刊。故本文仅从馆藏文献的时间结构、学科结构进行重点分析。

（一）馆藏文献的时间结构

馆藏文献的时间结构是按文献资料出版时间划分的层次，它反映了知识记录源远流长和推陈出新的纵向关系。知识有其生命周期，记载知识的文献也有其使用的生命周期。因此，馆藏文献的时间结构也是衡量馆藏结构的一个非常重要的指标，对于使用馆藏的人而言，有着较大的指导意义。馆藏文献时间结构较近表示馆藏书目较新颖，时间结构较久远则表示馆藏的保存较为完整和系统。

根据检索的数据，我馆最早的文献是1900年的文献。本文将1985年后的图书按每5年一个时段进行分析。值得说明的是，由于在回溯建库的过程中，某些书籍的机读编目格式标准（Machine Readable Cataloging，MARC）记录存在编制不够规范的情况，故本时间结构总表中的书籍总数与库中书籍的总数略有偏差。从表2中可以看出，出版于1985

年之前（含1985年）的书籍有18 059种，共56 987册，占馆藏总数的11.96%；出版于1986~1990年的书籍有15 486种，共43 052册；1991~1995年的书籍有12 304种，共计31 868册；1996~2000年出版的书籍有14 183种，共计33 750册。这4个时间阶段的书籍数量均呈现出数量相差不大的情况。2001~2005年购进的书籍有了量的提升，其主要原因是组成本校的各个分校的合并进程已经开始。而至2006年，在国家的大力扶持下，且各组成分校的合并已完成，为了迎合扩大招生与评估的需要，购进了大量的馆藏文献。另外，新购置的书籍复本数均维持在3本左右，可见在购置新馆藏文献的过程中，复本的数量一直保持相对稳定的状态，从而保证了各个时期出版的馆藏文献种类的丰富性。

表2 馆藏文献的时间结构

时段	1985年之前	1986~1990年	1991~1995年	1996~2000年	2001~2005年	2006~2011年
品种数	18 059	15 486	12 304	14 183	37 809	78 429
数量/册	56 987	43 052	31 868	33 750	91 898	218 819
平均复本数	3.15	2.78	2.59	2.38	2.43	2.79
占百分比	11.96%	9.03%	6.69%	7.08%	19.29%	45.93%

（二）馆藏文献的学科结构

馆藏文献的学科结构指的是各学科馆藏的比例，以及这些比例是否与本校各专业和读者需求相符的情况。从表3中可以看出，在本校的8个大系（因基础课部难以计算生均册数，故不统计在内）中，生均图书相对较多的有社会科学类的经济管理系，生均占有图书册数为27册；生均图书册数排第二位的是环境与生化工程系，为25册，其主要原因是该系的学生相对较少，且涉及多个学科；作为全校第一大系的计算机与软件学院排在第三，仅为16册；而在校学生数排第三的机械制造工程系，其生均册数仅为3册，其中部分原因是由于机械学科类的书籍更新相对较慢，许多比较老旧的书籍与教材至今仍在沿用。总的说来，这样的馆藏文献学科结构显然是不够合理的，反映了我馆无论是从馆藏总量，还是从馆藏的学科结构上，都不能较好地满足我校师生的需求，需要进一步通过购书计划进行调整。

表3 馆藏文献的学科结构统计表

院系名称	类目匹配	馆藏数量/册	在校学生人数	生均图书/册
计算机与软件学院	TP3	52 268	3 247	16
经济管理系	F	68 905	2 519	27
机械制造工程系	TH,	7 804	2 242	3
电子与电气工程系	TM，TN7	8 923	1 455	6
汽车运用工程系	U46	3 110	1 428	2
光电与通信工程系	TN1，TN2，TN91，TN92	4 658	891	5
环境与生化工程系	X，TQ，O6，TS2，TU	22 959	892	25
艺术设计系	J，TS94	17 805	1 171	15

三、馆藏文献满足读者需求程度评价

(一)馆藏文献的利用情况

数量与质量的利用情况能对馆藏的规模及品质做出正确的评价,而对馆藏利用情况的分析则更能反映图书馆满足读者需求的能力和图书馆的价值。常见的馆藏文献利用情况的分析法主要有流通记录分析法、阅览记录分析法、引文分析法和用户评价法 4 种。由于本馆流通的书籍占据较大的比例,因而流通中的书籍利用情况能较好地代表本馆馆藏资源的利用情况。故本文主要使用流通记录分析法对处于流通中的书籍进行统计,通过对 22 个学科分类的借阅率与滞架率,了解我馆各个大类的书籍利用情况,以评价我馆书籍是否能满足读者的需求,更可以为下一步的采购提供决策依据。

根据定义,借阅率=借阅文献的总数/馆藏文献的总数×100%,滞架率=1-借阅率。由此可见,借阅率越高,滞架率越低,表示该类文献越符合读者的需求。

由表 4 可知,2011 年度的借阅率大部分都位于 50%以下,各类书籍的滞架率大都高于 50%。这表示本馆各类书籍的利用情况处于并不理想的状态。其中,借阅率最高的三类书籍分别为 I 类、K 类和 H 类,借阅率分别为 58.01%、46.77%和 43.75%。作为藏书大类的理工类书籍 T 类,其借阅率仅为 32.87%。可见,读者到图书馆借书,大多对阅读难度较小或者通识性的文史类书籍较为感兴趣,且 I 类的书籍数量也占据了较大的比例。由于英语为一门基础课,所以语言类书籍属于借阅较多的一类。同时,尽管作为理工科职业类院校,我馆部分理工类书籍仍存在相对较为陈旧的情况,特别是更新较快的计算机类书籍。因此,理工类书籍的利用情况仍有较大的提升空间。利用率在 10%以下的有 A,D,G,N,O,P,Q,S,V,X,Z 类,共计 11 类,其中以 X 类为例,借阅率仅为 1.90%,表示环境科学与安全科学类的书其利用非常之少。因此,在下一次采购的计划中,应当停止或者调整对 D,S,V,X 类书籍的采购策略。对于 A,G,N,O,P,Q 等几大类书籍,可以采取酌情减少或者调整书籍内容结构的方法,以达到更新书籍,推动借阅的目的。以我馆的 A 类书籍为例,部分 A 类书籍的出版时间较为陈旧,在 A 类的 4 183 册书籍中,出版时间在 2000 年之前的为 79.13%,因此对于这一类书籍,应以调整其时间结构为主,适量购进较为新颖的书目。

表4 馆藏文献利用情况统计表(2011 年 1 月 1 日~2011 年 12 月 31 日)

分类	馆藏量品种数	馆藏量/册	借还量品种	借还量/册	借阅率	滞架率	平均复本数
A	1 268	4 183	274	277	6.62%	93.38%	3.30
B	8 073	25 203	6 958	7 049	27.97%	72.03%	3.12
C	3 933	11 621	2 156	2 178	18.74%	81.26%	2.95
D	8 373	24 326	1 122	1 134	4.66%	95.34%	2.89
E	860	2 417	421	425	17.58%	82.42%	2.80
F	21 295	68 905	12 185	12 339	17.91%	82.09%	2.59

（续表）

分类	馆藏量品种数	馆藏量/册	借还量品种	借还量/册	借阅率	滞架率	平均复本数
G	12 415	32 179	1 775	1 808	5.62%	94.38%	2.59
H	9 506	25 940	11 125	11 348	43.75%	56.25%	2.72
I	29 605	84 079	47 343	48 775	58.01%	41.99%	2.84
J	5 971	16 171	4 299	4 438	27.44%	72.56%	2.71
K	7 402	18 649	8 606	8 723	46.77%	53.23%	2.52
N	993	2 427	216	217	8.94%	91.06%	2.44
O	6 638	19 068	1 619	1 658	8.70%	91.3%	2.87
P	552	1 462	119	121	8.28%	91.72%	2.65
Q	1 034	2 715	244	246	9.06%	90.94%	2.63
R	3 170	8 602	1 829	1 846	21.46%	78.54%	2.71
S	1 442	3 552	175	180	5.07%	94.93%	2.46
T	43 277	121 873	39 083	40 064	32.87%	67.13%	2.82
U	2 161	7 775	1 635	1 673	21.52%	78.48%	3.60
V	107	304	12	12	3.95%	96.05%	2.84
X	1 029	2 942	56	56	1.90%	98.1%	2.85
Z	6 173	12 438	642	651	5.23%	94.77%	2.01

（二）流通—藏书比

单一的某类书籍的借阅率仅能反映某一类书籍被借阅的数目占据自身总数的比例，并不能反映该类书籍的借阅率与其总量在全馆的份额上是否相当，从而保证书本的提供与读者的需求大致相当。因此，流通—藏书比较好地反映此类书在总数上是否更符合本馆的需要。所谓流通—藏书比，即某类藏书流通量占全部馆藏流通量的百分比与某类藏书占全部藏书的百分比之间的比率。一般而言，流通—藏书比的理想值为 1∶1，即如果某类文献的流通量与其在馆藏中所占份额相当，则表示图书馆的馆藏能相对较好地满足读者的需要。如果这一比例远大于或远小于 1 时，就需要对馆藏作一些调整。例如，某图书馆某类藏书的流通—藏书比为 5∶1，则表明该类藏书太少，而借阅此类书籍的读者较多，因此需要增加该类书籍的馆藏；如果该比例为 1∶5，则表明呆滞书太多，大量的该类书籍没有被借阅，而同时该类馆藏数目较多，因而需要进行剔除。表 5 与图 1 为我校图书馆各类书籍流通—藏书比的具体情况。

表 5 各类书籍流通—藏书比统计

分类	馆藏量/册	借还量/册	流通量百分比	馆藏百分比	流通—藏书
A	4 183	277	0.19%	0.84%	0.23
B	25 203	7 049	4.85%	5.1%	0.95

（续表）

分类	馆藏量/册	借还量/册	流通量百分比	馆藏百分比	流通—藏书
C	11 621	2 178	1.50%	2.34%	0.64
D	24 326	1 134	0.78%	4.90%	0.16
E	2 417	425	0.29%	0.49%	0.59
F	68 905	12 339	8.50%	13.87%	0.61
G	32 179	1 808	1.25%	6.48%	0.19
H	25 940	11 348	7.81%	5.22%	1.50
I	84 079	48 775	33.59%	16.92%	1.99
J	16 171	4 438	3.06%	3.25%	0.94
K	18 649	8 723	6.01%	3.75%	1.60
N	2 427	217	0.15%	0.49%	0.31
O	19 068	1 658	1.14%	3.84%	0.30
P	1 462	121	0.08%	0.29%	0.28
Q	2 715	246	0.17%	0.55%	0.31
R	8 602	1 846	1.27%	1.73%	0.73
S	3 552	180	0.12%	0.71%	0.17
T	121 873	40 064	27.59%	24.53%	1.12
U	7 775	1 673	1.15%	1.56%	0.74
V	304	12	0.01%	0.06%	0.17
X	2 942	56	0.04%	0.59%	0.07
Z	12 438	651	0.45%	2.50%	0.18

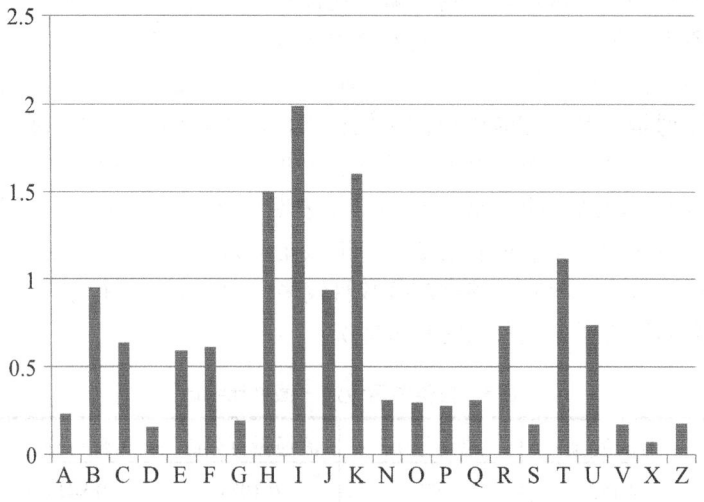

图 1

由图1可见，馆藏文献流通—藏书比大于1的有4个大类，分别是H，I，K，T，尤其是I类与K类的流通—藏书比已接近2∶1。这表示对于本馆的读者而言，这两类书的需求较大，而目前的馆藏相对较少，因此仍需要在数量上加以补充。流通—藏书比远远小于1的有D，G，S，V，X，Z共6个大类，其值均在1∶5以下。这表明这6类书籍存在呆滞书过多的情况，同时需要进行剔除，并限制这6类书籍的采购。

（三）流通册次—流通种次比

流通册次—流通种次比可反映读者对某类文献复本的需求，该比例可用于评价馆藏复本是否合理。流通册次—流通种次比=某类藏书某年流通量/某类藏书种次。例如，某图书馆某类藏书某年流通1.8万册次、3 000种次，二者比例为6，因此该类图书需配5个复本。若馆藏复本少于此数，则应该补充该类图书的平均复本数；反之，则应在后续的采购中减少该类藏书的复本数。我校各类书籍的流通册数—流通种次比的具体情况如图2所示。

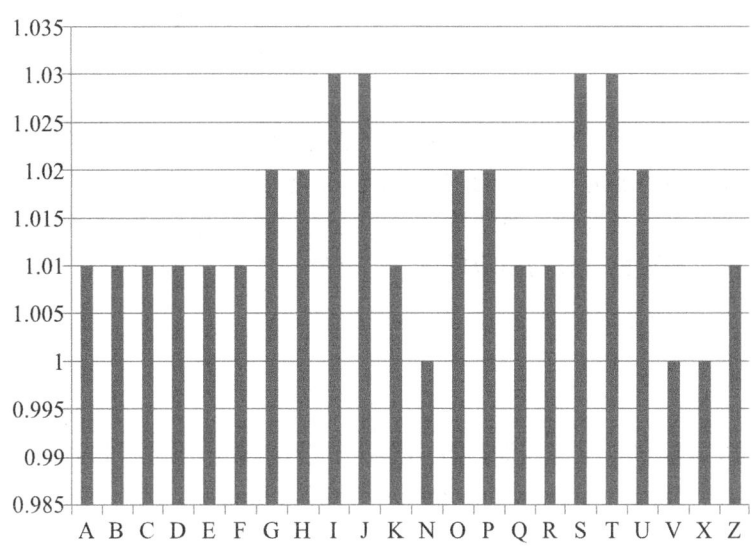

图2

如图2所示，各大类书籍的流通册次—流通种次比基本位于1左右，因此，对于我馆流通的复本而言，配置1～2个复本是较为合理的。

通过对我馆2011年的馆藏文献资源质量评价可以看出，本馆文献资源总量没有达到国家教育部规定的标准，但是近五年的文献年增加量均达到了高校评估要求，藏书的学科覆盖面达到100%，藏书体系比较完整。同时，存在的问题也是较为明显的。从馆藏文献的学科结构上说，生均图书册没有与我校的学科建设完全对应起来。重点学科是学校的支柱性学科，其发展直接影响到学院其他学科专业是否具有适应性、竞争力和生命力，理应在高校的教学与科研中真正起到带动作用。而如果没有大量高质量的文献资源作为保障，重点学科的建设也将会受限。因而，高校图书馆在进行馆藏建设时，应对重点学科的文献资源建设进行保障，二者的发展应是相辅相成、互相促进的。从馆藏文献利用情况来看，我馆存在着相当大比例的书籍没有被充分利用的情况，如A，D，G类的书籍都存在较低的问题。同时，流通—藏书比的数据显示，I类和K类和书籍需求较大，这一数据反映了我馆读者对文学历史类书籍较为感兴趣，而专业类书籍在一定程度上由于其内容陈旧等原因，借阅量较少。从流通册次—流通种次比来看，我馆复本量普遍偏高。基于上述分析，在制订我馆的馆藏文献采购计划时，可以从以下几方面着手：

（1）馆藏资源建设发展规划应体现其系统性、科学性及实用性。高校图书馆应根据其学科专业、教学科研、读者层次、图书经费等建立健全的馆藏发展目标，文献收藏原则，采访原则和细则。即按照学科用户人数及学科文献利用率，对不同学科的文献采取不同的复本采购标准，使馆藏资源更加科学、合理，从而有效解决借阅率与馆藏率之间的矛盾。

（2）根据各类文献的使用适当改变采购计划，提高图书采选的针对性和实用性。对于学科馆藏量较大的书籍如T类和O类，借阅率较低的书籍如X，V，D，A大类，流通—藏书比较低的书籍如X，D，S，V，Z，G等类，都可以适当减少和降低图书的采购计划，并控制其复本数。而对于借阅率较高的书籍，如通识性的I，K，H类等，可以适当提高其复本量。

（3）建设我馆的特色学科馆藏。学科建设是高等学校建设和发展的核心任务，是提高教学科研及社会服务能力和水平的重要基础。有鉴于此，图书馆应为学科提供强有力的文献建设保障，有针对性地、系统地、动态地进行相关重点学科的文献采购与收藏，从而形成与学院学科特色一致的馆藏特色，以支持高校重点学院的教师的科学研究与教学活动。

参考文献

[1] 沈继武，肖希明. 文献资源建设. 武汉：武汉大学出版社，1991：270.

[2] 百度百科，http://baike.baidu.com/view/180779.htm.

[3] 教育部高等教育司. 普通高等学校基本办学条件指标. http://www.moe.gov.cn/publicfiles/business/htmlfiles/moe/s5632/list.html，2012-7-12.

[4] 戴龙基. 文献资源发展政策研究. 北京：北京大学出版社，2007：247.

[5] 中国百科网. 馆藏体系与馆藏结构. http://www.chinabaike.com/article/baike/wli/2008/200801221139474_2.html，2012-08-13.

[6] 邵文杰. 馆藏评价. http://www.czks.com/lib/name/nn31.htm，2012-06-22.

[7] 李凌杰. 从学科建设角度优化馆藏文献信息资源配置研究——以天津科技大学为例. 图书馆工作与研究，2009，6：50-53.

[8] 尹秀波. 基于馆藏资源适用性的图书馆馆藏质量评价方法研究. 情报科学，2011，29（4）：588-591.

[9] 邵平. 高校图书馆开发特色馆藏必要性及方法初探. 图书馆工作与研究，2010，172：64-65.

浅谈高职院校图书馆服务创新

孙 菲

（武汉船舶职业技术学院图书信息中心 湖北武汉 430050）

摘要 本文主要探讨了信息时代大环境下，通过加强图书馆藏书建设、规范管理及员工培训、主动开展服务及做好效果检验等几方面的工作，积极推动高职院校图书馆服务创新，为提高高职院校人才培养质量服务。

关键词 文献资料 馆员培训 互动 创新服务

教育部部长袁贵仁在全面提高高等教育质量工作会议上的讲话中指出，高职教育要走内涵式发展道路，要牢固树立提高教育质量的思想观念。高职院校图书馆是没有围墙的大学，建设好图书馆也就是开辟了师生的第二课堂。

高职院校图书馆既是一个教辅部门，又是一个服务性职能部门，要更多地体现人文关怀。具体而言，就是要了解读者、尊重读者、爱护读者，以满足读者需求为己任，对读者坦诚相助。

在网络化时代，各种数码产品、网络游戏、网络书籍、即时通信工具等都吸引着学生。学校图书馆必须明确现在不能再被动等读者进馆，而是要主动吸引读者进馆。因为没有读者的图书馆，就失去了存在的意义。所以，服务的理念创新对于高职院校图书馆来说迫在眉睫。

一、推陈出新，在图书馆购书方面下工夫

现代社会，图书馆的资源包括传统纸质图书文献资料和电子文献资料，即纸质书籍和电子书籍。在增加藏书方面，购置最新的专业书籍以及人文、历史、科学书籍显得尤为重要。中国教育科学研究院院长袁振国在谈到高技能人才的特点时提到两点：一是现在知识更新速度加快，进入大学所学的东西，到大学毕业已经被更新了；二是新职业能力重视个人品质在职业生活中的作用，在技能培养中强调很多在我们看来是非技能的东西，如人际交往能力、合作团结和组织规划以及不断学习的能力。因此，高职院校要提高人才培养质量，图书馆要在经费保证的情况下，尽可能地购置最新的专业书籍，使得读者始终站在专业的最前沿。此外，除了专业书籍，也应该重视购置一些人文、历史、科学书籍，提高读者的职业素养、思想政治素质、心理素质、人文科技素质，使得他们将来走上社会更有竞争力。在图书购置方面，可采用传统图书和电子图书共存的方式。其中，电子图书具有容量巨大、价格低廉、使用方便、非独占性和无损害性等优点，可通过高职院校的电子阅览室向读者开放阅读。

二、规范管理，做好馆员培训工作

图书馆虽然是一个教辅部门，但馆员们在学生面前仍是老师的角色，因此，要起到表率作用。具体表现在图书馆工作人员要坚守岗位职责，如搞好内部卫生、将书籍排架整齐、做好图书的剔旧与保护、对读者施以微笑热忱的服务、做好图书借阅指导工作等。

此外，图书管理员必须要根据用户需求，不断地提升自己，以适应数字化生存新环境所必须具备的基本生存能力。馆员不能再局限于传统的纸质文献的采集，要拓展电子出版物的采集渠道，运用网络的动态性多渠道采集资料，并对网上信息进行搜集、整理、加工和利用。馆员应将信息分门归类地对用户加以引导，从过去的借阅员转化为现在的信息专家、系统专家、信息向导等角色。信息时代图书馆对馆员提出了更高的要求，要求图书馆员既要有扎实的图书馆学专业知识，又要具备计算机网络技术，此外还需要中文、外语及各种学科的专业人才。因而，图书馆一方面要加大对这类人才的引进力度，另一方面要对现有工作人员进行培训，也可由内部专业人才对员工进行专业培训。

图书馆的管理员有不少非专业出身，年纪相对偏大，学历不高，要做好此培训的难度相对较大，具体说来有几种方式可供选择：①有条件的学校应让管理员多参加各种培训班，接触最新的业内资讯；②资金不足的图书馆可以参与市内、区内不定期的免费同行交流；③还可以利用网络优势，组成兄弟院校图书馆工作人员QQ群，在群中直接讨论专业知识，加深交流，形成互相学习的良好氛围。我院图书馆向来重视员工学习和培训，经常开展此类活动，也曾开展过关于图书信息中心概况及服务功能的专题报告，通过培训，大家对图书信息中心的管理模式、馆藏布局、借阅形式、管理系统、工作体系有了进一步的了解。

三、加强互动，服务广大师生员工

为不断增强服务能力和提升服务质量，为学校的教学科研工作提供积极主动的服务，图书馆可以进一步加强与师生的互动。

（一）加强与学院教学单位的联系

1. 建立学科馆员制度

学科馆员制度是指图书馆馆员深入各个院系，了解师生对专业书籍的需求并购买相应书籍，在学科专业与图书馆之间架起一座互相沟通的桥梁。通过该项服务，征求师生对图书馆的意见与建议，收集学院推荐书目，使图书馆能更好地了解用户的需求。学科馆员还可以向教学单位提供专题服务，并让此服务成为图书馆服务的重要工作内容。专题服务要求学科馆员具备较高的专业知识，既要懂文献信息的检索，又要熟悉教学和科研的实际现状，围绕特定的专题及时准确地向教师和科研工作者提供相应的文献资料，从而提供最佳的文献资源保障服务。

2. 请教师代表参与图书采购

我院图书馆前不久开展的教师代表参与图书现场采购活动，受到了老师们的一致好评。老师们表示，直接参与到图书采购中，可以根据教学专业所需，购置目前最新、最好的专业文献，为学院提高人才培养质量发挥积极作用。此外，开展读者调查活动也能让图书馆更加了解师生员工的新需求。

（二）开展多种第二课堂活动

开展第二课堂活动可以提升师生的信息技术和文化内涵。我院图书馆每学期都会开展很多讲座，如针对新生开展相关讲座，使新生一入校就能了解如何充分利用大学图书馆，帮助自己更好地完成学业；图书馆还多次专门举办网络信息的检索与利用讲座，内容包括中国知网资源，重庆维普《中文科技期刊数据库》、《中国期刊全文数据库》，起点考试网等，既为老师们开展科研工作提供了新的途径，又对高年级学生在课程设计、论文撰写上提供了帮助。我院图书馆在提升学生的文化内涵方面，也不遗余力做了很多工作，如开展"全民阅读进高校活动——爱国爱校"征文、经常举办青年教师论坛、创办并指导深受学生欢迎的学生社团组织——读者协会、开展图书漂流活动及毕业班学生捐书活动等，无不营造出一种浓厚的学习氛围。此外，学校图书馆还可以不定期地进行好书分享讲座，邀请师生分享交流近期好书及推荐新书，帮助他们从海量信息中寻找需要的、有益于身心发展的书籍。由于现在很多学生都使用微博了解资讯，因此，图书馆可以好好利用这个网络环境下产生的新工具，推广新书，通过微博每天推荐一本好书，并把该书的馆内分类号列出，方便学生借阅。

（三）借鉴其他高校的经验

要走出去，请进来，多到兄弟院校图书馆交流，走资源共享之路。任何一个图书馆都不可能收藏齐全读者所需要的全部图书，只有走资源共享之路，才能满足广大读者的需要。资源共享是现代图书馆发展的趋势，应通过馆际互借、文献传递等形式，满足读者对文献信息的需求。

四、创新服务，注重效果检验

图书馆的创新服务也需要读者的反馈，读者满意才是图书馆服务创新的最终目的。衡量图书馆服务创新的标准，就应以读者满意为核心原则。创新服务的效果可通过以下形式进行检验。

（一）读者满意度

读者的评价是检验图书馆服务创新的重要标准，一项新服务内容的出台，必须要由读者来评价。图书馆可从服务内容的价值和质量、服务人员的态度与表现、服务项目的增加与改变等，以问卷调查方式，让读者作出类似"满意"、"一般"、"不满意"等的结论。

（二）读者到馆率

读者到馆率是体现图书馆是否受欢迎的标准之一。一个图书馆即使创新项目再多，但不能达到提高读者到馆率的目标也是不成功的。到馆的读者越多，越说明这项创新服务的内容是符合读者需要的。我院图书馆自从2012年年底改造了电子阅览室后，由于电脑更新、上网速度加快以及其他一些硬件条件的改善，读者能更加方便地查找资料和开展学习活动了，到馆人数明显上升。

（三）意见反馈率

意见箱、意见薄的使用是服务行业征求服务对象评价服务质量的优良传统，其评价结果对服务业的工作起到了一定的推动作用。师生可通过"图书馆信息"、"图书馆微博"等途径反馈对图书馆工作的意见，直接倾吐自己的心声。而图书馆则根据读者的反馈意见进行整改，由此分析和总结服务工作，以促进图书馆的建设与发展。

综上所述，服务是贯穿图书馆发展的主线，是高职院校图书馆核心的价值观。服务创新是高校图书馆可持续发展的必然，我们只有通过向读者提供满意的服务，日益增加读者量，不断提高图书流通率和读者满意度，才能体现图书馆存在的价值。

参考文献

[1] 黄宗忠. 论图书馆创新. 图书馆论坛，2010（6）.

[2] 王菁菁. 对公共图书馆服务创新的探索. 科技情报开发与经济，2007（5）.

[3] 刘剑. 信息化条件下图书馆服务创新初探. 江西图书馆学刊，2007（1）.

[4] 李海英. 图书馆服务的新思维与新策略. 图书馆论坛，2010（5）.

[5] 黄欣. 总分馆制图书馆供应链管理设计. 图书情报工作，2010（21）.

[6] 张月英，等. 图书馆读者的主体地位探析. 图书馆论坛，2010（5）.

[7] 张艳云. 转型期我国图书馆发展的"变"与"不变". 图书馆论坛，2011（1）.

[8] 袁林. 读者服务的组织管理. 武汉：武汉大学出版社，1998.

高职院校图书馆服务存在的问题及对策探讨

邱惠芳

（武汉铁路职业技术学院图书馆　湖北武汉　430205）

摘要　图书馆是高职院校的文献收藏和信息服务中心，是为教学和科研服务的学术机构，其主要服务对象是教职工和在校大学生。图书馆作为高校的三大支柱之一，是学生的第二课堂，是高职院校文化的重要组成部分，并随着高职教育的迅速发展，而占据我国高等教育的半壁江山，并呈现前所未有的发展势头。高等职业教育的办学思想日益明确，办学规模不断扩大，办学形式日趋多样化。高职院校图书馆如何才能找准自己的服务定位，实现"以人为本，服务育人"的宗旨，需要我们进行研究、探讨并付诸实践。本文从资源建设、管理方式、服务意识和人员素质方面对高职院校图书馆服务中存的问题进行剖析，分析其产生的原因，探讨解决问题的策略和措施。

关键词　高职图书馆　读者服务

一、高职院校图书馆服务存在的问题及原因

（一）资金投入不足，信息资源滞后，文献资源存在严重供需矛盾

高职院校大多数是由过去的中等专业学校升格而来的，高职教育办学历史较短，办学条件较差、基础普遍较薄弱，大多数学院都处于创建发展阶段，多数图书馆是近几年内新建的。近年来，书报刊价格飞涨，高职院校图书馆资金短缺现象比较严重，导致多数图书馆馆藏数量不够、质量不高。而高职院校在校生的规模是由中等专业学校时的几千人迅速扩招到上万人，导致生均图书、期刊数量不足。高等职业教育是伴随我国经济社会的发展而出现的一种新类型的高等教育，和传统普通高等教育有一定的差别，其主要任务是为社会主义建设培养高素质技能型专门人才，人才培养模式重视和强调学生实践能力和职业素质的培养，其办学宗旨是以主场为导向、以就业为主导的。高职院校的专业设置要根据市场对人才需求的情况做快速调整，招生专业多、变化快，培养模式和目标的不同决定着师生所需要的书刊和信息资源的需求和普通高等学校侧重点有一定区别。然而，大多数高职院校图书馆的资源建设都跟不上这种需求变化，信息资源的滞后造成资源闲置和资源短缺并存的现象，图书馆的藏书不是学生所需要的，久而久之，造成学生远离图书馆，遇到问题可能是先到网上，而不是先到图书馆去寻找所需的资料。

（二）信息服务提供者与信息用户之间沟通不畅

信息服务过程中，信息用户和信息服务系统之间的沟通至关重要，只有两者之间有良好的沟通才能提高信息服务的质量和效益。目前，高职院校这种沟通是不畅的，具体

表现在信息用户方面和图书馆方面。

1．信息用户方面

（1）信息意识不强，对信息的重要性和可利用性缺乏足够的了解和认识，因此不会主动利用图书馆信息服务；

（2）信息应用能力不足，信息利用的知识与技能掌握不够；

（3）对图书馆提供信息资源情况不了解，对图书馆信息资源的服务方式、内容不了解；

（4）信息利用之后反馈障碍，对信息反馈还不是一种自觉行为。

2．图书馆方面

（1）信息服务人员业务素质不高，服务理念和意识不强，对用户情况不了解，包括对用户的需求、信息利用行为及心理不了解，对影响用户利用信息满足的特征不了解等；

（2）信息反馈机制不健全，不重视用户意见和建议，信息服务反应迟钝。

这种信息服务提供者与信息用户之间的沟通不畅，导致用户信息需求难以满足，信息利用的积极性受到影响，图书馆对用户需求不了解，服务效益不高，失去良性运转和前进的动力，长此以往，图书馆和用户之间的距离会越来越大。

（三）服务意识淡漠，服务内容与方式单一

虽然多数高职院校都开展了数字化、网络化的服务方式，但主要工作仍是是购书、借书与还书，工作尚处于被动、低层次的流通和阅览服务的水平，文献信息服务的知识含量和技术含量低，服务方式单一，服务手段落后。许多工作人员的服务意识淡漠，缺乏服务理念，工作中以管理者方式对待读者，缺乏"以人为本、用户至上"的服务精神。虽然图书馆有现代化的硬件设备，但服务模式传统、观念陈旧、服务水平明显滞后于时代的发展，很难满足师生对信息的需求。随着时代的变迁、社会的进步和科技的发展，信息量剧增，但信息中无效的垃圾信息也很多。读者迫切希望图书馆能提供他们所需的有效且最新的信息，提供经过筛选和技术加工后的数据、信息、知识服务，以及专题综述、预测报告、决策参考等二、三次文献、非纸质多媒体视频文献资源等，以满足自己的学习、工作和生活的需求。帮助用户提高信息利用的效率是图书馆服务的根本任务，但高职院校图书馆并没有将这种读者参考咨询及高层的情报信息服务工作提上工作议程，更谈不上能参与科技活动与市场交流，并往往由于受人力、物力和技术方面的限制，即使意识到了读者的信息需求也无能为力。

（四）管理体制落后，缺乏质量管理与效益管理意识

高职院校图书馆办馆时间短、经验少、资源和人员积累都不够，大多数都只是能够满足基本层次运行的状况。一般高职院校图书馆都是相对稳定不变的管理体制，大多激励机制不健全，并缺乏竞争意识。随着信息服务业的发展，许多信息服务企业都拥有先进的设施和高素质的工作人员，这给高职图书馆的未来发展带来了很大的竞争压力。

当前，必须要提高图书馆的服务质量，用科学的态度和方法，全面了解师生的各种需求，了解图书馆服务质量的特点与影响因素，在服务、信息资源、人力资源、组织文化等要素管理方面引入全面质量管理理念，逐步向实行质化和量化的方面过渡，实行全

员参与、全过程控制、全面运用一切有效的方法、全面控制质量因素，建立起有效的质量管理体系。从20世纪80年代开始，西方图书馆为了提高效益和效率，以更好地适应环境发展的需要，陆续在图书馆管理服务方面引进了全面质量管理理念和方法，并取得了令人瞩目的成绩。近年来，我国许多图书馆特别是高校图书馆也开始从理论上探索并付诸实践，取得了良好的效果。可以说，实行全面质量管理是图书馆事业发展的方向。

（五）工作人员结构不合理，专业人员少，业务素质有待提高

人员是决定工作质量的最关键因素，信息科学技术的发展和广泛应用，决定了图书馆信息服务工作人员要有高度的专业化和职能化，不仅要熟悉图书馆工作的各个环节，掌握图书服务的运行模式，还必须具备学科知识和网络文献应用技能，这样才能以将最新的资料以最快的速度传递给读者。多数高职院校的图书馆由于历史遗留和现实方面的原因，人员结构不合理，服务方式传统简单。只需"守点"的工作方式甚至使图书馆成为学历低、资历浅、缺乏工作经验的"收容站"之一，而有专业特长的骨干人员，常常由于待遇和福利相对其他部门和社会同类行业较低，不能安心工作而逐渐离开，导致技术性较强的工作不能很好地被完成。

二、提高高职院校图书馆服务能力的对策

（一）强化服务意识，主动开展多层次的服务

服务育人是图书馆的根本任务，"以人为本"的服务理念必须贯穿图书馆的工作始终。南开大学柯平教授根据印度著名图书馆学家陆风纳赞许多年前提出的图书馆服务五定律，结合信息时代图书馆服务发展的要求，提出了图书馆服务新的五定律：第一定律全心全意为每一个读者服务；第二定律服务是效率、质量与效应的统一；第三定律提高读者或用户的素养；第四定律努力保障知识与信息的自由存取；第五定律传承人类文化。

图书馆服务定律最核心的内容就是为读者服务，读者满意度是衡量一个图书馆优劣的最重要的因素。提高读者满意度具体来说有以下方法：

（1）提供安全、友好、和谐、整洁的环境，营造学习、努力、积极向上的文化氛围，各种提示温馨有秩，工作人员态度和蔼、亲切，使读者能够心情平静、放松地到馆学习和获取信息。

（2）开展多种形式的调查活动，如通过网络、电子邮件、纸质调查单、设置专人咨询等形式，为图书馆和读者之间建立方便的沟通渠道，跟踪、摸清读者的需求。

（3）改变被动、单一的服务方式，采取主动介入、导向式的服务手段，提供全方位、深层次的服务，为读者解决实际问题。

（二）增加资金投入，完善硬件设施

图书馆服务能力的加强，需要加大对图书馆资金的投入，及时补充馆藏资源。而随着信息技术的发展，需要存储和传播的信息量越来越大，信息的种类和形式越来越丰富，数字图书馆或图书馆发展的数字化是必然的趋势，而要满足数字化发展对硬件设备的投入是不能缺少的。计算机技术发展速度很快，硬件设备建设应该科学合理，要考虑到学

校数字化图书馆是以数据处理和应用为主，要满足全校师生访问馆藏资源和网上资源的需求。因此，在选择技术和产品时需要有专门的技术人员建议，要有一定的前瞻性和预见性。硬件条件的改善重点要突出创造开放式的信息环境。良好的网络设施配置，可使读者无论何时何地都能从图书馆获取所需要的信息资源。不断改善的计算机网络技术和多媒体技术检索条件，使读者能够快捷方便地获取多种形式的信息资源。

（三）加强信息资源建设开发与利用

网络信息资源为图书馆资源建设提供了基础，不断增加电子资源的配置比例是数字图书馆发展的必然结果，资源共建、共享是未来图书馆发展的模式。馆藏资源网络化、网络资源馆藏化是高职院校图书馆提高信息利用的两个方面。应积极开发具有本院专业特点和高职特色的教学及相关特色资源库，上传至网络，实现信息服务的社会化。同时充分利用网络资源，开设内容丰富且具特色的导航系统，变网络资源为馆藏资源。但是，在网络上发布信息具有很大的自由度和随意性，缺乏必要的过滤、质量控制与常理机制，因此网络信息质量良莠不齐，给用户利用网络信息资源带来不便。开展对各种网络资源的收集、组织和储存，可以根据需要对特定的资源进行系统的收集、整理和有序化，为读者快速、准确地提供最新的信息。

（四）加强工作人员的素质培养和专业技能培训

计算机和互联网的广泛应用和开架服务方式简化了图书馆借阅工作的流程，图书馆员的工作任务主要转为咨询服务，是情报中介人和知识推荐人。工作重点的变化对工作人员的素质提出了更高的要求。一般高职院校图书馆开设的网上服务，如预约借还书、网上续借、电子资源查询和获取方式介绍、查询技能的推荐等，都应该是咨询员的工作职责。科学技术的进步和发展，导致各学科之间的交叉与融合，这已成为必然。作为图书情报工作者，必须加强学习，不断完善自己的知识结构，掌握图书馆工作新理念、新技术、新方法，同时要了解其他学科、专业的发展动态，才能更快地适应社会的发展，实现与读者之间的有效沟通。全面提高服务质量，需要有一支高素质的专业队伍，有良好的敬业精神与合理的知识结构。必须采取多种措施引进人才，积极开展在岗培训，改善工作人员的知识结构，提高他们的素质，更新他们的观念，增强其竞争意识，使其将服务工作做得更好。

参考文献

[1] 藏鸿妹. 高校图书馆读者服务新探. 合肥：安徽大学出版社，2009，40-41.

[2] 罗曼，陈定权，唐琼. 图书馆质量管理体系研究. 成都：西南交通大学出版社，2009，13-15.

[3] 朱锋. 试论高等院校图书馆的管理创新. 科技文献信息管理，2010（3）：12-14.

[4] 张胜利. 浅谈图书馆网络信息资源的组织与利用. 中国商界，2010（12）：222-223.

[5] 田质兵. 浅议网络时代高校图书馆员职业素养的提升. 科技信息，2010（9）：595-597.

高职院校图书馆服务职能缺失与对策研究

毛兰兰

（咸宁职业技术学院图书馆　湖北咸宁　437100）

摘要　图书馆是职业院校的信息资源集结中心，同时也是职业教育的重要内容之一。在当前知识经济时代，职业院校师生对图书馆的资料储备和服务模式都有更高的要求。本文从职业院校图书馆的职能入手，主要分析了在当前信息化不断发展的社会背景下，职业院校图书馆在特色服务和管理模式方面存在的问题，进一步探讨了如何针对职业院校的特殊要求，实现图书馆的信息化和现代化建设，全面发挥图书馆信息使用、传递和资料共享的作用，为培养高素质的技能型社会人才发挥应有的作用。

关键词　高职院校　图书馆服务　职能缺失

一、图书馆建设对职业院校教育的重要意义

职业院校所培养的多是技能型专业人才，因此对学生来说，在课堂上接受的职业技术教育使他们对知识的需求更具有针对性和专业性，这就需要图书馆为他们在课堂之外的学习提供特色帮助。

（一）延伸和补充课堂教育内容，确保学生对知识的获取途径

与学生以往接受的小学和中学教育不同，职业院校教育不再是由老师指定具体细致的学习计划、合理安排内容的学习过程，它更注重的是学生对学习的主动性和自觉性，老师通常只在课堂上对学科内容进行基础性的教学，大量的后续学习过程和知识的掌握需要学生自己安排，因此图书馆的存在就非常重要。

（二）进一步开阔视野，完善学生的知识结构

职业院校的课程安排相对中小学来说比较分散，课程负担轻，学生的课余时间较多，可以通过图书馆来获取自己感兴趣的文献资料，使个人的精神世界得到充实。学生也可根据个人发展规划和学习方向从图书馆选取学习资料，开拓视野，进行全方位的知识吸收；而多种知识的学习，也有利于学生掌握不同的思维模式，使他们在面临任何问题时，都能够更科学、更系统地进行考虑，从而进一步提高个人素质，为毕业之后走上工作岗位做好知识储备。

（三）营造良好的学习氛围，培养学生的综合素质

由于当前社会经济发展迅速，不稳定因素较多，学生很容易在思想上出现问题，在这种校园环境中，一个资料齐全、设施完备的图书馆，对学生的吸引力是很大的。现代化的图书馆既能够广泛地向学生提供自然科学、社会科学、文学艺术等多种类型的知识

和信息，又有利于培养学生良好的文化素养和道德素养，树立其正确的世界观、人生观和价值观，锻炼他们的应变能力，使其在离开学校之后，无论面对何种困境，都能够利用所学从容应对。

二、当前职业院校图书馆建设存在的职能缺失问题

（一）重视程度偏低，馆藏结构不完善

尽管职业院校的图书馆对帮助学生吸收课堂知识和进一步提高学生素质有非常重要的作用，但当前各高校对图书馆的建设却普遍缺乏规划，重视程度不够，资金投入少，这就使得图书馆的各种资料匮乏，馆藏容量少，图书种类不够全面，或同一科目的图书较少，缺乏知识的横向对比，不能满足学生对知识的需求；有的图书馆图书资料容量虽然达到相关标准，但相当一部分资料过于陈旧，参考价值不大，各科目图书不能与当前知识快速的更新换代相匹配。

在当前信息时代，网络资料具有更新快、获取便利、信息资源丰富、查找方便等优势，因此学生获取知识更多的是利用网上图书馆、信息资源库等网络途径，但由于资金困难，当前职业院校图书馆中配备的电子阅览室和相关信息设备通常都不够先进，机器落后，程序老化，实际利用率低，未能全面实现资料文献的信息化和数字化，不能满足学生对信息的诉求，或是设备数量紧张，必须等待较长时间或需要学生轮候，因此很难达到及时为学生补充知识的目的，降低了图书馆在职业院校中的实用价值。

（二）馆员素质不一，内部管理缺乏规范性

当前职业院校图书馆对馆员的要求，不仅仅局限于将书分门别类地摆放整齐和进行简单的图书指导，而更多的是要求他们能够掌握网上资源库的系统操作，能熟练搜索和运用电子文献，并能够及时协助和辅导读者进行信息检索和资料下载等。但是，由于各职业院校对图书馆的建设不够重视，人员投入少，馆员往往不具备专业知识，或只进行过简单的培训，业务素质不强，服务形式传统单一，服务范围狭窄，不能够充分发挥图书馆的实际作用。而在内部管理方面，图书馆的制度相对学校其他经常进行变动和补充的制度，制定得更为僵化，缺乏及时变通和完善，没有充分考虑学生的实际情况，而随之进行灵活调整。

（三）共享程度不够，信息利用不科学

当前职业院校课程不断调整，知识更新换代频繁，各种信息和科技手段不断发展，而知识信息的储存载体和传播途径也不断发生变化，因此职业院校的图书馆已经不仅仅只对学生提供纸质文献资料和知识服务，图书馆的信息共享和知识存储也已经不仅仅局限于传统的纸质印刷物，更应该向电子信息知识扩充。现代化的图书馆应当被建设成为包括电子出版物、数据库、网上图书馆、电子文献在内的多种类型资源并存的全能资源中心。

在信息共享和信息利用方面，许多职业院校都存在不足，如学校图书馆与各院系的资料相对独立，不能互为补充，各校图书馆之间缺乏信息交流，不能实现资料互补和资

源共享，图书馆知识存储与学生所学科目联系不够紧密，不能完全贴近学生需求。

三、实现职业院校图书馆服务职能的实施对策

（一）学校加强领导，保障资金投入，完善硬件设施

当前社会就业形势严峻，就业压力大，用工单位对职业院校学生在专业技能、个人素质、综合能力方面都有更高的要求，这也使职业院校的教学模式和学科内容都面临更大的挑战，而图书馆作为职业院校的学术交流中心和教学延伸基地，同样也必须做出调整，以适应社会对人才的需求。

首先，图书馆的建设要保证是学校发展的重要内容之一，应当与教学计划同列入学校重点项目。必须明确对图书馆有专款专用，定期拨付，保证资金使用到位，使馆藏资料在图书总量、平均量、图书结构和内容方面达到专业的评估和要求标准。

其次，要根据职业院校的特点和学校图书馆现状，对图书资源进行合理配置。职业院校的人才培养不但要具备一定的理论知识，更要有较强的实践能力，以适应工作岗位需求。因此在图书配置方面，应当使具有实际操作知识的书占据一定比例，同时图书内容应当与学校课程内容紧密结合，要密切联系专业学科知识，图书的选择应当符合学校的专业设置和专业发展方向，为学生课业圆满完成和进一步深入研究提供资料辅助。

第三，要制定科学的图书采购计划，及时了解图书出版和发行信息，注重图书采购质量，而不能一味追求数量，尤其是对期刊文献和丛书类图书的采购，要保证时效性和连续性。在选取图书时，一方面要积极参考课程专业教师的意见，了解教学内容和资料需求，避免由于信息量不足和专业知识少而导致图书采购不合理，真正选取到有专业价值和较高专业水准的资料；另一方面要尽量做到民主，积极与学生沟通，了解学生的图书需求，采购一些学生感兴趣、能切实提高学生知识水平的图书，从而达到馆藏图书结构最大优化。

（二）提升馆员素质，规范内部管理，完善软件设施

现代化的职业院校图书馆中，馆员的职责不是仅限于借书、还书和简单的图书整理，而是在对馆藏图书熟练掌握的基础上，进一步了解学生需求，适时为学生提供阅读介绍和相关指导，并能够为学生推荐解决其疑问的书籍，这需要馆员掌握专业的知识，对职业教育的相关课程比较熟悉，并对当前大学生的心理有所了解。

当前信息时代中，信息数据资料库的不断完善，使读者有了更快、更好地获取知识的途径，因此还要求馆员能够对网络图书资源熟练掌控，协助读者完成信息检索和相关资料下载工作。职业院校要切实发挥图书馆作用，就必须注重对馆员网络图书管理能力的培养，开展不同种类和方向的业务培训，进行必要的岗前素质教育，使管理员熟练掌握对网络数据库的应用，并能及时指导读者进行使用。

（三）科学规划，建立信息共享网络

在当前形势下，职业院校图书馆的网络信息资料在全部信息资料中占很大部分，网络信息资料如何得到补充和更新是必须面对的问题。因此，在资源建设方面，应当打破

界限，除了与本院校各院系的资料形成共享外，还要与其他院校图书馆和社会信息资源进行积极配合，尤其要利用网络这个平台，建立资源共享网络，借助网络服务，进一步补充馆藏资源，使资源储备全球化、多样化。

由于电子资料更易查找、使用和传播，存储空间小，借阅方便，是学生在获取资料时的首要选择，因此应当将馆藏的纸质资料逐步转化为电子资料，使网络资料库和纸质资料库同步完善，满足学生对不同资料的多渠道需求。

职业院校图书馆的网络数据库建设应当具有统一规划，根据不同学科、不同科目、不同研究方向等进行科学划分。各个数据库的总体规划具有宏观性，同时应当破除旧有的各自发展的传统格局，多个数据库资料互相补充和完善，使之具有统一性和协调性。

（四）强化措施，实施一体化服务模式

职业院校图书馆一体化服务模式的主体要求是，改变旧有的传统服务方式中收藏、检索、借阅、复印等固定服务项目，改变按知识部门分类来划分读者的方式，改变按资料文献种类划分服务类型的内容，以全面服务读者和用户为目的，全方位提供资料，多渠道提供信息，近距离提供服务，使用户能够根据自身需要，随时随地获取信息，提高资源储备量。

在当前知识和信息形势下，未来职业院校图书馆的发展方向，必须做到"以人为本"。在传统纸质文献方面，改变原有的闭架或半开架服务模式，实施一体化全开架服务，使学生能够根据自身需要，在同一区域获取不同载体、不同种类的资料，最大限度地扩大检索和借阅需要。在服务性能上，一体化服务应当采取一种多元化的全方位服务方式，以知识信息学科种类为体系，构建全新的服务模式。不仅要提供纸质资料借阅和复印服务，更应当提供网络资源下载、检索、浏览、复制和光盘刻录等服务，使学生能够根据自身的思维和阅读习惯，在定点区域内就可享受无缝隙的知识信息服务，流畅阅读和思考，使职业院校图书馆真正成为一个完整的信息资源集结中心，实现一体化的服务模式。

参考文献

[1] 刘述先. 试析职业技术学校图书馆建设和发展的思考. 教育研究，2013，5（9）：11-12.

[2] 樊会霞. 高校图书馆对外开放服务运行机制研究. 新世纪图书馆专题研究，2010，11（11）：23-24.

[3] 夏淑芬. 浅析职业院校图书馆的作用. 承德民族师专学刊，2010，8（3）：17-18.

[4] 兰霞. 职业院校图书馆建设与管理. 甘肃高师学刊，2010，5（2）.

高职院校图书馆为地方服务探讨

汪 婷

（武汉商学院图书馆 湖北武汉 430056）

摘要 本文针对高职院校图书馆为地方服务的现实状况，从管理制度、高职院校和高职院校图书馆三个层面分析了影响高职院校图书馆为地方服务的制约因素，提出了促进高职院校图书馆为地方服务的6条可行性建议。

关键词 高职院校图书馆 为地方服务 制约因素 可行性建议

国家教育部在2006年《关于全面提高高等职业教育教学质量的若干意见》中明确要求高职院校有责任服务区域经济和社会发展。为了高职院校的可持续发展，拥有丰富特色文献资源的高职院校图书馆应将服务区域经济和社会发展作为自己的分内之事，这正是图书馆适应新时期发展的重要职能之一。

针对高职院校图书馆为地方服务的现实状况，本文分析了制约高职院校图书馆为地方服务的三大因素，提出了加快高职院校图书馆为地方服务进程的6条可行性建议。

一、高职院校图书馆为地方服务的现实状况

近年来，越来越多的本科院校图书馆开始为地方服务，如武汉大学图书馆、深圳大学图书馆等。然而，开展该项工作的高职院校图书馆却非常少，能够真正向所在地方区域提供文献情报服务的高职院校图书馆几乎没有，包括东部和沿海经济发达地区的高职院校图书馆。虽然不少高职院校图书馆的馆舍资源、文献资源、技术装备和人员配置等方面都具备了为地方服务的条件，但是该项工作仍然难以展开。有些高职院校图书馆即使开展了社会服务，却由于为地方服务意识淡薄，也只是被动服务多于主动服务。

二、影响和制约高职院校图书馆为地方服务的因素

制约高职院校图书馆为地方服务的因素可从三个层面来分析，分别是管理制度层面、高职院校层面和高职院校图书馆层面。

（一）管理制度的限制

当前，我国公办高职院校的办学领导机关有教育厅、经济和信息化工作委员会、行业协会、大型企业和市地政府等，不同领导机关对为地方服务的问题缺乏明确指导，各自为政，难以对整个高职院校图书馆系统做出统一的计划与协调，导致高职院校图书馆信息资源仅局限于为本校师生服务，文献利用率不高。据调查，目前大多高职院校图书

馆都已拥有丰富的、具有地方特色的文献资源，而文献利用率仅为 37%，甚至更低。与之形成鲜明对比的是我国公共图书馆人均藏书量仅为 0.44 册，远低于国际图书馆协会联合会（International Federation of Library Associations and Institutions，IFLA）人均 2 册的最低标准。高职院校图书馆大量的藏书处于闲置状态，造成了社会信息资源的浪费。

（二）高职院校对其图书馆为地方服务持不积极态度

高等学校图书馆被定性为"学校的文献信息中心，是为教学和科研服务的学术性机构"，这种指导思想使得高职院校对图书馆为地方服务持不积极态度，在对学校图书馆的评价中均没有要求图书馆开展社会服务的内容，极大地限制了图书馆为地方服务的积极性和创造性。虽然有些高职院校开始萌发一定的社会服务意识，但缺少规划统筹和激励机制，无法真正付诸实践。

（三）高职院校图书馆为地方服务存在诸多困难

高职院校图书馆自身的一些因素也阻碍了社会服务工作的展开，主要表现在 4 个方面。

1．社会服务意识缺乏

高职院校图书馆一直以来主要满足于服务本校师生的教学和科研工作，认为没有责任和义务服务于地方。开放服务不仅会增加工作量，还可能引起校内师生的不理解，引发新矛盾，很多馆员更认为没有开放的必要。这种缺乏社会服务意识的思想观念根深蒂固，是制约图书馆社会化的主要因素。

2．管理制度不完善

高职院校图书馆的现行管理制度依据服务本校师生而制定。向地方开放服务后，一方面，社会读者不熟悉各项制度和借阅规则，需要相应的指引和培训；另一方面，社会读者使用图书馆数字资源会增加校园网管理和维护的难度，工作人员的工作量随之增加。图书馆若缺乏相应的绩效机制和配套政策来评定工作人员的绩效，很难保证服务质量和服务水平。

3．资源建设和信息化建设均不足

高职院校图书馆由于建设时间短，缺乏专业人才和经费等原因，存在着资源建设和信息化建设不足的现象。

（1）高职院校图书馆资源建设以本校特色专业为主，其他专业的资源建设却没有针对性，比较盲目，呈现出资源分布不均的状态；

（2）数字化资源建设滞后，一方面缺乏资源，另一方面没有有效地整合和揭示已有馆藏资源，造成读者检索难度较大，效率不高；

（3）图书馆网站信息化服务能力不强，主要表现在多数网站布局不合理、web 2.0 新技术的应用和创新思想不够等方面；

（4）缺乏馆际合作，没有形成信息资源的共享共建。

4．现实存在的知识产权侵权风险

高职院校图书馆在引进各种数字资源时，授权使用的对象为本校师生，不得以任何方式提供给校外人员，而开展社会服务时，无论是利用网络资源向社会读者提供信息服务，还是开发网络资源建立特色数据库，都可能侵犯著作权人的利益。现实存在的知识产权侵权风险限制着资源的传播和扩散，阻碍了高职院校图书馆为地方服务的进程。

三、促进高职院校图书馆为地方服务的可行性建议

（一）转变服务观念，树立服务意识

高职院校图书馆要为地方服务首先应做到服务观念的社会化。仅为本校师生服务的本位职责观念的转变是一个渐进的过程，既需要图书馆员站在高职院校社会职能的高度升华职业精神，充分认识图书馆为地方服务的必然性，又需要政府的鼓励、制度的规范和校方的支持，还需要社会读者的理解。

（二）政府要鼓励和促进高职院校图书馆为地方服务

打破高职院校各自独立的管理制度限制，鼓励和促进高职院校图书馆为地方服务，是政府构建覆盖全社会的公共文化服务体系的重要举措。可采取以下措施：

（1）制定政策鼓励高职院校图书馆参与教育系统的中国高等教育文献保障系统（China Academic Library & Information System，CALIS）、中国高校人文社会科学文献中心（China Academic Humanities and Social Sciences Library，CASHL）和科研系统的国家科技图书文献中心（National Science and Technology Library，NSTL）等信息资源共享项目的建设；

（2）通过项目支持、政策倾向等形式引导高职院校图书馆积极参与地方经济建设，为地方政府和企业提供专业的情报信息服务；

（3）加大宣传力度，组织全民读书日等阅读活动，促进高职院校图书馆和社会读者的沟通与交流，普及图书馆服务于社会的理念。

（三）加强图书馆联盟建设

任何单独的高职院校图书馆在为地方服务时，都难以满足社会读者需要的各种信息。只有积极参与图书馆联盟建设，实现资源共享共建，才能提供给读者更全面的信息服务。

（1）在组织形式上，既可参与全国性的图书馆联盟，如CALIS，CASHL等；又可参与地区性的专业图书馆联盟和行业性联盟，如湖北省高等学校数字图书馆联盟、广东省高职院校区域文献资源共享联盟等；还可与地方公共图书馆或其他文化机构合作，组建社区图书馆联盟。

（2）在合作方式上，借鉴国外图书馆联盟经验，采用理事会负责制，成员馆之间平等互惠，通过建立规章制度和签订协议来约束成员馆行为。

（3）在技术水平方面，建立信息传输和检索网络，把分散的信息资源集中组织起来，实现资源共享。

（四）加强与地方政府和企业合作，倡导校地共建新模式

在高职院校图书馆为地方服务的过程中，需要图书馆与地方政府及企事业单位密切合作，共同探索图书馆为地方服务的新模式。

1. 与地方政府合作，建立社区图书馆

高职院校图书馆可与地方政府合作，建立社区图书馆，一方面图书馆从地方政府获得经费资助，另一方面资助方得到了文献信息、参考咨询和人员培训等服务，形成共建双赢模式。还可共同建立自助式图书馆，如深圳市已有140余台自助图书馆进入社区，为社会读者提供自助办证、借还书和网上查询等服务。

2. 与企业合作，为其提供专业的情报服务

校企合作办学是高职院校区别于本科院校的最大特点。高职院校图书馆可借此优势深入企业内部，充分了解企业需求，广泛收集国内外市场信息，将其与图书馆原有馆藏资源整合后，进行专业的情报分析，形成二次、三次文献，提供给企业；还可与地方经济开发园区联合建立分馆，直接为企业信息部门和技术部门服务；又或者参与中小企业信息保障体系建设，如日本的"中小企业情报体系"、美国的"中小企业发展研究中心"等，以便更全面、高效地帮助地方中小企业解决信息需求难题。高职院校图书馆为企业提供的情报信息不只是新技术、新产品的动态信息，更能提供行业内的最新科研成果，为企业开发新产品提供依据，增强企业市场竞争力。

（五）根据特色专业和地方特点，建设特色资源库

高职院校图书馆在进行资源建设时，可根据本校的特色专业，结合地方经济和文化建设的发展需要，加强特色资源库建设。在经济建设过程中，收集特色产业相关的文献资料，将其与地方文献一起进行开发，形成特色产业资源库，为地方产业的发展提供全面的情报信息和技术支持。在文化建设过程中，根据地方独有的历史文化，建立特色文化资源库，为地方历史文化的研究和宣传发挥基础作用。例如，广东河源职业技术学院图书馆根据地方文化特色，主持建设了客家文化文献专题数据库，该库目前是广东省最大、最全的关于客家文化和岭南文化的特色资源库。

（六）根据实际情况合理制定服务项目

高职院校图书馆在制定开放的服务项目时应首先保证学校的正常教学和科研服务，同时需要对本馆的社会读者进行问卷调查，了解其个别需求和共性需求，将图书馆优势与读者需求结合起来，合理制订服务项目和实施方案，逐步开放并丰富服务内容。

1. 基本借阅服务

高职院校图书馆可借鉴公共图书馆开放服务的管理办法，制定社会读者借阅规则，对读者范围、可借图书范围、借阅时间等进行规范，并通过发放借阅证和阅览证的形式，向所在地方的社会读者提供包括图书、期刊等纸质文献的借阅服务。对于纸质文献资源丰富的图书馆可以向社会读者提供传统的外借服务，对于馆舍资源充足的图书馆则可开展图书、期刊等的阅览服务，也可在一定程度上开放电子阅览室，提供数字资源的检索、阅览或者下载服务。

2. 发挥数字资源优势，提供数字化信息服务

高职院校图书馆在不侵犯知识产权的前提下，可利用网络技术平台，为社会读者提供数字化信息服务。服务类型大致分为数字化文献资源服务、虚拟参考咨询服务和特色资源专题服务三种。

1）数字化文献资源服务

数字资源充足的图书馆在不违反数据库购买合同的条件下,通过网络代理或虚拟专用网络(Virtual Private Network,VPN)技术,开通数字图书馆服务平台的社会账号,实现社会读者对数字资源的检索、阅览和下载服务。

2）虚拟参考咨询服务

在图书馆网站上开设地方服务专栏,通过在线咨询、网络导航、信息推介和代查等多种方式,向社会读者提供参考咨询服务,并对读者的常见问题建立知识库,形成共享资源,实现实时问答的服务模式。

3）特色资源专题服务

高职院校图书馆建立的地方特色产业资源库和特色文化资源库极具开放价值,可设置专题服务,为信息需求者提供特色而全面的信息服务。

3．开展特色专业技能培训服务

高职院校的专业实用性强,其图书馆可以根据本校的特色专业,结合该专业在生活中的实际应用,开展以特色专业技能为主题的讲座、培训班、展览等多种形式的文化活动,既能推广专业技能知识,又能宣传学校的特色专业,提高学校的社会影响力;还可依托特色资源库,对有专业技术需求的读者,提供实用性的技术指导,帮助其提高专业技术水平。

参考文献

[1] 陈吉森．高职院校图书馆服务属地社会和社区的思考．四川职业技术学院学报,2012,22（1）：166-168．

[2] 黄玉兰．高职院校图书馆社会服务的创新与实践．重庆科技学院学报（社会科学版）,2012（1）：161-162．

[3] 李健立．高职高专院校图书馆读者需求分析与对策．职业教育研究,2010（3）：30-33．

[4] 中华人民共和国文化部．"十五"以来全国公共图书馆发展情况分析．(2011-01-05)．http://59.252.212.6/auto255/201101/t20110105_20114.html,2012-11-10．

[5] 中华人民共和国教育部．教育部关于印发《普通高等学校图书馆规程（修订）》的通知．http://www.moe.edu.cn/publicfiles/business/htmlfiles/moe/moe_23/200202/221.html,2012-11-10．

[6] 张东方．高校图书馆向社会开放的利弊因素探析．农业图书情报学刊,2012,24（1）：189-191．

[7] 董剑飞．国内外高校图书馆面向社会服务比较研究．农业网络信息,2012（1）：42-45．

[8] 谢玲．从美国的华盛顿研究图书馆联盟看我国的图书馆联盟建设．四川图书馆学报,2007（2）：63-67．

[9] 申文峰．深圳添百台自助图书馆5年内布点800台．(2010-08-25)．http://news.

sznews.com/content/2010-08/25/content_4864163.htm,2012-11-10.

[10] 王涛. 高职院校图书馆基于行业协会面向企业服务的探索. 现代情报, 2008 (7):129-131.

[11] 金声. 高职院校图书馆为企业服务之"困局"及其破解——以顺德职业技术学院图书馆为例. 图书馆学研究, 2012 (10): 58-61.

[12] 邵魁德. 高职院校图书馆建立区域信息服务保障体系研究——以广东河源职业技术学院图书馆建立区域信息服务保障体系为例. 现代情报, 2010, 30 (5): 46-48.

高职院校图书馆学生读者阅读心理分析

毛阔龙　童子希

（鄂东职业技术学院图书馆　湖北黄冈　438000）

摘要　论文从阅读载体与类型、获取纸质文献的方式、阅读内容和阅读环境4个方面总结了学生读者的阅读倾向，在此基础上分析其阅读心理的特点，最后提出图书馆转变服务方式的具体措施。

关键词　高职院校图书馆　阅读心理　读者心理

现代高职院校图书馆是学校课堂教学的通道、扩展和深入，是学生进行自我学习和修养提高的基础。学生是高校图书馆的主要服务对象，做好读者服务工作，一切从读者需求出发，一切为读者考虑，一切为读者服务，是图书馆的一项具体而重要的工作。而了解读者阅读心理，并加以分析和研究，是做好读者服务工作的首要前提。

随着科学技术的不断发展和知识的不断加速更新，读者对知识的需求与日俱增，其信息需求也趋于多元化，图书馆原有的工作模式、工作程序已难以满足读者。因此，图书馆工作人员应该更具体、更全面地了解和分析读者的信息需求和阅读心理，以便充分、科学地进行信息开发与利用。

一、学生读者的阅读倾向

（一）读者对阅读载体与类型的选择

高职院校图书馆的馆藏资源通常可分为印刷资源与电子资源。印刷资源包括纸质图书、期刊报纸等；电子资源包括各类型的数据库、网络资源等。目前来看，高职院校学生读者对图书馆资源的利用仍然集中在以图书以主的印刷资源，对于电子资源，学生读者则利用得较少。产生这种情况的主要原因在于：①大多数学生读者对图书馆的印象停留在借还书的阶段；②学生读者的信息检索能力较差；③电子资源主要用于查阅论文，而高职院校侧重职能训练，学生读者对于写作论文的需求较低；④由于学生读者主观的忽视或图书馆对电子资源宣传的不足，学生读者对电子资源缺乏了解；⑤利用电子资源时网络速度太慢等。

（二）学生读者获取纸质文献的方式

学生读者获取纸质文献的方式一般包括开架借阅和联机公共目录查询系统（Online Public Access Catalogue，OPAC）检索两种方式。

1. 开架借阅

开架借阅是让读者直接面对图书，自主选择阅读的一种获取图书馆资源的方式，是目前学生读者最常用的一种方式。这种服务方式不仅能使读者了解图书的一般信息，如书名、著者、出版者、出版时间、版本等，而且能对图书的内容有进一步的了解，便于决定是否借阅该图书。另一方面，由于图书馆排架会按照学科归类图书，读者在查找图书的同时可以方便地浏览同一学科的其他图书，从而扩大了检索范围。

2. OPAC 检索

OPAC 检索指利用网络在馆藏目录检索系统中查找并确定图书信息，读者可根据题名、著者、主题词、分类号、索书号等需要在 OPAC 中查找图书；然后，打开"书目详细信息"页面，查看图书的馆藏信息；最后，记下该种书的索书号，通过索书号查找图书。运用这种方式，读者能够比较快速地查找所需图书的位置，是更为快速、有效的检索方式。但目前开展得并不普遍，其主要原因在于：①图书馆在书库里没有提供用于检索的计算机；②图书馆的 OPAC 没有建设完善；③读者不了解图书馆的 OPAC 或是对分类号、索书号认识不足。

（三）读者对阅读内容的选择

从宏观上来看，文学历史类、专业类、英语计算机类、技能考试类、就业指导类图书是高职院校图书馆借阅量最大的图书。文学历史类图书满足了学生读者的陶冶性情、消遣时光、抒发情感、增长见识等多方面的需要；专业类图书满足了学生读者对提高专业知识技能的需要；英语计算机类、技能考试类满足了学生读者完成学业、充实提高的需要；就业指导类图书反映了在就业压力不断增加的社会环境下学生读者的阅读需求。这些图书基本上反映了大学生处于求学、求职的人生阶段的信息需求。从微观上来看，由于读者性别、兴趣、专业方向、年级、阅读能力与欲望的不同，读者的阅读需求呈现多样化、个性化的特点。

（四）读者对阅读环境的选择

阅读行为不能脱离阅读环境而独立存在，阅读环境的好坏直接关系到学生读者的阅读效果。良好的阅读环境能够激发读者的阅读兴趣，保持阅读动力，从而产生较好的阅读效果。学生读者所期望的阅读环境具有以下几个特点。

1. 设施完善，宽敞明亮

图书馆具有美观的总体设计，保持室内明亮，色彩搭配合理，馆内清洁卫生，能提供足够的座位、计算机等设施，具备快速的网络等。

2. 环境安静，有良好的阅读氛围

噪音会令读者产生烦躁情绪，只有安静的环境才能保证读者全身心地投入阅读当中，享受阅读的快乐。

3. 馆员态度礼貌，服务周到

馆员的服务态度是图书馆软环境建设的重要部分，馆员的良好态度可以使读者对图书馆产生亲近感，而馆员恶劣的服务态度会使读者对图书馆产生抵触情绪。

4. 具有丰富的文献资源

由于高职院校图书馆普遍资金投入不足，馆藏与本科院校相差较远，生均藏书量较低，不能完全满足学生读者对文献信息的需求，所以具有更加丰富的文献资源是读者对图书馆的长期诉求。

二、学生读者阅读心理的特点

（一）求知心理

尽管高职学生文化基础比较薄弱，但有许多学生具有很强的求知欲望，他们希望能够学好专业，增长知识，增强技能，开阔眼界。对于这些学生来说，图书馆确实是他们求知的"第二课堂"。他们能够根据教材内容、实训要求和自己的学习进度选择那些合适的参考书和学习资料，以加深专业认识，补充课堂学习和技能知识之不足，为将来升学、就业等做好充足的智能储备。还有一些学生到图书馆勤工俭学，既能获得一定的收入，又为增长自身知识提供了方便。

（二）应试心理

高职学生在学习期间面临各类考试，如课程考试、英语等级考试、计算机等级考试、专升本考试等，他们为了能够顺利通过各类考试，纷纷来到图书馆借阅真题解析、考试指南、应试技巧一类的书籍。随着就业形势的严峻，高职学生面临较大的就业压力，为积极寻找就业途径、拓宽就业渠道、提高就业竞争力，他们特别需要阅读关于就业指导、公务员考试一类的资料。此外，职院非常重视职业技能训练，多数专业都要求获得相应的职业技能证书，因而高职学生对于此类图书也有较大的需求。

（三）从众心理

从众行为是指人们在群体的影响和压力下，放弃自己的意见而采取与大多数人一致行为的心理状态。高职学生特别是大一新生一方面阅读能力较差，缺乏必要的阅读指导，没有系统的阅读计划，对阅读书籍的选择缺乏独立判断的能力；另一方面处于大学生群体之中，易受到其他同学的影响，从而导致阅读中的从众心理的产生。此外，学生读者喜欢追踪阅读热点。由于媒体的宣传，一些文艺作品受到大学生的追捧，一时成为所谓"热点"，如武侠小说、路遥作品、张爱玲小说、易中天品读等，这些也影响了学生读者的阅读倾向。这些热点书籍质量参差不齐，学生读者往往缺乏辨别能力，只是盲目跟风地阅读。

（四）消遣心理

对于高职学生来说，图书馆除了具有学习功能外，还能满足他们休闲娱乐的需要。在这种情况下，高职学生所阅读的通常是他们感兴趣的书籍。这类书籍可以增进读书兴趣，消除精神疲劳，娱乐身心，对促进个性、提高素质、增长知识具有一定的作用。但如果把过多的精力花费在这类书籍上，会对他们的学业产生负面影响。

三、图书馆服务策略的转变

（一）丰富馆藏资源，优化馆藏结构

图书馆在进行馆藏建设上要从以下三个方面着手。

1. 增加文献数量

要充分利用有限的购书经费，通过招标选择价格合理、服务完善、信誉良好的出版商，图书馆组织专业采访人员或教师来选择图书。处理好品种与复本数量的关系，对于读者需求量大的图书适当提高副本数量。

2. 保证文献质量

要根据学校的规划、特点、发展方向和图书馆的实际情况来制订采访规划，对采访工作进行规范化、科学化管理，选用工作负责、业务精通、知识广博的人员担任采访人员，对采访的各个环节严格把关，保证采购图书的质量。

3. 优化馆藏结构

在纸质文献的采购上，重点保障学校各专业的文献需求，加强新设专业的文献建设，根据读者的需求，保证对文学历史类、专业类、英语计算机类、技能考试类、就业指导类图书的采购，重视对文化经典的收藏，提高大学生素质。在保证纸质文献的同时，加大对数字资源的建设力度，订购符合师生需要的数据库，有条件的情况下可以自建数据库。

（二）开展导读服务，推荐优秀图书

由于高职学生的学习基础相对较差，独立阅读能力比较弱，同时存在着从众心理，对现代日新月异的知识信息感到无所适从，同时一些学生存在厌学情绪，因而需要引导他们选择合适的图书，从而更好地吸收人类文化知识，丰富人生道路，增强学术底蕴，巩固专业技能。图书馆应根据本馆资源定期向读者推出导读书目，推荐优秀图书，并提供阅读指导与建议；可以利用现代网络技术，设立图书馆微博，以更快地将导读信息传递给读者，同时便于获得读者的反馈。

（三）举行图书馆讲座，提高读者信息素养

图书馆应为大一新生举办图书馆利用培训，将新生读者引入图书馆的知识殿堂，使其了解图书馆的基本情况和使用方法。图书馆平时可以为学生读者提供各类培训，如各种数据库的使用方法、各学科资源的检索方法，各种类型文献的查找和获取技巧等。

（四）优化图书馆环境，营造良好阅读氛围

图书馆应从硬环境和软环境两方面提高阅读环境，为读者营造良好阅读氛围。在硬环境上，保证图书馆设备的正常运行，保持图书馆主页的维护更新，提供方便快捷的馆藏目录检索平台，提高图书馆网络速度，做好图书、期刊、数据库的订购工作，不断充实馆藏，维持图书馆的清洁、安静，优化图书馆环境。在软环境上，以"读者第一"为原则，处处为读者考虑，提供人性化服务，如为读者提供开水，开展咨询服务，设立存包处，提供自助还书服务等。

（五）增强馆员素质，提高服务质量

高职院校图书馆普遍缺乏专业人才，图书馆一方面可根据本馆需要引进专业人才，另一方面应尽力提高本馆职工的素质。建立完善的规章制度，制定馆员工作规范，健全激励机制，设立公正的奖惩制度，调动馆员的工作热情，鼓励馆员进行专业学习和科学研究，提供必要的条件为馆员提供业务考察和学术交流的机会，以促进馆员素质的提高。

参考文献

[1] 刘华山，程刚. 高等教育心理学. 武汉：湖北人民出版社，2011：187.

高职院校图书馆资源共建共享的几点思考

潘 隽

(武汉软件工程职业学院图书馆 湖北武汉 430033)

摘要 21世纪的到来,人们对职业教育提出了更高的要求,高职院校是进行教育教学和科研的重要场所,高职院校图书馆近几年在领导的重视下也取得一定成绩,服务意识和水平都有一定的提高,但投资力度仍然不足,许多高职院校图书馆信息资源还是以传统方式在流通。同时,高职院校的学生综合素质不是很高,他们很难从泛滥的网络信息资源中寻找到对自己有用的信息,这种状况都对图书馆服务提出了新的要求。高职院校图书馆必须走资源共建共享之路,才能有效地发挥各项功能。如何通过资源共建共享让高职院校图书馆发挥更为积极的作用,是值得我们探讨的课题,本文就这个问题进行了深入的思考。

关键词 高职院校 图书馆 共建 共享

一、得到政府的支持与投入

图书馆的共建共享需要大量的经济投入,高职院校图书馆共建共享也不例外。经费需求包括资源采购费用、聘请联盟专(兼)职工作人员费用以及软硬件的费用、日常运行的费用、共享信息资源门户建设费用等。由于经费短缺,很多高职院校图书馆对于建设现代化设备资源(如一些计算机硬件、软件和电脑通信设备等)感到力不从心。而对于一个学校来说,投入全部的资金显然是不现实的,所以图书馆要扩大资金的来源渠道,为信息资源的共享提供充足的资金保障。共建共享经费保障是高职院校图书馆快速、持续发展的首要条件,也是决定高职院校图书馆资源共建共享可持续性发展的关键环节,政府支持和投入将起决定性作用。所以高职院校图书馆建立以高速网络和信息资源传递为基础的资源共建共享,首先必须得到政府的支持和投入。

二、达成共识,统一新型图书馆管理理念

网络信息时代的到来,使图书馆管理的发展面临着数字化的剧烈挑战。图书馆的文献购置经费是有限的,而各图书馆的各自为政和缺少合作是无法满足读者的全面需求的。其主要原因是我国高职院校图书馆在行政管理上属于学校机构,只对学校上级主管部门负责。为了解决这个问题,我们应在各个学院之间加强沟通,达成信息资源共建共享的共识。创建良好的信息资源共享环境,增强信息资源共享的意识,才能加快信息基础设施建设,促进现有信息资源的合理利用和开发。通过区域内高校之间的合作共建,实现

资源的共享，相当于高校图书馆的资源得到了扩充，使信息资源配置和收藏得到合理优化，相互取长补短、互利互惠，从而提高文献信息资源的保障力。同时，通过高校图书馆馆际之间协调订购、统一筹划并进行多方位、多渠道的合理共建，可以有效避免文献资源的重复建设。我们只有统一高职院校信息资源共建共享的认识，才能与时俱进，摆脱高职图书馆各自为政的状态，将高职图书馆的共建共享真正纳入图书馆整体资源建设之中。只有统一新型图书馆管理理念，达成共识，才能更好地创建、发展新型数字化图书馆。

三、建立有效的协调组织机构

高职院校图书馆区域合作如果没有设立专门的机构对合作和资源共享工作负责，资源共享将无法落到实处。因而，建立有效的协调组织机构是高职院校图书馆区域合作和资源共享共建的保障。这个组织机构的形式可以是委员会，委员会主任由分管高职院校的政府职能部门的领导兼任，副主任可由实力最为雄厚的图书馆的馆长担任，委员由其余各成员馆的馆长担任。委员会的主要职能有以下几点：①向政府有关部门申请资金，保证资源共享建设工作的开展和运转；②做好各成员馆每年协调采购和资源整合的工作；③制定有关制度和政策；④制定各成员馆共同采纳的数据的技术标准和规范，解决各成员馆之间的数据异构问题；⑤督促检查成员馆共享资源建设的工作情况；⑥研究开发合作的项目。

四、抓好自身特色数据库建设，强化特色馆藏资源和网络资源的开发与利用

高职院校图书馆资源共享已进行了一段时间，但基本上都是各高职院校图书馆以成员馆的身份加入到已存在的某个文献资源共享联盟，共享其资源与服务。由于适合高职院校的数据库资源较少，因而高职院校读者对共享资源的利用率很低。高职院校读者群体对文献需求具有宽泛性、多变性、时效性等特点，对目前存在的系统性、连续性较强的数据库的文献需求较低。另外，高职教育与普通本科教育的培养方向和目标不同，因而对数字化文献资源的种类要求也不同。高职教育需要具有高职特色与高职教育培养目标相适应的数字化资源，而当前与高职院校的培养目标相适应的数据库几乎没有，能体现实训及产学研等方面的数据库就更少。高职院校图书馆应明确自身文献信息资源建设的定位，根据本馆的文献资源状况及高职教育的办学特色，从专业特色、专题特色、地方特色、行业特色等出发，通过馆际协商与合作，大力发展特色馆藏，建设特色数据库，只有形成特色才有不可替代性，才有其存在的价值。特色数据库建设是资源共建共享的核心，也是各高职图书馆最终提升服务质量的关键。

五、加强人力资源建设，建立人才共享和交流机制，共享专业人员

资源建设不光是指文献信息资源建设，还包括人力资源建设与共享，这也是共建共

享工作可持续发展的基础和保障，将为高职图书馆资源的共建共享提供坚实的智力资源和人才支撑。应有计划地指导各高职图书馆建立起包括专职、兼职、合作等多种层次的人才梯队，并尽可能创造机会为这些人员提供培训和指导。做好共建共享活动的人才储备，同时建立起人力资源共建共享机制。各高职院校图书馆的技术人员和专家为各个成员馆所共享，从而降低人员成本。在此基础上，联合各成员馆开展合作数字参考咨询服务。向用户提供不受时间、空间限制的虚拟咨询服务。共享人力资源，图书馆可学习各家之长，建立分布式实时合作参考咨询服务系统，使各成员馆与系统的衔接不受地域限制；而且各成员馆不论规模大小，彼此间是平等的联盟关系，各馆统一协调资源，分别根据各自所长提供联合服务。现代方便快捷的网络环境和数字图书馆技术的日益成熟，为开展网络环境下的数字参考咨询合作服务提供了很好的条件。参考咨询馆员可通过网络参考咨询系统，提供联合在线咨询服务。读者不仅可以向本馆的咨询馆员提问，也可以向其他图书馆的咨询馆员寻求支持。这是图书馆满足读者需求的创新服务。

六、创建高职院校图书馆共建共享激励机制，确保和谐发展

高职院校图书馆之间发展不平衡，在信息资源共建共享活动中具有不对称性，即大型图书馆付出多，获益少；小型图书馆付出少，获益多。有些信息资源比较丰富的数字图书馆，认为自己完全有能力为用户提供服务，同时担心自己花大力气建设的馆藏要为别人所用，参与共享得不到应有的回报和补偿，收益不大，因此态度不积极。同时，在共享组织中，大型成员馆认为小型成员馆"搭便车多，投入小，收益多"，往往对小型馆的要求和利益不予以重视，长此以往，小型馆对共享产生了消极态度。所以，各馆之间应加强沟通，和谐发展，同时，还必须制定相应的激励政策。激励措施包括：①在图书馆评估指标体系中设立明确、具体的资源共享指标，这样对图书馆开展信息资源共享就有了评价标准，图书馆开展共享项目也有了动力；②会费缴纳可根据各馆资源拥有量与服务提供能力制定减免政策；③馆际之间实行有偿服务。

有效的激励政策可以使共享成员明确各自的权利与义务，加强交流，增进了解，共同提高服务水平，激发各成员馆参与共享的积极性。而一味强调奉献精神，没有激励和惩罚机制，容易造成资源共享的产权不清、权利与义务的不统一。各组员馆应正确处理合作共享体系的整体利益与成员馆个体利益的关系，个体利益服从整体利益，对存在的问题和分歧达成共识，促进合作关系的和谐，谋求共享高效运转。

七、加大宣传力度，提高读者使用共享资源的意识与能力

高职院校图书馆开展资源共建共享工作做得再好，但自己的读者不知道，或知道而不会享用，那一切都失去了它的意义。高职院校图书馆开展资源共建共享的最终目的是为读者提供服务，满足读者的文献需求，其价值只有通过读者的使用率和满意度才能得以体现，因此，宣传与推广工作显得尤为重要。高职院校图书馆在进行宣传时，不仅要宣传本校图书馆，还要宣传其他成员馆；重点宣传和力推自己建设的特色数据库，使其价值得到充分发挥和利用。高职院校图书馆可联合开展学术报告、专题讨论、联合咨询

等培训工作。各馆在新生办借书证时可向新生介绍馆际借阅证的使用方法，让读者充分了解馆际间提供的资源共享服务，使其有共享意识，以便更好地利用图书馆。

总之，随着时代的发展，高职院校图书馆为了满足读者对资源和服务的更高要求，建立资源共建共享体系，成立高职院校图书馆联盟，是现代图书馆发展的必然趋势，是当前图书馆的重要任务。

参考文献

[1] 金胜勇，等. 图书馆信息资源共建共享成本收益分析框架. 图书馆工作与研究，2008（10）：3-8.

[2] 何雪丽. 构建广东省高职院校图书馆联盟之我见. 图书馆论坛，2007（3）：85-88.

[3] 龙敏. 高校图书馆信息资源共享运行机制研究. 图书情报知识，2009（3）：90-95.

[4] 刘宣春，蔡代纯. 网络环境下高校图书馆信息资源共享. 高校图书馆工作，2006（6）：73-75.

高职院校图书馆资源宣传浅议

李洪波

（武汉城市职业学院图书馆　湖北武汉　430070）

摘要　近年来，为了顺应知识迅速传播的趋势和高职院校师生对文献资源的需求，图书馆加大了对文献资源建设的投入力度，通过购置纸质文献资源、电子图书、引进数据库资源、自建特色库资源和网络服务系统，初步形成了传统纸质资源与电子资源并存、购置资源与自建资源并举，具有学院特色的文献资源保障体系；并且建立与系部信息互动、信息支持的情报收集机构；同时，也做了图书馆资源宣传，提高了图书馆资源的利用率及图书馆的服务效率。

学校图书馆宣传旨在更好地为师生服务，以"用"为目的，通过向广大读者宣传来充分发挥图书馆的价值。加强图书馆宣传工作，是提高图书馆服务水平和服务质量的重要环节。图书宣传的途径很多，方法也很多。从实践来看，图书宣传必须主动适应广大师生的需求，改变服务方式，变静态服务为动态服务，变被动服务为主动服务，变封闭服务为开放服务，拓展服务功能，进一步提高服务实效。本文将从高职院校图书馆资源和读者信息的收集与分析以及宣传方式与模式两方面对图书馆资源宣传进行浅议。

关键词　图书馆　读者信息　资源信息　宣传方式　宣传模式

一、高职院校图书馆资源和读者信息的收集与分析

高职院校图书馆资源信息的收集与分析是为了更好地对学生做宣传，读者信息的收集与分析是为了更好地调整图书馆资源，两者是相辅相成的。

（一）资源信息的收集与分析

图书馆资源是服务读者的基础，表现在：①通过图书编目法对文献资源信息进行收集和分析。提取文献的类型、学科、文种等分类的数据，分析现存馆藏文献资源信息的分布与侧重，如针对汽车专业学生有哪些资源，针对语言爱好者有哪些资源，针对政治、军事痴迷读者有哪些资源，针对教科研者有哪些资源等，分析出的数据有助于宣传和馆藏布局；②明细馆藏分布信息，各个书库、阅览室的分布与功能；③馆藏提供给读者使用的方式，文献借阅、检索、电子资源查询下载、网站使用等；④图书馆为读者提供的服务，图书借阅、教科研的情报分析、资料印制等；⑤图书馆的借阅须知、借阅程序、各种文献信息资源的使用方法及规则等。

（二）读者信息的收集与分析

高职院校图书馆读者类型主要有科研、教师与学生。科研是一所大学的强校之本，

是提高高校师资队伍素质、培养教师个人综合素质的重要途径，是高等学校发展和传播科学文化的重要办法。图书馆应该建立科研档案，包括科研方向、分类、科研性质等。教师作为高校的教育工作者，为能造就大批高素质优秀人才，必须具备与时俱进的专业水平，全面掌握本专业的前沿知识，提高自身专业素养、科学水平与教育能力。高校教师在教育、科研、自学各个方面不断完善的同时，还必须对其教学与研究的专业知识或学科知识提出新的要求。图书馆可以以教师个人为单位建立教师个人图书电子档案，包括教师教学专业、教学主攻方向、教研方向、兴趣爱好等。学生是院校的根本。学生在校接受教育而形成素质的高低体现了一个学校的实力。图书馆要针对学生收集全校学院的专业情况、社团情况、校活动等。

二、高职院校图书馆资源宣传

（一）图书馆资源宣传模式

1. 全面型宣传模式

全面型宣传模式是对图书馆各个方面集体性的介绍。高校图书馆作为学院的三大支柱之一，所涉及的资源及服务很丰富，这就需要我们综合前面收集的图书馆资源信息，进行分类排版整体式宣传。

全面宣传模式是图书馆在全院面前做一个整体、开放的展示，展示我们的资源和服务，展示我们的功能、优势和弱势。这种全面宣传模式是非常重要的。全院将通过我们的全面宣传寻找所需要的资源和服务，并发现图书馆还有哪些欠缺的资源和服务。

2. 针对型宣传模式

针对型宣传模式也叫专业型宣传模式，是有针对性地宣传各专业文献数据、各图书馆服务、各资源使用方式等，使读者对图书馆各种资源有更细致的了解。通过宣传解决读者在应用图书馆资源中遇到的问题和疑问。针对性宣传也增加了图书馆与读者之间的互动性，让读者更深入地了解图书馆，并提出要求和问题；也让图书馆更了解读者，以更好地解答读者的疑问，满足读者的需求。

3. 休闲文娱型宣传模式

休闲文娱型宣传模式是结合大学生课外休闲文化活动的宣传模式。这类宣传主要联合学生的课外活动，因为学生在假期、课外有充足的业余时间，他们希望图书馆提供休闲娱乐的资源，来引导积极向上的文化休闲生活。让学生知道图书馆不仅是学习上的好帮手，也是生活娱乐的好帮手。

宣传的模式化使图书馆的宣传更具有特性和规范性，使图书馆在宣传中更有策略和阶段性，如清楚什么时候选什么样的宣传模式和什么样宣传方式。这样，宣传目的更明确。

（二）图书馆资源宣传方式

1. 图书馆快速指引手册

图书馆指引手册是用来全面地介绍图书馆的资源、图书馆的位置和开放时间、各阅览室和书库分布、各专业文献分布、各种服务、各种文献使用方法、一卡通的使用、进馆规则等。它是全院读者的必读手册，清晰地记载了图书馆整体资源和服务。特别是对于刚进校的大学生来说，这是很重要的第一步。刚进馆的大学生，面对种类繁多、藏量丰富的馆藏文献信息资源和服务，往往是无从下手。为了使新生尽快地熟悉和利用图书馆的馆藏文献信息资源，必须对新生进行图书馆基础知识的教育。当然，这可以与校报合作，在新生刚进校的一个月期间做一期图书馆的专栏，用于刊登图书馆快速指引手册和图书馆相关文章；也可以将图书馆快速指引做成视频，方便学生更生动地浏览图书馆。

2. 专人导览

导游是一位引导者，引导游客欣赏景观。导游可以有组织、交际性地让游客更好地领略景观。图书馆可以设置专人组织学生参观图书馆。我校有旅游专业，可以与系部合作让学生担任导游。图书馆可以设定全馆导游和区域性导游，可以带领学生领略全馆资源，也可以为学生介绍区域性馆藏、服务的特点。导游在导览中分享他们知道的信息、解答读者的疑问，让学生更有互动性地了解图书馆的资源。

3. 专题讲座

图书馆应面对不同的读者类型和读者需求，举办各种讲座。讲座的特点是安排灵活、形式多样、针对性强。图书馆可对全校师生定期举办下列专题讲座："图书馆联机信息查询"、"电子文献检索入门"、"光盘数据库的检索与利用"、"网上信息资源的检索与利用"、"专题信息的获取"，以及针对教师的"情报收集"等。

4. 利用专题展览与学生活动

专题展览是比较直观的馆藏宣传方式，可根据实际情况举办图书、图片展览或声像资料电子出版物等热门事件展览。专题书刊展览可使读者在较短的时间内，集中地、直接地浏览大量的某一专题书刊和与此专题有关的交叉性学科的知识信息，激发读者的阅读兴趣，提高书刊利用率。学生活动是学生自发开展的活动，有更强的凝聚力和关注力。现在品牌企业通过广告植入或互动的方式介入校园活动中来。图书馆可以为活动做文献资源的支撑或者参与到其中做一些互动环节，以此提高图书馆的关注度。

5. 校报与网络宣传

报纸具有传递信息快、覆盖面广、影响力大的特点。图书馆可以利用高校校报在校园内覆盖面广、传递信息快的优势，通过校报及时推荐新书，宣传图书馆馆藏文献信息资源的检索利用。网络促进了信息的传播与互动，随着网络的发展和普及，网络已经渗入读者学习和生活的诸多方面，深得广大读者喜爱，也为图书馆广泛开展宣传工作搭建了一个全新的舞台。图书馆不仅可以在网站上利用图文影音宣传图书馆资源、服务、好书推荐、最新动态等，也可以设置"读者留言"、"读者论坛"等专栏解决读者疑问。

6. 图书馆读者月

图书馆读者月是向读者介绍和推广图书馆的资源和服务，扩大和加强图书馆的影响力，引导读者科学、充分地利用图书馆。图书馆应该确立读者活动的理念和宗旨，通过活动深入挖掘和了解"一切人"不断变化更新且种类繁多的知识和文化需求，然后反馈到读者服务工作中去，让现有的服务和资源充分发挥作用，并及时增补和开展新的资源和服务，以实现图书馆在与读者互动中的进步和提升。图书馆可以在活动中应用讲座、展览、推介会、基层服务宣传、评比、调查、访谈、竞赛等多元化的方式进行宣传。图书馆读书月既是对图书馆接下来一年的宣传，也是对图书馆上一年工作的总结。

总而言之，做好图书馆资源宣传工作，图书馆要了解自己、了解读者，利用一定的宣传模式和方法向读者宣传图书馆资源，以动态、主动、开放、拓展的方式为读者服务。

参考文献

[1] 马花如. 高校图书馆资源宣传模式探析. 农业图书情报学刊，2012（2）：50-51.

[2] 于丽华. 高校图书馆馆藏宣传工作研究. 现代情报，2007（2）：159-160.

高职院校文献信息资源建设的思考

邵晓红

(鄂州职业大学图书馆 湖北鄂州 436000)

摘要 高职院校图书馆是伴随着高等职业教育的发展而发展的,图书馆受到高职教育改革以及其自身条件的制约,它的服务对象、服务方向、服务手段、信息资源建设和发展方向都应与高等职业教育的需要相适应,所以有必要加强对高职院校图书馆建设进行探讨,不断总结高职院校图书馆发展的经验和教训,以顺应未来高职教育的发展潮流。本文通过分析目前影响高职院校图书馆文献信息建设的因素与高职院校图书馆文献信息资源建设的现状,根据高等职业教育发展要求,提出了高职院校图书馆文献信息资源建设的思路与对策。

关键词 文献信息资源 信息资源建设 高职图书馆

近年来,知识经济大潮促进了高等教育的改革和发展,与国际接轨,培养一流人才已经成为信息时代高校办学的新理念和新目标。作为与教学、科研同步的高校三大支柱之一的图书馆,要求也越来越高。图书馆馆藏结构、文献信息资源的数量和质量、图书馆的信息服务能力成为图书馆发展的重要课题。高校的文献信息资源建设应该与学校的学科建设和专业建设相适应。与一般普通本科院校不同,高等职业教育是为地方经济和社会发展服务的,高职院校培养的是能适应生产、建设、管理、服务第一线的高等技术应用型人才。职业教育强调学生的实践动手能力,解决实际问题的能力及科技创新能力。那么,高职院校在文献建设方面就应该有自己的思路,抓住高职自身特点和本校的专业特色,以及高职学生的特点来创建合理的馆藏建设体系。

一、影响高职院校文献信息建设的因素与建设中存在的问题

(一)影响高职院校文献信息建设的因素

高职院校文献信息建设主要受制于学校的学科设置、专业设置、科研状况、馆藏现状、读者特点和读者需求,以及出版发行等因素的影响,具体如下:

(1)随着市场经济发展和社会行业寻求的不断变化,高职学校学科和专业调整比较大,每年不断改变旧的专业、增加专业,有时候因为学校合并而调整,有时候要不断适应院系的调整,原来的馆藏已不能适应新的要求。

(2)学校招生在扩大,读者阅读要求高,需求级别层次差别较大。

(3)在很多特殊情况下,如评估检查之前,由于招标采购时间有限,短时间很难很好地选择购书任务,只能随意根据书商给的书目来配书。

（4）随着网络的发展，电子数字资源不断涌现，给图书馆都来了挑战和变化，电子数字资源成为图书馆馆藏的重要组成部分。这样的情况下，馆际合作、资源共享、数字资源的获取共建以及有序化和信息服务、特色资源库和特色化服务成为趋势。

（5）文献及其他信息产品价格上升对藏书政策和馆藏结构产生影响，出版市场混乱，质量不稳定，期刊和图书价格还贵，那么应该优化对各类文献资源信息采购的投入和分配。

（二）高职院校文献信息建设中存在的问题

通过对很多高职院校的调查和了解，高职院校文献建设中普遍存在以下诸多方面的问题：

（1）馆藏工作没有明确的目标和目的，没有长远的规划，没有很明确的合适的选书标准和规范，带有较大的盲目性随意性；无计划或者有计划但最终也得不到较好的落实。

（2）文献购置经费有限，选择的图书和数据库品种单一，藏书建设中没有考虑一致性和连续性。

（3）馆际合作意识还不够强，没有整体规划，没有很好的合作共享平台，合作的条件有限，资源仍然不能共享。

（4）馆藏没有特色，混乱无序，没有全面和重点收藏本校的重点学科和特色专业文献，学科文献建设不成体系，学科文献收集不齐全，没有收集有学术和实践价值的文献。

二、高职院校文献信息资源建设的思路与对策

（一）以学科与专业特色为重点，兼顾其他重点学科与专业

馆藏特点是根据高职院校的专业设置而逐步形成的。要坚持适应高职学生特点和教学需求、满足读者需求的馆藏建设方针，坚持"以用定藏，藏一致用"的建设方针，力求建成具有高职特色的馆藏体系。图书馆应该及时了解本校的所有专业、重点专业及特色职业、优势专业，在保证重点专业、特色专业的情况下，兼顾其他各个专业的学生需求。以读者需求为导向，掌握与之相关的国内外出版信息，确定重点特色优势的专业带动普通专业，重点特色专业文献信息收藏尽量丰富，系统和全面。还要注意每年新增专业文献的配置，满足新增专业的需求。在传统专业与新增专业之间兼顾和平衡，在特色重点专业与普通专业之间平衡。合理取舍，合理安排经费的使用。如我校去年新增了汽车维修、动漫设计、幼儿教育等几个专业，那么在选择文献资源的时候，也要考虑这几个专业，但也不能放弃和忽视传统的重点特色专业及具有品牌优势的专业。

（二）以职业教育为特色，以社会与职业需求为立足点

高职教育的特点是培养高技能型人才，注重学生的实际动手能力，解决问题的能力，以及创新能力。根据职业教育的特点，紧紧围绕培养较高职业技能的学生服务，以教与学的服务为重点，以科研服务为补充。文献资源建设以职业型、实用型、技术型文献信息为主，多定位于传授知识、掌握新技能、新技术，重点是应用、实用与实践。对于高深的纯理论性的文献，在数量上要控制，不必太多。图书馆要收集专业方向和相关重点

行业的书刊和前沿动态，并进行分析整理，为合作的产学研企业传递国内外最新的科技信息。另外，为了提高大学生的人文素养，还应适当添置一些好的哲理书刊、文学书刊等。

（三）树立"大资源观"和面向师生、企业与社会开放办馆的理论

近年来，高等职业教育正走向产学研合作办学的模式，产学研合作教育基本特性是学校与企业合作培养学生，本质是教育学习与生产工作实践结合起来，同时将产业、教育、科研紧密结合起来，目的是科技成果转化产业化。那么，在这样的要求下，高职图书馆的服务对象不再是单一的本校师生，而是扩展到了合作企业技术人员。这就要求高职图书馆快速做出反应，迅速提供行业最新的信息服务。图书馆的文献信息资源是面向学校、企业和社会开放的，因此，高职图书馆在"大资源观"理念下，应建立地区联盟、全国联盟、高职院校文献联盟中心的开放性文献保障模式。馆际协作、资源共享的方式大大增强了文献信息的保障率，提高了师生与企业的满意度，提高了文献资源的利用指数，也有效地避免了文献资源重复建设，节约了成本，使文献资源取得了最大的效益。和其他高校图书馆协作并根据自身图书馆特点、各学科各专业藏书比例、藏书重点、藏书等级结构等，建立科学合理的藏书体系，这样才能适应多元化的信息需求。通过与企业和社会的合作，建立重点专业和特色专业方向的共享文献资源信息平台。

（四）优化文献信息资源配置，兼顾数字资源与纸质文献的使用权与占有权观念

当前高职院校图书馆文献信息资源建设正在走向传统纸质文献与数字文献并重的方向，馆藏文献与网络电子资源相互依存、相互补充，共同组成图书馆信息资源体系。各种书目数据库、图文数据库、全文数据库和声像多媒体数据库，以及专利、行业动态信息等电子资源的网上利用，从数量到规模都极大地丰富了图书馆提供信息服务的文献信息资源基础。文献信息最大的价值在于利用，而不是保存和拥有。虽然很多数字虚拟馆藏单个图书馆不具有所有权，但是它如同实体馆藏一样，具有可资利用的属性，能够满足用户不同的信息需求。现实馆藏与虚拟馆藏有效结合使图书馆可利用的信息资源范围进一步扩大，增强了图书馆信息服务的能力。高职院校应该根据自身的特点与条件平衡纸质文献和数字资源的合理配置比例，以及书籍和期刊的合理配置比例。电子书刊价格相对便宜，也方便使用，在网络发展的趋势下极大地满足了读者的需求。图书馆数字化已经成为趋势，数字图书馆、手机图书馆成为最方便和快捷便利的阅读渠道。

（五）注重电子文献与网络信息资源的收集、整理、开发和利用

网上信息资源丰富但是杂乱无序、良莠不齐，对其有效的开发及整理、利用是为了给读者提供更快、更好的信息资源服务。高职图书馆一方面加强电子资源的收集、整理和利用，及对网络电子资源的存取，利用现成的网络资源和数据库资源扩大和补充自己的馆藏；另一方面加强对网上免费信息的收集整理和利用。在网络环境下，高职图书馆文献资源建设重点从过去单纯的购书、征订期刊逐步转移到了网上信息资源的开发、整理、利用上来。而且，高职图书馆更注重网络资源的目的性、协调性、应用性、实用性、技术性和特色性。另外，面对现有的特色馆藏印刷型文献进行数字转换，建立各自的特色数据库、专业数据库等，也是为网上资源共享服务。根据职业特色和院系的需要，建

立本校的教学课件数据库、重点学科资源库、科研成果数据库、产学研合作数据库等，形成一些有特色的数据库。有效利用信息共享空间（Information Commons，IC），高职院校图书馆的信息共享空间是专门为学校师生和企业技术人员设计的确保开放存取的一站式服务中心和协作学习环境的一种全新服务模式，它整合网络、计算机软硬件设施，以及内容丰富的知识库资源，包括印刷型、数字化和多媒体等各种形式，在技能熟练的图书馆参考咨询员、计算机专家、多媒体工作者和指导教师的共同支持下，培育读者信息素养，促进读者学习、交流、协作和研究。IC的中心任务是提供集成的空间、资源和服务。

总而言之，网络的飞速发展，高职的教育改革，图书馆自身管理和服务的创新都给图书馆都来了挑战和机遇。"以人为本"、"读者第一，服务至上"永远是图书馆的工作宗旨，满足读者需求是图书馆工作的目标。高职院校图书馆文献信息资源建设中，坚持科学发展观，实现图书馆可持续发展，坚持协调发展促进学校发展和图书馆发展的良性循环。在文献资源建设过程中，应实践科学发展观，克服盲目随意，踏踏实实地建设科学的、系统的、实用的、有特色的高职馆藏保障体系。图书馆既要围绕学校办学特色，服务于教学工作，成为学校特色的一部分，又要根据自身条件和实际，形成自己的办馆特色。

在建设过程中要做到了解学校办学特色、专业特色以及自身藏书体系中各学科、各专业、各类型文献之间的相互关系，以便系统地规划馆藏建设，优化馆藏结构；做到关注读者需求、关注文献本身的发展规律以及文献载体发展变化等因素，并处理好它们之间的关系；做到宁缺毋滥，严格把好藏书质量关，以避免重复浪费；同时注重电子文献的收集、整理、开发和利用，注重网络信息资源的开发、整合与利用；积极开展馆际协作，实现资源共享，保证馆藏有组织、有特点地可持续发展。

参考文献

[1] 罗萍. 高职院校图书馆建设博弈. http://www.doc88.com/p-778476078493.html，2012，1.

[2] 李萍. 网络环境下高校图书馆信息资源建设的策略思考. 江西图书馆学刊，2011（4）：39-40.

[3] 郝力. 浅谈高职院校图书馆的信息资源建设. 山西经济管理干部学院学报，2010（4）：106-107.

高职院校信息化建设中的问题与建议

张占华　张斯婷

（湖北职业技术学院图书馆　湖北孝感　432000）

摘要　高职院校信息化建设是实现职业教育现代化的重要方向。我国高职院校信息化建设虽然取得了许多显著的成绩，但也存在不少问题，如信息化建设的资金不足、信息化资源匮乏等，其中最为关键的因素在于，虽然高职院校教育信息化重视硬件的建设，但忽视了资源的开发、应用及共享。因此，采取措施来加强高职院校信息化基础设施建设、专业人才队伍建设与信息化资源的整合，是提高我国高职院校信息化水平的当务之急。

关键词　高职院校　信息化建设　建议

随着通信技术、计算机技术和网络技术的迅速发展和广泛应用，以信息技术为基础、以信息产业为支柱、以信息价值的生产为中心、以信息产品为标志的信息社会已经形成，信息化、网络化已成为世界经济和社会发展的共同趋势。大力推进信息化，是覆盖中国现代化建设全局的战略举措，是贯彻落实科学发展观、全面建设小康社会、构建社会主义和谐社会和建设创新型国家的迫切需要和必然选择。大力推进职业教育信息化，是加快实现我国工业化和现代化的重要举措。高职院校信息化作为国民经济和职业教育信息化的重要组成部分，是构建现代国民教育体系、建设学习型社会、促进科技创新的内在要求。抓住世界信息技术革命的重大机遇，大力推进高职院校信息化，以教育信息化带动教育现代化，是我国教育事业发展的战略选择。随着社会的转型和国家现代化水平的提高，数字化、网络化、智能化资源等日趋进入高职教育领域，继而引发了高职院校的改革与发展，以互联网和多媒体等为代表的信息技术的发展，对教育观念、教育体制、教学内容、教学方式方法等各个方面都产生了广泛而深刻的影响，没有信息技术的发展，就没有教育的现代化，职业教育的发展就失去了基础，高职教育信息化也无从谈起。因此，大力加强高职院校信息化建设是大势所趋，也是实现高职院校现代化的重要方向。

2002年，国务院颁发的《国务院关于大力推进职业教育改革与发展的决定》中明确指出，要加强高职教育信息化基础设施建设，积极发展利用现代远程职业教育，开发高职教育资源库和多媒体教育软件。全国职业学校也积极响应政府号召，建设计算机教室、多媒体教室、电子阅览室、教学资源开发实验室等专业教学和实习场所，积极为国家培养了大批各级急需的信息技术人才，适应了当地经济发展和劳动力市场的需要。国务院在《关于大力发展职业教育的决定》中提出，要大力发展社区教育、远程教育等多种形式的职业教育与培训，以满足人民群众多样化的学习要求。另外，国务院决定还要求进一步深化教育教学改革，加强职业教育信息化建设，推进现代职业教育在教育教学中的运用，这些都表明高职院校信息化建设已达成共识。

信息化建设基础设施主要包括计算机的数量指标、学校校园网建设、校园网出口带宽网速等，随着高等职业教育的快速发展及计算机信息类专业在高职院校的普遍开设，高职院校计算机和校园网建设也取得了很大的进步，为高职教育的发展，为社会培养高技能人才打下了坚实的基础。

在信息化资源建设上，国家先后投入大量经费进行职业教育课程的开发，建立现代职业教育资源开发基地；研究开发适应教育教学和管理需要的现代教育软件资源；确定高职教育网络课程和素材库开发项目，并通过企业研究机构捐助等方式，多渠道地推动高职院校信息化资源建设。同时，国家也征集了许多优秀的多媒体课件并公布在国家级相关网站上，供全国职业院校的教师和学生使用，现代教育网络平台信息化在高职教育领域同样取得了很大的进展。然而，高职院校信息化建设也存在诸多值得注意的问题，下面将进行详细分析。

一、高职院校信息化建设中的问题

（一）资金投入严重不足

教育经费的短缺一直是教育发展的瓶颈，加上国家教育信息化建设资金投入的方向基本集中在基础教育和高等教育领域，投向高职教育的比重相当较低，高职院校信息化建设的资金投入严重不足。在高职院校发展前期，资金主要用在校园建设、学校基础设施、学校扩大规模、合并、上档次、专业建设等方面，用于高职信息化建设的资金相当较少。而信息化建设也不是一时的事，它的周期长，很难在短期内见到成效，耗资大，维护成本高。所以，信息化建设资金严重不足是大多数高职院校面临的现实问题。

（二）专业人才不足、结构不合理且素质较低

信息化人才包括信息产业人才与信息化应用人才。信息产业人才，主要指第一信息部门就业的信息化人才，又包括信息技术产业人才、信息服务业人才、广播电影电视业人才、传播与文化业人才、信息管理人才与信息技术应用人才。当今，信息技术已形成产业，具有专业特殊性。信息技术产业要求的"信息人才"即专业信息人才，也是信息技术产业发展的稀缺人才。

高职院校信息化建设中的管理队伍、技术队伍和应用队伍，是当之无愧的高职院校信息化专业人才。在高职院校中，重专业教师队伍轻信息化专业人员配备的问题突出，部分院校甚至还没有设置专门的信息化管理部门和岗位。信息化建设管理和技术队伍力量的不足，都成为高职院校信息化发展的瓶颈。高职院校的信息化管理队伍大都是由行政人员兼任，缺乏专业的信息化建设管理人才的配备，很难帮助决策层进行信息化建设的规划。信息化建设方面也出现了种种矛盾和问题，全国36万名高职院校的教师中，一些教师的知识结构和教材都存在着老化现象，跟不上技术的迅速发展；学校在培训方面投入严重不足，有相当一部分教师自身的信息化操作、利用信息技术制作课件、利用信息技术教学等几个方面的能力严重不足，不能有效地将信息技术与专业教学进行整合；

且计算机硬件的飞速发展，使得很多教师跟不上发展的速度，这必然会影响到教师综合能力的提高。

（三）信息化资源匮乏且应用水平低

信息技术已经快速地运用到了高职院校教学、管理、科研等领域，但是高职院校信息化资源层次不高，重硬件设施的投入，轻软件资源的开发建设，一直是导致高职院校信息化不能有效发展的障碍。不少高职院校在经费上偏重于机房、计算机等硬件设备的投入，对配套建设的教学平台和教学资源建设则重视不够。现有信息资源大多仅仅满足于教学层面上的可视化，而缺乏在深层次上与课程的有效整合，没有高职院校的特点。信息技术仅仅停留在将书本、教材和传统课堂教学结合起来，虽给学生提供了大量的可视化资源，但是未能将已有的优质课程资源、仿真教学软件等整合到教学过程中。

二、高职院校信息化建设的建议

增加投入、整合资源、加大信息化人员培养力度，提高信息化人才的数量和质量，是高职院校的当务之急。2012 年，教育部颁布了《教育信息化十年发展规划（2011~2020年）》（以下简称《十年规划》），提出了未来十年我国教育信息化发展"三基本、两显著"的总体目标，即基本建成人人可享有优质教育资源的信息化学习环境，基本形成学习型社会的信息化支撑服务体系，基本实现所有地区和各级各类学校宽带网络的全面覆盖，教育管理信息化水平显著提高，信息技术与教育融合发展的水平显著提升。教育信息化的发展，为职业教育发展带来了新机遇，也带来了新挑战。高职院校信息化是职业教育现代化的重要标志，在职业教育现代化发展的新时期，为应对经济全球化和社会信息化的挑战，必须加快信息化建设的进程，突破传统的教育时空，实现跨时空的教育资源共享，以信息化带动高职教育现代化正是职业教育发展的趋势。国家中长期教育改革和发展纲要指出，要将教育信息化纳入国家信息化发展战略之中，到 2020 年，基本建成覆盖城乡各级各类学校的教育信息化体系，促进教育内容、教学手段的信息化。

（一）加大信息化建设的资金投入，加强信息化基础设施建设

教育主管部门要真正将高职院校信息化建设纳入我国的基础设施建设规划中，在加大投入的同时，要建立起政府投资、社会引资、学校筹资的多元投资体系，为高职院校信息化开辟经费来源，提供物质支持。另外，各地教育行政部门应加强本地区的职业教育网络建设，为高职院校改革和发展提供信息资源服务。在具体的实施上要先从局部入手，做到有重点地发展，在政策上和财政上给予中西部地区更大的支持，鼓励东部地区支持和带动中西部地区职业教育的发展，缩小东西部地区在高职院校信息化基础设施建设上的差距，重点支持西部高职院校的信息化教学配备，逐步建立遍布全校的校园网、网络教室和多媒体教室，从整体上提升我国高职院校信息化硬件水平。

（二）注重信息化资源的优化与整合

利用信息技术将现有资源进行整合，筛选出知识的精华，使得知识和技能的展示方式更加多样化，并通过通信技术或远程教育将这些资源传输到四面八方，让更多的资源

共享，提高学习的趣味性、主动性和开放程度，进一步探索信息技术教育与课程的整合，从传统的课件制作转移到在各个学科的学习中应用信息技术和学习信息技术，提高教学质量与教学效率；充分利用社会资源，进行专业建设和教学资源建设，以提高教学资源的质量，实现资源的优化配置，消除"信息贫困"。在教育信息化环境下，任何人在任何时间都可以进行学习，为实现教育公平、推进教育均衡提供了有力保证。同时，通过信息技术在教育中的深入和广泛应用，推动教育内容、方法、手段、观念的全面改革和创新，充分发挥人的学习与发展创新潜能，有利于全面提高教育教学质量。

（三）注重信息化专业人才队伍建设

"信息技术对教育发展具有革命性影响"、"职业教育信息化是培养高素质劳动者和技能型人才的重要支撑，是教育信息化需要着重加强的薄弱环节"。在发展教育信息化，推进职业教育改革发展的进程中，我们必须深刻认识到信息化对于职业教育改革创新和科学发展带来的革命性影响和重要意义。信息化专业人才是高职院校信息化建设的核心，专业人才的培养和培训是信息化建设的关键。采取建设教师信息资源库，建立教师培养培训机制，定期对教师进行信息化培训，不仅要传授现代信息技术的基本知识，还必须重视培养和提高教师掌握实用的信息技术的能力，具备应用信息技术的能力和水平，更新教学观念，促进教师专业化发展。具体来说，有以下三点建议：

（1）要注重复合型信息化人才的培养，尤其是高级信息管理人才，这直接影响到管理水平和竞争力。

（2）要加强微观层次中"低端"人才的培养。同时，要改善实验室条件，加强实践教与学，与企业联合建立校外实习基地，培养大批信息化的应用型人才和赶超世界先进技术的高端信息化人才。

（3）加大信息产业投资力度，打造宽松的政策环境和完善的创业平台，使信息化人才的工作环境和工作地位得到更大的改善和提高。形成优化信息化人才激励机制，待遇留人、情感留人、制度留人，要坚持精神奖励与物质奖励相结合、短期激励与中长期激励相结合、激励与约束相结合的原则，改革薪酬制度，吸引高层次人才，完善突出贡献人员重奖政策，建立起科学规范的绩效考评、薪酬分配和竞争机制，积极营造信息化人才的和谐竞争氛围。采取措施来加强高职院校信息化基础建设、专业人才队伍建设、信息化资源整合建设，提高信息化人才的数量和质量，是提高我国高职院校信息化水平的当务之急。

参考文献

[1] 徐法艳，冯琳. 职业教育信息化的发展趋势. 中国成人教育，2010（14）.

[2] 缪抗美，高斌. 区域教育现代化建设中的教育信息化. 中国电化教育，2009（12）.

[3] 马金强，蓝欣. 我国职业教育信息化建设的现状及对策分析. 教育与职业，2009（23）.

[4] 王济军，赵子平，张俊霞. 中日职业教育信息化比较与思考. 职业技术教育，2008（10）.

[5] 荀莉，罗辉. 职业学校信息化建设调研报告. 中国职业技术教育，2007（1）.

[6] 粮永明，周笃悌. 对我国职业教育信息化现状及应对策略的探讨. 职教论坛，2005（4）.

高职院校样本书库存在的问题与解决对策

宁银鹤

(长江工程职业技术学院图书馆 湖北武汉 430212)

摘要 本文通过对样本书库的本质分析,以长江工程职业技术学院图书馆为例,详细阐述了样本书库在运行中所遇到的种种问题,并提出了有效的解决方案,总结出高职高专院校样本书库的设立要根据本馆的具体情况做出变革与改良,通过改革与创新来激活它的机能,发挥资源的最大作用,以此来满足现代大学生的发展需求。

关键词 高职院校图书馆 样本书库 改良

随着科技的发展,网络与计算机给我们带来了不一样的信息载体与传播方式,智能手机与移动网络的迅猛发展使得人们随时随地都可获得具有时效性的信息。科技在推动着纸质文献管理模式的发展,信息资源的数字化发展迫使图书馆加快与时俱进的步伐。对于传统的纸质文献管理模式的变革与改良是图书馆发展的必由之路,其中样本书库在发展中表现出的种种不适越来越明显,下面我们来谈一谈有关样本书库的问题。

一、样本书库的本质

何为样本书库?样本书库是指图书馆从收藏的每一种文献中抽取一册或一套,作为长期保存,其形成的书库即为样本书库。它是图书馆藏书种类最全的地方,也最能够全面地揭示馆藏。样本书库是在我国传统的藏书布局模式下产生的,所以它延承着传统的指导思想,以"藏"作为工作重点,"用"只是辅助功能。其设立的目的是保持馆藏品种的完整性、系统性与连续性,长久保存文献并满足读者需要。早期样本库多为闭架收藏,近年来多数开始开架阅览,但不许外借。

样本书库的优点是保护了馆藏图书品种的完整性,通过样本书库的馆藏能够折射出该馆馆藏体系的系统性与独特性,较好地展现了收藏文献的连续性,满足了本校教师和科研工作者的长远需要,为其提供藏书品种的保障。样本书库的缺点是减少了图书外借量,降低了图书利用率,从而也降低了读者对图书馆的满意度。

图书馆藏书的主要目的就是为了用,藏以致用,为用而藏,否则文献就失去其收藏的价值。特别是现代图书馆强调的是"以用为主、以人为本"的服务理念,为读者提供更加方便有利的借阅条件和快捷丰富的信息资源是图书馆的服务之本。在当前形势下,样本书库的弊端越发突显,尤其在高职院校这种小中型的图书馆中,样本书库面对的问题是较为严峻的。如何对样本书库实行科学的管理,更好地为高校教学、科研服务,提高其利用率,做到既保存又利用,改变重藏轻用的观念,是值得探讨的问题。

二、样本书库所突显的问题

以长江工程职业技术学院图书馆为例,我馆初期设立了典藏书库,只藏少量精装且价格较高的图书,后于2009年迁馆后改为样本书库,大量调拨图书入库,后期无论采购复本多少,都需入藏样本书库一本,实行半开放模式,只阅览不外借,经过长期的运行观察,问题逐步突显。

(一)资源得不到有效利用

1. 场地的浪费

在馆舍面积有限的情况下,样本书库的存在造成了场地的浪费。我馆流通库共有两个,分别是基本书库与工程技术书库,这两个库的藏书逐年在增加,藏书位置越来越少。流通库从2009年开馆后短短4年就不够用,于2012年增置了新的书架,全面倒架,书架挤占其他功能区,而样本书库藏书量相对少,但却占了较大的馆舍面积,使得有限的空间资源得不到充分有效的利用。

2. 藏书的浪费

样本书年年增多,但进入样本书库阅读的读者人数却逐年下降,导致样本书库的利用率不断下降,这种状况表明样本书库"用"的功能在弱化,无法真正实现现代样本书库藏以致用的目的,是一种藏书的浪费。

3. 资金的浪费

高职院校对于图书馆的资金投入本就不够,在资金不足的情况下再投入一部分用于样本书库的建设,而该库的利用率又低,这对于资源和资金都是一种浪费。

4. 人力的浪费

样本书库的阅览量极低,但又要有专门的人员来管理,造成了人力上的浪费。

(二)管理模式的落后

现在网络的普及,学生们不但可以在寝室上网,而且还可以使用手机上网。读者获得信息的方式多样、方法快捷,从很大程度上冲击着图书馆的传统管理办法。样本书库只阅览不外借的管理模式,对于读者来说其管理形式太过单一又不够便利,满足不了读者日益增长的信息需求。

(三)加速流通率的下降

我馆资金有限,新书增长缓慢,流通部的借阅量逐年降低,而每年又要从有限的新书里抽出样本放入样本书库。新书资源的分流和样本书库几万册的图书资源的只藏不用,加速了图书馆流通率的下滑速度。

(四)馆藏不精不全

高职院校图书馆由于诸多限制,样本书库做不到全而精。我馆样本书库数量和质量上都不够,图书质量参差不齐,具有学术价值的、专业性精而深的书占少数,而多数图书为普及型、娱乐型和大众型娱乐的图书,其入藏的意义不大。

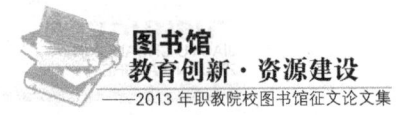

（五）养护条件不够

我馆将样本库设在通风、光照良好的普通阅览室，不使用密集书架，虽然这种环境有利于读者阅读，但是对于书籍来说，因为无法减少空气、水分和阳光这三大纸张天敌的侵蚀，30年不到就开始相继出现黄、脆等自然损耗。而我馆没有资金也没有设备在其寿命期内对其进行复制，样本仅是在走自然损耗的道路。

三、样本书库的改革调整

由于上述问题的困扰，我馆于2013年4月对样本书库进行了改革调整。

（一）将样本书库文献资源根据本馆的具体情况调拨至各类库，重新整合资源

流通部基本书库和工程技术书库更名为社会科学书库和自然科学书库（二），样本书库改为自然科学书库（一），并将新成立的校友捐赠图书置于其中，解决了我馆的场地问题，有效地利用了馆舍面积，使资源和馆舍的利用发挥了更大的作用。几万册图书从不流通到流通，以及新书的全流通都有效地缓解了流通率的下降问题。

（二）保留了具有学院特色的小种类藏书

我馆的长江特藏室于2009年迁馆后成立，是具有我院水利特色的藏书库，入藏与长江水利有关的特色文献。该库入藏复本为单本，半开放模式，只藏不借可阅览，我馆保留了该书库。除了特色书库外，我馆还保留了工具外文书库，其开放形式、入藏复本与长江特藏室相同，文献种类包括工具书和外文书籍。这两个书库由于涉及科学范围小，做到了馆藏的精而深，同时充分体现了学院的水利特色，并做到将水利文献保存完整、系统并具有连续性。

（三）建立了密集书库，入藏流通率为零的老旧书籍

我馆建立了密集书库，该库实行闭架模式，这样能够减缓书籍老化速度，也有效地缓解了库藏书架书满为患的问题，有利于图书馆馆藏结构的可持续发展，也保存了老旧的具有历史传承性的书籍，同样起到了样本书库的作用。

综上所述，高职高专院校图书馆应从资金、资源和人力上综合考虑来改良样本书库。其中，具备财力、物力和人力的院校图书馆可完善改良样本书库，使之与时俱进；不具备多方面条件的院校图书馆，可小范围藏书，设立特色藏书室以及密集书库，它们也是传统样本书库功能的一种合理体现方式，解放了大量的馆藏文献和有限的馆舍与人力，有效地解决了图书馆存在的种种问题。

参考文献

[1] 章可虎. 地方院校图书馆样本书库的存废之争——以浙江省台州学院图书馆样本书库为例. 图书馆理论与实践，2012（4）：85-87.

[2] 王莲，孙伟伟. 高校图书馆样本库现状思考. 合肥工业大学学报（社会科学版），2012，26（3）：153-154.

关于职校图书馆服务创新的探讨

肖 琳

（武汉城市职业学院图书馆　湖北武汉　430064）

摘要　服务，是当今图书馆工作的永恒主题，图书馆离开服务就会失去其价值和发展动力。而服务创新是与人相关的，图书馆里既有服务者又有服务对象。要提高职校图书馆的服务，从基础上说就是要提高图书馆工作人员的相关素质和业务能力，这样才能更好地为师生提供服务创新。另一方面，现代科技的发展，手机的更新换代，智能机里设置的词典查询功能、搜索引擎功能、网页浏览服务等都在冲击着旧的领域。同样，职校图书馆的服务创新也需要在不断实践中改进。当今社会竞争无处不在，激烈的变化和市场竞争环境，要求职校图书馆不断创新服务，改革管理工作流程，打破常规，使职校图书馆以敏锐的观察力和超前的决策意识去适应社会发展的需要，去适应职校发展的需要，与时俱进，体现其存在的价值；使职校图书馆紧跟时代和社会的步伐取得长足、稳定、健康的发展。职校图书馆服务创新提高了，为师生创造了新的知识价值，也就形成了职校图书馆的竞争优势，这无疑是良性循环与双赢模式。

关键词　服务　创新　职校图书馆

一、图书馆的渊源与历史

图书馆是一个知识的海洋，是搜集、整理、收藏图书资料供人阅览、参考的机构。我国的图书馆历史悠久，只是起初并不叫"图书馆"，而是称为"府"、"阁"、"观"、"台"、"殿"、"院"、"堂"、"斋"、"楼"，如西周的盟府，两汉的石渠阁、东观和兰台，隋朝的观文殿，宋朝的崇文院等。"图书馆"是一个外来语，于19世纪末从日本传到我国。现今，随着科学技术的发展和时代的进步，图书馆并不仅仅发挥原先的藏书阁般的作用了，而是执行着开发信息资源、参与社会教育等多方面的职能。

二、科技发展给当代图书馆带来的挑战

（一）图书馆服务创新的提出

信息科学技术和网络的快速发展改变了图书馆以往的旧构架和旧面貌。图书馆从单一的藏书功能到查询、即时搜集、共享网络信息资源等服务功能，更大地实现了资源利用率。同时，查询变得更方便也更快捷，从一本本的书籍信息查询到网络上资源库的搜索，这些变化对当今图书馆服务工作也提出了新的发展契机和要求。是否一味地增加藏书数量就可以达到这一要求呢？答案显然是否定的。

（二）人才是图书馆服务创新的重要因素

在信息时代，真正最新、最有用的信息不只存在于文献信息库中，对潜在的信息资源的发掘也是提高服务质量的重要因素。图书馆员的创新能力是图书馆提高服务质量的关键，具有创新能力的图书馆员也是职校图书馆的核心资源。未来图书馆的竞争优势在于有良好的创新管理机制，有效地动员和组织工作人员学习得更快、更好。所以，要特别重视对职校图书馆工作人员创新思维能力的培训，使每一位工作人员都成为一个自主的创新主体。网络环境下，图书馆工作在传统服务的基础上发生了很大的变化。图书馆工作的现代化需要懂得现代化技术的专业人才，所以，提升职校图书馆工作人员的信息能力是网络环境中创新图书馆服务的首要问题。

（三）对职校图书馆工作人员信息能力的培养

信息能力是在信息环境中人们获取、评价、使用和创造信息的智力性技能。信息意识指人对信息重要性认识的自觉程度，捕捉信息的敏感程度，能从信息的角度出发来感受、理解和评论自然界、社会中的各种现象等；信息能力则是人们获取信息、处理信息、利用信息和创造信息的能力。网络环境下图书馆员的基本信息能力应该是超前的预测和分析能力；多角度、多侧面观察事物、处理信息的能力；对信息的新颖度、深度、准确度及信息量大小的高度判断、选择、加工和优化能力；对信息做进一步演绎、发展的思维和想象能力。职校图书馆工作人员信息能力的具体体现有哪些呢？例如，2012年诺贝尔文学奖由中国作家莫言获得后，图书市场上对莫言的书供不应求。那么，职校图书馆工作人员在得到这一资讯的同时也应即时了解和扩充馆藏相关书籍的数量，包括莫言的有关文学书籍以及历年诺贝尔文学奖获得者的书籍，以方便感兴趣和有需要的师生参考和查询。又例如，国内现在有很多电视、电影都是根据小说改编，辛夷坞的《致我们终将逝去的青春》、郭敬明的《小时代》皆是。毫无疑问，在市场上获得好口碑的电影其相关延伸物也会受到人们青睐，而这些原著小说的提供也是更好地为读者们提供服务的一点，也是服务创新的一点，体现对读者信息需求的关怀与紧跟时代的脚步和脉搏，让职校图书馆能更直接、更有效地为师生提供高质量、全方位的服务。职校图书馆要把服务效益落实到为学校发展提供智力支持上，形成图书馆的竞争优势，而成为不是一个鲜少有人问津的摆设部门。而提高职校图书馆工作人员的信息能力无疑可以提高图书馆的创新能力，也可以更好地为学校提供智力支持。

（四）对职校图书馆工作人员形象的培养

图书馆工作要求馆员举止大方、文明、衣着得体，在语言、仪态、仪容、动作方面规范自己的行为，塑造自己美好的形象。这样才能把图书馆的精神风貌和文明素养传递给读者，使读者对图书馆产生信任感和亲切感，这对融洽彼此之间的关系、缩短彼此之间的心理距离有着积极的作用，真正体现人文关怀的服务。

（五）用激励机制留住人才

进一步完善图书馆内部激励机制，营造有利于职校图书馆服务创新的氛围。激励机制主要是指在工资福利制度的制定上，要既体现馆员的资本价值，又利于增进图书馆绩效，应以馆员贡献大小为前提，按业绩付酬，可采用固定工资与浮动工资相结合的办法，把浮动工资与馆员的业绩和图书馆的效益直接挂钩，也可以采用按比例提成、按利润分成等多种灵活的付酬方式。在精神激励方面，图书馆还应营造和谐向上的创新文化氛围，通过树立创新典型、鼓励创新、允许失败等措施来促进馆员之间形成乐于创新的文化氛围。

三、服务创新的具体形式

（一）先进的服务思想

先进的服务思想是创新的基础。职校图书馆服务创新也来源于理念创新，所以改变以我为主的服务观念、树立以师生为中心的服务观念对于职校图书馆来说是极其重要的。在服务意识上要把握业务发展的新动向，对各种新的需求及时提供相应的服务，如上文中所说的对时兴小说的馆藏提供，使职校图书馆服务变被动为主动。其次是改变静态僵化的服务观念，树立搞活创新的服务观念，在服务的空间上要发展，把图书馆服务由原来的服务模式转移到全方位的服务模式。三是改变重藏轻用的服务观念，树立服务第一的服务观念，在服务内涵上要延伸，职校图书馆服务不能局限于服务态度、服务环境和服务手段，而应该根据市场需求的发展变化增加新内容和新形式。

（二）服务内容创新

服务内容创新也是职校图书馆服务创新的一部分。网上服务也是服务创新，它包括图书馆以计算机网络作为基础设施，以数字化信息资源的整理、开发、利用作为主要工作内容，通过利用图书馆的现代化设备、先进的网络技术和丰富的数字化信息资源，为师生提供高效便捷的信息服务。

高职教育教学无论是教学目标、教学内容，还是教学方式、评价标准等，都具有不同于普通本科教育的鲜明特色，如按职业能力的各个要素设计教学内容；理论与实践并重、产学合作、工学结合的教学模式；以学生为主体，教、学、做合一的教学过程；学历与职业资格并重的人才输出条件等，都是高职教育办学的重要内涵。高职院校从事教学的教师在专业教学的过程中，需要不断地增补新技术、新工艺、新流程方面的内容，需要不断改进教学方法，适应高职教育的教学特点。同时，高职院校的教师是双师型的教师，他们在自身的知识更新方面既需要理论知识的更新，也需要实际操作能力的不断提高。因而，他们对文献、信息、知识的需求也侧重在这些方面。而我们的职校图书馆工作人员就应就这些特点对职校老师提供更学科化的、个性化的服务。

（三）个性化服务的提出

个性化服务是广大读者对图书馆的基本要求，是吸引读者的关键所在，也是图书馆工作的发展方向。图书馆对读者特点和相应的反馈意见进行分析，在流通、阅览和信息服务过程中对读者的反馈意见进行总结，收集来自于读者的信息，实现完全的个性化信息服务和个性化管理理念。在今年上半学年，我校南北图书馆就开展了对读者需求的采集工作，如漂流本、新书推荐。在漂流本上，学生和老师可以写上自己对馆内建设的要

求,可以是硬件上的,也可以是人文关怀方面的;新书推荐则可能促进馆藏书籍的多样化,有推荐林徽因文集的,也有推荐几米漫画书的,当然我们也会根据学校的专业设置特色去采书,如学前教育G类的书和文创艺术系J类的书,以满足师生们的不同需求。

职校图书馆要把握时代的脉搏,提供师生需要的知识产品,一旦通过评估将读者的新需求作为新的服务项目时,应尽快投入力量进行购买储藏,并确保该产品的质量,以吸引更多的读者使用。同时,还要强化图书馆的服务功能:一是对读者需求变化比较敏感的,队伍读者需求的书在全馆占有比率越高越好;二是以最快的效率和优质的服务尽快满足师生的需求,以提升师生对职校图书馆的满意度;三是如果与传统习惯相悖,应想办法给予排除,提升职校图书馆的服务档次。

(四)服务手段的创新

服务手段也要创新,美化职校图书馆的阅读环境,留住更多读者。通过扩大阅览室面积,营造一个宽敞舒适的环境。同时,投入资金美化环境,新增电脑、阅览桌椅、书架报柜、绿色植物等,大厅、回廊等都以格言装饰,馆内无线网络全覆盖等,以更加优雅的环境吸引更多的师生进入图书馆。美不仅来自于衣冠,也体现在馆内环境中,让读者在美的环境里阅读,让年轻学子留下一缕在求学时代荡漾在知识海洋里的美好记忆。

将职校图书馆的网络参考咨询服务窗口链接到城市的热门网站上,特别是政府、教育等网站,让网络用户有机会更多地接触到职校图书馆的网络参考咨询,通过了解职校图书馆网络参考咨询的作用,从而更多地使用它,并且将职校图书馆的参考咨询服务介绍给其他网络用户。职校图书馆可以关注城市的发展和变化、社区的新闻和动态,利用讲座和展览的方式把这些变化与居民联系在一起,发挥职校图书馆的信息传播作用。

(五)服务方式的创新

服务方式也要创新,服务多样化,尽量满足师生的阅读需求。职校图书馆可以组织图书推荐专栏、书架、举办读者沙龙、知识竞赛、报告会、专题讲座、读书月、馆藏文献宣传展等活动,每周举办周末电影鉴赏等系列活动。创造一个读者之间相互学习、交流的知识平台。开通智能服务,提升资源利用;开通以手机为媒介的掌上图书馆服务,满足师生随时随地了解图书馆信息、使用图书馆资源、享受图书馆服务的需求;开通IT体验服务,为师生提供一个互动式的计算机应用学习平台,满足师生不止是对文学作品的欣赏需要,也是对图形设计、网页设计、数据库编程等主流软件学习、展示、交流的需要。2013年4月,我校图书馆在馆长的带领下开展了第一届"书香满院读书月"的活动,得到了校领导的大力支持,这也带动了学校的人文建设。

四、职校图书馆服务创新带来的思考

职校图书馆引进服务创新的目的并不是单一的,而是多样化的,如为了提高工作条件、提高工作效率、提高服务水平、开拓新的服务领域等。各职校图书馆都是出于不同的目的而引进服务创新的,这就要考虑到不同学校的专业设置、课程设置、专业特点、办学特色等条件。职校图书馆是为师生服务的,只有从教、科、研三方面多方位地提高服务质量,才能更好地实现职校图书馆的价值,这对我们既是机遇又是挑战。如何更好地为教、科、研服务,任重而道远,正可谓"路漫漫其修远兮,吾将上下而求索"。

参考文献

[1] 王文化. 图书馆知识服务运营模式研究. 情报科学,2007(4).

[2] 覃凤兰. 基于知识管理的高校图书馆知识服务模式研究. 情报杂志,2007(5).

[3] 朱凤荣. 浅谈创新图书馆服务观念构建和谐图书馆. 科技信息,2007(17):462.

[4] 庞效众. 高校图书馆知识管理模式探析. 沈阳师范大学学报(社会科学版),2004(3).

[5] 张玉珍. 高校知识创新中的信息保障体系研究. 情报杂志,2005(1).

[6] 顾莲华,等. 网络时代高校图书馆信息服务模式的探讨. 情报杂志,2005(9).

[7] 覃凤兰. 个性化服务:高校图书馆服务的新举措. 情报杂志,2005(7).

[8] 王钜春. 网络环境下高校教师的信息需求与信息服务. 北方论丛,1995(5).

高职院校图书馆开架阅览的管理与服务

罗先红

（荆州职业技术学院图书馆　湖北荆州　434020）

摘要　随着计算机技术在图书馆的应用，图书馆信息和管理组织能力，以及向读者提供信息的效率都提高了许多。高职院校图书馆的开架阅览方便读者获取知识，是现代图书馆为读者服务的一种方式，也是公共图书馆发展的一种趋势，它充分体现了图书馆服务的宗旨。其目的在弘扬图书馆精神，倡导以人为本，消除"数字鸿沟"，关心弱者，创新服务。

关键词　公共图书馆　期刊　开架　阅览　服务

一、图书馆期刊目录组织管理

期刊的目录组织工作是过刊装订后典藏的关键，是读者和工作人员检索期刊入藏的重要途径。期刊由于自身的特殊性，在著录和目录组织上有自己的特色，尤其是在著录上注意刊名与刊号的变化情况。例如，科技期刊大部分刊载发达国家最新的科技成果、研究领域或尖端学科的发展方向与学术论文等，这对科研工作具有极其重要的参考价值。随着科学技术的不断发展，作为反映新技术、新学科、新动态的连续出版物，其报道内容与范围不可能一成不变，因此，刊名、内容、单价的变化非常普遍，如"世界妇女博览"改为"悦己"；1995年一期3.5元，2008年一期15元……可想而知，一种刊物几经变化，会给读者和工作人员检索带来不便，而且，由于一些改名的信息比较难掌握，容易推荐错，以致给读者造成损失。所以，现在推行的开架阅览，减轻了工作人员的工作量，缩小了读者查找目录的范围，使读者浏览、选阅、归放更加容易，给读者带来了方便、快捷、随意的阅读方式。读者自由出入于这个空间，随心所欲地在书架上选择自己需要的文献，既可以走到阅览区阅读，也可以到总台办理借阅手续。

根据学院图书馆期刊剔除规律和读者利用情况，每年都对期刊进行剔除，节省馆藏空间，优化馆藏布局，充分体现了排架过程的条理化、有序化与人性化。

学院图书馆每年征订期刊600种，现刊的陈列很重要，陈列方法应做到有利于期刊的合理布局，达到排检迅速、管理方便、读者使用方便的效果。学院图书馆阅览室现刊按分类法加顺序号陈列的方式，对开架阅览非常适合。公共图书馆和学校图书馆合并，从管理上不同：学生用的是一卡通，而公共图书馆读者有老年优待证、过刊证、借书证等4种证件；学校图书馆学生和老师多，而公共图书馆老年读者多，一个好动，一个好静，所以期刊的陈列不能太复杂，一证一刊，就像我们去超市购物一样，粗略地分类即可，如食品区、烟酒区、百货区等。现刊到馆后立即分类、登记、盖章、给顺序号、快上架、快阅读，所以现刊加工、整理过程比较简单，以阅读为主。

二、学院阅览室的服务与管理

（一）职责到位

因为学院图书馆是公共图书馆与农业学校图书馆合并而来，必须有学科馆员为科研人员和专业对口的学生服务。作为学科专业文献资源的代表，学科馆员秉承着服务的宗旨，承担着宣传任务和与对口专业学生的联系、沟通任务，特别是对口学科专业领域的文献特色，要征求科研人员和对口专业学生的意见。学科馆员具备的专业知识和对文献资源的熟悉，使其提供的文献更有专业特点。除了提供原始文献，学科馆员还可在此基础上进行深层次的文献开发，如编制目录索引，在网上对该学科网络资源进行搜集、整理、链接，制作网络资源指南等二、三次文献的新产品，是传递信息给对口学科读者的重要岗位。但学科馆员更重要的责任还在于指导有关专业师生怎样利用这些信息和对这些信息进行评价。在当今创新的评估和新型读者出现的背景之下，服务项目增多，可以开展专题文献述评服务、定题服务、查新服务、市场信息服务、调研服务、信息产品开发服务。所以，学科馆员有必要对专业师生进行有关专业的文献检索知识培训，指导师生通过各种检索途径，快捷有效地获得学科资源，提高师生利用资源的功能。

学科馆员是今后图书馆的馆员发展方向，既把资源服务与学科资源建设和教学研究、科研研究紧密结合起来，为读者提供深层次的服务，又为馆员的成长学习和图书馆的发展创造了条件，提供了一条馆员的成才之路。

（二）制度到位

学院图书馆阅览室开架阅览遇到不少实际问题，有乱架、勾画、撕页等，特别是丢失严重的问题。工作人员做丢失处理后，过几天丢失的期刊又被归还到书架，给工作人员造成误失。公共图书馆与学校图书馆阅览室在一起，读者多，难免存在一些弊端，为了解决这些问题，在目前还不具备防盗装置的条件下，共同制定了读者阅览制度。

总之，用制度来管理，不但可以避免乱架和丢失现象，而且给阅览室读者人次统计工作与读者分析工作提供了依据。读者进入阅览室必须先登记，一证一刊对号入座，这样就减少了乱架、丢失、撕毁现象的发生，即使有个别放错也容易调整和及时纠正。同时，制度到位也增强了工作人员的责任心，做到多巡视、多引导、多检查，提高服务质量。

参考文献

[1] 范传佩. 高校院系资料室与图书馆的融合. 图书馆工作与研究，2004（1）.

发挥高职院校图书馆的职能

任祥萍

(荆州职业技术学院图书馆 湖北荆州 434020)

摘要 图书馆作为文化传播的重要窗口在高职院校的精神文明建设中占有重要地位,于是,建设和谐图书馆,从而充分发挥图书馆职能,就成了建设和谐高职院校的一个重要组成部分。和谐图书馆是指在图书馆系统中,矛盾的双方或多方能够相互包容、协调运作、良性转化与融合,使图书馆处在健康的、富有生机和活力的状态之中。图书馆系统属于学校中的开放系统,包括外部的高职院校环境和图书馆内部环境,两者相互影响、相互制约,在交流与合作中形成协调、和谐的互动机制。图书馆工作的顺利展开,对保存和传播优秀文化有着无可比拟的促进作用。

关键词 和谐图书馆 人文环境 互动机制

一、搞好图书馆的人际关系

人作为社会的基本单位,担负着建设社会的全部责任,因此,建设和谐社会,主要是指人与人之间关系的和谐,是指领导与员工之间的融洽和信任、员工与被服务者之间的理解和友爱以及员工之间的互相帮助和互相支持。良好的人际关系是营造和谐人文环境的核心内容。因此,我们一定要把搞好人际关系放在首位。这就要求领导干部要以人为本,公平公正,多和馆员进行沟通,多组织有益的活动,关心馆员的思想生活,多换位思考等。图书馆所有馆员是构建和谐图书馆的主力军,广大馆员也要加强学习,不断提高自身素质,提高工作的积极性和主动性,充分发挥主人翁精神,这样两者才能构成一个和谐的统一整体。

馆员与读者的关系是和谐图书馆建设的基础。两者作为图书馆人文环境中的两大主体,由于主观和客观等多种因素,在服务与被服务的过程中肯定会产生各种各样的矛盾,如服务态度、服务方式、服务手段等都会存在不和谐因素。因此,要搞好两者的关系,馆员一定要不断加强自身的思想修养,增强服务意识,时刻将读者放在第一位,用高尚的道德情操教育感染学生读者,热心帮助解决学生读者在学习、生活中存在的困难和问题,把服务和育人统一起来,把育人工作贯穿于服务工作的始终。对待教师读者,我们更要尽自己最大的能力去满足他们的需求。他们因为工作繁忙没有过多的时间在堆积如山的书海中查阅自己所需的资料,这就需要馆员认真地履行"为人找书,为书找人"的工作职责。要做好这一点,除了服务要热心细致,还要努力提高自己的业务水平和业务技能,在最短的时间内为读者提供满意的服务。让读者在满意的服务中与馆员建立起良好的关系。同样,读者也要尊重图书馆馆员的劳动,让他们也积极参与图书馆的管理,在这种角色的转变中逐渐形成尊师爱生、相互关心的友好氛围。

二、搞好图书馆环境建设

图书馆是文献信息传播的重要场所，它的环境直接影响读者的心情。宽松自由、幽雅舒适的环境，能充分满足读者的个性化需求。无论是在内部结构还是在装修色彩、装饰材料的选择上都应充分彰显人文因素。室内的光环境、声环境、照明环境等人工环境，要为读者营造安静舒适的空间，做到既简洁大方，又追求文化层面，创造出一个安全宁静、开阔清新的学习环境。例如在阅览室、书库吊挂警世格言、名人字画，在各楼层的橱窗内展示诺贝尔奖的情况及馆内资源介绍和使用等，这一切使得读者在馆内能随时感受到一种文化气息，受到熏陶和教育。在这种浓烈的求知氛围下，建设和谐图书馆将指日可待。

在舒适的环境中馆员才会有较高的工作效率，在优雅的环境中学生才会有最佳的学习状态，而环境的舒适优雅又需要人去创造和维持。因此，人与自然的和谐也是构建和谐图书馆的重要方面。

三、建立健全图书馆规章制度

严格建立图书馆的规章制度，赏罚分明，使图书馆的工作趋于正规化。拥有完善的规章制度，可以督促图书馆领导和馆员恪尽职守，认真负责地完成好工作，严格按照规章制度接待读者，使读者在愉悦中学到知识。对读者，也有严格的要求，对不利于其他读者学习的行为要明令禁止，赏罚分明，共同营造和谐的阅读环境。

建设和谐的图书馆环境，才能更好地发挥图书馆的职能作用，更好地服务于广大师生读者，更快地适应新时期高职院校对图书馆的要求。建设和谐的图书馆环境，是图书馆以及广大师生的共同心愿，只有我们共同努力，才能早日实现图书馆的和谐化建设，充分发挥高职院校图书馆的职能作用。

参考文献

[1] 张玉双. 浅谈高职院校图书馆和谐环境的建设. 内蒙古科技与经济, 2008（11）.
[2] 王霞，段晋平. 构建和谐图书馆. 高职院校图书馆工作, 2007（3）.

基于文献计量的武汉地区高职院校科研能力评价

王林琳

(武汉软件工程职业学院图书馆　湖北武汉　430205)

摘要　高等职业教育在我国的发展历史由来已久。随着近年来就业环境的变化,高等职业教育在我国面临着新的发展契机。自2006年以来,国家将高等职业教育的发展提到新的战略高度。科研作为高等职业教育一个不可或缺的组成部分,虽然不具备研究型大学中那样重要的地位,但也是一个促进教学、推动教师不断提高自身素质的重要手段。本文试图利用由美国物理学家Hirsch于2005年提出的h指数及一些传统的文献计量指标,共同对武汉地区的高等职业院校的科研绩效进行评测,以评价近几年来武汉地区高等职业院校的科研水平。

关键词　高等职业教育　h指数　科研评价

一、h指数在高等职业院校科研评价中的应用

自1961年美国科学史家普赖斯论证科学知识指数增长率,为科学计量学奠定基础以来,科学计量学目前已在许多学科领域得到了广泛的应用。高校科研评价成为一个重要的应用领域。其中,对各高校科研论文的计量分析是评价一所高校科研水平的最常用方法之一。传统的科研评价指标,如总发文量、总被引频次、篇均被引数等,都已得到许多应用,也存在各自的缺陷。如"论文数量"虽然能反映一定时期内某科研机构的科研规模,但高的论文数量并不等同于高的论文质量;"总被引频次"可以反映某机构所发表的论文被使用和重视的程度,但也有可能被该机构中少数重要的合作论文所提高;"篇均被引频次"则相对不容易获得。

h指数是由美国物理学家Hirsch于2005年提出的用于进行科学家科研绩效评价的一个指标。h指数指一个人发表的论文中,有h篇文章被引用了至少h次。假设某位学者的h指数是10,则表明他已发表的文章中有10篇文章至少被引用了10次。h指数也可以推而广之,用于对某一个机构群体的科研绩效评价。机构的h指数则指某一科研机构在一段时期内有h篇文章的被至少引用了h次,其余论文的被引频次则均小于h次。从其定义即可以看出,h指数的产生兼顾了论文数量及其被引频次,能从量和影响力上对科研机构的科研绩效进行评价。

自h指数诞生以来,许多学者对于将h指数应用于科研群体的评价的有效性进行了相关的检验。研究发现,h指数与标准文献计量学指标之间以及同行评价结果之间存在显著相关关系,尤其对那些规模比较大的研究小组而言更是如此。同时,国内学者万锦堃提出,h指数的排序与其他计量指标的排序有一定的相关性,但不完全一致。因此,h指

数更适宜于与其他传统文献计量指标一起,共同地用于评价机构的科研绩效。

高等职业教育在我国由来已久。自2006年以来,国家更是将高职教育的作用提到一个新的高度。同年,教育部开始实施被称为"高职211工程"的"国家示范性高等职业院校建设计划"。科研作为高职教育中一个不可或缺的部分,虽然不具有像研究型大学中那样重要的地位,但也是一个促进教学、推动教师不断提高自身素质的重要手段。为此,本文旨在借用科学计量学中的传统计量指标与h指数,共同测度武汉地区高职院校的科研水平。

二、数据来源、研究对象及研究方法

h指数的计算依赖于引文数据库的选择。因此,本文选用中国知网的《中国引文数据库》作为数据来源。《中国引文数据库》收录了中国知网的所有源数据库产品的参考文献,并揭示各种类型文献之间的相互引证关系。因此更能准确反映论文的影响力。因2006年是高职建设的重要分水岭,选定2006~2012年作为检索时间段,检索关键词选定为武汉地区各高职院校的全称。高职院校名单来自中国高职高专教育网上公布的最新高职院校名单(截至2012年4月),并剔除了部分创立时间过短及检索结果过少甚至为空的高职院校名单。在数据库的检索窗口中,选择机构统计,以各高职院校的全称作为检索关键词,进行发文量、总被引量、下载量以及h指数的统计,最后检索时间为2013年3月4日,结果如表1所示。

表1 2006~2012年武汉市高职院校的h指数与传统计量指标(排名不分先后)

学校名称	h指数	发文量	总被引频次	篇均被引数	下载量
武汉商业服务学院	10	1 924	1 722	0.90	167 307
武汉职业技术学院	19	2 712	3 592	1.32	230 443
武汉船舶职业技术学院	15	1 652	2 284	1.38	134 144
湖北财税职业学院	5	282	216	0.77	30 321
武汉城市职业学院	4	190	57	0.30	7 856
湖北艺术职业学院	4	73	37	0.51	4 224
湖北生态工程职业技术学院	8	509	591	1.16	103 103
长江工程职业技术学院	8	508	514	1.01	38 725
湖北生物科技职业学院	6	305	266	0.87	18 792
武汉警官职业学院	6	154	219	1.42	14 003
武汉交通职业学院	10	915	1 056	1.15	69 564
湖北水利水电职业技术学院	10	1 125	1 130	1.00	146 865
湖北城市建设职业技术学院	6	217	262	1.21	20 414
武汉民政职业学院	4	119	106	0.89	9 723
武汉航海职业技术学院	9	283	508	1.80	51 633
武汉铁路职业技术学院	10	1 034	1 110	1.07	77 932

(续表)

学校名称	h 指数	发文量	总被引频次	篇均被引数	下载量
武汉工业职业技术学院	4	174	115	0.66	12 927
武汉电力职业技术学院	8	541	630	1.16	59 938
武汉工程职业技术学院	8	440	479	1.09	28 586
武汉软件工程职业学院	12	1 770	1 520	0.86	122 805
湖北轻工职业技术学院	10	285	504	1.77	27 222
湖北交通职业技术学院	8	488	525	1.08	30 799

三、结果分析

（一）传统文献计量指标

1. 发文总量

发文量与总被引频次是最常用的两个传统计量指标。对于科研机构来说，其在一段时间的发文总量是其科研产出水平的直接度量指标之一。

表1中，2006～2012年间，武汉地区高职院校共发表学术论文15 700篇。发文总量最高的为武汉职业技术学院，共发文2 712篇，占武汉地区高职院校总学术论文篇数的17.3%；位居第二的是武汉商业服务学院，共发文1 924篇，占总论文篇数的12.3%；位居第三的是武汉软件工程职业学院，共发文1 770篇，占总论文篇数的11.3%。在总计22所高校中，发文500篇以上的有10所高职院校，占所研究高职院校总数的45.5%，发文200～500篇的有7所院校，占所研究高校总数的31.8%；发文100～200篇的有4所高校，占18.2%；发文100篇以下的有1所高职院校，占4.5%。总的说来，发文500篇以上的高校占据较大比例，且各高校在2012年的发文量都有较大突破，说明这10所高校在科研规模上存在较明显的优势。纵观这10所高校，均是武汉市政府投入相对较大的几所学校，这也说明，高职院校的科研产出规模与学院本身的规模存在明显的关联性。

2. 总被引频次

本文所研究的科研机构的总被引频次指某机构在某一段时间内发表的文章被引用次数的总和，该指标可在数量之外，用来区分研究对象机构发表论文的影响力，是用于评价科研机构的科研绩效的主要指标之一。一般而言，总被引频次越高，说明该科研群体的学术地位更高，更具有影响力。从总被引频次来看，最高的是武汉职业技术学院，共被引3 592次，单篇论文最高被引次数为228次，占总被引频次的6.35%；位居第二的是武汉船舶职业技术学院，其总被引频次为2 284次，单篇论文最高被引次数为101次，占总被引频次的4.42%；位列第三的是武汉商业服务学院，总被引频次为1 722次，单篇论文最高被引次数为58次，占总被引频次的3.37%。这说明这三所高职院校的学术质量较高，且总体质量较均衡。

尽管论文数量与总被引频次都可以对科研机构的科研能力进行评价，但如前所述，如果仅仅关注数量，则会带来大量质量不高的论文；总被引频次容易受到一两篇高被引论文的影响，而不能反映科研机构的整体水平。因此，h指数能更好地从论文的质与量上进行兼顾，更好地衡量一个机构的科研水平。

3. 被引论文总数

相对于发文总量，被引论文总数更能从总体上反映科研机构的总体质量。我国著名的情报学家邱均平认为，论文被引数量更重要。"从评价的角度说，能否在 SCI 等重要的期刊上发表论文很重要，但能否被其他 SCI 论文多次引用更重要"。同理，高职院校能否发表被 CNKI 收录的论文数量很重要，但能否被其他论文多次引用更能反映科研机构文章的学术水平。

而纵观这前三位高职院校，文章被引论文篇数最高的是武汉职业技术学院，共有 420 篇文章被引，文章被引率为 15.49%；被引论文篇数位于第二的是武汉软件工程职业学院，为 269 篇，文章被引率为 17.70%；位于第三的是武汉船舶职业技术学院，被引论文篇数为 265 篇，被引率为 16.04%。被引率最高的为武汉软件工程职业学院，其文章被引率为 19.8%。以上数据说明高职院校发表的学术论文中，仍有大量的文章没有被引用过。究其原因，除开笔者研究的时间相对较短之外，也可以看出，高职院校的学术水平、论文质量及其在学科内的学术影响力都有待提高。

4. 篇均被引频次

篇均被引频次是将总被引频次除以论文总数计算得出，它能够对从事科研时间不同的科学家进行比较。使用篇均被引频次，也可以用来对各所高职院校发表论文的平均影响力进行评价。从表 1 数据可以看出，篇均被引频次与发文总量和总被引论文频次并无直接相关关系。篇均被引频次位于第一的是湖北轻工职业技术学院，为 1.77，而其发文量仅为 285 篇（发文总量第 14 位），总被引频次为 504 次（位于总被引频次的第 13 位）；位于第二的是湖北轻工职业技术学院，篇均被引频次为 1.3，其发文量为 189 篇（发文总量第 15 位），总被引频次为 246 次（位于总被引频次的第 13 位）；位于第三的是武汉职业技术学院，篇均被引频次为 1.22，发文总量为 846 篇（发文总量第 3 位），总被引频次为 1036 次（位于总被引频次的第 1 位）。而发文量位于第一的武汉商业服务学院，其篇均被引次数为 0.85，位列第 13 位；总被引频次最高的武汉职业技术学院，其篇均被引次数也仅位列第三。可见该指标在一定程度上，鼓励了低产的科研机构，而低估了高产的科研机构。因此，该指标必须与发文量、总被引频次等其他文献计量指标一起，才能更加准确地测度机构的科研影响力。

（二）h 指数

基于 h 指数的诸多优点，本文共统计出了共计 22 所高职院校的 h 指数。由表可以看出，22 所高职院校近 6 年的 h 指数均分布在 4~19 之间。h 指数为 4 的有 4 所高校，占 18.18%；h 指数为 5 的有 1 所高校，占 4.54%；h 指数为 6 的有 3 所高校，占 13.63%；h 指数为 8 的有 5 所高校，占 22.73%；h 指数为 9 的有 1 所高校，占 4.54%；h 指数为 10 的有 5 所高校，占 22.73%；h 指数为 12 的有 1 所高校，占 4.54%；h 指数为 15 的有 1 所高校，占 4.54%；h 指数为 19 的有 1 所高校，占 4.54%。h 指数最高的为武汉职业技术学院，为 19。h 指数分布如图 1 所示。

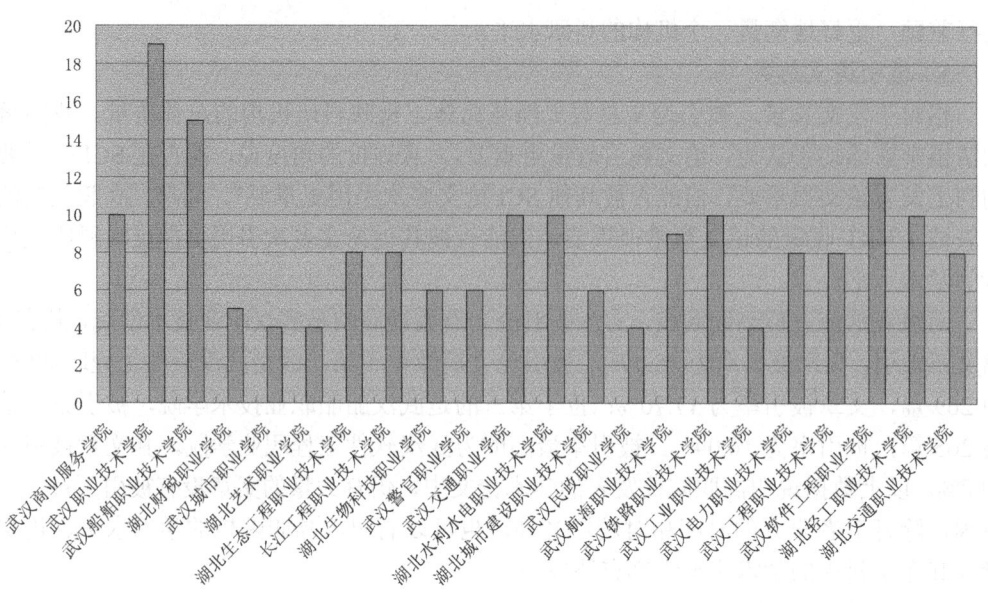

图1

(三) h 指数与其他计量指标之间的相关关系

根据表1中的数据可计算出 h 指数与论文总数、总被引频次及篇均被引频资之间的相关系数。h 指数与发文总量之间的相关系数为0.89，为高度相关；h 指数与总被引频次之间的相关系数为0.9475，同为高度相关。如图2所示，在对高职院校的科研能力进行评价时，h 指数与发文量和总被引频次呈现出显著的正相关关系（如图3所示），与篇均被引频次的相关系数为0.5（如图4所示），相关性相对较小。

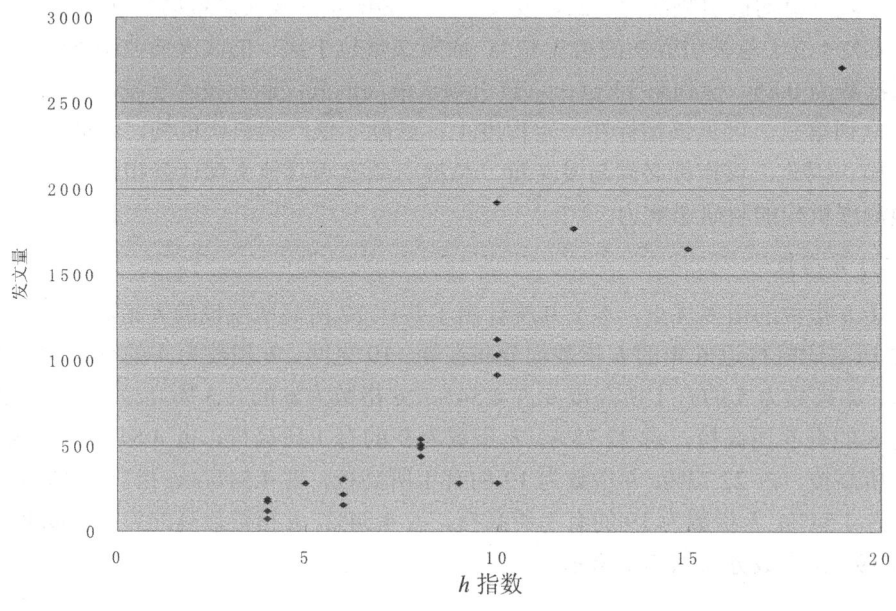

图2

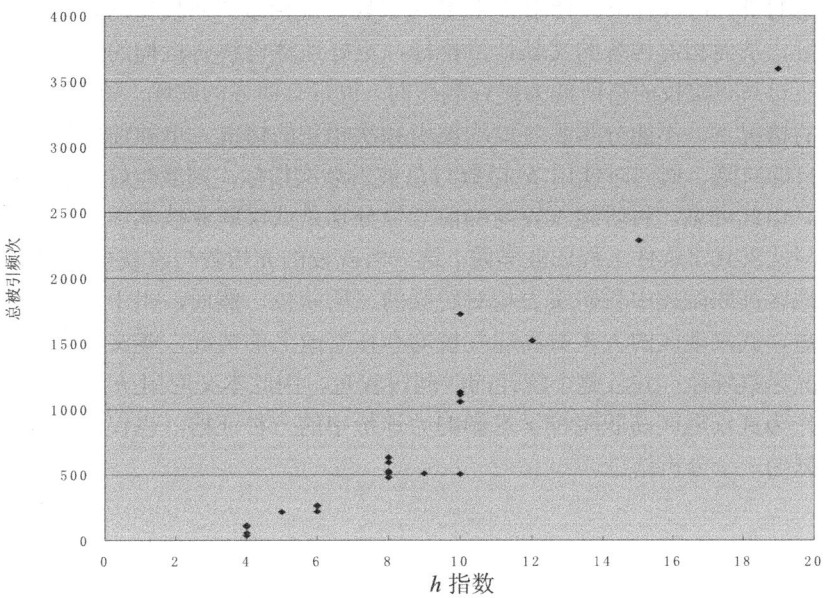

图 3

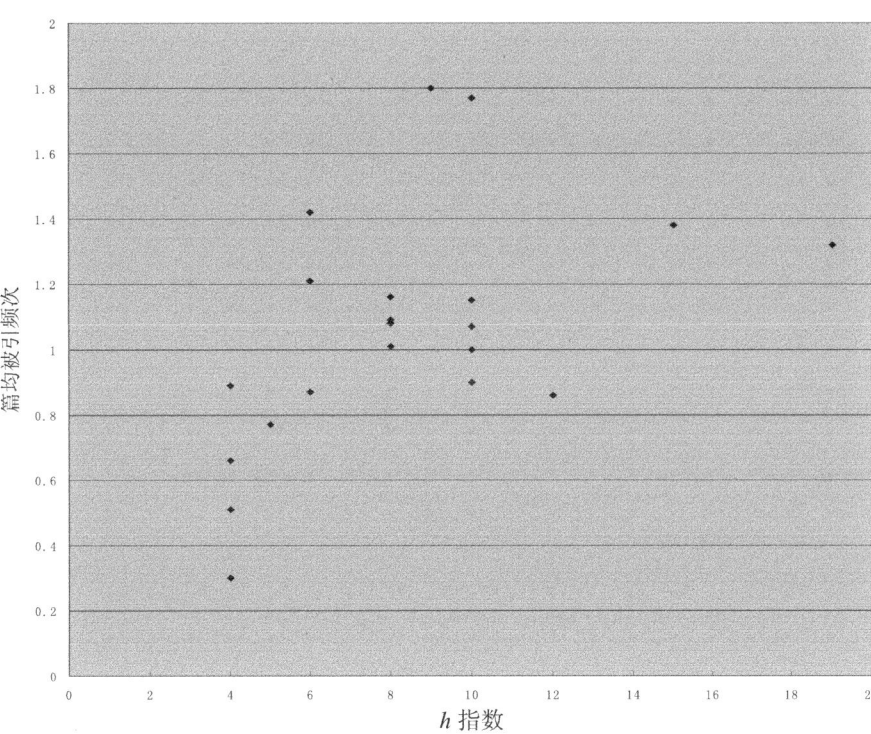

图 4

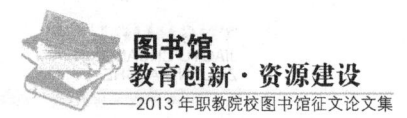

  从上述的研究可以看出，使用 h 指数可以较好地衡量科研机构的科研产出力与科研产出的质量，从而相对传统的文献计量指标，更好地评价科研机构的整体科研实力。使用 h 指数在对高职院校的科研能力进行测度时，也带有明显的缺陷。如在几所高职院校 h 指数雷同的情况下，不能分辨那些篇均被引频次相差的情况。单独使用传统计量指标，也存在各自的缺陷。而同时使用 h 指数与总被引频次指标，则能较好地说明科研机构的科研水平。由此可见，科研绩效较高的前三位分别是武汉职业技术学院、武汉船舶职业技术学院与武汉武汉软件工程职业学院。这三所院校的 h 指数与总被引频次均排在前列，属于武汉地区高职院校中科研实力相对较强的三所院校。然而，由于许多高职院校成立的时间较短，武汉地区的大多数高职院校均存在着改名的情况，本文没有将改名前的论文发表情况尽数统计；并且整个统计的时间段较短，因此本文应用 h 指数进行评价的结果，只能作为武汉地区高职院校学术影响力评价中的一种证据，也仅仅作为所统计时段及相关数据的一个分析结论。

简论高校图书馆细节服务的探索与提升

赵仙娟

（长江职业学院图书馆　湖北武汉　430074）

摘要　高校图书馆的创新服务，不仅要体现出服务的创新，更要注重服务的细节。细节体现服务理念、服务质量，决定着图书馆发展。从精细化管理的角度，图书馆应根据读者的需求，注重服务细节。本文结合工作实践，详细分析了服务的重要性，列举了图书馆的服务措施，并提出了一些独到的见解。

关键词　图书馆　细节服务　精细化管理

高校图书馆工作的核心是服务，服务的核心是读者，让读者满意是图书馆服务的最终目标。如何做到人性化、个性化、有特色的服务，是赢得读者认可的关键，并且这些服务要反映出对读者的关心、尊重和理解。服务工作中要强调读者至上，细节体现诚意，细节体现关怀，细节体现尊重。

图书馆工作是琐碎的、平凡的，在平凡的工作，要尽力事事做好、事事做精，让读者满意，这需要付出很多的爱和耐心。可以说，细节决定服务的到位与否，注重细节的展现才是真正为读者服务，才能真正让读者满意。

一、图书馆布局设置的细节

从心理学上讲，人类的行为活动是由环境来不断地潜移默化的，环境在不知不觉中对人类的意识、行为起主导作用。环境优雅、整齐、舒适的图书馆，可以对人类思想起着净化和感染的作用，并让读者在不知不觉中受到引导。

（一）优雅舒适的环境

高校图书馆是学习和阅读的公共场所，读者数量很大，所以图书馆的整体布局应该是严谨、美观、舒适的，装修设计应注意室内照明与通风，使读者可以感受到一种严肃、舒适的学习和阅读的氛围。图书馆中的装饰品应突出文化和艺术的氛围，悬挂名人的警世格言、经典语录、世界名画等，引导读者提高审美眼光。窗台、墙角、走廊上可以放一些绿色观赏植物以调节读者的心情，消除长时间使用大脑的疲劳感。走廊上可放置饮水机和废物箱，让读者感受到方便、舒适的阅读环境。

（二）简洁醒目的指引牌与导读牌

高校图书馆应以了解读者心理的角度来考虑馆内的结构陈设问题。从读者开始步入图书馆的路线开始，到图书查询机，然后到书架的布局都应进行设计，以满足读者的心理。一个大型图书馆的整体布局是非常重要的，它应让读者能够很容易地找到自己需要的书和楼层区域。书库中的引导也是非常重要的，它是使读者快速找到书的一个重要因素。清晰、醒目、规范的指引牌和引导标志，在读者寻找书籍的过程中，起着很重要的作用，是必不可少的。

阅读室和图书馆的工作台上，应该放置读者经常会用到的订书机、胶带、尺子等办公用品，方便读者借阅的过程中使用，这些细节之处都能让读者在图书馆中感受到真诚的服务和无言的关怀。

二、从心理细节上把握读者需求

高校图书馆蕴涵着丰富的文化知识，大量的文献书籍信息资源，可为读者所使用。因为不同读者的阅读目的、学习角度、掌握知识的深度等各不相同，他们利用图书馆的程度也就不一样，因此有很多不同性质的心理活动。高校图书馆和其他公共图书馆比较而言，借阅或归还图书馆资料的读者可以分为教师和学生两类。他们的心理活动和阅读习惯有一定的相似之处，但也有很大不同，因此对他们的服务应有不同的重点和趋势。

（一）教师读者

高校教师主要从事教学和科研工作，他们进入图书馆，有非常明确的目的，对文献资源要求也比较高。他们有良好的阅读习惯，覆盖范围广，经常会发现一些当今最前沿的研究和最新的情报信息。因为他们有教学和科研的双重任务，所以时间比较紧。因此，教师读者的普遍特点是，目的明确，时间观念强，具有主动性，希望进入图书馆后用最快的时间、最有效的渠道和最便捷的服务以获得他们需要的信息。因此对于教师读者，图书馆服务应体现高速度、高效率、高品质，这就要求服务工作必须突出重点，要细心、耐心地关心教师，为他们提供高效和贴心的服务。

（二）学生读者

高校图书馆是大学生的第二课堂，是学生自主学习的最佳场所，而学生也是每天去图书馆的读者人数中最多的。学生读者的特点是，精力充沛、思维敏捷、求知欲强，他们一般阅读与自己的专业相关的书籍，或抱着怡景心态在图书馆学习与自学。因此，图书馆必须了解和掌握学生的阅读心理，正确引导学生阅读，并制定一系列符合学生读者心理的人性化、个性化的服务，来赢得学生读者的真心拥护。

三、加强图书管理人员素质，提升服务质量

（一）微笑服务

大量信息的传递可以由给别人一个友好而真诚的微笑而开始。微笑将服务置于一个轻松的气氛中，可以消除人与人之间的陌生感与紧张感。真诚的微笑可以立即沟通与他人的友好情谊，增强工作人员的亲和力，让读者心中感到轻松、愉快，拉近工作人员和读者之间的距离。当今，在世界各地都开启了企业微笑语言。图书馆与其他服务行业一样，应大力推进"面带微笑的服务"。面对一个很好的读者，工作人员的笑容是一种赞赏、

欢迎和鼓励；而面对有违规行为的读者，工作人员面带微笑地进行处理，虽然带着责备，但那是善意和友好的，更多的还是一种宽容和大度。当工作中出现错误时，工作人员带有歉意的微笑，是希望能得到读者的理解。

（二）礼貌用语沟通

馆员具有良好的语言习惯，不仅是树立工作人员形象的一项重要举措，而且在温暖读者这方面发挥着重要作用。准确地使用礼貌用语，如"请，您好，谢谢，对不起"之类的话，将会收到意想不到的效果。用亲切温暖的语言与读者交流，让读者有宾至如归的感觉，这样可以大大降低工作中可能会发生的冲突。不要吝啬说"请"和"谢谢"，更不要摆出一副傲慢的模样，不要认为说"对不起"和其他道歉的话，会降低自己的身份。相反，在图书馆的工作过程中，同学们往往会说"谢谢你，老师"，我们应大声回应"不客气"。事实上，在这些频繁的有礼貌的交往中，馆员与读者都可以感受到放松与快乐，馆员也会赢得读者的尊重和信任，图书馆的工作将在一个良好的氛围中开展下去。

（三）换位体验

图书馆工作人员应在任何时候从读者的角度来观察、感知和理解，不断寻找被忽略的细节以提高服务质量。高校图书馆的工作人员，完全可以展开想象，从自己的需要中来发现老师和学生读者们的可能需要。例如，为了方便读者，书架最低和最高处不要放置借阅次数多的书籍，以减少读者弯身和摸高的次数。在大堂公共处和机房各部门也必须有公共检索机，方便读者在任何时间查阅到所需要的书籍。多摆放新鲜的绿色植物来改善图书馆的环境，使读者能调整心情，缓解视疲劳。阅读区附近，应设有饮水机、桌椅等设施，为用户阅读、休息和放松时使用。在借阅台处准备一些免费使用的纸、笔、透明胶带和其他物品，备读者不时之需。实践证明，这些人文关怀，提高了图书馆在读者的心中的整体形象。

（四）处处注重提高服务

用心才可以看到细节，细节都是一些很小的事情，很容易视而不见。读者在我们的心中，行动中才会有读者，才会想读者之想，急读者之急。例如，我们应注意到，在读者归还书籍中，会否夹有读者的物品，如信件、文件、卡、现金等，一旦我们发现了这些私人物品，应及时通知读者。如果有读者将拾到的物品交给我们，我们也要做好人好事的登记。有些读者借书常常忘了归还期限，我们也进行了电话管理服务，即在截止日期前通过网络、电话及其他方式主动提醒读者还回期限。放假时，读者借阅的图书常常容易丢失或者忘记从家中带回，我们发布提示，以提醒读者记得对书籍和书证的管理。

四、图书馆服务读者的细节研究

（一）人文关怀服务

除了高校图书馆馆藏建设的发展是必要的努力外，提高对于读者的服务质量，以最大程度的满意度来赢得读者，是将"以人为本"的服务理念应用到具体的工作里。首先，真正的人文关怀应纳入服务工作，努力打造真诚服务的细节。高校图书馆应具有更多的人文关怀，在阅读环境上创建一种文化氛围，着重于读者的权益，真正地了解读者，关心、尊重读者，使大学图书馆成为读者精神的宝库，继而产生信任和依恋的感觉。这就要求图书馆工作人员在工作中要采取平等的态度对待读者，并在对待特定的读者群时，将有一个特殊的更加具有人文关怀的服务。例如，残疾读者办理借书程序时应尽量简化手续，或有专人指导帮助，开辟绿色通道，便利他们的借阅，使他们尽可能地消除心理障碍，更好地融进校园生活。

（二）学科馆员服务

高校图书馆馆员应具有相关学科背景知识和对各学科的理解，为读者提供学科馆员信息服务。"学科馆员"制度是一种先进的办馆模式和新的服务模式。在实际工作中，图书馆员可以利用他们的学术优势，为学术读者和针对性很强的读者提供参考价值更大的信息服务，甚至可以定向到学科动态跟踪，用于给读者提供最前沿的信息和情报。学科馆员为读者提供了更高层次和更深入的信息服务，极大地满足了读者的需求，并积极促进了学科的知识创新和图书馆的服务创新，从而推动了高校图书馆资源的开发利用。

（三）参考咨询服务

图书馆的参考咨询服务是衡量服务水平的一个重要指标，而且还是体现服务质量关键点的细节。在借阅中，读者问的问题具体、广泛且多样化，这就需要做参考咨询工作的馆员具有细节服务的精神，不仅需要耐心和细心，还需要具备广泛的学科知识和敬业精神，以便为读者提供有价值的信息。

参考文献

[1] 汪中求. 细节决定成败. 北京：新华出版社，2004：16-20.

[2] 饶蕴. 从细节看美国图书馆的服务. 图书馆工作与研究，2008（9）：77-79.

[3] 梁艳红. 细节打造高校图书馆良好的服务质量. 中国科技信息，2007（16）：140-141.

[4] 吴翠花. "学科馆员"制度建设及其发展探析. 图书馆学研究，2003（4）：71-73.

[5] 花芳. "学科馆员"架起大学图书馆与院系间教学科研的桥梁. 东南大学学报（哲学社会科学版），2002（51）：31-33.

[6] 姜正云. 图书馆流通服务细节的完善. 河南图书馆学刊，2007（1）：90-91.

[7] 成瑶. 从言行细节谈高校图书馆流通环节服务礼仪. 现代企业教育，2008（4）：57-58.

[8] 何雪丽. 用心打造图书馆服务细节. 农业图书情报学刊，2006（8）：76-79.

立体阅读——激发高校读者阅读热情的金钥匙

刘 军

（三峡电力职业学院图书馆 湖北武汉 443000）

摘要 文章结合三峡电力职业学院图书馆利用自身资源优势，全馆齐动员，并扶持读者协会推进全院读者实行新型的阅读方式——立体阅读。开展一系列丰富多彩的读书活动，引导读者多读书、读好书，使图书馆服务工作得到进一步提高。

关键词 立体阅读 读者协会 读者服务

高校图书馆作为新时期文化信息交流中心，必须紧跟时代步伐，与时俱进，在其服务环境、方式、内容等方面彻底打破人们印象中"图书馆管图书"的僵硬模式，确保高校图书馆读者服务工作健康稳步地发展。由于当今网络普及到每个角落，加之浅阅读和快阅读越来越流行，造成图书馆读者资源的大量流失。因此，在加强图书馆读者服务工作的同时，还应该通过多种形式的阅读推广，宣传和引导正确健康的阅读方式，加强读者的学习观念和学习意识，提高读者对于学习重要性的认识，真正发挥图书馆文化建设者、知识传播者的作用。经过几代图书馆人的不懈努力和探索，一种全新的服务模式——立体阅读应运而生。

一、立体阅读的概念

所谓立体阅读是以读者需求为第一导向，为构建全方位、多层次的服务而开展的一种创新型读者服务模式，是图书馆充分利用自身的设施条件和综合性人才等优势构建的多维度、多层面的阅读方式，它将简单的二维阅读转换为多元形象的知识传播渠道，将枯燥无味的被动灌输方式转换为立体生动、多样化的互动方式，使读者能够产生阅读兴趣，主动接触宣传主题，从而提高读者的学习效率。其活动形式也是灵活多样的，它集知识性、趣味性于一体，因此对读者有强烈的吸引力。

目前三峡电力职业学院图书馆的立体阅读模式开展了新生入馆教育、师生技能月及读者协会举办的一系列阅读方式。

二、开展灵活多样的立体阅读活动

近年来学院越来越重视图书馆建设，2010年图书馆搬入宽敞明亮的新馆，新落成了能容纳320人的学术报告厅，其硬件设施也逐渐完善，并加大图书经费的投入，无论是纸质图书还是电子资源也越来越丰富。

对于图书馆来说，读者是上帝，如何让我们的"上帝"充分领略我们的丰富资源呢？通过全体馆员与读者协会的共同努力，我们开展了新生入馆教育、图书馆业务知识技能月竞赛、听讲座、看电影、演讲赛、漂流书屋等方式各异的立体阅读形式，充分展示图书馆的丰富资源，使读者对图书馆从一无所知到有所了解。

（一）新生入馆教育

以往我馆新生入馆教育比较单一，即在图书检索机处张贴检索步骤；在流通处张贴借阅办法；在阅览处张贴阅览规则。这些生硬的文字对大多数学生读者来说，没有丝毫的吸引力，而馆员也不一定一个个能解释到位。往往照成读者我行我素，书刊阅后随意堆放，甚至有在馆内大声喧哗、饮食、抽烟等现象，给图书馆管理工作造成一定的困惑。

2012年秋季新生入院后，我馆专门安排感染力强、有一定亲和力的馆员对2012级新生进行分期、分批为期一周的入馆教育。讲解员从如何办理借书证、如何刷卡进馆，到馆内设施、书刊分布、如何借阅、借阅制度以及馆内丰富电子资源的利用等，一一道来。事后有学生感触颇深地说，原来图书馆有这么多书，而且好多是我高中阶段想看而没有时间看或没有借到的书，而且现在才知道，连进馆看书也是一门学问，看来学习的地方是无处不在啊！学生有了这种体会，我们的工作就没有白做。新生读者一进馆就成为立体阅读的受益者。

（二）五月师生技能月活动

十多年来，学院每年的五月皆会举办一期为时一个月的声势浩大的活动，即全院师生技能月活动。此项活动吸引了全院师生踊跃参与，每人至少参与一项活动。各学院及职能部门根据自己的教学特点及工作特点，主持开展与自己专业和工作相关的形式各异的竞技活动，如办公软件的应用、消防安全、插花艺术、电子制作、焊接比赛等。我馆也利用本馆的资源优势，由采编部、流通部、报刊阅览室、电子阅览室及网络技术部各责任人主讲各自的业务知识及工作流程。使全馆馆员对各部门的业务知识有个全新的了解，促进大家学习业务、钻研业务、提高服务的热情。从而提高了馆员的业务素质，使本馆的管理水平及服务质量上了一个新的台阶。更为以后可能的轮岗、暂时性顶岗打下了基础。此时也是提高新进馆年轻馆员业务素质的绝好时机，每当他们看到一些年近退休的老馆员的认真态度，自然会尽心尽力去学习。爱钻研的年轻人还会在"下课"后主动向老馆员请教，所谓言传身教可见一斑。此时馆内的业务书刊早已没了踪影，相关的电子资源也用得最为频繁。可以说，一个有益的活动也是促进立体阅读的动力所在。

当然每年的此时，我们自然不会撇下图书馆勤工俭学的学生及读者协会的成员，我们会带着他们参与进来。可以说，技能月是全院师生共同提高学习的五月，是促进师生感情的五月，还是图书馆业务文献利用率最高的五月。

（三）扶持读者协会开展一系列有声有色的阅读活动

我院各大小社团有30余个，而像读者协会这样办得有声有色的却很有限。近年来，读者协会多次被学院团委评为明星社团或优秀社团。图书馆非常重视这个团体，投入大量人力、物力、场所，指导他们开展了一系列的活动。由于图书馆馆员有限，指导老师只能是兼职。馆领导非常重视该人选。他必须有热情、有亲和力、有精力，更要有爱心及组织能力，愿意与学生打成一片并被学生所接受。读者协会成员有个特点，即流动性大。我院为三年制高职高专，通常是两年在校学习，一年在外实习，因此读者协会干部每年都会更新，新生协助老生开展工作。待老生离校新生成为老生就得独立开展工作。因此，作为指导老师的压力也是可想而知的。近年来，开展较为有特色的立体阅读有以下几个。

1. 利用有利资源，定期开展各类讲座

图书馆于2010年底搬入新馆，与过去最大不同就是新建了能够容纳320人的学术报告厅。其现代化的设施和优雅的环境，吸引读者听讲座、看电影，参加辩论赛等。

在"推进全院阅读"系列活动中，定期开展各种讲座。演讲者有本学院老师，也有请进来的专家学者，内容丰富、形式多样。其中，比较有影响力的有"赢在举手投足间——商务礼仪讲座"、"如何品诗、读诗、写诗"及"品普洱，畅茶艺，促阅读"等。

以本院电力工程学院的一位老师主讲的"品普洱，畅茶艺，促阅读"为例，这位老师从普洱茶的工艺制作、品尝鉴别、茶艺文化多方入手，丝丝入扣，全场150多名师生聚精会神，鸦雀无声。讲座完毕，老师拿出自己收藏的普洱茶，亲自表演洗茶、泡茶……最后请大家品尝。全场师生的热情再次被调动起来，竟然形成了少有的场上场下互动的境况。平常两小时的讲座时间大大延迟。我们的指导老师不失时机地将早就预备好的有关普洱茶的图书呈现于师生面前……事后说起此事大家都说讲座大大超过了预期效果。

2. 看电影，送快乐

为丰富读者的业余生活，也为使学术报告厅更大限度地发挥其作用，读者协会的指导老师与住在学院内的年轻馆员轮流管理学术报告厅，带领读者协会成员，分工协作，利用晚上或休息时间放热门电影。特别是每年新生入学不久，这些学生初次离家，对校园环境还充满陌生、好奇的心理，这不正是我们"争夺"读者的大好时机吗？此时，读者协会成员在校园内张贴海报，邀请同学前来观看。但电影作为文化传播载体，有其直观的特点，一部电影究竟该从何角度去欣赏，制作者的表现手法、影片表现的时代背景不是每个读者都能领会的。因此下一步，我馆将请专人指导读者去观赏影片，了解制作者要表达的思想情感等。其实，我们还可在海报中对作品进行简介，并提出问题，然后由读者写出影片的观后感，更大限度地提升读者的观赏兴趣及水平，让更多的读者参与其中。这大概也是立体阅读模式中较为轻松愉快，也是读者最为踊跃的一种阅读方式。

3. 世界读书日

1995年，联合国教科文组织宣布4月23日为"世界读书日"，致力于向全世界推广阅读、出版和对知识产权的保护。这天也是世界文学巨匠莎士比亚、塞万提斯和加西拉索·德·拉·维加逝世日。因此，"世界读书日"成了立体阅读时间最长、规模最大的阅读模式。

每年的世界读书日是读者协会的工作重心。3月伊始，指导老师就与读者协会成员开始策划当年的世界读书日活动项目。此时，推进全院阅读的系列活动也拉开帷幕，校园内"让读书成为一种时尚，让学习成为一种习惯"、"书香伴我行"等宣传标语随处可见，为读者踊跃参与图书阅读制造了浓郁的氛围，随后各项活动也缤纷而至，如读后感、演讲、辩论赛等。通过形式多样的活动，读者在活动中会发现自己的不足及差距，进而设法弥补，迎头赶上。

在一次"世界读书日"的演讲会上，有个读者抽到"请谈谈读鲁迅《阿Q正传》的感想"。他尴尬地站在演讲台上，满面通红，最后鼓足勇气说："很抱歉，我没有读过这篇文章，但我明天会到图书馆去借这本书，认真阅读，好好领会老先生的思想及他所处环境，探求作者写该文章的真正意图及他所要表达的思想。"此时，全场爆发热烈的掌声，所有人都感动了。此时，他有没有读过《阿Q正传》已经不重要了，重要的是他会去读，并会去体会作者所要表达的内涵，甚至还会去阅读与其相关的文章。这样一来，我们引导读者阅读的目的已经达到了。这应该是立体阅读的魅力所在吧。

4. 漂流书屋

2012年年底，我馆又新增了一种立体阅读方式，即"漂流书屋"。其特点是任何时间、任何地点、任何人都可以尽情享受阅读的乐趣。"漂流书屋"源于20世纪60年代欧洲的"图书漂流活动"。读书人将自己不再阅读或希望推荐的图书贴上特定标签投放到公共场所，无偿提供给拾取到的陌生人阅读。拾取人阅读之后，再以相同的方式将该书投放到公共环境中去，从而实现图书的分享与循环利用。

目前"漂流书屋"已"漂流"于我院2个食堂、9栋学生公寓及信息中心、医务室13个场所；内容涉及文学、教育、时政、历史、军事、体育、医学、娱乐、旅游、生活、电脑等；主要来源是期刊，去年年底有近300种期刊约4000余册漂流于读者中，今年初又有5000余册期刊投送到各漂流点。"漂流书屋"主要由自愿者参与管理。在不到半年的"漂流"日子里，有自愿者就颇有感触，"自从成为漂流书屋自愿者，看到身边的人读着自己推荐的书，会油然产生一种满足感，也增强了我让大家读好书的责任感。"

总而言之，立体阅读作为一种新型的阅读模式，在校园文化建设中起到了非常重要的作用。它就像一把金钥匙，激发了高校读者阅读的热情。它充分依托我馆自身优势和特色，精心营造舒适愉悦的阅读氛围。让这些接受能力强、观察力敏锐、富有激情的青年学生读者在各种阅读活动中，利用丰富的馆藏资源，领略现代化技术条件下不断拓展的服务模式，为广大读者提供了充满浓郁文化气息的精神乐园。在我院校园特色文化和良好学风建设中，立体阅读真正起到了推波助澜的作用。

参考文献

[1] 郭骥，章回波. 立体阅读——图书馆服务的新形式. 图书馆杂志，2010（4）

[2] 刘悦如，章回波. 立体阅读——读者服务新模式. 图书馆建设，2013（1）

浅谈图书馆核心价值构建

员爱琴

（武汉交通职业学院图书馆　湖北武汉　430065）

摘要　近年来，图书馆学理论的热点之一是对图书馆精神的关注，这也引发我们对问题的再思考，即在经历了百年发展之后，图书馆的核心价值到底是什么？本文在借鉴当前图书馆学界有关研究成果的基础上，拟对构建图书馆核心价值体系进行再思考。

关键词　图书馆　核心价值　构建

开展对"图书馆核心价值"的研究，在国外已有20余年历史。它是图书馆学理论研究的深化，是图书馆性质、职能、任务研究的延伸，是对图书馆学基础理论体系的不断丰富与完善。明确"图书馆核心价值"，使广大图书馆工作者取得一定共识，不仅有利于图书馆事业的发展，对图书馆员队伍建设和价值观的确立也将产生积极作用。

一、图书馆核心价值概述

图书馆核心价值是图书馆事业的基础，表达了图书馆人的基本理念。信息时代，图书馆界需要有一套简明的语言对社会宣告自己的使命，对图书馆人解释自己的目标。近年国际图书馆界选择的这套"语言"就是图书馆核心价值。"核心价值"实际是由"核心"与"价值"两个词组合，是一个复合词。它是"图书馆价值"基础上的发展，即指图书馆员通过收集、整理、存储、传播信息知识等劳动，服务于社会，充分满足读者或用户需求，促进社会进步与发展，这是图书馆最大的效益与最高的价值。若用简短的语言可表达为，图书馆核心价值是指收藏信息资源的数量与质量，服务的广度、深度、数量、效益与影响，馆员的劳动、观念与服务态度、方式。如果用今天的标准来解释，图书馆核心价值是指图书馆员通过收集、整理、存储、传播信息知识等劳动，实现知识自由存取，公正、平等地服务于社会，满足每个读者的不同需求，为社会的进步与和谐发展作出应有贡献。

二、构建图书馆核心价值体系的意义

（一）图书馆核心价值体系是图书馆文化建设的根本

组织文化建设越来越受到不同组织的重视，因为文化对组织及其人员起着潜移默化的塑造和影响作用，而其中价值观是组织文化的核心。图书馆核心价值是图书馆事业的内在精神和生命之魂，它决定着图书馆的发展模式、制度体制和目标任务，在所有图书馆价值目标中处于统摄和支配的地位。图书馆核心价值体系是对图书馆物质文化、制度文化以及精神文化的凝练，只有深刻认识和正确把握图书馆核心价值体系，才能保证图书馆事业发展的正确方向，才能抓住图书馆价值需要、价值创造和价值实现的关键，也才能在文化建设和意识形态建设中突出重点、抓住根本。现在，我们正处于一个思想大活跃、观念大碰撞、文化大交融的时代，先进文化、有益文化、落后文化和腐朽文化同时并存，正确思想和错误思想、主流意识形态和非主流意识形态相互交织。而在知识社会、信息时代的浪潮下，图书馆事业的大发展也正面临前所未有的发展机遇。要在这样的条件下发展图书馆文化、建设和谐文化，必须努力构建具有广泛感召力的图书馆核心价值体系，用以引领和整合图书馆人多样化的思想意识和社会思潮。

（二）有利于引导图书馆人在思想道德上共同进步

建设图书馆核心价值体系，要适应社会经济发展的要求，适应社会主义先进文化建设的要求，适应现阶段社会主义思想道德建设的要求。提出建设图书馆核心价值体系，是向世人展现图书馆人在思想精神上的旗帜。百年以来，图书馆经历了沧桑巨变，它的功能、存在方式、服务、制度、环境和资源都已今非昔比。随着信息时代的到来，图书馆信息中心的地位将日益凸显。虽然图书馆及图书馆人的社会地位还没有得到应有的认可，但是为了图书馆事业未来发展以及未来图书馆人的前途命运，图书馆界人士要有勇气、有信心保持思想上的进步，只要有了一种内在的追求与优秀的品质，必将外化为一种追求卓越、勇于创新的行为，所有这些需要有一个主导图书馆人思想和行为的价值体系。

（三）有利于提升图书馆职业的社会地位

图书馆对于现代社会来说是必不可少的，对于任何一个学校来说更是不可缺少的。然而，图书馆的职业地位却在图书馆日益从"贵族化"、"私人化"走向"平民化"、"大众化"的过程中被遗忘，这不能不说是一个让人难以理解的悖论。事实是，图书馆事业还没有被所有的人了解和认清，图书馆人的职业地位还没有得到社会应有的认同，这势必影响图书馆人力资源主观能动性的发挥，影响社会各界对图书馆事业的支持。有人认为，尽管图书馆界在核心价值问题的认识上仍存有较多的分歧，但是确立核心价值、发挥核心价值的职业"基石"作用已经形成普遍共识。

（四）有利于推动图书馆事业的发展

当前，图书馆事业正面临巨大的挑战和难得的机遇。一方面，全社会对于知识和信息的需求日益增加，读者需要更高层次、更人性化的服务；另一方面，知识经济时代的浪潮已经把图书馆人推向了知识管理的前沿阵地。图书馆核心价值体系将成为团结人心、凝聚力量的旗帜，必将成为激发图书馆人奋发向上、开拓创新、提升服务、抓住机遇、迎接挑战的助推剂。人力资源是任何事业兴旺发达的核心关键因素，抓住了人心，也就抓住了事业发展的核心。同时，事实证明，价值选择是任何组织、事业发展都必须考虑的，没有图书馆核心价值体系的引领和主导，图书馆事业的发展就会迷失方向。

三、构建图书馆核心价值体系的主要内容

（一）保存资源和为社会提供服务

图书馆最初存在的意义就是保存馆藏文献或知识，之后开始提供读者阅览和交流服务。因此，保存资源可以说是图书馆一个古老而又永存的使命。图书馆作为一种社会机构既不是权力机构，也不是经营性赢利机构，而是从事知识组织与知识活动的公共性、服务性机构。这两项是图书馆最基本的职能也是最永恒的使命，因此在图书馆核心价值的内容中，都是把这两项放在一个重要而必需的位置。

（二）知识自由

图书馆的存在价值在于保障人们获取、接受、利用图书馆中知识或信息的权利。维护公民的信息权利是图书馆的基本使命，是图书馆参与社会民主建设的主要目标核心价值的核心。这一价值，表现为维护知识自由或平等获取信息。其中，知识自由又涉及表达自由，这有些超出图书馆活动的范畴。"知识自由"是一个较为容易理解的价值。维护公民的知识自由权利是现代图书馆制度的最高使命，而其他核心价值均可视为实现这一最高使命所需的手段或要求。将图书馆价值的核心定位在维护公民的知识自由权利，能够阐明公共图书馆的形成、发展及其历史使命。"知识自由"是其他核心价值如"支持民主社会"、"保障知识和信息的公平获取"、"公共物品"等的起点和归宿，其他核心价值都是从"知识自由"延伸而来的，如教育、读者权利、服务等，它们同时也作为实现知识自由的必要手段和方法而存在。

（三）平等获取

对知识信息的平等获取包括消除信息鸿沟和信息平等利用。以互联网为代表的新兴信息技术在全球各个行业的普及，同时又伴随着应用方面的不平衡。互联网普及落后的国家或地区，在新的全球"信息革命"中正面临着"知识贫困"和"信息贫困"，那些没有机会和能力接触先进信息技术的人群成了信息获取的贫乏者。图书馆作为民众知识和信息平等获取的保障，理应把"平等获取"作为其行业理念和价值。

（四）教育和学习

图书馆是现代社会的科学研究、文化、教育和学习的基地，其教育与学习的功能，对一个社会的发展，对一个民族的强大，有着极为深远的意义。图书馆责任之一就是为用户的继续教育与终身学习提供一个优良的平台。同时，图书馆还应该通过积极有效的宣传，促进全体人民持续地学习。图书馆是为了满足国民对知识需求的最低保障而存在的，是为发展教育和传播信息服务的。

（五）尊重读者个性和隐私

1978年，美国出台了第一部州立法《图书馆记录机密法》。美国图书馆学会1995年公布了专业伦理守则："保护每位读者的隐私权，对其查寻或获取的信息、咨询、借阅、征集及传递的资源均应予以保密。"英国图书馆学会1983年公布了英国图书馆学会专业行为守则：不得泄露或默许他人泄露任何委托的保密资料、信息或行政档案给第三者；

同时也不可超越用户最初使用授权范围，将信息运用于其他方面；并且还制定了对违反此守则的当事人的处分条款。尊重读者个性和隐私，是图书馆核心价值体系中不可缺少的内容。

四、构建图书馆核心价值体系的路径

（一）贯彻以人为本——构建图书馆核心价值体系的理论前提

科学发展观是当前指导我们一切事业发展的纲领性文件，要落实科学发展首先就是要贯彻以人为本。现代图书馆诞生以来，图书馆一直把"服务第一，读者至上"作为一切工作的宗旨。随着技术的不断改进，图书馆的服务越来越贴近读者、方便读者，提供人性化的服务已成为图书馆的共识。近年来，图书馆界又提出了"图书馆因你而变"的口号，Web2.0 技术的广泛应用，将为图书馆的服务带来革命性变革，提供个性化、无时不在、无处不在的服务已经成为图书馆人追求的新目标。人是一切的中心，离开了人，将无所谓价值的存在。图书馆核心价值必须体现"人"这一中心；贯彻以人为本，是构建图书馆核心价值体系的前提与基础。

（二）凝聚思想共识——构建图书馆核心价值体系的目标追求

构建图书馆核心价值体系的目标取向，主要是通过寻求图书馆界的思想共识来凝聚图书馆事业发展的合力，从而对社会的发展进步作出贡献。图书馆核心价值体系作为图书馆人崇尚和信仰的职业意识形态，它的内容无疑是多元化的，其形成过程也将是长期的，其中有党政机关的主导和提倡，但主要是要得到图书馆界同仁们的认同和接受。只有这样，它才能成为图书馆人的精神动力并提供方向导航。在经济体制深刻变革、社会结构深刻变动、利益格局深刻调整、思想观念深刻变化、信息浪潮汹涌澎湃的新形势下，图书馆事业的发展面临巨大的机遇，同时也经历巨大的挑战。图书馆事业不能在变革中迷失方向，图书馆人也不能在"百家争鸣"的自由辩论中迷航，构建图书馆核心价值体系的最终目标就是为图书馆人提供思想共识。

（三）整合多元价值——构建图书馆核心价值体系的内容特征

刘月秀认为，图书馆的价值体系是读者价值、社会价值、资金提供者价值、馆员价值的动态有机综合。图书馆核心价值体系还应该是图书馆使命、图书馆历史、图书馆内涵、图书馆价值、图书馆文化、图书馆精神的沉淀与浓缩；是图书馆人价值观、人生追求、职业理想、情操的集中体现。要将所有的价值与理念整合为有机的体系，首先是用"灵魂"把体系统领起来；其次是用目标把体系串起来；最后是用重点推进把体系建设带起来。图书馆核心价值体系的灵魂是图书馆精神，目标是图书馆界的共识，重点是要提炼图书馆的永恒价值。图书馆的核心价值体系本身就是一个多元的价值体系，最大限度地体现图书馆界及读者的多元诉求，因而更加贴近读者，也更容易为全社会所接受和认同。

（四）尊重包容存异——构建图书馆核心价值体系的具体路径

构建图书馆的核心价值体系要继承和发扬图书馆的传统精神，要符合图书馆的客观

生存环境，要吸收新时代图书馆的价值理念。鉴于图书馆核心价值体系的生成机理以及内容上的多元化特征，我们在用图书馆核心价值体系引领图书馆创新发展时，还需要尊重差异，包容多样，在尊重差异中扩大社会认同，在包容多样中增进思想共识，团结不同阶层、不同认知水平的人们共同前进。要最大限度地形成社会思想共识，以引领图书馆文化向一个开放的系统发展，以提升图书馆事业社会地位和增强图书馆人自信心、自豪感。这无疑是建设社会主义核心价值体系的一个行之有效的具体路径。

（五）创新制度体系——构建图书馆核心价值体系的保障

构建图书馆核心价值体系不能靠简单的宣传、说教来实现，价值观的无形与弹性使得它无法自我实现，只有刚性的制度才是保障图书馆核心价值体系形成的关键。然而，我们又不能靠僵化的制度来实现现代的价值理念，图书馆事业的发展对图书馆制度体系提出了创新的要求。图书馆制度创新包括管理制度创新、人事制度创新、服务制度创新、财务制度创新等。要在制度创新中充分考虑那些永恒的价值，使价值融入制度，使制度体现价值。事实证明，缺乏价值考量的制度是难以执行的，缺乏制度保障的价值也是无法实现的。

参考文献

[1] 闫小斌. 关于构建图书馆核心价值体系的思考. 情报探索，2012（12）.

[2] 黄晓曼. 图书馆核心价值的探索和意义. 图书与情报，2007（3）.

[3] 黄俊贵. 图书馆核心价值及其实现. 中国图书馆学报（双月刊），2008（5）.

[4] 李力. 图书馆核心价值体系的研究与探索. 理论与探索，2009（6）.

浅谈网络环境下高校图书馆采编工作

罗慧芳

(咸宁职业技术学院 湖北咸宁 437100)

摘要 随着网络的运用和信息技术的不断发展,采访和编目工作之间的关系越来越密切。采访人员通过订购、交换、赠送、呈缴等方式获得文献,为编目提供工作对象,通过编目工作,使得文献资源得以流通,为读者提供服务。可见,采访和编目是图书馆采编工作的两个基础环节,这两个环节有各自的重点,只有协调好这两个环节的工作,才能提高采编的业务工作效率。采编工作的质量好坏,直接影响到图书馆的文献资源建设,也影响到图书馆的读者服务工作。本文对高校图书馆采编工作存在的问题,提出了在网络环境下采访和编目工作的新思路及对采编人员素质的新要求。

关键词 网络环境 图书馆 采编工作

采编工作是图书馆藏资源建设中最基本、最重要的一项业务工作,是文献流通的基础。文献资料建设是高校办学的重要基础条件和科研能力的重要组成部分。适合现代教育改革和发展需要的文献资源建设的好坏,与高校教学与科研发展密切相关。图书馆藏书建设作为文献资源建设的一个重要组成部分,其采购数量、质量和加工效率都影响着整个高校的文献资源建设。

一、现有的购书模式

(一)预定购书

预定购书主要采取预定方式,由图书采访人员按照书目进行选书。还有一些出版社或供货商为方便读者订购非正式目录,采访者根据目录了解鉴别图书的内容来查重,但这种购书方式受新信息影响容易漏订、错订,还有可能由于书目的信息太简单而误导读者,很难保证图书的质量。

(二)网上订购

随着当今计算机技术和信息技术的飞速发展,以电子出版物、网络信息资源为代表的数字化资源的出现,网上采购已成为采访人员的主要工作方式之一。国外著名的网站有亚马逊网上书店(http://www.amazon.com),供应书目达到310万种之多,年销售500万人次;国内的有北京图书大厦"网上书店"、世云书店,以及人民邮电出版社等专业出版社网站。网上书店成本低、信息全、服务范围广、不受时间限制,但其缺乏信用机制,结算与送货方式等问题有待改进。

（三）现书直购

现书直购是指书店、出版社与图书馆合作，由书商提供样本供浏览，参阅后把订购的书交由书商汇总信息，然后将这些信息交由采访人员查重审核后下订单。这种采访方式的特点是方便专业教师选书、节省时间、提高效率、内容直观、能保证图书质量、有机读编目格式标准（Machine-Readable Cataloging，MARC）数据等；缺点是不能提供现书，可能有漏订情况。

二、对采编工作的思考

（一）对采访工作的思考

新形势下，图书馆建立各特色专家组成的图书文献小组，建立健全学科馆员制度，由各院系选出一名教授，负责收集资料及专业书刊的审核等工作。采访人员将电子版的书目信息和拟定好的订购目录按照学科分类通过电子邮箱发往该教授，通过反馈来确定是否订购。同时，也要建立读者意见反馈机制和馆藏调查与采购互动机制，充分听取读者的意见。然后，结合馆藏特色，定期公布图书拟定的目录和馆藏调查报告，不断调整采购决策，使图书订购更趋合理。采访人员将综合反馈信息和本馆具体情况，利用网络手段，集思广益，不断提高书刊的购买和甄选透明度，保证馆藏的完整性和系统性。还可以通过图书的流通统计，对于流通效果不明显的书目进行推荐或合理的消化，提高图书使用率或减少保管的成本。而对于采买可按不同渠道分配预算指标，以期合理分配或减控成本。

（二）编目工作的思考

传统的图书流程在网络环境日趋完善的情况下也发生了很大变化，采编合一，联采统编成为网络环境下采编发展的新趋势。像国外的联机计算机图书馆中心（Online Computer Library Center Inc.，OCLC）一样，采取部门重组合作的做法，书商或图书馆采访人员建立预定MARC数据，编目工作人员对所套录数据进行处理。现在很多图书供应商都提供标准的编目数据，既可用来编目，也可以作订购数据使用。采编合一后，图书加工流程简化，时间缩短，提高了图书处理效率。目前，我国有两大联机编目系统，一是以国家图书馆为主的"全国联合编目中心"，另一个是以中国教育科研网为依托的中国高等教育文献保障系统（China Academic Library & Information System，CALIS）联合编目系统。联机编目中心制订一系列的标准和规范，每一种文献原则上只做一次原始编目，这样大大节省了开支、节省了人力与物力、缩短了图书加工周期、提高了工作效率。

（三）对采编人员自身建设的思考

采编人员素质的高低对图书馆的藏书建设有着直接的影响。只有提高采编人员的综合素质，才能更好地满足读者对文献信息资源的需求和利用，才能提高馆藏文献资源的质量和水平。一个合格的采编人员不仅要把握文献采购的基本原则和网络资源的特点，还要有敏锐的情报意识，随时随地捕捉信息资料；同时，还要具备重点学科的专业知识和所负责的其他学科知识，以及较高的计算机操作水平。除了编目外，采编人员还应把更多的精力放在对网络信息资源的收集，组织整理上，有针对性、计划性地收集网络上的信息资源，对网络信息进行分类整理，为网络资源编制索引以更好地为读者提供更广泛的服务。

总之，在新的形势下，合理地优化采编工作，提高采编人员的专业技能和自身素质，不仅可以有效地提高工作效率与工作质量，而且可以使采编工作更加规范化，为图书馆的整体发展打下良好的基础。

参考文献

[1] 陈复明. 图书馆采编工作的实践与创新. 高校图书馆工作，2000（1）：59-61.

[2] 张艳春. 网络环境下高校图书馆采编工作的思考. 津图学刊，2003（2）：71-73.

[3] 周红梅. 调幅校图书馆采编工作探析. 牡丹江师范学院学报，2009（4）：142-143.

[4] 魏青山 赵志刚. 论高校图书馆采编工作新思考. 现代情报，2004（5）：155-156.

浅谈职业技术学院图书馆服务创新

熊爱梅

（湖北省黄冈职业技术学院图书馆　湖北黄冈　438000）

摘要　高等职业技术学院是为国家输送职业技能人才的摇篮，人才的培养离不开知识和书本，在这个教育基地中图书馆担当着帮助读者摄取知识、获得网络信息及修身养性等多重角色。读者是图书馆的载体，服务是图书馆的灵魂，要满足广大读者的需求，提高图书馆服务水平是首要任务，因此，搞好图书馆创新服务势在必行。本文就职业技术学院图书馆服务创新的具体构想与举措进行了详细论述。

关键词　图书馆　细节　知识　创新　服务

一、提高图书馆服务水平的必要性

（一）提高图书馆服务水平是为师生提供优质服务的前提

师生进馆次数少了，读者大量流失了，图书借阅率降低了，这些摆在我们面前的问题让我们不得不思考一个问题：如何激发师生的积极性，让他们喜欢去图书馆读书或借阅呢？服务是图书馆生存之本，而服务水平是通过读者对服务总体评价来衡量的。图书馆的服务水平的提高与否应该以读者满意度为出发点和最终目的来辨识。曾经有人做过蝴蝶扇动翅膀效应实验，从这个实验结果来看，这个扇动效应是显著的。所以，我们一定要注重服务细节，绝不能因为一点小小的差池而损毁图书馆在读者心中的印象以至于因小失大而前功尽弃。

（二）提高图书馆服务水平是竞争的需要

在竞争的环境中，图书馆的生存取决于能否最大限度地吸引读者，这几乎是一个绝对指标。如何看这个指标呢？在馆际之间，在馆与馆员之间如何凸显呢？还是两个字——"服务"。我们应该让读者带着需求和渴望而来，带着收获和满意而归。竞争是残酷的，有淘汰和出局；但竞争也是公平的，有进取和创新。适者生存，我们应该好好把握这个竞争的环境和机制，进行创新研究，找出一个适合图书馆生存的良好服务体系，最好地满足读者需求。

二、提高图书馆服务水平的几点构想

要吸引读者进馆，为他们服好务，我们图书馆人就得做有心人，时刻聆听读者的心声，不管是从便民服务到信息服务还是从量的服务到质的服务，都要细心独到。馆员不仅要承担好导航员的角色,还要成为知识与文化的传播者。在传统的图书馆服务的基础上,要拓宽服务内容,展开灵活的服务方式,及时反馈读者意见,及时制定措施,完善现有服务的不足和研究新的方案,使读者的需要得到最大满足。

(一)创造舒适的外部环境,为读者营造良好的读书氛围。

良好的开端是成功的一半。一个优雅舒适的外部环境能使人耳目一新、神清气爽。对于图书馆来说,窗明几净自不必,如何给人赏心悦目、心旷神怡之感呢?我们可以在进门处摆放鲜花和植物,或是在墙角的一隅,偶尔舒展一株绿萝或一盆盆小花,让读者一边看着书,一边欣赏着大自然的奥妙;或是在阅览室的书桌上放上一盆小小的植物,让读者在看书疲倦之余,亲近一下大自然,使疲劳得到缓解,让他们劳逸结合,给读者以宾至如归的感觉。

(二)注重细节服务,做读者的贴心人

细节决定成败。我们要从身边小事做起,注重细节,做读者的贴心人。读书需要一个安静的环境,所以要时刻保持图书馆一个"静"字,说话、打电话都要小声,不在图书馆喧哗嬉闹,走路脚步轻放,还读者一个温馨惬意的学习环境。利用有利空间,做一个自动包裹寄存处,适时给进出馆的读者提供方便,这样既能方便读者又能美观环境,不至于乱存乱放。或是在楼梯口放置一开水器,随时给读者提供贴心的服务。

(三)提升图书馆馆藏,从图书馆构成方面来搞好知识创新服务

图书是馆藏的基石,也是搞好服务的前提,如何构建图书馆藏体系,建立自成特色的文献资源保障机制是服务创新与提高的关键,而这些的决定因素就是馆藏、馆舍和馆员。

1. 馆藏

丰富的馆藏只是一个部分,更关键的是读者需要一个有序的便利的馆藏。这要求我们从以下几个方面着手:第一,纸质图书的排架要规范有序,并且图书要不断地更新替换,做好新书的宣传工作非常必要,可以借鉴车站机场的做法,用滚动字条的方式,把所到新书书目及作者内容简介及时发布,使读者一目了然,既节省读者找书时间又清晰简洁地为读者呈现书目,做到了一举两得。第二,网络技术的使用加快了信息和知识的全球性传播,搞好网络资源建设,做好读者调查,根据读者喜好做好电子资源的购进、筛选和运行,使他们能方便、快捷地利用先进的现代化工具及时读到自己所喜爱的图书和所需要查阅的书籍、典籍,这就是所谓的知识服务。张晓林对知识服务从服务观念和服务方式两方面进行了充分的阐述,并将其概括为:"知识服务是一种基于一切信息资源(馆藏物资源和网络虚拟资源)、以用户需要目标驱动的、面向知识内容的、融入用户决策过程并帮助用户找到或形成问题的解决方案的增值服务。"姜永常认为:"知识服务就是为了适应知识经济发展和知识创新的需要,根据用户问题解决方案的目标,通过用户知识需求和问题环境分析,对用户整个解决过程而提供的经过信息的析取、重组、集成、创新而形成恰好符合用户需要的知识产品的服务。"由此可知,知识服务强调以知识创新为中心,以用户为核心,注重动态过程和服务。经济社会的发展使知识成为社会发展、经济增长的关键因素。知识的源头和能量迅速膨胀,大量质量差、已贬值或虚假、错误

的信息泛滥，图书馆在知识管理和服务过程中，要将其由文献组织转变到知识组织上来，加强文献知识内容的揭示、整序和重组，是提高图书馆服务质量的关键。"知识管理与知识服务"为图书馆提出更高要求。同时，电子资源库的建设要与教学口衔接，满足广大教师的需要，为课件、教学软件及教学资源库的建设等服务。这里要特别说明的是特色馆藏，对于特色馆藏我们可以根据自己的特色收藏一些本校教学卓越者的教程、著作和杰出贡献的事迹等，还可以广泛搜集资料，搞一些如世界名校图片展、特色专业介绍、世界著名图书馆介绍及馆藏介绍、中国著名学府介绍及图片展播等，使读者虽然没进高等学府仍能领略高校风采，与知识对话，与文化接壤，深深感受艺术的熏陶，不断提升读者自身文化素养，促进人生观和世界观的形成，培养具有高素质、深内涵的高职生，在学生中掀起尊重知识、享受知识、学习知识的热潮，做新一代高职院校优秀学生。

2. 馆员

"图书馆员是事业的灵魂"，这是列宁夫人克鲁普斯卡娅的一句名言。图书馆事业的长期、稳定和持续发展，迫切需要一大批德才兼备的优秀人才，馆员的综合素质直接关系到一个图书馆的健康发展，要提高图书馆服务质量，关键是要提高图书馆员的专业水平和综合素质。协调馆员与读者的关系是服务水平好坏的直接决定因素，因此要加强馆员的素质，一切服务以读者需求为出发点，读者是服务的需求者，馆员是服务的执行者，要通过人性化管理来协调二者之间的关系。图书馆的知识管理和知识服务应该是图书馆员、馆藏文献信息资料和读者三者之间的互动，通过提高馆员的专业知识水平，培养学者型馆员来提高馆藏文献信息资料的利用率，使读者能够充分利用图书馆，最大限度地满足自身需求。同时，还要提供图书馆员馆际间的交流参观与学习的机会，带领馆员以主人翁的姿态来尽职尽责地做好服务工作，吸取先进的管理经验与合理的管理方法，提高馆员的综合理论水平和操作技能，还可以通过开展知识竞赛、专业技能竞赛等（如排架竞赛、普通话比赛、馆藏地点竞答赛）来提高馆员的积极性和工作热情。

四、提高读者积极性，培养读书热情

热情周到的服务是加强读者与资料信息的桥梁与纽带。现在是网络信息普及的社会，手机、笔记本电脑、平板电脑等为学生带来大量的信息资料。进图书馆看书不再是他们摄取知识与信息的唯一途径，但是内涵的培养、人生经历的丰富总还是离不开书籍。书籍是人类进步的阶梯，读一本好书就是与一位伟人交谈，所以读者要借助书籍来提高自身修养和知识素养。要提高读者学习的积极性就要从读者心理素质抓起，提倡良好的读书习惯，通过开展"读书周"、"读书月"活动进行读书宣传和新书介绍，吸引读者进行读书有奖知识竞赛、读书有感征文活动，用奖励每天前十名进馆的读者等办法来激起读者的读书热情，激发他们的学习兴趣。使书籍有所读者，读者有所热爱书籍，两者之间得到最大限度的利用，使读者将来不至于发出书到用时方恨少的感慨。进馆有所获，优良的服务让读者得到被满足的喜悦，让读者的专业知识和综合知识都得到有效提高，不至于白了少年头空悲切。

五、图书馆可以走出校园、走进社会

知识、资源是社会的,是共享的。如何让知识资源和信息回报社会、服务社会,使物尽其力,让书本得到最大限度的利用呢?高职院校图书馆可以走进社会、走进社区、走入平民老百姓家,利用联机操作或者其他办法,把书籍送到千家万户,让更多的人得到书本、得到知识,使书尽其需,这是图书馆创新服务的新举措。

总之,图书取之于读者,为了使读者能更好地吮吸知识的琼浆,在学海泛舟,任思维驰骋,在高校做好图书馆的服务工作必不可少。让我们以主人翁的姿态把图书服务工作投入到广大读者之中,使书尽其所,书尽其用,人尽其才,使图书为和谐社会人际关系、增强人生观、促进专业化发展作出贡献!

参考文献

[1] 石向实,刘晨. 图书知识管理. 杭州:浙江大学出版社,2006.

浅析高职院校图书馆服务创新

曾晓芳

（湖北三峡电力职业学院图书馆　湖北武汉　443002）

摘要　在当前高职院校的建设发展当中，图书馆已经成为高职院校发展与创新不可分割的一部分。图书馆主要有为教育教学、科学研究与文化发展服务的重要责任。服务是贯穿图书馆发展的主要路线，体现了图书馆的核心价值观，它主要强调"以人为本"这一重点，重视读者的各种需求。本文浅析了高职院校图书馆服务，并结合高职院校图书馆的实际，提出了管理创新的措施，以期图书馆更好地发展其教育和服务职责，为院校的教育科研提供更高质量的服务。

关键词　高校图书馆　服务理念　优质服务　管理创新

随着新技术革命和社会日趋信息化，信息成为人类进步的重要因素，发达国家将信息视为推动技术进步与经济发展不可缺少的投入。为此，图书馆管理与服务水平的提升显示其重要性。图书馆服务是为了获得知识在传递中的轨迹，是为了获得公民整体素质的提高，是为了广大读者获得知识的需求满足，是为了获得人生价值实现的喜悦。高职院校图书馆的建设与服务面临着诸多挑战，为了探索图书馆服务工作的规律和发展趋势，更好地确保图书馆发挥自身的作用和功能，我们有必要在这一方面作进一步的探讨。

一、高职院校图书馆的作用

高职院校图书馆是学校的文献信息中心，是为了教育和科学研究服务的学术研究机构，是院校信息化和社会信息化的重要基地。高职院校图书馆的工作是学校教学和科学研究工作的重要组成部分，其建设和发展应与学校的建设和发展相适应，其水平是学校总体水平的重要标志，体现了服务性、教育性和学术性等特性。其读者具有构成的同质性、信息需求的稳定性、信息行为的可塑性、信息利用的节律性等共同特征。

二、高职院校图书馆应尽的服务职责

在图书馆中，"以人为本"就是以读者为本，必须明确图书馆流程的每一个环节都围绕着"人"而展开。读者是图书馆的真正主人，要急读者之所急，想读者之所想，设身处地为读者着想。图书馆服务应该向知识服务方面发展，图书馆应满足读者每一分钟的需要，有为才有位，面对读者应该做到"百问不倒，百问不厌"。

高职院校图书馆既是一个辅教部门，又是一个服务职能部门。读者在借阅中获得态度热情、品质优良的服务,会感受到心理上和行为上的满意。高职院校图书馆要更多地体现人文关怀。所谓人文关怀,就是要在图书馆中营造人文氛围,倾注人文情愫,弘扬人文精神,具体而言,就是要了解读者、尊重读者、爱护读者,以满足读者需求为己任,对读者坦诚相助;体现在具体的工作中,诸如图书馆网点布局,开放时间和开放程度上照顾读者的需求,为读者营造更为人性化的阅读空间和阅读环境,为读者提供多样化的服务等。

三、我校图书馆不断提高服务和创新

（一）积极主动地提高图书馆馆员的综合素质

高等教育要培养出高质量的人才,离不开图书馆信息资源的开发利用。高职院校图书馆为教学、科研服务义不容辞,要努力成为高职教育强有力的后盾。作为文献信息中心"导航员"的图书馆馆员,必须不断提高自身的道德修养、知识结构、服务水平、业务技能、言谈举止及沟通技巧等直接影响到为读者服务质量的基本素质,才能适应变化发展的新环境。

（二）开放一切时间和馆藏资源,最大限度满足读者的需要

图书馆服务的首要原则是开放性原则,开放是服务的前提,没有开放便无服务可言。图书馆的开放性包括资源开放、时间开放、人员开放和馆务公开。现在许多高校图书馆的开放对象仅限本校在校生,刷卡进入,把学校以外的求知者拒之门外。这种开放是一种狭隘的开放,与高校的身份极不符合。

另外,我国许多高校图书馆还保留样本书库,由于样本书库不对外开放,样本书库的书也成为"死书",这便是"以书为本",而非"以人为本"。

在开放时间上也要最大限度地延长读者利用图书馆的时间,以我校图书馆为例,开放时间如下:

（1）除了正常的寒假、暑假,做到了节假日和公休日不闭馆,即"图书馆无休息日",可以满足读者的需求。

（2）除了每周例行的闭馆整理外,馆内开展任何活动都不应影响正常开馆。

（3）保证开馆时间的完整性或连续性,避免中断。

（三）重视培养馆员一专多能

实行图书馆员轮岗制度。图书馆的文献信息收集、分类、阅览咨询等项工作互相之间都有紧密的联系,适当地实行轮岗制,有利于馆员了解图书馆工作全貌,树立全局意识。大学的图书馆流通部门的馆员每天通过在书库内的工作,认真了解读者的借阅需求,统计各类图书的借阅量,定期制作报表,提供给采购等部门作为调整购书策略的依据。

（四）创新服务理念

如果一个图书馆能够通过自己的某种独特性,或是一定的规模和馆藏,或某一信息产品,或某一特色服务,在同一行业中形成差别优势,那么,这就是优势。高校图书馆的服务要突出的是服务的特性与特色。特色馆藏、特色服务、特色活动、特色环境等都

可形成现代高校图书馆服务的特色。高校图书馆服务具有其独特的规范和价值观，这些规范和价值观的总和就是一种文化——图书馆文化。

（五）改善数字图书馆和管理模式

随着信息网络的普及，许多学校相应地建立了数字图书馆，大大丰富了图书馆的文献资源，突破了图书馆的物理界限，实现了图书馆的异地服务，满足了用户的各种需求。然而，目前的现状是电子预览室网吧化，由于比校外网吧收费便宜成了没电脑一族的首选，让真正需要的人找不到位子。再加上系统的长久不更新使数字图书馆不能更好地发挥应有的作用。

另外，还应注重于读者交流，营造和谐文化氛围。开办读者协会，让学生参与读书人潮，以每周阅读、演讲、写作等方式让更多学生参与阅读。开办漂流书屋，把期刊室的过刊，一部分漂流到校内读者协会、心理协会、食堂等地方使更多读者接触期刊，另一部分漂流到校外周围山区或者一些需要接受期刊的休闲场所，这样过刊就不会浪费，更有阅读的价值。

总而言之，和谐图书馆要协调图书馆的人文环境、物理环境和管理文化等诸多因素；要提升图书馆馆员的至诚服务精神；增强读者与图书馆之间的互动性；激发广大读者的读书求知热情；建设环境优美、资源丰富、充满人文气息的信息资源宝库。

参考文献

[1] 吴慰慈. 图书馆学基础. 北京：高等教育出版社，2006.
[2] 杨学泉. 图书馆管理创新. 图书馆论坛，2001（6）.
[3] 陈丽群. 知识服务——高校图书馆服务的新理念. 情报探索，2004.
[4] 莫玉萍. 信息时代高校图书馆人本管理. 贵图学刊，2006.

浅谈知识经济时代图书馆的服务创新

潘 洁

（湖北财税职业学院图书馆　湖北武汉　430064）

摘要　知识经济是指以现代科学技术为核心的、建立在知识和信息的生产、存储、使用和消费基础上的经济。在知识经济时代，掌握知识的人力资源就显得更加重要。美国的经济之所以能处于世界领先地位，其真正的优势在于他具有高素质的丰富的人力资源。图书馆作为社会文化力的核心，优秀的图书馆员已成为图书馆最重要的资源。图书馆事业要发展，要在知识经济中发挥作用，搞好图书馆的人力资源管理和图书馆的服务创新势在必行。

关键词　知识经济　图书馆　服务创新

一、知识经济时代图书馆的地位和作用

创新是人类活动中的一种普遍行为，存在于人类活动的每一个领域中。创新就是淘汰旧东西，创造新东西，它是当今时代发展的鲜明特征，是现代图书馆的管理本质。知识经济时代最显著的特点就是，知识将成为发展经济的资本，在生产要素中居于最重要的地位，所有部门的发展都要依赖知识的增长。因此，知识将被作为最重要的资源得到充分的开发、传播和应用，知识的不断创新成为推动时代发展的根本动力。

知识经济是以人的知识为基础，以人的智力为资源的经济。知识经济时代对人力资源也有了不同于以往的要求。它要求人力资源拥有高科技知识、扎实的知识基础和广博的知识结构；要求人们有与之相适应的良好的心理素质；要求人们加快学习、不断学习；要求人们有创新精神和创造能力；还要求人们具有应变观念和应变能力。图书馆作为传播知识文化的场所，必然受到人们的关注，人们必然把渴求知识、信息的目光，更加集中地投向图书馆，图书馆的地位也将明显提高。图书馆为读者而存在，它既不是文献资料的堆放地，也不是管理员的图书馆。如果图书馆得不到读者的支持，没有发挥应有的作用，那其在学校，乃至在社会上的地位也就难以提升。图书馆应从实际出发，根据服务对象和他们的需求，确定合理、科学的发展计划和措施，有针对性地开发建设信息类特色数据库、参考类特色数据库以及导航类特色数据库，走实体信息资源建设与虚拟信息资源建设相结合的发展之路。

世界首富比尔·盖茨经营的微软集团在信息产业以其强大的实力、新颖的产品、众多的精英人才而称雄于世，其显赫的业绩背后，微软集团图书馆提供的信息服务为其决策、科技、产品开发和推广发挥了强大的支持与后盾作用。比尔·盖茨在接受记者采访时说："微软图书馆是一个我们职员的加油站和充电站。虽然人们可以自己上网来获取

大量信息，但是图书馆所做的大量不可替代的工作更有助于人们提高工作效率。我们的图书馆员反应迅速，工作出色。"

知识经济时代的图书馆，其服务职能已不仅仅局限于文献借阅和封闭在老式的馆舍内，而是在充分享受现代科学技术带来的各种资源的方便，如全球性的数字化信息网络、全国区域性的文献交换中心、网上多媒体的在线服务等。在知识经济时代，图书馆员肩负着重大的责任，通过对知识资源的管理与开发，为社会提供知识服务。图书馆是社会教育的一个子系统，各类图书馆在社会中是一所不受年龄限制，对全民进行终身教育的大学校。图书馆的教育职能是任何学校无法代替的。另外，图书馆还肩负着传播科学文化知识，进行社会教育的职能。一方面，它以潜移默化的方式塑造社会成员的道德观念和行为规范；另一方面，进入经济时代，知识更新越来越快，图书馆终身教育职能显得更为重要。图书馆的公益性和开放的特点，使其贴近读者、服务社会。

二、现代图书馆的服务创新

（一）服务创新对于现代图书馆的意义

服务创新是图书馆发展的原动力，是迎接知识经济挑战的外在需要，传统的图书馆管理制度和管理模式的设计，常常以规范人的行为、使人不犯错误为出发点，有着过多的管制和约束，这种严格的规定，通常会窒息那些最初很难识别的新生事物的嫩芽，致使图书馆管理僵化。从图书馆创新角度考虑，其创新应包含内容创新、技术创新、理念创新等。当今时代是知识经济时代，是不断产生新思想、新理念、新技术、新知识的时代。国内外研究表明，决定社会发展竞争优势的是人才和科学技术，而决定人才、科学技术的优势是创新，所以强调创新已成为现代图书馆服务创新的时代趋势和必然趋势。

服务创新是深化图书馆改革的内在需求。随着社会的发展，图书馆管理的模式也会随之发生巨大的变化。服务创新能使图书馆打破常规，改革工作流程，大大提高管理效率，适应未来发展的需求。在图书馆的各项管理工作中，领导者起着举足轻重的作用，因此要求图书馆领导者具有创新意识和创新能力。图书馆管理者要通过组织文化、组织气氛的改造，激发创新思想。管理者是图书馆服务创新的主体，服务创新总是不断以新的观念、新的措施和新的方法，使管理系统总体功能不断优化，保持一种最佳效果的状态。在知识经济时代，图书馆原有的一套管理模式已不能适应新的运行特点，要更好地生存与发展，图书馆就必须对传统的管理方式和理念进行扬弃和取舍。通过改革创新，建立起一套完整的、崭新的、适合自己的管理运行机制，以适应社会发展的需要。

知识经济时代越来越依赖数字化、网络化技术。传统的图书馆也逐渐被数字化、网络化图书馆所代替，一系列先进的计算机技术、网络技术也应用到图书馆中，传统的图书馆管理已被冲击。图书馆员的服务工作已不仅仅是简单的借借还还，而是已由单一、被动，转向了开放、多方位和主动。他们既是图书馆员，又是知识经济的参与者，这就需要图书馆员必须具有较强的现代信息意识和广博的专业知识。知识经济时代的图书馆员应该使自己从"图书保管员"变成"信息领航员"。在图书馆各类资源中，人是最重要的资本。一个拥有高素质人才资源的图书馆，将具备促进知识创新和知识应用的巨大潜力。

(二) 图书馆服务创新的方式

总的来说，现代图书馆的服务创新主要集中在内容创新和技术创新两个方面。

1. 内容创新

服务内容，或者说功能，是建立在资源基础上的有机组成部分。图书馆应根据自身类型的特点和当前用户的总体需求趋向，对图书馆功能设置有所改动。如公共图书馆应该为社区居民提供便利，提供生活、娱乐和政企公开信息方面的查询等；而高校图书馆应该为辅助师生教学，提供专业知识导航和教辅资料的数字化资源等。

2. 技术创新

在信息化浪潮中，技术是创新过程中变化得最快、最剧烈的一大要素，使现代图书馆服务的面貌发生了翻天覆地的变化。虽然图书馆不能主导信息技术的变革，但是可以积极应用新技术来完成自身的更新，如这几年图书馆界的技术热点，即推送技术、数据挖掘、知识发现、数字存储和移动图书馆等。虽然这些技术并不是最新的，但是在图书馆界还没有完全普及开来，还具有长远的发展空间。另外，我们也不要忘记保持对IT行业里与图书馆相关新技术的关注。

其他的创新方式还包括理念创新、方式创新、要素创新、形式创新等，不一而足。这些都对图书馆服务创新具有推进作用，图书馆可根据自身情况采取不同的方式组合。

三、图书馆服务创新应注意的问题

传统的图书馆管理只是单纯从图书馆的业务技术管理和发展的角度来考虑，没有形成创新和发展的思路。我们要做到创新，应该注意以下几个问题。

(一) 始终以用户为导向

尽管图书馆服务的形式和内容一直在变，但是以用户为导向的目标始终不变。因为图书馆是为读者服务的，所以用户体验是图书馆服务创新的最终目标。图书馆要注意积极与用户交流互动，以至将用户带入创新过程中来。改进现有的服务沟通交流方式，积极听取用户意见，采纳用户好的建议，重视用户反馈信息。

(二) 努力培养创新人才

图书馆的服务创新应讲科学、图发展，要充分发挥广大馆员的积极性、主动性和创造性。图书馆员是图书馆发展的内在动力，新时期图书馆员已不再是"守门员"或文献的保管员，而是对综合素质要求较高的"信息导航员"，主要从事信息、知识的评价、筛选、加工、组织、传播、应用及开发工作。

随着信息技术和电子文献、数字图书馆的发展，以网络环境为基础的信息服务已成为图书馆信息服务的技术方向，图书馆员的专业水平、业务能力、外语程度，决定着图书馆信息服务质量。因此，高职院校图书馆应该加强内部管理，进行全员服务培训，鼓励馆员努力学习图书馆学、情报信息学的相关知识，并熟练掌握计算机技术、信息处理技术，成为拥有丰富专业知识并能熟练掌握现代信息技术的复合型人才，为开展服务创新提供人力资源保障。

实践证明，图书馆领导者的创新行为只有为广大馆员所接受，其创新意识和决策只有化为馆员的自觉行为，才能推动图书馆管理创新的发展。

（三）资源服务特色化

在巩固好图书馆自身核心服务的同时，积极开拓外延，体现图书馆服务的多样性。这样才能把自己的服务同其他的信息机构区别开来，形成竞争优势。例如，上海图书馆的"上海年华"、"世博信息"、"家谱查阅"服务，中国科学院国家科学图书馆的"科技新闻聚合"服务，中国国家图书馆的"古籍善本"、"特藏专藏"服务等。

（四）从实际出发，富有远见

图书馆的管理要想有新的突破和创新，工作中就要从实际出发，尊重客观事实，既不能只强调创新而不尊重客观事实，也不能为了出风头，摆花架子。另外，创新是一项主动而不是被动的行为，要想引领创新，就必须在动态中发展。通过对政策、调研和其他研究成果等来预测用户趋势，在每时每刻不断变化的环境中主动服务用户。

（五）实行民主化、科学化决策

在知识日益发展、科学技术突飞猛进、信息市场竞争日趋激烈的新世纪，图书馆单靠自身的条件是不能适应社会发展的，要集思广益，广泛听取广大群众的建议，从而提高创新决策的效率，减少由于思考不周而造成的失误。通过改革创新，建立起一套崭新的管理运行机制，以适应知识经济社会发展和信息社会发展的需要。

参考文献

[1] 袁豪杰，周萍英. 示范性高职图书馆现状与发展模式探索. 大学图书馆学报，2008（4）：99-100.

[2] 胡石. 新媒体在图书馆阅读服务中的应用研究. 东北师范大学，2011.

[3] 吴素坤，等. 用户参与的学术图书馆服务创新路径选择. 图书情报工作，2010（9）：57-60.

[4] 香港中央图书馆网站. 创造力及创新资源中心新资源. http://www.hkpl.gov.hk/cindex.html，2011-02-18.

[5] 冯志华. 高职院校图书馆创新服务理念探析. 管理观察，2012（20）.

[6] 鄢小燕，邹桂芳. 关于图书馆服务创新的思考与建议. 图书馆论坛，2008，28（2）：179-181.

浅议高职院校图书馆服务与创新

阮 静

（武汉交通职业学院 湖北武汉 430000）

摘要 高职院校图书馆要利用自身优势，立足于满意服务并向知识服务方面转化，给读者提供更好、更高水平的知识服务的同时，加强个性化服务及数字化服务。在加强服务的基础上，再加强服务创新，提高馆员的综合素质，为教师提供专题服务等。

关键词 服务 创新 综合素质

图书馆是社会知识与信息保存、传递与扩散的重要机构之一。图书馆通过收集、整理和保存文献信息，实现思想与知识信息的交流，从而提高社会成员的文化教育水平，提高社会的科技实力和创新能力，促进社会经济的发展与社会进步。在知识经济时代，知识、信息成为社会发展重要的资源，知识管理、信息资源管理具有重要的意义。

高职院校图书馆是为教学和科学研究服务的学术性机构，它的工作是学校教学和科学研究工作的重要组成部分。高职院校图书馆的服务是一种专业性、学术性很强的服务，从服务内容、服务手段到服务方法，无不反映它的学术性质。可见，高职院校图书馆的服务性和学术性是互相渗透、互相统一、紧密联系、不可分割的，二者不是互相平行，更不是互相对立的。现代高职院校要求图书馆从被动的、低水平的服务发展为主动的、高水平的服务，要求图书馆在原有基础上大力加强和发挥教育职能和传递信息的职能，高职院校图书馆就是根据教学和科研的需要，收集、整理和提供各种文献信息资料。图书馆工作是教学、科研的有机组成部分，是办好高职院校的基本条件之一。

一、高职院校图书馆的优势

（一）人力资源的优势

高职院校图书馆高层次专业的参考咨询人员数量较多，这是开展信息服务最根本的基石。没有这必备的软件基础，信息服务只能是空中楼阁，根本无从谈起，即使勉强开展，也是事倍功半，半途而废。

（二）硬件条件的优势

当今高职院校图书馆有的已经进入了管带的时代，还有一批专业水平较高的网络维护、软件开发人才，这些条件都为图书馆开展网络信息服务提供了必要的物质条件。

（三）网络信息资源的优势

随着近几年国家投入的增加，高职院校图书馆资金条件有明显的改善，网络信息资源得到了较大的完善。

二、高职院校图书馆的服务理念

当今图书馆的话题中，人们最为关注的要数图书馆的服务理念。高职院校图书馆服务体现了它在高职院校的存在价值以及发展方向。

（一）个性化服务理念

图书馆发展个性化服务是"用户第一"观念最充分的体现。所谓个性化服务是充分考虑读者的个人特点和独特的信息需求，为读者提供个性化的信息环境。它包括个性化的检索方式、个性化的信息需求、个性化的用户界面以及个性化的信息处理方法。

1. 读者需求

在现代社会中，个人的自我意识有了提高，读者对图书馆的需求也不再千篇一律，人们希望得到最符合自己需要的信息，并以自己最喜爱的方式接受。以前，图书馆在工作中很少考虑的读者的个性，或者说认为读者应该努力适应图书馆所提供的标准，接触到的都是图书馆提供的相关文献，但并不一定能够满足读者的需求。现代读者对图书馆无差别的信息服务提出了质疑，"读者第一"的思想在现代图书馆中体现得尤为明显，就是图书馆要考虑读者的个性化需求，并通过采用现代化信息技术来实现它。

2. 信息技术

信息技术的发展是个性化服务得以实现的前提条件。在传统的信息环境中，图书馆的文献只有统一的形态，无法对其进行分解、组合；图书馆的信息检索方法也只有统一的形式，无法适应每个用户的检索习惯。现代信息技术的发展，为图书馆的服务提供了良好的工具。因此，个性化服务才成为可能。从为用户提供文献转变为为用户提供信息单元，数字化信息检索方式多样，处理方便，用户的个性化检索才有了实现的可能。

（二）数字化服务理念

数字化服务的必要性来源于两个方面，一是社会的需要，二是现代图书馆自身的需要。

1. 社会对数字化信息服务的需求

传统的信息交流由于受技术条件的限制，很难进行大规模的直接交流，信息传播要借助于中介机构。而数字信息的传播突破了时间和空间的限制，用户利用数字信息极为方便，足不出户就可获知最新的消息。现代图书馆作为促进社会信息交流的机构，长期以来积累了丰富的工作经验和科学严谨的工作方法。因此，加强对数字信息的整理、建设，对现代图书馆来说是责无旁贷的。

2. 现代高职院校自身需要

开展数字化信息服务是现代图书馆发展的必然要求。首先，数字化信息要求将会构成今后读者信息要求的主体。读者可以在任何地方、任何时间随意选取信息。现代图书馆在不断利用现代技术改善其传统服务项目的同时，也要开展数字化信息服务，以适应现代读者对信息及时化、个性化、快捷化的需要。其次，数字化信息资源将会改变图书馆传统的服务方式，使图书馆信息服务走上现代化之路。最后，数字化信息传递的特点使图书馆的资源共享成为可能。数字化信息的交流传递不再受时空的限制，使得馆与馆之间可以进行大规模的数字交换，为现代图书馆之间的合作提供了技术手段。

20世纪末兴起的知识管理学说为现代图书馆工作注入了生机，知识管理是对知识的科学管理，其目的是帮助读者获取最新的知识信息，直接参与教学和研究，促进知识传播和交流，实现知识创新。在现代信息环境下，图书馆需要的就是改变传统服务方式，以知识服务来满足各类读者对知识的更高要求。

在图书馆中"以人为本"就是以读者为本，必须明确图书馆业流程的每一个环节都围绕着"人"而展开。读者是图书馆的真正主人，要急读者之所急，想读者之所想，设身处地为读者着想。图书馆服务应该向知识服务方面发展，图书馆应满足读者每一分钟的需要，有为才有位，面对读者应该做到"百问不倒，百问不烦"。

高职院校图书馆既是一个辅教部门，又是一个服务性职能部门。读者在借阅中获得态度热情、品质优良的服务，会感受到心理上和行为上的满意。在高职院校图书馆要更多地体现人文关怀。所谓人文关怀，就是要在图书馆中营造人文氛围、倾注人文情愫、弘扬人文精神，具体而言，就是要了解读者、尊重读者、爱护读者，以满足读者要求为己任，对读者坦诚相助；体现在具体的工作中，诸如图书馆网点布局，开放时间和开放程度上照顾读者的需求，为读者营造更为人性化的阅读环境，为读者提供多样化的服务等。

三、高职院校图书馆服务创新

（一）精细化管理和人性化服务

图书馆是专门为读者而创的求知地，馆内外的场景都是为营造读书气氛而布置的。高职院校图书馆应该从细节做起，让管理与服务工作更加贴近读者，充分体现图书馆的人文关怀。安静、舒适的图书馆大厅，休息区和走廊摆放着供读者休息和学习的座椅和桌子，使读者走进图书馆有宾至如归的感觉。根据读者的需要，在书库设立新书书架和特色书架，在各书库的书架上标上索书号，便于查阅。

（二）为教师提供专题服务

专题服务也应该成为图书馆服务的重要工作内容，它包括专题文献资料的调研、收集、整理、筛选。科技查新包括立项查新。现在各高职院校正在通过科研立项、精品课建设、编写有特色的教材等来提高教学质量。开展专题服务的创新工作，是教师和科研人员的心声，也是图书馆员应尽的义务。

（三）提高馆员的综合素质

现代高校图书馆对图书馆员的要求已经有了很大变化，除了达到传统的图书馆业务要求以外，还应成为知识创新以及学习、思想交流、合作、文化生活的中心，参与到高校知识的创新、传播、利用的全过程这一对现代高校图书馆提出的新的业务要求中。要达到高校图书馆业务发展和服务创新的要求，就必须提高图书馆员的综合素质，因为更好的外在条件和工作环境、更新的观念和思维方式、更高的科技成果和现代化设施设备的配置和应用，其最终得到的结果还要取决于执行者的客观能力与水平和其主观能动性的发挥。

所以，我们在这里强调的不仅仅是业务素质，也不仅仅是思想道德素质，而是综合素质，特别是信息素养。就是说，我们要提高高校图书馆馆员的爱岗敬业、勇于创新的精神和完成业务工作、实现创新的本领。具体来讲，就是要求图书馆员能够以"读者需要我们图书馆做什么"为思路，在思想观念上将"努力使读者走进图书馆"的传统观念，转变为"让图书馆走进读者"的新观念，通过不断地求知和努力地自学及实际工作的锻炼，提高自身的信息素养，即在掌握信息的获取、检索、表达、交流的技能基础上，能够以独立学习的态度和方法，将已获得的信息用于信息问题的解决，进行创新思维，并能够为所服务的对象进行信息素养教育。

（四）面向高职院校读者群，构建文献信息资源保障体系

文献信息资源保障体系是图书馆开展文献、信息和知识服务的基础，任何图书馆都需要建设面向自己用户群的文献信息资源保障体系。随着数字图书馆和各类资源共享体系的发展，图书馆除了利用自有的资源外，还可以很方便地以各种方式，通过多种渠道为读者获取所需的文献信息。

高职院校图书馆的文献信息资源保障体系也包括两个方面：一是建设自有资源；二是掌握共享资源和公共资源的获取途径。自有资源包括馆藏的各类纸质资源、多媒体资源、电子资源，也包括拥有使用权的非馆藏电子资源。高职院校图书馆在自有资源的建设过程中，要注意结合高职教育办学的特色，兼顾教师教学需求、学生学习需求和科研需求各个层次，使学生素质培养、学校专业设置和科研项目的实际情况相结合来制定文献信息资源建设的框架结构，形成具有本校高职教育特色的馆藏资源，以有特色的资源结构为教学科研服务、为地方经济发展服务。

高职院校图书馆在资源结构上突出特色，满足了大多数师生的基本需求，但不可能完全满足师生们所有的个性化需求。在自有资源建设的基础上，图书馆的文献信息资源保障体系还需要共享资源和公共资源的获取渠道作为补充，如通过馆际互借、全文传递、共享资源、公共信息资源、开放信息资源等渠道为读者获取文献信息，充分满足读者的需求。

参考文献

[1] 戚建林. 图书馆知识服务的影响因素及发展. 图书馆管理论，2003（1）.

[2] 宁英，邵佳，等. 高校图书馆知识管理与深化边缘交叉学科服务. 图书馆工作与研究，2003（4）.

[3] 施蓓. 高职院校图书馆服务创新的思考. 图书馆，2009（2）.

浅议职业学校教材建设与管理工作

梅新林

（武汉市交通学校图书馆　湖北武汉　430000）

摘要　教材是教学的基本工具，是职业学校实施教学的基本依据，教材的质量直接关系到职业学校人才的培养质量，因此教材建设与管理工作是搞好职业学校教育教学的一个不容忽视的重要环节。本文结合武汉市交通学校的实际情况，就如何搞好职业学校的教材建设与管理工作提出一些看法。

关键词　职业学校　教材建设　管理

教材是体现教学内容和教学方法的知识载体，它包括教科书、讲义和讲授提纲，是教学大纲和教学方法的具体化，是进行教学的基本工具。因此，教材是深化教育教学改革，全面推进素质教育，为社会培养合格人才的重要保证。在当今这个信息化的时代，知识更新越来越快，加上市场经济的推动作用，同时还有国家对教育教学改革和创新的重视，教材更新和改版的周期不断缩短，产生了许多具有改革特色、内容新、体系新、方法新、手段新的高水平教材。作为一所正在建设国家示范校项目的职业学校来说，我校即武汉市交通学校如何抓住这些机遇，迎接市场竞争机制的挑战，搞好教材管理和建设工作，关系到新时期学校人才的培养。

一、加强教材建设，确保最新、优质教材进课堂

教材建设是学校教学基础建设的重要组成部分，也是推动和反映教学改革成果，提高教学质量、师资水平和学校知名度的有力措施，教材选用应以选用和引进国内高水平教材为主体，以编写有特色、高质量教材为重点，加强管理，使教材符合学校的培养目标要求。那么，怎么样才能做好教材建设，在选用质量好的优质教材的同时，也保证教材的实用性，提高教材的使用质量呢？本文从以下几点展开论述。

（一）做好教材的选用工作

选用最新、优质的教材是促进教学、提高教学质量的重要保证，能否选用高质量的教材将直接影响到人才的培养质量。

首先，作为职业学校的图书馆和教材管理部门，理应承担这一重任，做好宣传和引进工作，积极向学校推荐、介绍优秀的教材。例如，图书馆可通过各种形式的新书宣传，向广大师生介绍最新、优质的教材；教材管理部门可以通过定期举办书展，为广大教师和出版社搭建一个良好的互动平台。

然后，要规范教材选用的程序，加强管理，严格按 ISO 的要求，杜绝教材选用的随意性和主观臆断性，确保教材选用的先进性和实用性。每学期期末，任课教师应依据教学计划和教学大纲的要求，及时提供要使用教材的名称、版本、作者、出版等信息，各教研室集体讨论审查，报教务部领导审定签字，最后由教材管理部门向教材供应商统一征订和采购。各个部门要在这个过程中严格把关，严格审查，确保最先、优质教材进课堂。

（二）做好教材的编写工作

在市场竞争机制下，各种教材的出版层出不穷，更新换代的速度越来越快，但是，教材编写的水平层次不一，质量参差不齐。同时，各个学校的实际情况也不同，质量好的教材也不一定符合实际需要。职业学校在这个方面表现得尤为明显。现行中等职业学校使用的教材均为统编教材，这些教材在使用中存在着不足：①教材内容陈旧，修订不及时，知识落后；②教材体系过多强调学科的系统性、完整性，内容偏多、偏细、偏深；③教材与社会实践相脱节，缺乏区域性特点，不太适用。"另外，现行的中职教材，存在着太深、太难的现象，学生一看就怕了。说实在话，就是用枪逼着他，他也会说"你开枪吧，我真的学不了"。

因而，组织教师根据自己学校的实际需要，让一些具有理论基础和实践技能，同时又具有丰富教学经验的教师，有针对性、有侧重点地编写教材成为一种必要。通过这种形式，既弥补了单纯选用出版教材的不足，同时也突出了本校职业教育的特色。以武汉市交通学校为例，在举办书展期间，就能经常看到我校的专业老师在积极地与出版社进行沟通交流，洽谈教材编写的事宜。同时，学校也在积极与出版社进行协调，为广大教师编写教材提供一个良好的平台。随后，期末的教材选用时，也能经常看到不断增多的本校自编教材以及本校教师编写的已出版了的教材，在广大师生中反应良好。因此。建立有效机制，吸引更多的教师加入到教材编写的队伍中来，鼓励他们编写有特色、有水平的教材，写出与行业企业生产实际紧密结合的实训教材，能确保人才培养的质量。

（三）要正确处理国家规划教材和学校自编教材以及其他专业教材的关系

在市场竞争机制下，出版的教材质量越来越高，有不少大量发行的优质教材，这为教材的选用提供了一个良好的外在条件。但是优质教材并不一定是适用教材，并不一定适合每个学校的专业实际，因此除了选用高质量的教材外，考虑到教材的适用性，学校可自编教材进行补充。选用教材时应当做好协调，使两者互为补充，特别要注重处理国家规划教材和学校自编教材以及其他专业教材的关系。

二、加强教材管理工作，规范教材管理的各项流程，保证教材供应的质量

教材管理的目的是为学校广大师生及时提供优质教材，更好地服务教育教学，主要任务是围绕教材选用和教材供应等环节进行教材的选用、征订、控制和结算等综合管理。

（一）教材的选用

1. 正确的政治导向

选用的教材必须坚持四项基本原则，符合党和国家的方针、政策，能够运用辩证唯

物主义和历史唯物主义的观点，符合教学大纲的要求，具有与本学科发展相适应的科学水平，有较高的理论性和系统性，能够正确地阐述本学科的科学理论和概念，贯彻理论联系实际的原则。

2. 公认的内容质量

教材应该选用受师生欢迎的、得到专家好评的公认的优秀教材。基础课所用教材原则上选用获奖教材，各专业基础课、专业课也应尽量选用获奖教材。

3. 与本校课程的契合度

选用教材的基本内容应该符合本门课在教学计划中的地位和作用。要求适当，取材合适，内容的阐述循序渐进，富有启发性，便于自学，使学生能够掌握基本理论、基本技能，有利于学生的世界观、实践能力和创新精神的培养。

4. 注意教材的更新换代

定期举行教材展，为选用最新、适用的教材服务。

（二）教材的订购

新学期教学任务下达后一周内启动教材预订工作。教材的预定与采购工作是保证教材供应的关键环节。教材预定是整个教材供应的关键，是课前到书、人手一册的基础。必须在规定的预定期内，搞好教材的选定、汇总、上报工作。实践性要强、准确度要高。为了防止漏订、重订，在预定教材前必须做好"三查"、"三核"工作。

"三查"：一查学校下达的教学任务通知书，即各专业各年级所开设的课程、各类学生数目（含计划招生的新生人数）；二查教材库存，掌握教材实际库存情况，避免教材的积压浪费；三查教材出版社、书商的相关信息、掌握书源情况，积极发展与到书速度快，服务质量好的供应商合作，及时终止与服务质量不到位供应商的合作。

"三核"：一核各部系上报教材预定和教学任务通知书的开课计划，看是否漏订；二核教学用书和实际库存数，看是否需要补订或新订；三核各种预定教材的使用时间和教材出版发行时间，看能否课前到书。

在预定教材的同时还要计划好学校的自编讲义和实习指导等配套教材的印刷供应。教材办公室汇总教材订购信息后，严格按照招标程序，通过招标采购的方式确定教材供应单位，然后按教材计划订购教材。

（三）教材发放与结算工作

每学期开学，要在规定的时间内及时、准确、高效地发放教材，保证课到书到，人手一册，制定教材发放清单备查，做好签字和登记。在教材发放完毕后，安排好多余教材的清退，避免教材的积压和浪费。同时，搞好教材费用的结算，预收教材费的，及时做到教材费用的多退少补，并做好单据和表格备查。

（四）教材保管

（1）教材保管实行专人负责制，即专人专库管理，建立教材实物账及财务账，定期盘点。

（2）书库内教材陈列要分门别类，及时做好教材出、入库登记工作。

（3）书库应保持整齐、清洁，切实做好防火、防虫、防潮、防盗等项工作。

(4)教材出库需要先开出库单,办好与财务、后勤的相关手续。

三、加强教材管理的现代化、信息化建设,提高教材管理人员的素质

如今的时代已是高速发展的信息化时代,知识更新速度不断加快,计算机、互联网高度发达。职业学校能不能跟上知识更新的步伐,以及信息化的潮流,关系到学校的存亡。教材管理工作就是其中之一。在知识快速更新的时代,做好教材管理的信息化建设,才能及时掌握国家对教材建设和管理方面的方针政策,并及时提供最新的、动态的教材信息,对学校广大师生形成良好的反馈互动。同时,教材管理的现代化,如建立教材管理信息系统,能高效地反映学校教材使用、供需等动态信息,提高教材管理工作的效率。

教材管理的对象是教材,主体是人,因此,教材管理人员的素质高低,直接决定着教材管理一系列环节的质量的高低。因此,教材管理人员要不断加强自身的学习,全面提高自身素质,更好地做好教材宣传及教材信息服务,及时为学校广大师生收集和提供最新教材信息。首先,教材管理工作人员要具备良好的思想素质,要积极加强思想理论方面的学习,让自己具有积极向上的心态,并树立正确的世界观、人生观和价值观。同时,要热爱本职工作,踏实肯干。其次,要努力提高自身的业务素质,不断开阔创新,努力提高教材管理工作的效率,更好地服务教学。

总之,教材建设与管理工作是一项复杂却又意义重大的工作,只有不断探索和创新,才能科学、高效地做好教材工作,更好地为教育教学服务,促进教学质量的提高,为社会主义现代化建设培养优秀的专业技能型人才。

参考文献

[1] 王长鹏. 谈民办高校教材管理工作的可持续发展——以三江学院为例. 中国电力教育, 2009(6).

[2] 尹晓敏. 关于中职教育课程改革的新思考. 教学文摘, 2012(8).

[3] 吴向东. 关于教学改革的思考与实践. http://www.sczzwxd.com.cn/X_views_article.asp?articleid= 248&sortid=4, 2008-12-07.

全民阅读世界史，以古喻今启来者

张守慧

（武昌职业学院图书馆　湖北武汉　430000）

摘要　中国正在走向世界，了解外国的历史，对当今大学生建立广阔的全球视野非常有必要。世界历史是人们了解世界的一扇窗，也是走向世界的指路牌。本文拾捡出历史长河中无数珍宝里的几颗，列举了美国、英国、俄国、日本和以色列国家史中的具有励志教育作用的事件和人物，分析其成功的原因，总结其经验，激发当今大学生对世界史的兴趣，建立更为豁达、深远的世界观，以期达到抛砖引玉之效。

关键词　世界史　励志教育　当今大学生

历史是记忆，是智慧，是训诫，是指引。历史指引国家，也指引个人。历史是现实的老师，昨天是今天的镜子。然而，当今大学生对中国历史了解得相对多，可是对世界历史知道得就相对少，这样的现状是不符合潮流发展的。自近代以来，中国就不可能孤立于世界，中国的变化与世界的变化息息相关，中国的经历与世界的经历密不可分，可以说，只有读懂世界才能更好地读懂中国，对其他国家的历史没有了解，便无法思考中国的现状。时代已经把我们推向了世界，加强世界史教育已成为一个时代的话题。

一、历史著名事例

（一）美国之独立战争

美国早期人口主要由饱受英国宗教迫害的清教徒和欧洲其他国家穷困潦倒的移民构成。他们抱着共同的愿望来到新大陆，以期在此实现自由、平等、民主的梦想，希望通过自己的努力劳动和辛勤付出过上富足的生活。于是，在一片没有经过原始社会、封建社会，直接过渡到资本主义社会的大陆上，早期移民用双手缔造了属于他们的文明。然而此时，新大陆上的13个州是英国的13个殖民地。在英法七年战争期间，英国无暇顾及对该殖民地的管辖。殖民地人民自由地进行海外贸易，发展经济。可是七年战争一结束，英国便开始严厉执行过去未实行的一系列限制殖民地经济的法律。禁止殖民地居民越过阿巴拉契亚山脉西迁，向居民征税。著名的"波士顿倾茶事件"成为独立战争的导火索，莱克星顿的枪声揭开了北美人民反英的序幕。然而，18世纪后期的英国是世界上最大的殖民强国，工业发达，海外殖民地众多，并且通过一系列战争成为海上霸主。北美在人力物力财力上均无法与英国匹敌。美国在此时向在英法七年战争中失败的法国请求支援，以给予法国最优惠贸易政策为结盟条件，争取到了法国的援助，成功战胜英国获得独立战争的胜利。

北美人民为争取自由、平等而不畏强权，敢于向霸权说不的精神值得我们学习。其利用"敌人的敌人就是朋友"的策略也不失为逆境下绝处逢生的方法，否则北美难以以少胜多、以弱制强地打赢这场战争。北美独立战争告诉世人对公平、正义、自由、平等的追求是天经地义并得道多助的，而英国奉行的血腥掠夺殖民地的政策则是失道寡助的自然淘汰。

独立战争后，美国的开国元勋们共同商讨了联邦宪法的制定工作，由托马斯·杰弗逊起草的《联邦宪法》规定了"三权分立"的原则，即立法、行政和司法三个权力机构相互牵制，相互制衡，以防止任何一个权力机构流于专权。该原则在其后数百年间一直影响着美国和其他许多国家的政治制度，为世界千百万人民造福。

（二）英国之伊丽莎白一世

伊丽莎白登基前，其同父异母的姐姐玛丽在位。玛丽担心伊丽莎白篡位，便以"谋反罪"将伊丽莎白关进伦敦塔。伊丽莎白从公主变为阶下囚，在伦敦塔中饱受世态炎凉，凄风苦雨中拖着病体顽强支撑，坚信忍耐和等待将带走一切苦厄，终于等到回归王位的一天。年少时期的宫廷磨炼让年仅25岁的伊丽莎白登基时已能冷静从容地面对复杂的国际关系。当时欧洲的政治格局是西班牙、法国两强争夺欧洲霸权，西班牙略占上风。英国因其地理位置的原因成为西班牙和法国争取拉拢的对象，而年轻的伊丽莎白决定不做任何国家的附庸，坚持"纯英格兰"政策。因为她知道依傍大国只能让英国成为棋子，最终只会导致被吞并的命运。面对西班牙和法国国王想通过政治联姻达到联合目的的求婚，伊丽莎白巧妙婉拒并最终以"我嫁给了英格兰"为由打破了所有政治联姻的企图。作为一个有眼界的政治家，政治和国家利益始终是至上的。伊丽莎白将主要精力放在增强国力上，实行重商主义，大力发展海军，使英国在经济、军事、商业、海外贸易等各方面得到迅猛发展，并开始争夺欧洲海上霸权。1588年，英国海军击败了西班牙"无敌舰队"，使英国一跃成为世界霸主。伊丽莎白在对西班牙海战前，亲自到部队视察并为士兵打气，她说："我在此时此刻来到你们中间，不是为了消遣或娱乐，而是决心要在战役的白热阶段与你们生死与共；为了上帝，为了祖国，为了人民，奉献我的荣誉，我的热血，甚至我的躯体。我知道我只有一个柔弱女子的躯体，但我有一颗国王的心，一颗英格兰国王的心。"其勇气、智慧、胆识以及无私奉献的精神，使她备受臣民爱戴，并被誉为英国最杰出的帝王之一。

（三）俄国之彼得大帝改革

17世纪的俄国是一个封建农奴制的国家，农奴劳动是国家经济的基础，整个统治阶级依靠剥削农奴为生。到17世纪末，俄国广阔的土地上只有30个手工工场，对外贸易上远离欧洲主要商道，也没有多少吸引外国人的商品。自给自足的庄园经济占主导地位，农奴劳动也使得劳动力十分低下。17世纪的俄国贵族多数未受过教育，全国识字的人更是非常稀少。彼得大帝登基后，决定改变俄国落后的面貌。1679年，他派遣一支使团出访西欧，自己装扮成随员出访。沿途参观码头、工场，考察西欧各国的民俗民情，旁听英国议会，从而对欧洲的情况有了直接的了解。西方先进的科学技术让他认识到不学习西方的制度便不能使俄国富强。于是在回国后，他对俄国进行了自上而下、大刀阔斧的改革。创建新军，大力发展工商业来保证军备供应和国民经济的发展。参照西方模式进行行政改革以提高政府工作效率。重视对贵族子弟的教育，使他们能胜任新形势下的新任务。其卓有成效的改革增强了俄国的国力和军力，并从偏远地区的一个穷国一跃而成欧洲一个强国。

（四）日本之明治维新

在日本近代史中，明治维新可谓是重中之笔。德川幕府统治日本长达200余年。在此期间，日本成为一个闭关自守的国家，其主要目的是为了巩固幕府的统治，维护封建剥削制度，为此德川幕府施行了一系列专制措施来加强自己的权力和财富积累，却也让日本人民的生活陷于水深火热之中，最终代表幕府阶层的下级武士也难以忍受种种不公的待遇，遂起而与广大农民和资产阶级共同发动了倒幕运动。就国际环境而言，美国佩里将军的"黑船叩关"行动也直接警醒了日本国民，使他们意识到仅仅推翻幕府的专制还不够，还必须打击驱逐外国势力，实行开国进取政策，改革幕藩体制。在"尊王攘夷"的口号下，明治天皇回归政权核心。为了更好地改革落后的日本，有远见卓识的明治政府元老们一开始就认识到学习西方的重要性。他们派遣了一个庞大的使节团前往美国和欧洲各国进行考察，对各国的政治、经济、军事和文化教育等进行全面考察，作为日本建设的参考。回国后明治政府立刻采取"殖产兴业"、"文明开化"、"富国强兵"的政策以争得民族独立，意欲将落后弱小的日本建设成为一个拥有强大军事力量及经济力量的资本主义强国。

明治维新使日本社会由落后的封建阶段过渡到资本主义阶段，并在半个世纪内就发展成为先进的资本主义国家。同时，日本摆脱了沦为殖民地半殖民地的命运，成为亚洲唯一能够继续保持民族独立的国家。

（五）犹太之复国主义

犹太人的历史是一部历经数千年饱受踩踏的血泪史。世界上没有任何一个民族像犹太民族那样经历了那么多的劫难和挫折。犹太历史上主要经历了三次流散，其流散史长达约2 500年。从犹太人在世界各地普遍遭到歧视和迫害，到一次次遭到残暴的杀戮和种族灭绝的大屠杀，这种灾难和痛苦每一次都使犹太人刻骨铭心。然而，2 000多年的流散生涯不仅未能冲淡他们对巴勒斯坦这块土地的感情，相反他们日夜期盼着弥赛亚的降临，引领他们脱离苦海，重返上帝的"应许之地"——巴勒斯坦。为实现这一目标，犹太人无论流落在哪个国家，忍受多么痛苦的折磨，心中始终牢记要回到他们热爱的土地。1947年11月29日，联合国通过了《关于巴勒斯坦将来治理问题的决议》，使犹太民族重建国家的梦想成为现实，成立了以色列国。犹太人结束了两千多年的流散史，迎来了以色列的新生。1948～1972年，先后有140万来自世界各地的犹太移民移居以色列。

二、以古喻今得到的启示

综合以上国家的历史，我们可以从世界史中发现其蕴涵着丰富的励志教育素材。当今大学生可以通过阅读世界史来建立正确的国际意识，增强竞争意识，强化科技意识，以客观的眼光来正视中国和西方国家的差距，从而更好地为本国的建设服务。

（一）要善于学习，取长补短

国家的成功体现在善于向先进国家学习，取长补短，迅速提高本国的综合实力。比较典型的是俄皇彼得大帝和日本明治政府。他们都通过向西方学习的方式成功改变了本国落后的面貌。联系当今实际，大学生除了自主学习外，还需要多向其他同学学习。他山之石，可以攻玉。不同思想、观念、为人处世的方法，种种碰撞可以得到更多的灵感和收获，从而丰富自己的知识结构，人格得以健全，学术道路也得以拓宽。

（二）要重视教育

国家的成功与对教育的重视密不可分。日本明治维新的一个主要政策"文明开化"，即是学习西方资本主义国家的教育、文化、科学、政治制度等，来改变本国的面貌。在国家经济困难时，政府仍不惜拿出重金用于学校的建设，采取强制性义务教育，利用一切条件办学校。其普及教育的原则是"邑无不学之户，家无不学之人"。俄国彼得大帝亦将教育放在了国家改革的重要位置上。为了培养俄国的专门人才，彼得建立了一系列世俗学校，如算术学校、航海学校、炮兵学校、医护学校、工程技术学校等，还重金聘请外国学者来俄国讲课，规定贵族必须会算术和一门外语，否则剥夺贵族全部特权。梁启超曰"少年智则国智，少年强则国强"。大学生知识技能的培养离不开学校的教育，国家的投入以及大学生自己对教育的重视都决定了国家未来的发展。

（三）要在逆境中不轻易言弃

身处逆境时不言弃不示弱，制订提升计划，增强自身实力。伊丽莎白一世在受诬陷被囚禁伦敦塔时能忍世人所不能忍。在面对西班牙和法国合围时，能理智冷静地做出不依附、独立自主的决定，并通过一系列强国措施使英国摆脱了被兼并的局面。犹太人在遭遇了三次大流散，经历了千种艰辛万种磨难后，最终回到了上帝的"应许之地"，重建以色列国。如果没有坚定的信仰和顽强的意志，也许这个民族早已在历史的洪流中消失。人的一生不可能一帆风顺，当遭遇低谷时，切不可丧失信心和斗志。在困难面前要有应对的方法和长远的策略，方可化险为夷。要相信没有什么可以战胜智慧的头脑和坚强的心。

（四）适时争取外援，接受帮助

没有法国的帮助，美国难以获得独立战争的胜利；没有美国的"道威斯计划"，欧洲难以从二战的阴影中走出。接受帮助不是无能，寻求帮助更不是懦弱。一个人的力量有限，困难的时候我们需要别人的帮助，借助帮助成长起来后才能更好地去帮助、回报他人。将温暖的力量传递下去是每一个大学生的责任，也是当今大学生良好精神面貌的体现。

粗览1500年至今的世界历史发现，国家的兴替无不与其进取精神相关。在满足现状的背后，必定隐藏着深刻的危机，落后就要挨打。即使自身条件优越如美国，也是在对自由、民主、奋斗的拼搏中才换来了后世的幸福生活。大学生要建立竞争与合作的理念，正如世界向多极格局发展，大学生要学会与他人合作，公平竞争，优势互补，包容各自的缺点，接受不同的声音，方为正确的为人处世之道。图书馆也应该在采购、推广方面给予世界史足够的重视，可以采取世界历史知识竞赛之类的方法来加强学生对世界的认知，从而更好、更稳地走未来的路，真正做到全民阅读世界史，以古喻今启来者。

参考文献

[1] 吴于廑，齐世荣. 世界史·近代史编（上、下卷）. 北京：高等教育出版社，2011.

[2] 斯塔夫里阿诺斯. 全球通史. 北京：北京大学出版社，2006.

[3] 韦尔斯. 世界史纲. 上海：上海人民出版社，2006.

[4] 钱乘旦. 加强国人世界史教育是一个时代话题. 教育科学文摘，2009（3）.

[5] 冯基华. 犹太文化与以色列社会政治发展. 北京：社会科学文献出版社，2010.

升本形势下图书采访工作浅析

——以郧阳师专图书馆为例

徐吉平

(郧阳师范高等专科学校图书馆　湖北十堰　442000)

摘要　2012 年,《湖北省"十二五"高校设置规划》中已将"郧阳师范高等专科学校升本"列入其中,并已正式报送到省政府。升本形势下,图书采访工作有新的变化。本文分析了郧阳师范高等专科学校图书馆馆藏资源现状,提出了图书采访工作要坚持的原则,探讨了图书采访模式、内容的变化情况。

关键词　专升本　图书采访　电子资源

一、图书馆馆藏资源现状

教育部颁布的《普通本科学校设置暂行规定》对高校图书资料建设标准作出了明确规定:普通本科学校生均适用图书,人文、社会科学类和师范院校应不低于 100 册;各校都应建有现代电子图书系统和计算机网络服务体系。

(一) 馆藏纸质图书数量

截至 2013 年 1 月 5 日,我校(以下"我校"均指郧阳师范高等专科学校)图书馆现有纸质图书 64 万余册,其中纸本图书 60 万册,期刊合订本 4 万余册。按 2015 年在校学生数 11 000 人计算,我校图书馆馆藏纸质图书至少为 110 万册。我校现有纸质图书 64 万册,相差 46 万册。但是,生均图书数是衡量学校是否具备举办本科院校的一项硬指标。也就是说,如果图书资料建设未能如期达标,郧阳师范高等专科学校"升本"任务就无法按时完成。

(二) 馆藏纸质图书质量

文献资料知识老化,品种少,适应本科用的学术性、研究型文献资料奇缺;普及性、教材类的文献量多,前沿性、新理论、新观点、新学科的文献收藏不足,加上教师们急需的外文书刊多数已停订,给我校教学和科研带来了很大的不便。可见,现有的文献资源无法满足学校升本后的教学和科研需求。

(三) 馆藏文献资源结构

印刷型文献资源在我校图书馆的文献资源中占据主导地位,电子文献资源、网上信息资源建设严重不足。在印刷型文献资源中,中文图书资料比例偏多,外文图书相对不足。社科类与科技类图书比例失调,文科资料偏多,理科资料数量偏少。例如,我校网上数据库仅有2个；图书馆中文图书占文献总量的93.4%，外文图书占文献总量的6.6%；社科类占图书总量的85%，科技类占15%。可见，现有的文献结构也不合理。

二、升本形势下，图书采访工作应坚持的原则

（一）坚持质量第一、数量充足、结构优化的原则

我校图书馆在较短时间内要完成近50万册的图书采访任务，特别要避免出现不顾图书质量、不循馆藏规律、不管是否有用为了凑数而搜集的现象。虽然图书馆升本达标图书采访工作时间紧、任务重、压力大，但仍然要坚持质量第一，根据学科及专业设置，优化图书采访结构。

（二）坚持优先升本专业、侧重师范专业、拓展新办专业的原则

首先，加强升本专业的文献资源采访，也就是说要加强学校最近确定的英语、汉语言文学、数学与应用数学、小学教育、学前教育这5个第一批升本专业的文献资源采访。其次，要保证学校重点扶持的新办专业的文献资源采访，如旅游管理、酒店管理、汽车电子等学科，使新兴学科的文献资源建设初具规模，基本满足办学需求。

（三）坚持以纸质图书为主、纸质资源与电子资源协调发展的原则

按照教育部颁布《普通本科学校设置暂行规定》的要求，我馆纸质图书还差近50万册，今后采访的重点是纸质图书。同时，《普通本科学校设置暂行规定》也要求：各校都应建有现代电子图书系统和计算机网络服务体系，所以，电子资源也要与纸质资源协调发展。随着电子出版物的增多，数据容量的增加，检索技术的进步，电子资源以内容新颖、检索方便快捷等特点受到广大读者的欢迎，因此，在图书采访中，要兼顾纸质资源和电子资源合理比例，适度共存，满足读者多元化的需求。

三、升本形势下，图书采访工作的具体措施及对策

基于以上我校图书馆馆藏资源现状的分析，在升本的新形势下，我馆图书采访工作也应做适当调整，要有新的变化，以适应我校升本的需要。

（一）从传统图书采访逐渐转化为网上图书采访

传统模式下图书采访，馆员需要参加各种规模图书博览会或者是去书店进行现场采购文献，这样可以采购到利用率高、质量好的图书，但耗费人力、物力、财力。网上图书采访是针对传统图书采购而言的，是指图书馆采访人员利用联机计算机下载、查阅、检索网上的书目文献信息，并根据自己的需要在网上完成收集、整理、订购、支付的过程。网上购书具有缩短购书周期、扩大图书采购的品种和范围、节省购书经费等优点。

特别是网上在线采购不仅是采购手段上的变化，而且将采购人员从狭窄、封闭的传统手工状态转变为开放的、全球性的现代化状态。现代化的高效采访手段不仅提高了工作质量和工作效率，也节约了采购人员的时间和精力，使他们能够将主要精力用于了解、掌握、研究图书出版动态信息，研究读者需求，确保文献采访质量的不断提高。

我馆已与北京人天网上书店合作多年，深深感受到了现代化技术给图书采访工作带来的便利。它把采访人员从繁重的劳动中解放出来，订购时清晰的网上电子书目和标准的中国机读目录（China Machine-Readable Catalogue，CNMARC）采访数据，省去了在订购时大量机械式的劳动，为我们做好采访工作的调查研究、优化馆藏结构、提高馆藏质量方面提供了保证。网上购书将是补充馆藏的一种重要途径，已成为图书馆采访的新模式。

（二）从"访"入手，让读者参与图书采访

采访，"访"是基础，是"采"的必要前提，"采"是"访"的必然结果。只有充分掌握读者需求信息，才能提高采访的质量。因此，切实做好图书馆图书采访工作，必须在"访"字上做好文章，从本馆实际出发，因地制宜地开展多种形式的读者调研，为"采"提供坚实的依据。

（1）利用图书馆主页开设读者调查栏，倾听读者对馆藏资源建设的要求和建议，为今后制订采访计划、调整采访策略提供有价值的参考依据。

（2）在图书馆主页上创建新书荐购栏目，让读者推荐、选购图书，既方便读者参与图书馆文献资源建设，又让采访人员及时了解读者的需求。

（3）通过ILASⅢ图书管理系统，了解分析读者的借阅情况、文献流通和利用状况、馆藏分布情况等，从客观上把握文献采访的方向。

（4）定期到各系和科研部门了解各专业、各学科的调整及发展方向、最新的科研进展，广泛征集学科带头人、教师的意见和建议。

（5）全面了解学校的教学计划、科研计划、招生计划和课程设置情况，掌握各系学生人数、开设课程和培养方向，以便确定采访的重点和复本量。

（6）利用好读者到馆借、还书的机会，多方征求读者意见。

（7）设立读者信息员，教工读者以系及各部门为单位，选派1~2名教工为兼职信息员，学生读者以班级为单位，选派1~2名各方面素质较高的学生担当信息员，信息员可随时将读者意见、建议及需求信息反馈到图书馆。

（8）将新书目录在网上向读者公布，方便更多读者参与，组织开展诸如"教师选书"等多种形式的读者参与活动。

（三）地方特色图书采访

我校申报了"汉水文化人文社科研究基地"的项目，配合该项目，我校图书馆建立了汉水文化人文社科基地信息资料室，为了收集汉水文化研究资料，我馆采取了以下措施：

（1）发倡议书，号召全校师生捐赠汉水文化信息资料。

（2）实地购买，即利用假期，实地考察汉水流域的安康、汉中、西安、商洛、南阳、十堰、襄阳、钟祥、天门、武汉等地，每到一地，联系当地党史、地方志办，浏览当地新华书店的本地作家专柜，探访当地旧书店，购买反映汉水流域各时期的政治、经济、文化、教育、科技、地理、人文、宗教、风俗、民情等方面的资料。

（3）网上书店，即通过搜索引擎，输入所需要的图书，查找合适的卖家，如在淘宝网、当当网、京东网购买到了 100 多本反映汉水文化方面的图书资料。

（四）电子资源采访

电子资源又称电子馆藏、电子信息资源、数字资源，是指电子信息网络环境下，图书馆通过一定的方式（如购买、租用、自行开发、建立镜像、链接等），提供给用户使用的电子信息资源。电子资源是解决有限馆藏与教学科研对文献信息需求量激增之矛盾的重要途径。因此，专升本高校图书馆应重视电子资源的采集与利用，不断加大电子文献信息资源的投入力度，合理引进中外文文献数据库，使馆藏结构多元化。我校图书馆在电子资源采访方面采取了以下举措：

（1）调整纸质图书和电子资源经费的比例，适当增加电子资源购置经费。合理使用电子资源购置经费，联系购买师生急切需要的电子资源，如中国知网、维普、读秀、超星电子图书、万方、新东方学习库、起点考试网、Doaj 外文期刊论文、Open Access Library 等。

（2）收集、整理本地特色信息资源，建立有本地特色的电子数据库。例如，我馆在 2011 年建立了《武当文化专题特色数据库》，此库是我校图书馆申报教育部中国高等教育文献保障系统（China Academic Library & Information System，CALIS）中心"CALIS 三期专题特色数据库"的子项目。

综上所述，升本形势下，我校图书馆的图书采访工作，不能囿于传统的图书馆采访理念，要在采访的模式、内容等方面有所创新，努力使我校图书馆在馆藏结构、馆藏质量等方面尽快适应专升本后的教学和科研需求。

试论高职高专图书馆人性化建设的思考

胡 磊

(武汉城市职业学院图书馆 湖北武汉 430000)

摘要 本文主要探讨了图书馆在提升人性化服务方面的一些举措。大学图书馆的一个重要职能就是便捷地为本校教师和学生提供服务。好的服务质量能提升本校的教学与科研水平。图书馆的服务主要体现了规范化、人性化和个性化的特点。本文从基础工作、信息化查询、创新服务、人才等多个方面,详细探讨了人性化服务理念对高校图书馆提升服务的重要意义。

关键词 高校图书馆 图书馆服务 创新 人性化

一、扎扎实实地做好基础工作

图书馆应高度重视,并不断完善各项基础建设。不仅要从大处着眼,小处也要设计得很精巧。很多时候,我们习惯于追求服务的"深层次、高层次"的创新,却忽略了这些本应做得非常扎实的基础建设上的创新与改进。然而,恰是这些服务细节给予读者最直观的感受,传达给读者以关怀与尊重,而这种感受对于其更主动地接近图书馆,更自觉地利用图书馆必将产生重要的影响。

例如,阅览室要布置得整洁、优雅,富有文化气息;楼道里、大厅中、各入口处,随处准备一些关于图书馆的各种各样的介绍,如图书馆平面图、文献查找方法等;在一楼大厅设置一个总咨询台,随时详尽解答读者提出的各种问题;图书馆的标志系统要非常明晰,随处可见的指示牌提示着该区域的馆藏内容和注意事项;阅览座位、检索机器、复印机的摆放完全是以方便读者使用为原则;除了集中的阅览区、计算机查询区外,书架旁还可增设座位;在读者可能需要查询信息的各处,如书架旁、电梯旁增设计算机;复印机设置在各层阅览室或各层电梯旁,读者自行刷卡操作;考虑到读者有时需要进行小组讨论与研究,阅览室中还可设置讨论区,几张沙发椅围成一桌,表面上虽然只是桌椅的空间摆放形式发生了简单的变化,实质上却真切地传达出图书馆对读者需求的细心揣摩,为日益流行的小组讨论式教学方法的具体实施创造了条件与氛围。可见,在如何为读者提供更好的服务上,首先是从基础工作做起,把基础工作做足、做到位。虽然上述工作看起来并不高深,然而,这正是一个图书馆服务思想深刻的一种表现,反映了一切为读者着想的务实的服务理念,以及扎扎实实做好基础工作的务实的工作作风。

二、网络时代的信息查询人性化服务

（一）面向读者推出网络教学课程等新的教育模式

与传统的面对面交流相比，现代社会互联网非常发达，拿起手机就能随时随地查询各种信息。网络时代的到来给图书馆带来了挑战，也带来了机遇。当代大学生读者已习惯于这种通过网络获取知识的方式，网络已成为高校图书馆吸引大学生注意力的最大竞争对手。针对网络时代读者的这个新特点，我们可以积极探索新的引发读者兴趣的教育模式，在传统文检课教学的基础上，可以推出网络教学课程，以及用户自我学习网站。网络课程可阶梯晋级，分别介绍网络基础知识以及高级检索技巧和专业化在线研究工具等内容。读者可以在家里、实验室及其他任何可以上网的地方随时进入"课堂"学习，答疑、作业以及考试亦通过网络进行。这个基于网络的互动性学习系统，旨在提高读者的信息素养。

（二）运用计算机和网络系统服务于读者

图书馆要充分发挥计算机和网络系统的作用，高效地为读者服务。图书馆从采编、流通到阅览等环节全部实现了计算机管理。图书馆底层宽敞的大堂是借还书最集中的地方，这里安装几台计算机和适当数量的打印机，在图书馆的每一层楼都安装一定数量的计算机（和复印机）为读者提供服务。打印和复印通过校园卡自动收费，方便读者使用所获取的信息，特别是电子信息。图书馆的计算机系统通过校园网与国际互联网相连，读者可以在世界上的任何一台可以上网的计算机里查询自己的借书情况，查找自己想要的图书资料并按图书馆有关规定预约借书和续借图书。

同时，在图书馆完善的计算机网络系统中，读者可及时查询到想要借阅的书籍。读者注册用户后可以查看书籍的介绍，包括书名、作者、出版社、书号等，以及此书的一系列相关信息和外部网络链接。在很多情况下都可以看到书的目录和内容简介，这对读者做出是否借书的决定很有帮助，也方便读者在撰写论文时查证某一文献或做简单的引用。总之，有完善的计算机网络系统，读者就可以十分便捷地得到图书馆的规范化、人性化和个性化服务。

三、规范化、人性化的图书借还程序

（一）借书程序

读者必须提供联系方式等个人基本资料，而个人资料可以随时上网更改。图书借出后系统将自动向用户发出一个电子邮件，显示书名、借书号、借期和到期日等信息，同时通过短信发送到读者的手机上。一般情况下，书籍的借期是 2 个月，但如果在此期间又有人上网预定，系统则会自动将借期缩短为 1 个月。所借的图书资料在到期前 15 天，读者会以电子邮件或手机短信收到一个还书通知。图书到期日前 3 天，读者将收到两次电子邮件或手机短信通知，过期不还则也会收到若干次的催还电子邮件或手机短信。对逾期不还将会实行逾期罚款制度，规定逾期不超过 5 天不罚款，逾期罚款最高可达 50 元。

读者可以在计算机系统完成网上查阅、网上预约、网上续借等。例如，预约的书到了，图书馆会给读者寄电子邮件；馆际互借的资料来了，读者也一样会收到一个电子邮件通知。读者必须在规定时间内领取，限制领取的时间是一个星期，从共同、合理利用资源的角度看，这是比较恰当的。

（二）还书程序

图书馆服务尽可能做到以人为本、读者至上，体现规范化、人性化的原则。图书馆开放时可到前台还书，关闭之后还可在馆外还书。前台还书即不用凭学生证，打卡入馆前就可把书交给工作人员（这些工作人员同时提供前台咨询服务），避免了繁忙时刻排长队还书。馆外还书是指在图书馆外面放置一些收集箱，读者把要还的书置于箱内等待图书馆工作人员第二天上班时清点注销。馆外还书和前台还书既方便读者，也可以节省他们的宝贵时间。

四、创新人性化服务

创新是图书馆事业发展的灵魂，但创新不是盲目地求新、求异。在创新中始终坚持"以人为本"的原则，不论基础工作的改进还是深层次服务的开拓，都积极关注并紧扣读者的需求，同时在把握图书馆自身条件的前提下充分发挥自身优势，灵活主动地从更广的意义上丰富图书馆价值的内涵。现在，我国许多图书馆都比较重视对学校的科研、学科建设进行高端服务，如进行信息推送服务等。在推出深层次的服务项目时，图书馆应切实立足于读者需求，立足于图书馆的自身条件，应找到一个合适的契合点。不考虑读者切实需求以及超出本馆自身条件的、盲目的、一厢情愿式的服务与服务的"人性化"是相违背的，这一点应引起我们的注意。我们不应为了创新而创新，为了宣传而创新，这违背了"更好地为读者服务"这一创新的根本宗旨，而且也不会得到持续发展。针对当代学生与网络间的密切关系而推出的项目，斯坦福大学图书馆的用户分级服务也是图书馆针对不同类别读者的特点与需求，专门开展的特性化服务。不同类型的读者有不同的特点与需求，因此图书馆应首先对读者群进行系统分析，增强各项服务的针对性，这对于提高服务效果非常重要。对于图书馆来说，积极在读者中宣传、推广图书馆的服务，尤其是新增的创新服务，是一项非常重要的工作。相比之下，我国很多高校图书馆在主动性上有所欠缺，读者培训可以说就是一个典型的例子。很多图书馆的读者培训基本上是安排在馆内，虽然定期举办讲座，但效果并不十分理想。应主动将信息培训结合到专业课程中。

随着时代的发展，图书馆的角色已经远不止传统的文献藏、借、阅功能。我们可以感受到图书馆在除资源建设、信息服务等主线服务外价值的延伸，这一点在美国的康奈尔大学图书馆的使命中同样也得到了体现，其使命定义为"通过促进信息发现和知识增长、培养创新能力、发展和传播新知识，丰富大学的知识生活"。因此，今后我们在对图书馆服务工作的思想认识上应更加开阔，理念上更加包容，用不同的服务方式和丰富多彩的活动吸引更多的人了解图书馆，走进图书馆，从更多层面丰富图书馆价值的内涵。

五、建立一支稳定、高素质的人才队伍

（一）定期轮岗，充分发挥馆员能力

许多图书馆特别是高职高专的图书馆一直以来没有受到应有的重视，甚至沦为学校消化、吸收、分流各种人的场所，机构改革从行政机关"瘦身"下来的人员、学校解决引进人才的家属就业问题。这些人员虽不乏高学历者，但是他们所学的专业却并非图书情报学。所以，要建立一支稳定的、高素质的人才队伍，就必须充分发挥图书管理员的能力，定期轮岗不失为一个好办法。对于图书馆员来说，定期进行馆员调整，互换工作位置，在这种激励的氛围中，馆员发挥自己潜在的能力为工作付出，每位馆员大都能胜任图书馆的各项工作，同时提高了馆员的工作能力，增加了馆员间对彼此工作上的了解，使同事间的关系更加和谐融洽。除了本馆人员定期轮岗以外，图书馆与图书馆之间也可以定期进行人员交流，互换工作场地，增加图书馆之间的相互了解，取长补短，改进工作和改革创新，对图书馆事业的发展也是一个有力的推动。

（二）对图书管理员需要进行人性化的关怀

为了满足读者的需要，几乎所有图书馆在工作时间的安排上都涉及倒班的问题，不管怎样倒班，工作人员的正常生活秩序肯定被打乱了。岗位决定倒班的方式，而岗位相对是固定的，这样有些馆员就经常会失去与家人共度节假日的机会。在韩国的几所大学图书馆中，没有固定的馆员，偶尔有加班和倒班，而正常八小时以外的工作，他们采取的是全体馆员共同加班的方式。例如，淑名女子大学图书馆规定，每月每人只有两次加班任务。对大多数馆员都实行正常的作休时间，表现了人性化管理的最佳、最公平的方式，充分体现了"以人为本"的理念。

（三）图书管理员与读者间的互动

在图书馆阅览室和馆员工作室里，每个房间可以开辟一些专门的区域用来摆放沙发、茶几、鲜花等，供馆员与读者进行面对面的交流。这种类似家庭氛围中的馆员与读者的交流，是平等和谐的，有利于促进图书馆工作的开展。这个区域对读者是敞开的，读者可以随时向馆员提出建议和请求。对读者来说，这比站在馆员的办公桌前拘谨地陈述要人性化得多，无形中拉近了馆员与读者的距离。这种人性化的管理模式充分体现人文文化的蕴涵和"以人为本"的管理理念。

六、全方位、多层次地丰富人性化服务内涵

面对新技术的飞速发展，面对读者群体特点及需求的不断变化，图书馆的读者服务必然要随之发展、创新，这是一项长期性工作，同时更是一项系统工程。在创新读者服务工作中要坚持务实、有针对性和主动性，并且注重可持续发展的原则与理念，注重图书馆功能与价值的延伸与拓展。我们在读者服务体系的建设中应踏踏实实从基础工作的不断完善做起，切实把握住从读者的需求出发，实事求是，以读者的满意度作为衡量，积极主动地用务实、开放的理念去努力实践人性化服务创新的内涵。

试论高职图书馆核心竞争力

熊学彬

(长江工程职业技术学院图书馆　湖北武汉　430000)

摘要　《普通高等学校图书馆规程(修订)》明确规定:"高等学校图书馆是学校的文献信息中心,是为教学和科学研究服务的学术性机构,是学校信息化和社会信息化的重要基地。高等学校图书馆的工作是学校教学和科学研究工作的重要组成部分。高等学校图书馆的建设和发展应与学校的建设和发展相适应,其水平是学校总体水平的重要标志。"然而,随着现代信息技术高速发展,人们可以在互联网中直接方便、快速地获取自己所需的信息。而作为社会、学校知识信息中心的图书馆则受到前所未有的冲击,逐渐被边缘化已成不争的事实,特别是高等职业技术学校图书馆被边缘化趋势更为突出。因此,加强高职图书馆核心竞争力的研究必将成为高职图书馆人共同探索的课题。本文介绍了核心竞争力的概念,探讨了构建高职图书馆核心竞争力的意义、原则和策略。

关键词　高职图书馆　核心竞争力

一、图书馆核心竞争力的概念

(一) 核心竞争力的概念

一个人在社会上要立足,必须有自己的特长;一个单位要得到持续发展,就必须要有自己的看家本领。这种"特长"和"看家本领"就是我们最形象化的核心竞争力。"核心竞争力"一词最早源于企业界,如今已广泛运用到各行各业。核心竞争力的内涵有三个方面:首先应该是公司发展的基础;其次对公司贡献最大;最后是难以被竞争对手复制和模仿。

(二) 图书馆核心竞争力的概念

图书馆核心竞争力是从企业核心竞争力研究领域移植而来,是指图书馆以自身丰富而独特的文献信息资源为核心,利用图书馆现代技术和手段,为读者提供满意的文献信息服务的能力。高职图书馆核心竞争力是维持高职图书馆存在和保障高职图书馆发展的独特的、外界不易掌控的能力,在社会中具有持续竞争优势。

二、构建高职图书馆核心竞争力的意义

核心竞争力的构建不仅能有效地提高图书馆的社会地位,而且是图书馆持续发展的决定性因素,是图书馆赖以生存的基础。特别是随着经济全球化和知识化进程的加速发展,核心竞争力已成为图书馆生存和发展的关键,是发展图书馆文化、提升服务质量、

完善文献资源建设、促使图书馆事业持续发展的不朽动力。

同时，核心竞争力有效地增强了图书馆在信息服务业中的竞争实力，确保图书馆获得竞争优势。特别是在当今信息网络浪潮的冲击下，高职图书馆面临越来越多的挑战。一方面，计算机信息网络的便捷与高效导致了图书馆的大批读者流失；另一方面，许多其他行业看好知识资源产业的巨大前景，都纷纷涉足图书馆业。因此，图书馆要加强、加快对图书馆核心竞争力的构建，与时俱进，在充分发挥自身资源优势的基础上，及时掌握并适应读者需求变化的趋势，合理配置和高效整合馆内各种优势资源，对技术设备资源、人力资源和文献信息资源等整体资源进行深层次开发，使图书馆在信息服务业的竞争中独具特色，能最大限度地满足读者的文献信息需求。

三、构建高职图书馆核心竞争力的原则

高职图书馆核心竞争力的原则，是指在构建高职图书馆核心竞争力的整个过程中起指导作用的准则。具体说来，应遵循下列原则。

（一）管理理念创新原则

管理理念创新原则，是指高职图书馆管理者，特别是管理决策者，要与时俱进、创新思维，建立全新的服务思想和全新的管理理念。管理理念创新原则，是高职图书馆核心竞争力形成的动力和源泉，对高职图书馆的发展起着举足轻重的作用。作为高职图书馆的管理决策者，要善于学习、研究和借鉴竞争对手的先进管理思想和管理模式，打破传统思想的束缚，强化核心竞争力意识，树立全新的管理理念，主要是通过制度、组织、激励、绩效、文化等措施，有效地实施管理行为，从而最大限度地挖掘图书馆的潜能，充分调动全体馆员的主观能动性和创新能力。

（二）全员参与原则

全员参与原则，是指高职图书馆核心竞争力形成属于一种共同行为，涉及高职图书馆工作的各个环节和人员的各个层级，需要全体人员的共同参与、共同努力、共同实现。全员参与原则是高职图书馆核心竞争力形成的出发点和支撑点。高职图书馆要紧紧围绕"出发点"和"支撑点"，积极组织全馆人员以饱满的激情、高昂的斗志和奋发向上的心态投身到高职图书馆核心竞争力构建的活动中去。从而打造一批富有创新能力和创新精神的图书馆员队伍。

（三）特色服务原则

特色服务原则，是指高职图书馆在核心竞争力构建过程中，要有自己的特色服务，形成个性化展示，同时要有自己的拳头产品。高职图书馆在核心竞争力形成过程中，一定要优先开发本单位的特色信息资源，构成良好的特色文化，形成自己的独特风格，为读者提供特色服务。

四、高职图书馆核心竞争力的策略

高职图书馆核心竞争力的策略是高职图书馆核心竞争力构建的关键。具体来说，有

以下几个方面的内容。

（一）树立全新的服务理念

1. 要树立网络化服务理念

树立网络化服务理念就是要从传统封闭独立的服务模式中走向网络世界的服务，充分利用网络信息资源开展高职图书馆核心竞争力活动。

2. 要树立竞争服务理念

面对以网络化、数字化为代表的现代信息环境对传统信息工作的冲击与挑战，高职图书馆界要勇于竞争、敢于挑战、敢于开拓，以市场为向导，以读者为中心，开展高职图书馆核心竞争力活动。

3. 要树立品牌意识和特色服务理念

在现代网络信息环境下，高职图书馆要千方百计地树立品牌意识，提供特色服务，才能在市场竞争中立于不败之地，开创高职图书馆核心竞争力工作的新局面。

（二）建设富有特色的文献信息资源

文献信息资源是高职图书馆赖以生存和发展的基础，也是构建高职图书馆核心竞争力的基础。高职图书馆应跟踪学校重点学科和骨干专业，掌握重点学科的专业发展方向和需求情况，及时调整馆藏结构，制订相适应的采购计划，并在采购中听取学科带头人、教授等专家的意见，形成专家荐书机制。高职图书馆应加大投入购买各类电子资源，开发、整合、利用网上有用资源，并根据学校的学科特点，建设具有鲜明学科特色或独有稀缺资源的特色资源数据库。

（三）高度重视高素质人力资源

高素质人力资源是高职图书馆核心竞争力的主要标志之一，关系到高职图书馆核心竞争力能否形成。因此，高职图书馆首先要强化"以人为本"的管理理念，重视人才、爱护人才，努力营造人才脱颖而出的氛围；其次，对高素质人力资源实行奖励政策，确保高职图书馆核心竞争力的持续发展。

（四）开展多种形式的信息参考咨询服务

信息参考咨询服务是高职图书馆核心竞争力的主攻方向，在高职图书馆核心竞争力形成中具有极为重要的作用。因此，高职图书馆一定要利用图书馆丰富的纸质和数据库文献信息资源，千方百计地做好信息参考咨询工作，在任何时间、任何地点都能帮助读者解答各种疑难问题。

（五）加强技术创新

技术创新是打造高职图书馆核心竞争力的手段，是高职图书馆不断向前发展的强劲动力。计算机技术、多媒体技术、网络技术、存储技术等新技术的快速发展为图书馆提供了前所未有的发展机遇，图书馆的信息服务能力因新技术的运用而得到提升。高职图书馆要做到技术创新，技术人员必须要掌握信息技术和数字图书馆的最新发展动态，了解国内外先进图书馆信息技术的新趋势和新进展，将最新的技术引进到图书馆，并根据图书馆的实际情况和读者的信息需求进行改进创新，开拓新的服务，提高图书馆对信息

资源的整序、开发和利用水平。

（六）加强管理创新

先进的管理体制是实现优质服务的前提，科学的管理模式是实现管理创新并借以提升高职图书馆核心竞争力的有力保障。高职图书馆的管理创新就是采用新的管理思维、管理方法和管理机制来不断提高图书馆的综合效益，为读者提供优质的服务。这就要求：首先，要在管理体制上创新，要改变过去传统的分工理论与方法，对图书馆的管理工作与业务流程进行重新设计，建立统一协调的各部门联动的发展机制；其次，要在管理模式上创新，高职图书馆应摒弃"借借还还、开门守店"的思想，应逐步建立以读者为中心的运行机制，充分开发图书馆员的智力资源，主动为读者提供个性化信息服务；最后，是管理者的创新意识，管理者的创新意识决定了图书馆管理创新的程度，尤其是作为图书馆领导核心的馆长，更应该及时更新知识，开阔视野，并结合图书馆实际构建文献信息资源可持续发展和利用机制。

（七）构建优秀的图书馆文化

图书馆文化是图书馆的灵魂，优秀而独特的图书馆文化是提高高职图书馆核心竞争力的关键因素。图书馆文化包括物质文化、制度文化和精神文化。物质文化指图书馆的建筑、环境、布局等；制度文化指图书馆的规章制度及组织管理模式；精神文化指图书馆的办馆理念，馆员的价值观、道德观和文化素养，精神文化是整个图书馆文化的核心。高职图书馆建设优秀的图书馆文化首先要丰富自己的物质文化，建设优美的环境、合理的布局，打造舒适、温馨的氛围；其次，要抓好制度文化建设，制定合理的图书馆规章制度，规范图书馆活动及馆员的行为，提高图书馆服务效率；最后要创建自己的精神文化，确立先进的办馆理念，培育图书馆的价值体系，全面提高馆员的思想道德和文化素养，建立具有导向力、凝聚力、号召力的图书馆精神文化。

参考文献

[1] 徐阳. 高职图书馆核心竞争力发展探讨. 图书情报，2013（2）：118-119

[2] 宋晓蓉. 论信息时代图书馆的管理创新. 山西广播电视大学学报，2011（3）：104-105.

[3] 张爱梅. 试论高职图书馆核心竞争力. 内蒙古科技与经济，2010（12）.

[4] 陈晓韬. 高职图书馆核心竞争力研究. 咸宁学院学报，2008（5）：11-12.

[5] 柳小玲. 试论高职图书馆核心竞争力的构成要素及其关系. 现代情报，2008（8）.

[6] 李慧敏. 图书馆核心竞争力研究. 边疆经济与文化，2009（9）.

[7] 马芳，公培强. 高职图书馆核心竞争力研究. 科技信息，2008（21）.

[8] 罗红梅. 高职图书馆核心竞争力的探讨. 农业图书情报学刊，2008（12）.

[9] 赵东. 试论如何打造专业图书馆的核心竞争力. 医学信息学杂志，2009（9）.

浅谈关于高校图书馆计算机网络的管理措施

汤 梅

（三峡电力职业学院图书馆　湖北宜昌　443000）

摘要　高校图书馆计算机网络系统是现代图书馆不可或缺的重要基础平台，是学校重要的信息服务设施。但是，随着高校校园网络规模的扩大和网络设备的增加，各种导致图书馆计算机网络发生故障的因素也随之不断出现。本文主要探讨了高校图书馆计算机网络管理措施。

关键词　高校　图书馆　计算机网络　管理

高校图书馆可以说是学生的第二课堂，图书馆作为信息的发源地，其自动化水平对信息的管理和利用具有重大的推动作用，计算机和网络技术的广泛运用让图书馆实现自动化成为现实。图书馆计算机网络系统是高校图书馆为教学、科研和管理服务而建设的一个平台，是学校重要的信息服务中心。因此，我们有必要加强对计算机网络的管理。

一、网络硬件维护管理

（一）中心机房室内环境建设

中心机房存放了计算机系统和网络系统的硬件设备，是图书馆网络系统的核心部位，它们对周围环境存在一定的要求。要保证系统能够长时间运行，必须确保环境温度和湿度处于合适的范围之内。三峡电力职业学院图书馆的机房已建立良好的恒温系统，空调分为单双日轮流开关达到均衡负载的目的，使机房温度基本上控制在20℃左右，相对湿度在50%左右，并且利用温湿度传感器进行实时监控。

（二）中心机房安全系统

确保机房的安全无疑是整个计算机网络系统安全的前提。如果机房的安全得不到有力保证，存在这样或那样的不安全因素，则整个信息系统的安全也就不可能实现。机房安全包含的内容广泛，需要防护的设备和系统也五花八门，包括机房空调新风子系统、防雷接地子系统、设备监控子系统、机柜微环境子系统和安全消防子系统，在这些方面都应做好防护措施。

二、软件系统的维护管理

软件系统主要包括计算机系统软件、应用软件和数据库管理软件三个方面，在日常运行过程中，它的更新和维护是一项常规工作。

（一）系统软件

图书馆作为一个提供公共服务的平台，对于系统和数据的安全性要求比较高，作为合格的管理人员应该熟练掌握网络操作系统的各项特性，结合图书馆自身的发展情况和读者的实际需求，合理配置并优化系统参数的设定，使系统发挥出最大性能。同时，在事故处理方面应坚持防患于未然的原则，定期对系统进行全面检查，如系统版本时效性检查、操作系统环境安全性检查、系统错误日志分析、超级用户邮件检查、文件系统空间使用情况检查、系统性能检查和优化、系统备份的可用性和恢复性检查，及时发现问题或隐患，排除故障，调整性能，保持系统持续运行。

（二）应用软件

图书馆自动化集成系统（ILAS）既是图书馆管理自动化的工具，也是读者获取文献信息知识的网络载体，是管理员与读者之间交流的渠道。此系统在运行环境、数据库设计、功能设计、操作方法等方面从图书馆的实际需要和具体条件出发，以实用为目标，可以适应不同网络规模，不同用户数量，不同机型如中、小型机或微型服务器等多种硬件环境。将各种传统的工作流程转移到现代化的工作水平上，使图书馆成为面向全体师生的连接点。图书馆的读者在校园网内的任意工作站点都可以查询图书的馆藏信息和本人的借阅信息，还可以在网上进行预约或续借。

图书馆不同部门的工作人员，分别行使不同的系统功能模块，如采访管理、编目管理、典藏管理、流通管理、连续出版物管理等。管理员需要针对不同的业务流程设置合适的系统控制参数和业务流程参数。首先，必须指定操作员的操作权限，每个操作员都有自己的工作环境，包括进入系统的密码、可以使用的子系统、拥有什么样的权限等。其次，还应设置机读编目格式标准（Machine-Readable Cataloging，MARC）格式参数、数据库参数，特别是改变服务器的 IP 和数据库路径的操作等。完成之后 ILAS 系统将可以正常运行使用，但即使是再完美的系统也免不了会有出问题的时候，如偶尔系统失灵无响应、丢失正在编目中的数据或者处于流通中的书籍数据。关键工作是当故障出现以后要及时处理，采用有效措施将损失降到最低，这要求管理员对 ILAS 系统具备较高的管理水平。

（三）ILAS 所采用的实时分布式数据库管理系统

LDBMS 是专门针对图书馆数据特点而设计的专用数据库管理系统，通过网络服务程序，系统可同时访问多台服务器上的数据库。同一数据库的存取由专门服务程序提供（Ldbms_server）。LDBMS 数据库缺省安装完成后由大小 30 多个分类数据库组成，除了系统参数库外，其他数据库可以根据需要设置在其他目录或其他服务器上，然后通过『系统管理』中的『数据库设置』功能写入系统参数库。为了减少网络数据传输的流量以及方便管理，建议将所有数据库都集中在一台服务器上。

三、网络安全及管理措施

（一）网络安全面临的主要问题

1. 人为因素带来的问题

网络安全是指网络系统的硬件、软件系统以及其中的数据受到保护，不因无意或者恶意的原因而遭受到破坏、更改或泄露，整个系统可以连续可靠地运行来提供服务，从本质上来讲就是网络的信息安全。在互联网高速发展，新技术不断涌现的今天，网络安全已经成为一个普遍的世界性问题，是计算机网络研究最热门的方向。对计算机网络造成最大威胁的有两大人为因素：一是人为失误，主要是由操作不当引起数据泄露；二是主动攻击，是带有主观意愿地以不正当手段截取数据。就图书馆而言，网络的安全防护问题变得越来越重要。

2. 系统因素带来的问题

1）网络结构安全问题

网络拓扑结构会直接影响到网络系统的安全性。当外部网络和内部某个主机进行通信时，内部网络安全就有可能受到威胁，同时也影响在同一子网下的其他系统。

2）系统软件安全问题

没有绝对安全的操作系统，无论是 Windows，还是 Linux 或者其他任何操作系统，或多或少都带有漏洞和后门，给黑客攻击留下隐患。

3）应用系统安全问题

应用系统安全问题如未经授权的访问、破坏数据的完整性等，干扰正常用户的使用。

4）病毒与恶意攻击

计算机病毒在程序中插入破坏计算机功能或者毁坏数据的代码，并能自我复制快速传播，严重影响计算机的性能。另外，还有来自互联网的恶意攻击者，通过网络传播木马程序或恶意 Java 脚本等，破坏篡改系统数据。

（二）管理措施

1. 数据备份与优化

对图书馆网络系统来说，最宝贵的是大量书目、读者、流通等数据信息，一旦发生丢失产生的后果将给图书馆工作带来极其严重的影响。管理员最重要的工作就是要定期对网络数据进行备份，这样不仅在硬件故障数据丢失时，也在入侵者攻击系统破坏数据完整性时能够及时恢复。另一方面 LDBMS 数据库在某些情况下会出现碎片，导致 ILAS 系统无法读取数据，这时需要对数据库实行重组操作来提高数据库的使用性能。

2. 制定数据安全措施

制定数据安全措施，提高信息安全的防范效率，具体有以下方法：

（1）使用网络地址转换（Network Address Translation，NAT）技术，将局域网的私有 IP 地址转换为公有 IP 地址，不仅能够有效地避免来自网络外部的攻击，隐藏并保护局域网内部的计算机，而且节省了有限的公有 IP 地址。

（2）使用包过滤防火墙，在逻辑上防火墙是一个网关，在可信任的校园网内和不可信的公网之间建立了一道闸门，根据图书馆的安全策略控制进出网关的网络封包。

（3）安装杀毒软件，开启实时监控，全方位保护服务器计算机系统。

（4）选用尽可能可靠的操作系统和硬件平台，并对操作系统进行安全配置。必须加强用户登录的认证过程，特别是在到达服务器主机之前的认证，确保用户身份的合法性；还应该严格限制登录者的操作权限，将其限制在尽可能小的范围内。

参考文献

[1] 李正丽. 高校图书馆网络管理系统数据信息的分析与应用. 科学之友, 2011 (10).

[2] 王戈. 高校图书馆实现计算机网络管理方案探讨. 长春金融高等专科学校学报, 1996 (3).

数字图书馆馆员论

——人力资本、知识导航员

田 川

（武汉市广播电视大学图书馆　湖北武汉　430033）

摘要　本文阐述了馆员的八个结合是：①现实馆员、网络馆员、虚拟馆员；②开放性、社会性、大从性；③信息千里眼、顺风耳、知识矿工、知识导航员；④专业知识、信息、电脑知识、外语知识；⑤理育人与服务育人；⑥隐形的与显形的；⑦分工与协作；⑧树式管理与网式管理。并概括出了"智、信、仁、勇、严"五字新理念。

关键词　人力资本　知识导航员

国家开放大学是在原中央广播电视大学的基础上成立的，武汉市广播电视大学（以下均称"我校"）也在积极筹备开放大学分校，因此原图书馆的业务工作将有所补充和完善，人员配备也由原有的电大图书馆、远程教育研究室、教务处资料室等院、系、室人员重新组合而成。新组建的馆员的基本特点是具有不同的专业和业务背景，业务素质强，服务意识明确，从原来的单一的业务工作整合为综合的业务工作，为我校图书馆扩大了业务范围和增加了活力，也能更好地发挥馆员的优势。但距离建设一个虚实结合的开放大学数字图书馆的要求，我们还必须继续努力，乘胜前进，坚持以下八个结合并将以开放教育为核心，坚持虚实结合，走向开放，走向社会，走向大众，是实现校际联合、国际合作的需要。

一、培养馆员的目标

（一）现实（实体）馆员、网络馆员与虚拟馆员相结合

现实馆员，又可称实体馆员，即在现实空间物理图书馆里的馆员，对实体的、现有的图书、期刊、报纸具有管理、分编、利用能力的馆员，是看得见、摸得着的。网络馆员，就是利用现有的实体资料，经过数字化加工、标引，具有将自己所掌握的相关知识上传至网络的能力的馆员。就我校图书馆而言，就是指对我馆网站，以及将建立的数字图书馆，提供数字化上网数据的能力的馆员，即操作电脑，在网络上运作的馆员。所谓虚拟馆员，就是在网站上，在数字图书馆里"具有开放教育特色的信息资源数据库"里流淌的馆员，即在网络上，在屏幕上显示名字的馆员，亦即开放教育数据点击对象时的馆员，其成绩的优越以用户的点击率为准。无疑，这三者是统一的，统一于现实的即实体的馆员。原则是虚实结合，以实为基础。

（二）开放性、社会性与大众性相结合

我们图书馆的生命源泉在于走向开放、走向社会、走向大众，因此，要求我们的馆员必须具有开放性。开放的思维方式即发散思维、开放的性格、开放的精神境界、开放的视野以适应网络的开放性，从而操作开放的网络。社会性，即与各方联系交往的能力，包括与物、与人、与单位、与社会、与各个层次的往来和联系的能力。大众性，即平民性，平等对待全社会，资源共享，保障在资源面前人人可享用，要坚持向全社会、面向大众和全校师生宣传开放教育的理念，介绍国内外先进的开放教育教学经验等，让我们的网站、数字图书馆为广大民众所点击。开放性、社会性和大众性是一致的。前者为因，后者为果。一个具有开放思维、开放素质、开放品味的馆员，定会具有良好的社会关系，为广大民众所欢迎。

（三）信息千里眼、顺风耳、知识矿工与知识导航员

毛泽东同志曾称我们馆员为"千里眼、顺风耳"，那就是要眼尖、手快、腿勤，特别是对信息的捕捉，别人见不到的事物和人，我们见得到，别人做不到的事，我们能迅速做到。而当今知识经济时代，我们不仅要对知识进行发掘、发现、整理、加工，而且还要成为"知识导航员"，即要了解、掌握知识的走向，从哪里来的，要经过什么地方，将向何处去？图书馆员的责任就是在适当的时候把适当的信息传递给需要它的用户，拥有专业知识和丰富经验的图书馆员，知道有些什么信息资源？到哪儿去找？什么时候以及从哪儿能获取。

二、对馆员的素质要求

（一）电脑知识、信息知识与专业知识相结合

信息资源的开放，就是借助电子计算机和网络技术，把表现为开放教育特色的办学模式、教学教研动态和国内外文献等资料，变成能够向社会、全校师生（利用校园网和校际平台）传输的软件系统的研制过程。这便是专业知识和信息、电脑知识结合的过程。信息技术和知识就是信息加工、数据库技术、检索语言，要具有自觉信息意识，敏锐、快速的洞察力；电脑知识，即掌握计算机文字处理、数据库建设方法和技巧，多媒体技巧、计算机网络知识等，在计算机理论、操作、维修、网络利用等方面具有一定的知识量，熟悉网络环境下各种检索工具，信息源及使用方法。掌握图情专业知识，图书馆学、情报学、目录学、图书分类、编目、图书建设、组织，文献信息的提示、检索、咨询、复制、保护、编制索引、文摘、专题综述，国际间交流、合作日益频繁，最新、最前沿的科技动态往往在外文文献中反映出来，特别是计算机网络技术的应用，使外语成为走向世界、利用 Internet 网络资源的重要工具。外语水平的高低不仅直接影响外文文献资源的利用率，而且在很大程度上反映了图书馆网络资源开发利用层次的高低。专业知识、信息、国情、电脑知识统一在图书馆员身上，浑然一体，缺一不可。

（二）管理育人老师与服务育人老师相结合

大学图书馆馆员越来越多地扮演着教师的角色，无论是对传统的图书馆利用指导、

书目指导、数据库检索技巧和经验的讲授,还是解释和说明复杂的书目检索方法、帮助用户制定多种数据库的检索策略,从体制上说,无非是在传授知识、帮助用户获取所需信息,并进一步提高用户发现、辨别和获取信息的能力,从而间接提高用户的学习和研究能力,从这个意义上说,图书馆员的行动有时与教师的角色在本质上难以区分。

(三)隐形(内在的思维、政治、道德)与显形(外表的形象)相结合

人的素质包括政治思想、道德品质、科学文化、身体心理和劳动技能。我们分成隐形的即看不见的和显形的即看得见的。思维方式是人的行动的方向盘,由于图书馆从"宝塔尖"走向大众化,馆员的思维方式,由封闭走向开放,我们概括为空间思维方式的三位一体。过硬的政治素质,除树立正确的世界观、人生观和价值观外,还必须具备崇高的敬业精神,焕发开拓精神和创造力。要有效地了解、控制、整顿、激励自己的情绪,维持良好的心理状况和人际关系,有坚强的意志力,能承受、消化学习、工作中的各种压力。坚持"为读者服务"。使图书馆成为"读者之家,读者天堂"。图书馆工作纯属服务性,要发挥"特殊教师的作用,在服务工作中,要有热爱社会主义事业的情操、事业心、责任感,倾注于自己的言行中。思维方式、政治、道德、心理是隐形的、看不见的、内在的素质,但却又是决定显形性的、决定形象、形体的素质。健康的体魄是实现现代化的物质保证,美好的内心世界,也应表现在显形的形象、形体上。我们服务、管理的对象是当代的大学生,我们的一举一动、一言一行应是他们的表率,服装、发型都应得体。我们的馆员普遍仪表大方、言行举止规范,组织纪律性强。

我馆工作人员既有多年的资料工作经验,又有着丰富的管理经验和相关专业理论储备,而且还具有较高的爱岗敬业和奉献的精神,他们本着服务教学和科研的宗旨积极地引导师生及时查找到所需要的相关资料,方便读者,顾全大局,团结协作,自觉履行自己的工作职责,在原有的图书馆建设基础上,配合学校转型,除增加购置开放教育相关资料外,还将筹建特色图书阅读室。在学校领导的关心和领导之下,在我馆全体工作人员努力下,各项工作都在有条不紊地进行当中,并已取得了明显的成效,我馆各项软、硬件良好、环境安静优美、资料丰富齐全,馆员分工明确。

目前,正在立足本校,面向全国,为创建具有开放教育特色的学校图书馆而努力奋斗!

三、对馆员的管理

(一)分工与协作相结合,学科馆员制与一般馆员制相结合

高等学校图书馆是学校的文献情报知识中心,是为教学和科学研究服务的学术机构和知识创新机构,它的工作是学校教学和科学研究工作的重要组成部分,其主要职能是教育职能和传递科学情报知识的职能。

国家开放大学的成立和正在积极筹建分校的我校,对于我们图书馆来说也面临着新的挑战:知识经济时代和信息时代的到来,数字图书馆的出现,要求我们要走向开放、走向社会、走向大众,以虚拟和实体两方面的结合、以开放教育教学服务为核心,对我馆提供相关信息知识、资源的能力(手段、范围、速度)提出了更高的要求,而全球网

络知识信息资源共享的趋势无疑加重了我馆网络化、数字化建设和领导者在观念更新上的紧迫感。

尽管我馆工作人员有丰富的工作经验，但离数字化管理的要求还存在距离。因此，馆员就要具备熟练的计算机技术的操作、维修能力。要改善馆员的知识结构，适应发展规划的要求，就要将馆员的新技能的业务学习提到议事日程上来。为其提供条件，鼓励馆员进行计算机信息管理方面的学习，使其做到能够熟练地进行计算机检索服务，能够熟练地利用各种现代信息技术和手段，进行知识、信息搜集、组织、发布以及知识信息教育（如引导读者利用光盘检索和虚拟馆藏，充分发挥图书馆的资源潜力），具有一定的网络知识和网页制作能力。当然，馆员也应保持有传统图书馆的，对图书、期刊、资料的收集、分编、整理、作题录、文摘、写综述的能力。我们曾倡导的"综述学"，应提升为对知识的"整合、集成"，即"知识整合、集成学"。

馆员是图书馆的灵魂、核心、人力资源，是一切事业的第一资源，馆员就是图书馆事业的人力资源。要办好图书馆，首要关键的就是用好、分配好这一人力资源。图书馆作为知识、信息的传播中心，必须开发人力资源、增强实力，才能更好地利用所拥有的技术和信息，为读者、大众服务。正因为人力资源是现代信息技术的载体，没有过硬的人力资源，所有的新技术在图书馆都无法得到应用。必须充分集中统一地进行应用、分配，其调配的趋势是：需要为信息研究、咨询配备更多的人，同时加强自动化技术部门的人员。工作重点将转移到各种信息服务上来，将有更多的人参与到虚拟参考咨询为重点的个性、定制服务中来。业务分工逐渐模糊呈现出协同趋势。比如，电子信息资源的采集，需要采访、馆藏的发展，咨询、技术服务、信息技术等方面人员的紧密配合，不仅协同趋势明显，而且业务分工越来越模糊，出现了"信息向导"的概念，这反映了业务分工的抽象和综合。所以，必须坚持协作，坚持分配与协作相结合，学科馆员与一般馆员相结合。

（二）树式管理与网络管理，有中心与无中心相结合

树式垂直的有中心与网式平行的无中心，是网络社会产生后，网络渗透到社会方方面面所出现的一种管理形态。在网络里是一种平行的结构，网民，既是信息的发布者，又是信息的享用者；每个网民，既是中心，又不是中心，彼此是极为平等的。当图书馆溶入网络空间里，特别是数字图书馆出现以后，这种网型的管理结构将出现。这是理想的，有一个发展过程，而在当前，数字图书馆在传统图书馆里还是处于萌芽、初始阶段，必须是原来的树式垂直的集中统一的一个中心，向网式的平行无中心的形式过渡，而在一个相当长的过渡阶段，必然是两者并举。我馆在管理上有网形、平行、无中心的管理模式的萌芽，具体地表现在，我们的馆员很多都是从事相关教研、教务、资料工作多年，具有一般馆员的基础也同时具备学科馆员的能力，对构建具有开放教育特色的信息资源和人力资源有着较好的基础和优势。我们日常馆务工作的领导，既执行统一指挥的职能又是馆里一般馆员、学科馆员，与全馆馆员一道身兼具体学科的具体服务工作，当然也兼有统一的审阅职能，也充分显示出了学科图书馆既避免管理人员过多，权力过于集中与网络到来的日益矛盾的激化，又避免了原单一资料室管理的信息资源分散、人力资源

分散,而效率又不高的弊端,从我馆可以充分显示学科图书馆的优越性。馆员们既负责一个部门,如期刊、图书、报纸的管理,又有分工的学科馆员,而在这些方面,是各人说了算,一个人,就是一中心。

四、整体上的要求

最近,从我国古代文化中以及吸收外来的文化里,概括出的智、信、仁、勇、严五个字来,全面对馆员严格要求。孙子在《孙子兵法》计篇中讲道:"为将者,智、信、仁、勇、严也。"智,就是智慧、聪明、才智;信,就是诚实、守信,有信誉,讲信用;仁,就是宽厚,仁慈,孔子曰:"仁者,爱人。"勇,就是勇敢、果断、言必行,行必果,知难而进,勇于创新;严,就是严明纪律,赏罚分明,有章必依,执章必严,违章必究。五者是美国管理学家克利特的企业家品格传统模式应具有的 11 个方面的素质的反映,德国管理学家汉期·W. 戈迫格的企业家品格合格模式应具有 10 个方面的素质均包含了孙子提出的智、信、仁、勇、严。我们馆员,既是服务者又是管理者,也应具有这五字品质。

（一）智

充分发挥我馆全体工作人员的聪明才智,使我馆软、硬件齐全,资料丰富,在原有图书馆基础上筹建具有开放教育特色的图书阅读室和筹办《开放教育教研信息资讯》纸质和电子版（校数字图书馆发布）,使我馆成为我校对外宣传的传播基地,补充和完善了学院数字图书馆网络数据库,也更贴近开放教育教学办学要求。

（二）信

我馆全体工作人员,热爱本职工作,忠诚图书馆事业,为发展开放教育贡献力量。树立"读者第一"的思想、信念,经常进行调查研究,虚心听取读者意见,不断改进服务态度,提高服务水平,全心全意为开放教育、科研服务。

（三）仁

我馆工作人员间以诚相待,相互尊重,互相学习。工作中互相支持,团结协作,尊重社会公德,讲究文明礼貌,注意勤俭节约,爱护公共财物,建设良好馆风,建立优美馆舍。爱岗敬业,乐于奉献,读者至上,全心全意为读者服务,把爱心留给读者。

（四）勇

对于开放大学来说,我们既熟悉又陌生,熟悉的是以开放教育办学模式在我校已经试点多年,陌生的是怎样办好符合社会需求的开放教育是我们的课题。国外和港台地区的开放教育办得比我们早,已有丰富的办学经验和较成熟的教育理论体系,对我们来说差距是明显的,但我们有信心、有勇气赶上,并办出我们自己的特色,超越他们。我们是提倡勇于开展批评与自我批评的精神、勇于提出不同意见、勇于对读者中的不规范行为提出批评。

（五）严

我馆全体工作人员，严格遵守国家宪法、法令，认真执行学校和本馆的规章制度，服从组织安排，遵守劳动纪律，具有严谨、细致的工作作风；工作专心致志，耐心细致，严格执行工作条例，及时完成各项任务，具有刻苦勤奋的学习精神；学习科学知识，刻苦钻研图书情报业务、信息、电脑知识，密切关注国内外同行动态，不断提高业务水平和实际的信息技术操作能力。

"智、信、仁、勇、严"既是我们馆员应具备的素质，同时，又因为我们是管理者，也应遵循这五字去进行管理。以前图书馆员关注的是如何保存数量有限的图书，现在图书馆员不应当仅仅是图书的看护人和分编者，也应该是文化的布道者（preacher），由此出现了图书馆馆员的新角色、世俗文化的传播者，信息技术成为一个显性的支配力量。图书馆的社会角色是把关人、信息协调员、信息中介、信息向导、技术专家、顾问、数据处理员、指导者、信息服务代理人、信息经纪人、教师、过滤者和信息诠释者等。可概括为信息管理者、教育者和传递者，20世纪90年代以来，又概括为信息管理者、信息资源管理专家、学科专家、知识导航员、网络导航员、知识科学家、网络向导、数据库生产者和系统设计员，还有人称"赛博馆员"。我们认为，数字图书馆时代的图书馆馆员将是信息资源管理者，信息分析组织者，信息提供与传播者，信息利用的导航者，信息知识的教育者。

随着"数字图书馆"的出现，图书馆事业将兴旺发达，对我们馆员来说面临着新的机遇和挑战，也是图书馆事业兴旺发达的契机。

参考资料

[1] 于鸣镝. 我们提倡结合论. 河南图书馆学刊，2004（5）.

[2] 吴艳兰，王琼. 整合校内文献实现资源共享. 大学图书馆学报，2004（6）.

[3] 赵廷光. 论知识经济与法律信息资源的开发利用. 现代法学，1998（3）.

[4] 吴文仙. 信息时代图情人员的素质要求与继续教育. 北京：中国工人出版社，2004.

[5] 王知津，张学福. 数字图书馆及其对图书馆的影响. 图书馆工作与研究，2000（2）：1-5.

[6] 沈风善. 论图书管理人员人的素质构成及提高途径. 牡丹口师范学院学报（哲学社会科学版），2004（6）.

[7] 王春红. 新形势下高校图书馆人员的素质要求和教育培训. 海南师范学院学报（社会科学版），2004（4）.

数字图书馆中的社会网络服务（SNS）

刘 媛

（湖北财税职业学院图书馆 湖北武汉 430064）

摘要 Web2.0 环境下诞生的 SNS 是挖掘个人社交关系的网络应用，数字图书馆一直在尝试运用 SNS 促进自身发展。本文首先简单介绍了 SNS 的相关情况，探讨了将 SNS 应用于数字图书馆的意义；然后调查研究了国内外数字图书馆中 SNS 的应用实例，对其进行了描述、分析和比较；最后，从理论和实践两方面提出了自己对其发展策略的想法。

关键词 数字图书馆 社会网络服务 SNS

社会网络服务（Social Networking Service，SNS）是近年来 Web2.0 中最引人瞩目的应用之一。它能够帮助人们在互联网的虚拟空间中搭建一个互动开放的社会网络。它不仅拥有 Web2.0 应用的共同特点，其兼容性、真实性和针对性更是让它独树一帜。同时，SNS 重视用户需求与体验，这正是数字图书馆所需要的，SNS 应用于数字图书馆将使其信息服务的个性化、交互性得到充分的发挥。因此，研究数字图书馆 SNS 应用具有重要的实践意义。

一、SNS 概述

（一）SNS 的概念与理论来源

SNS 广义上讲还包括 Social Network Sites（社交网站）和 Social Network Software（社交软件）两层含义，统称为社交网络，在本文中仅取社会网络服务这一层涵义，专指旨在帮助人们建立社会性网络的互联网应用服务。SNS 的理论依据是著名的六度分割理论（Six Degrees of Separation）。该理论的主要内容是："你和任何一个陌生人之间所间隔的人不会超过六个，也就是说，最多通过六个人你就能认识任何一个陌生人"。

与此相类似的还有"250 定律"，即每一位顾客身后，大体有 250 名亲朋好友。如果您赢得了一位顾客的好感，就意味着赢得了 250 个人的好感；反之，如果你得罪了一名顾客，也就意味着得罪了 250 名顾客。其理念的核心都是以单个主体为中心最大限度地发掘主体背后人际网上的潜在主体，也就是所谓的"认识朋友的朋友以结交更多的朋友"。SNS 的创新就在于将人类社会关系与 Web2.0 技术紧密结合起来。

（二）SNS 的特点

1. 共享、开放、互动

共享、开放、互动是 Web2.0 应用的共通点，当然也明显地体现在 SNS 中。首先，

SNS 为广大用户提供了一个共享、开放的平台，使用户能够凭借该平台开展交流和互动，以及信息的更新和分享。

2．兼容并蓄

Web2.0 时代，比起信息检索能力更强调个人的信息创造能力。Web2.0 技术在不同程度上满足了用户的多样需求。而 SNS 平台通过各类工具以用户自定义的形式进行改版和聚合，从而丰富可供开发的资源内容。

3．真实可靠

SNS 网站往往采用实名制邮箱或姓名注册的形式，与实名制的结合就在一定程度上突破了网络匿名带来的弊端，从而直接影响到社交网络的可靠性。

4．针对性强、规模巨大

SNS 由 7 个元素组成，即身份、状态、关系、交流、小组、名誉和共享。一个网站不可能全面发展这 7 个元素，而是依据不同的条件侧重发展其中 1～2 个元素的应用，聚合不同类型的用户展开相应的服务。

（三）SNS 的类型

如前文所述，不同 SNS 网站有各自不同侧重的领域，因此形成了不同的类型。以下根据网站内容，介绍国内 SNS 网站的主要几个类型：

（1）校园生活型。顾名思义，用户主体为在校学生，尤其以大学生为主。

（2）休闲娱乐型。用户群体分布广泛，网站的目的主要是为用户提供一个休闲娱乐和交流互动的环境。

（3）商务社交型。用户主体为职场白领，围绕商务社交、拓展人脉等职业化活动开展服务。

（4）婚恋交友型。用户主体为婚恋交友需求的单身人士，通过发布征友/征婚信息帮助用户寻找伴侣。

（5）门户平台型。这类网站一般是传统的大型门户网站，以其庞大的既有用户基础为支撑全面发展的虚拟社区。

二、SNS 在数字图书馆中的应用

（一）数字图书馆应用 SNS 的意义

SNS 利用 Web2.0 各种技术和工具为用户提供按需定制的信息服务，将互联网作为平台，鼓励用户上传和分享资料，在互联网这个平台上使集体智慧的合力最大化。不仅与图书馆 2.0 "以用户为中心" 的服务理念不谋而合，又正是发挥知识门户作用的数字图书馆所需要的。两者的结合，不仅是为数字图书馆吸引用户、整合资源、提升服务质量的新措施，也为 SNS 的发展开拓了新领域。主要体现在以下三个方面：①完善数字图书馆的个性化服务；②在互动中提升用户黏度；③延伸图书馆服务空间和内容。

（二）国内外数字图书馆 SNS 应用

1. 国内外数字图书馆 SNS 应用概况

虽然 SNS 在国内外已经发展了 10 年，但是图书馆单独建立 SNS 平台还是一个尚未成型的新领域。图书馆与 SNS 的结合主要体现在图书馆将其服务嵌套在 SNS 网站中，具体方式是图书馆以普通用户的身份注册，使用注册的 ID 在网站中开展各种服务和活动，如发布馆内动态、组织讨论和为好友提供帮助等。这种形式的优点是节约成本、技术门槛低、管理方便。

上面这种形式也有缺陷，它容易受限于社交网站的功能模式，自主性不高。因而，一些图书馆对独立开发 SNS 门户进行了尝试，如，CALIS 的中国高等教育数字图书馆（eduChina）中的个性化门户。尽管独立门户相对来说成本更高，但 Web 环境下图书馆可以利用相关平台和工具来构建它。

2. 国外数字图书馆 SNS 实例

在 SNS 率先发展的发达国家，数字图书馆与 SNS 的结合也尚处在起步阶段。国外许多图书馆在社交网站开展服务的形式主要有两种：①图书馆在社交网站上提供应用插件（Widget），届时会在网站页面显示服务平台的链接，服务内容包括查询馆藏、查询数据库、在线帮助和学科导航等；②在社交网站中建立图书馆群组，通过与用户的交流推广服务和进行虚拟参考咨询。

大多数国外图书馆可外链至社交网站，其中有一部分采用了 SNS 应用。澳大利亚国家图书馆的"图片澳洲"（Picture Australia）鼓励用户使用 Flick 上传图片。宾夕法尼亚大学图书馆开辟 PennTags 网络书签服务，用户可以给书目记录加上标签。另外，国外图书馆推荐用户在社交网站中安装相关应用，如华盛顿大学图书馆开发了一系列小工具，包括站内搜索、新闻热点和活动展览，用户可按需要添加到自己的 Facebook、Blogger 和 Myspace 等网站的应用中。用户通过一个微型的应用窗口，就能随时跟踪图书馆的最新动态，同时也是图书馆的新型宣传手段。

3. 国内数字图书馆 SNS 实例

在国内 SNS 尚在模仿国外 SNS 模式的情况下，国内图书馆与 SNS 起步更为缓慢。

1）豆瓣模式

关于图书讨论最热门的社交网站反而是图书馆界外人士搭建的豆瓣网中的"豆瓣读书"版块。豆瓣网最初创立的目的就在于是实现兴趣相同者之间的阅读分享与互动，在这个过程中，再帮助大家去发现更多自己不知道但是有价值的东西。尽管豆瓣网本身并不像图书馆一样具备丰富的馆藏资源，然而作为一个成功的读者虚拟社区，它的经验值得借鉴。

2）高校数字图书馆 SNS

基于 SNS 用户主体高校学生这一原动力，高校图书馆较其他类型图书馆更重视对 SNS 功能的开发。中国高等教育文献保障管理中心（CALIS）基于中国高等教育数字图书馆（eduChina）自行开发了个性化门户——CALIS iPortal。重庆大学图书馆作为 CALIS 的成员馆，其数字图书馆采用了该个性化门户。中国科技大学凭借自己在技术方面的优势，在使用 UCenter Home 产品的基础上搭建了一个相对完善的 SNS 门户——LISER。至于其他的高校数字图书馆，虽然没有完整的 SNS 框架，但是具备了一些简单的 Web2.0 功能。

三、数字图书馆 SNS 应用的发展策略

数字图书馆采用 SNS 的目的在于，运用 SNS 理念与技术充分发挥自身优势，进一步建设馆内信息资源、改进核心技术和提升服务质量。由前文可知，当下数字图书馆中的 SNS 主要有以下几个缺点：比较分散、使用率低、界面简单、功能不够完善等。针对这些缺点，数字图书馆应采取相应的发展策略，以最终达到数字图书馆在 Web2.0 环境下能够可持续发展的目标。

（一）明确核心服务理念

图书馆 2.0 的核心服务理念在于"以用户为中心"，同样适用于数字图书馆中的 SNS。要实现这一理念，首先我们必须了解用户的信息需求。如果是在社交网站注册的图书馆，应根据该网站的侧重元素定位用户群体的特征，进而通过其状态和活动分析出用户的需求。然后，结合馆藏资源，定期且经常地以微博、博客、图片或视频等形式发布信息和推荐资源。如果是具有独立 SNS 门户的图书馆，应根据用户个性化首页组成以及收藏和标签等应用，通过算法智能学习用户的习惯和爱好，自动向用户推送所需求的内容分析。

（二）加强自我宣传推广

数字图书馆服务发展的主要障碍之一就是用户认知度不高，利用率低。解决该问题的直接方法是加强自我宣传推广。图书馆不仅需要广泛发现和吸引新用户，同时也需要应用前文提到的"250 定律"，使用户自发向其他不了解该服务的用户推荐，发掘用户个人的人脉潜力，这也正是 SNS 理论来源的精髓所在。具体来说，图书馆在宣传过程中，从用户群体中区分出上线率高、在线时间长的用户并加以组织，形成一个活跃度高的核心用户小组。另外，图书馆可与出版社、作者或各界学者加强合作，开展作者访谈、读书会、展览、授课等线上活动，共同合作推广资源与服务。

（三）改进技术与优化页面

Web2.0 环境下的新技术层出不穷，而我们更需要的则是新技术与数字图书馆的契合。以用户需求为导向，充分利用现有资源开发适用于数字图书馆的 SNS 技术。系统界面始终是决定用户第一印象的重要因素。优化界面不仅是美化外观和开发新的主题，还要提供合理的栏目布局和灵活的内容模块。图书馆 SNS 页面外观应加深用户对其视觉化的一致性认识和整体印象。栏目布局是指所选栏目在个性化页面上的布局方式和排列顺序，允许用户自定义设置自己所需的布局，并有不同方案可供用户参考。内容模块是指各项信息和服务模块的具体内容，为用户提供丰富多样的应用插件，添加和卸载操作简单易行。

（四）提高资源与服务质量

数字图书馆的资源是基础，服务是其价值所在。由于 SNS 是一个开放的平台，数字图书馆 SNS 的资源也不仅仅局限于馆藏资源。互联网信息既是多样化和共享化的，也是无序化和表面化的。图书馆不应该抱持一种冷漠态度，而是要发挥信息组织与知识挖掘的功能，为用户提供有序和有深度的处理后的网络信息。

图书馆员不仅需对用户的反馈做出及时有效的回应，同时要利用这些反馈主动为用户进一步完善服务。针对一个阶段内反馈比较集中的问题，图书馆员可利用社区群组与用户主动沟通交流。在这个过程中，也可参照其他数字图书馆的用户反馈，定期将用户反馈与后台数据结合起来分析，整理可执行的改进计划，实施并完善图书馆资源和服务。

（五）完善用户体验

用户体验要达到三个目标——简单、易用、高效，实现这些目标大致可以从以下几个方面出发。

1. 提供指南

考虑到部分用户对操作流程和模块功能不甚了解，从注册账号开始，应对每一步骤的过程和结果提供指导和帮助，让用户尽快熟悉整个系统，并且提供数字图书馆网站导航，增加用户使用数字图书馆各种功能的可能性。

2. 精简功能

现在数字图书馆提供多种多样的功能方便读者，这样做可能会使网站建设成本巨大，而且功能过多还会使用户眼花缭乱、不知所措。通过系统软件在后台统计无人使用的功能，留下最实用的功能，尽量使页面整洁简单、一目了然，否则杂乱烦琐的设置会使用户产生负面的浏览体验。

3. 提高效率

提高效率包括系统和馆员的效率。系统应具备高效的数据处理能力和良好的交互性。图书馆员则应对用户的需求，特别是实时咨询、预约和反馈等给出及时的回答。

无论国内外数字图书馆采用何种发展策略，最终目的都是提高用户黏度。用户黏度越高越能发挥数字图书馆的功能和价值。比起技术、功能、应用和页面的建设，数字图书馆 SNS 更应重视为用户创造一个人性化和包容的网络环境，从而留住用户。

图书馆 2.0 环境下的数字图书馆比起传统的数字图书馆信息环境，更具公开性和普遍性，用户的高参与性和主动性得到了极大的提升。SNS 的发展如火如荼，其在数字图书馆中的应用尚停留在起步阶段，有待实现的功能还未开发完毕。面对外界的激烈竞争以及用户行为模式的改变，数字图书馆的信息服务必须及时响应读者的需求。我们坚信 SNS 对数字图书馆来说，将意味着服务模式的革新，是在未来为用户提供泛在服务趋势的必然。

参考文献

[1] 互动百科. SNS. http: //www.hudong.com/wiki/SNS，2011-03-22.

[2] 范钟艺. 基于 Web2.0 的 SNS 平台的设计与实现. 成都：电子科技大学，2008.

[3] 百度百科. 250 定律. http: //baike.baidu.com/view/40987.htm，2011-05-24.

[4] 姚柒零，柴慧萍. SNS 发展浅析. 电信技术，2008（12）：97-99.

[5] 黄静. 从豆瓣网看 Web2.0 环境下高校图书馆信息服务的变革. 科技情报开发与经济，2007（29）：14-16.

谈高校图书馆如何做好读者服务工作

周桂林

（三峡电力职业学院图书馆　湖北宜昌　443000）

摘要　在新世纪即将来临是时刻，对我们每个高校图书馆工作人员都是一次考验，我们只有通过提供高质量的服务，才能使高校图书馆工作与市场经济真正接轨，更好地适应信息市场，迎接新世纪的挑战。

关键词　信息　读者服务　科学

高校图书馆是知识的宝库，信息的源泉，在信息产业中具有举足轻重的作用。如何在资金投入及物质条件有限的情况下，使现有的书、刊、报等信息资源满足读者日益增长的科学文化知识的需求，笔者认为，要抓好以下几个方面的工作。

一、馆风建设与读者工作

高校图书馆的所有工作，都和读者有着直接和间接的联系，是为读者服务的。要提高服务水平和服务质量，不但要配备现代化的设施，更要有一个优良的馆风。优良的馆风是推进高校图书馆各项工作前进的最积极活跃的因素，它不仅集中地反映着一个图书馆独特的精神面貌和指导思想，而且体现着全体馆员的思想意识、价值和道德规范。为了充分发挥高校图书馆的服务功能，促进高校图书馆读者工作的顺利开展，必须切实注重馆风建设。馆风有以下三个方面。

1．仪表美

馆员的仪表应符合其职业特点，端庄文雅、整洁大方、精神饱满，令读者有一种愿意接近和寻求服务的心理需求。

2．语言美

馆员必须文雅谦虚、语言文明、遇事要以理服人，不强词夺理。语言美不但能使读者感到愉快，而且还能创造出一个团结和谐的氛围，增进馆员和读者的联系，推动工作顺利进行。

3．行为美

馆员在工作中的一举一动都会对读者产生影响，他们应当有高尚的行为和端庄、稳重的举止。图书馆员应做到态度和谐、热情耐心、百问不厌，千方百计地满足读者的要求，行为美还包括爱护图书文献。

二、读者心理效应与馆员素质

做好高校图书馆读者工作必须分析读者心理状态,研究不同素质的工作人员用不同的服务方式对读者产生的心理效应。只有高素质的读者服务工作人员,才能准确及时地将读者的需求反馈到图书馆的其他部门,也只有高水平的读者服务工作人员,才能协调好图书馆与读者之间的矛盾。因此,高校图书馆建设必须把提高馆员素质放在工作的首要位置。

1. 道德素质

高校图书馆工作人员的思想道德素质是职业道德的重要内容,它要求用正确的世界观、人生观和价值观指导和调控职业行为,树立崇高的职业道德思想,做到爱岗、爱业、爱读者、爱藏书。把自己的一切智慧、能力奉献给图书馆事业,不断地开拓创新,积极热情地做好读者服务工作,为开发利用馆藏文献资源作出贡献,在平凡的岗位上实现人生理想。

2. 专业素质

对于一个称职的高校图书馆员来说,必须具备专业知识,没有专业知识,单凭一种朴素的热情,很难做好读者工作。馆员不仅要具备图书馆学、信息方面的专业知识,熟悉本馆资源的公布、流量,掌握本馆的管理、分编、采购等业务,而且还要随着现代化科学技术在图书馆的应用,服务范围的扩大,服务项目的增多,服务方式和服务手段的变化,不断获取新知识,掌握新技术,提高服务水平。

3. 文化素质

高校图书馆工作是一项学术性、技术性和创造性很强的工作,其工作对象的性质决定工作人员需不断提高文化修养。信息时代要求馆员要具备了解和掌握计算机硬件、软件和应用及数据库建设、上网检索的能力,还应具备较高水平的外文知识。

4. 心理素质

馆员的身心健康是做好一切工作的保证。在高校图书馆工作中,热情地接待每一位读者,以"急读者之所急,想读者之所想"的高尚情操,去影响读者的阅读心理,以读者的深厚感情,去感化读者,使读者感到图书馆的温馨,享受到图书馆的方便、快捷、热情、周到的服务,进一步吸引读者来馆就读和借阅,提高馆藏文献资料的利用率。馆员的心理素质应表现为能有效地了解、理解周围人们的情绪,保持良好的心理和人际关系,消除某些消极因素的影响,使大家处在一个和谐融洽的环境氛围之中。

三、根据高校图书馆自身的特点,搞好新世纪社会化服务

各类高等院校由于学科及专业知识的不同,图书馆提供信息服务的内容也各有不同,这就要求图书馆馆员根据本院校的特点,明确信息化服务的内容,更好地为教学和科研服务。

1. 提供信息调研服务

信息是认识世界的媒体,是实践的指南,是决策的灵魂,是开辟资源的基本条件。

市场经济体制的建立和日益完善，要求掌握高质量的情报信息。为满足教学科研以及大学科、大工程、大企业的信息需求，有目的地深入相关单位进行文献调查，市场调查、用户调查，开展专题文献收集和分析研究，将分散的、不同类别的信息，最大限度地收集、汇总，分门别类地加以分析、筛选、鉴别，进行归类的科学加工，最终以综述、述评、专题信息和调研报告等形式提供给有关科研机构及部门，为其提供有效的信息服务。

2．提供信息检索服务

高校图书馆可利用自己丰富的馆藏优势，现代技术设备的优势，进行深加工，从浩瀚的网络资源中获取科学技术信息，并运用科学的方法将此信息智能化组织分类后提供给各类用户。通过各类工具书、各种文献、数据库、光盘、网络检索等途径，图书馆为用户策划选题和立项提供文献检索、技术查新、事实数据咨询等检索服务。

3．提供信息媒体服务

某些机构的科研课题，需要提供信息服务，需要提供专业文献、标准文献、课题论证、专利申请、科研立项、外文翻译等方面的服务。高校图书馆具有学术水平高、国外文献和科技文献丰富、数据库建设充实、信息资源广泛的特点，提供信息媒介服务必将产生巨大的社会效益。

4．提供决策信息服务

信息是决策的基础，现代科学决策需要大量的信息资源作为依据，以保证决策的科学性和正确性。高校图书馆可以搜集相关的经济信息、政策科技信息等，通过信息汇编、专题文献等形式，为用户通过咨询服务。

5．提供科技成果转化服务

高校图书馆应在科技成果转化为生产力中充当主力军，要广泛收集国内外新科技发展的信息，为科技成果及科技专利转化为现实生产力服务。

参考文献

[1] 穆祥望. 从读者心理效应看工作人员的综合素质. 图书馆工作与研究，1999（3）.
[2] 蔡树琴. 新形势下如何做好读者服务工作的思考. 图书馆工作与研究，1999（5）.

探讨高校图书馆与读者的沟通

余国军
（襄阳职业技术学院图书馆　湖北襄阳　441050）

摘要　高校图书馆是高校人才培养与科学研究的重要基地。高校图书馆与高校师生有效沟通的缺乏在某种程度上导致了其服务水平的低下。高校图书馆与读者的良好沟通是提升图书馆服务质量的重要保障。本文简单探讨了高校图书馆与读者沟通的必要性以及策略。

关键词　高校图书馆　读者　沟通

一、高校图书馆与读者沟通的必要性

沟通，意为使两方通达。高校图书馆是教学和科研的"三大支柱"之一，担负着教育人、培养人的历史使命。《普通高等学校图书馆规程（修订）》第十五条规定："普通高等学校应以读者第一、服务育人为宗旨，健全服务体系，做好服务工作。""服务是图书馆存在的理由"，接待和服务于读者是高校图书馆的根本任务，是高校图书馆赖以存在和发展的前提。读者的需求是多方面的，不同读者的需求特点也各不相同。高校图书馆的读者年龄、资历、阅历参差不齐。学生读者从年级的差异来看，可分为高中低不同层次，他们存在着不尽相同的阅读需要。试想，一名刚刚迈进大学校门的新生，他希望看到些什么？除了花园般美丽的校园、宽敞明亮的教室、温馨整洁的公寓、价廉饭美的食堂、学识渊博的教授和设备齐全的实验室以外，他一定还希望看到有一座藏书丰富的图书馆。大学图书馆里，图书杂志不是几千几万册，而是几十万册、上百万册，内容包括古今中外、天文地理、理工农医，无所不有。而且，记录知识信息的载体类型不再是单纯的印刷型，那些缩微型、视听型、机读型的文献资料如缩微胶卷胶片、录音带、录像带、磁带、光盘等也应有尽有。所以，要想充分、有效地利用它决非一件容易的事。不要说一位刚入学的大学生走进图书馆会不知所措，即使大学毕业了还不会很好地利用图书馆的学生也大有人在。读者工作直接反映了图书馆的社会效果，是衡量图书馆工作质量的尺度。高校图书馆要做好读者服务工作，应主动与读者沟通。

二、高校图书馆与读者沟通的策略

（一）采用多途径、多方法了解读者

1. 运用传统的调查研究法

传统的调查研究法如问卷调查法，亦称"书面调查法"，或称"填表法"，是用书面形式间接搜集研究材料的一种调查手段。通过向调查者发出简明扼要的征询单（表），请示填写对有关问题的意见和建议来间接获得材料和信息的一种方法。问卷一般有三种形式：①报刊问卷，即在报纸或刊物上公布调查表，号召读者做出书面问答，并指定地址寄回答案；②邮寄问卷，即把已印好的调查表寄给一定类型的对象，并请他们填写答案后指示寄回调查表；③发送问卷，即由研究人员把调查表发给集中在一处的一群调查对象，要求他们当场填写后直接收回。我院图书馆在2012年、2013年连续两年采取问卷调查法随机抽选500多名大学生进行读者调查，评估图书馆工作读者满意度，掌握读者心理需求和借阅行为。这种方法样本的选取具有一定的匿名性，收集到的信息更具有真实性，也更具体。但过程操作起来比较繁琐，结果的分析工作量也较大。还有一种方法，叫访问法，指通过以询问的方式向读者了解情况的一种方法。根据调查人员同被调查者接触方式不同，可以分为面谈调查、邮寄调查、电话调查、留置调查。对高校图书馆来讲，组织一定的读者访问，听取他们对图书馆服务的意见和建议，同时也传达图书馆的一些情况，是一种很好的沟通选择。

2．运用网上读者调查法和读者信息行为分析法等

网上读者调查法是利用因特网作为媒介所进行的调查活动，如通过E-mail进行调查，或者利用聊天室选择一个主题进行开放式的讨论从而得到调查结果，即主题调查法等。读者信息行为分析法主要是指通过因特网读者浏览的历史记录、浏览书签，或服务器日志中的读者访问记录等，来获得与读者信息需求相关的数据，这种方法有助于收集与跟踪读者个体对信息需求的兴趣。

3．运用各种网上交流空间

网上交流空间包括网上意见箱、留言板、图书馆论坛、网上问卷调查、微信、微博等多种方式。在上网的图书馆中，一般来说，设置网上意见箱的图书馆比较多，几乎所有的图书馆都留有供读者提意见和建议的E-mail地址，设置留言板的也很多。不过，图书馆设置图书馆论坛BBS、网上问卷调查、微信、微博的并不多。事实上，BBS、微信、微博等应该说为图书馆与读者交流、读者与读者的交流提供了一些很好的平台，应该引起高校图书馆的重视。

（二）在与读者在互动中树立良好形象，让读者了解图书馆

1．组织开展多种图书馆活动

组织开展多种图书馆活动，比如定期召开读者座谈会，举办书评、读书竞赛、各种知识讲座、展览活动、图书馆宣传日等。据知，上海图书馆几乎每月都面向读者开办讲座，他们根据当前的形势，确定讲题，然后请一些学者和老师甚至成功商界人士来讲授，这种有针对性的讲座活动吸引了大量的听众，使上海图书馆的讲座成为该馆的一大品牌。武汉大学图书馆自2002年开始，把每年的5月10日定为武汉大学图书馆宣传日，以此作为图书馆变被动服务为主动服务、开拓图书馆信息服务领域的一次新尝试。宣传日以"走近读者、走进图书馆"为主题，向读者充分展示图书馆的馆藏、新开的服务项目等，通过与读者面对面的交流，实现图书馆与读者之间良好的和谐沟通。

2．通过利用大众传媒来宣传图书馆

广播、电视、报纸等媒体本身就具有较大的广告效应，图书馆如果可以凭借它们来为读者服务，很容易达成好的宣传效果。例如，湖北省十堰市图书馆在充分利用公众媒体开展服务方面做了有益尝试。该图书馆与电视台在图文频道联合推出栏目"电视阅览室"、"教你一招"，图书馆加工、编辑出观众喜闻乐见、寓知识性和趣味性于一体的小知识、小资料，由电视台制作成图像文字，展现在电视屏幕上；还与市广播电台联合开办了"文化广场"栏目，与地方报纸《十堰日报》、《十堰晚报》开办了许多小栏目；与市委机关刊物《十堰通讯》、政府机关刊物《十堰政报》联合推出文萃栏目，形成了与广播、电视、报纸、期刊全面合作态势。这种借用新闻媒体为我所用的做法，不仅是一种服务方式的创新，也很好地宣传了图书馆，高校图书馆完全可以借鉴。

3．设立专门的公共关系部门

国外一些图书馆设立了专门的公共关系部，它们的主要职责是向公众宣传图书馆，树立图书馆良好的外部形象。具体工作有设计图书馆的各种宣传小册子、策划图书馆的活动、负责与媒体接触、参与图书馆网站网页的美术设计等，一切关系到图书馆形象的事都有公共关系部人员的参与。近年来，国内已有广东省中山图书馆、深圳图书馆等成立了公共关系部。它的作用在于争取和增进内部及社会公众的信任和支持，为自身事业创造良好的社会环境和发展条件，是内求团结完善、外求和谐发展的管理艺术，因此公共关系部门的设立对于图书馆的和谐发展有极其重要作用。

（三）创造畅通和谐的沟通渠道

1．建立读者活动组织

在高校图书馆，读者活动组织大致分成4种类型：①劳务输出型，如"学生管理员"、"勤工助学小组"等；②读书交流型，如"书友会"、"读者协会"等；③参与管理型，如"学生图书馆管理委员会"、"馆友会"等；④智力输出型，如"图书情报委员会"。在这其中，做得比较好的是"读者协会"。高校图书馆中成立读者协会的比较多，它是通过自愿报名的方式，从各院系选出一些有一定组织能力、工作热情、热心社会活动的学生为会员。它的主要任务是负责搜集读者对图书馆工作的意见和建议并及时向有关部门反映；了解馆藏与服务情况，并通过会员向全体读者传递有关图书馆信息，促进读者对图书馆的认识和了解；编辑一些小报，协助图书馆举办书展书评等活动；组织一些代表参与图书馆的工作等。读者协会最主要的一个作用就是它的沟通协调作用，即当读者与图书馆的有关方面发生矛盾时，读者协会代表读者与图书馆的有关部门进行协商，及时将读者的意见和建议反馈给图书馆，以便图书馆有针对性地改进工作。同时，它也将图书馆的要求传递给读者，消除读者对图书馆的误解，起到和谐的双向沟通作用。

2．办好馆刊

清华大学图书馆馆刊为提高刊物质量，一方面以支付稿酬的方式向读者征稿，收集读者对图书馆的各种看法；另一方面，它注意在图书馆勤工助学同学们的工作总结中、BBS的读者论坛、校友会议活动、读者QQ群等渠道，客观获取读者的真实心声，并及时刊发在馆刊的"BBS读者常见话题"、"校友回忆图书馆"等栏目中，有效地缩短了刊物与读者的距离,这无疑是加强图书馆与读者联系的好方式之一,促进了图书馆与读者之间的沟通。

3. 设置学科馆员

学科馆员,国外称之为联络馆员,目前在高校发展较快。学科馆员是指由图书馆指派的具有一定学科背景的,专门与某一学科或院系进行对口联系,负责该学科专业资源的组织、加工,提供该学科的资源导航,主动为该学科用户提供有针对性的信息资源服务并进行用户教育的图书馆员。清华大学、北京大学图书馆分别于1998年、2001年建立了该项制度,通过学科馆员这一渠道来取得图书馆与读者之间的沟通与互动。学科馆员工作计划的目的是维持重要的双向交流,这种交流对于图书馆明晰学科用户的需求,以及让用户知道图书馆所拥有的能满足他们需求的各种服务和馆藏,是非常必要的。

提高纸质图书流通量的思路创新及实践探索

周保银

（武汉软件工程职业学院图书馆　湖北武汉　430205）

摘要　纸质图书流通量既是衡量图书馆藏书质量优劣的一把尺子，又是检验图书馆工作好坏的一个重要指标，从某种意义上说，图书流通量也就是图书馆的工作量。可是，随着电子书的广泛使用，以及网络阅读、手机阅读的迅速兴起，图书馆对读者的吸引力正逐渐减弱，纸质图书流通量呈现逐年下降的趋势。面对这样的现实，作为图书馆人如果不采取积极的应对措施，学校投入大量资金购买的图书，就有可能被闲置，这无疑是一种极大的浪费。为此，近年来武汉软件工程职业学院图书馆，在提高纸质图书流通量的思路上敢于创新，并有意识地进行了一些实践探索，取得了比较明显的成效。

关键词　图书　读者　流通量

一、精心选择图书，切实采购师生需要的读物

读者是否愿意到图书馆借阅图书与图书馆所藏图书是否对读者的"胃口"有直接的关系，为了使我馆采购的图书适合我校师生的"胃口"，我们主要采取了下列措施。

1. 尽可能多地收集新书目

在社会越来越信息化的今天，知识的更新越来越快，图书的更新也相应地加快，特别是有关计算机类的一些图书，去年还是热门书籍，今年就可能被淘汰了。因此，只有保证我们所采购的图书尽可能新，师生借阅的概率才可能大，流通率才会高。为做到这一点，每年当学校的购书经费下达后，我们就与有关的图书供应商及出版社联系，收集当年拟出版以及近一两年出版的图书信息，以保证我们选择购买最新的图书。

2. 让教师自己选订图书

师生爱看什么书，他们自己最有发言权。因此，这些年来我们一直坚持将当年收集到的新书目按专业归类整理，及时送到系部，由系部老师根据专业需要选择图书。据初步统计，我们每年所采购的图书 80%以上都是由系部教师挑选的，因为所选书目基本来自一线读者，这样就为本馆图书的有效流通打下了较好的基础。

3. 重视师生请购的书目

师生除可以按图书馆提供的书目选择图书外，也可以根据所教所学的专业请购其他图书，这些图书只要经其系部主任审核通过了，在招标采购时，我们一般都作为重点采购对象向书商提出，要求这类图书的到货率尽可能达到100%，因为这些图书的读者对象明确，针对性强，当年采购，当年基本都可以实现流通。实践证明这样的图书采购量越大，图书流通量就越大。

4. 合理地确定图书复本量

馆藏图书的复本量直接影响图书的流通率，一般的情况是复本量越大流通率就越低，在馆藏量一定的情况下，流通量=馆藏量×流通率，即流通率越低流通量就会越小。因此，在采购图书时要全面考虑本校的资金及各专业师生人数等因素，确定本馆所购图书的复本量。近几年我馆的复本量均确定为 3 册，其中 1 册存图书阅览室，2 册进流通部供师生借阅，从几年来的实际情况看，我们确定的复本量是比较合理的，既保证了师生够用又基本避免了新购图书的闲置。

二、营造良好环境，吸引广大读者亲近图书馆

阅读环境既包括设备、设施等硬件方面，也离不开服务质量、文化氛围等软件方面。一个好的阅读环境，对读者有一种无形的吸引力。努力营造一种良好的阅读环境，是图书馆工作人员义不容辞的责任。为此，我们在挖掘自身潜力的同时，积极争取上级对图书馆加大投入，主要目的就是吸引更多的读者来图书馆阅读。

1. 重视室内环境

为给读者提供一个舒适的阅读环境，学校给图书馆阅览室和各书库配备了美观实用的书架、书柜及阅览桌椅，馆内共设 6 道楼梯和 2 部电梯，上下非常便捷。室内安装了中央空调，能保证馆内冬暖夏凉，并可以随时通风换气保持室内空气清新；再加上我们对图书馆的一些装饰和美化，置身其中使人感觉比较优雅和温馨，每到严冬或盛夏图书馆便成了最受师生欢迎的场所之一。

2. 延长开放时间

我馆流通部除按教职工正常上班时间开放外，每天还牺牲中午休息时间延长开放 1 小时，方便了师生借阅图书。阅览室原来周一到周五的开放时间是 11：30～21：00，周六、周日及节假日的开放时间是 9：00～17：00；后来根据学生的需要，我们一再地延长，现在的开放时间是每周 7 天，每天 9：00～21：00，除掉寒暑假以外，天天如此。这样做不仅满足了师生读者的需要，同时也明显地提高了图书的流通量。

3. 增加单次借书量

以前，由于馆藏量有限，学生每次只准借 1 册，教师限借 5 册；后来图书馆藏书量有所增加，我们就改为学生每次限借 3 册，教师每次限借 10 册；现在是学生每次限借 8 册，教师每次限借 20 册。这对促进我馆图书流通量的提高，起到了有力地推动作用。

4. 公布读书排行榜

为了鼓励大家多读书、读好书，我们设置了读书排行榜，每季度将全校借阅图书数量排在前 100 名的师生名单公布在校园网上。年终，我们组织评选"阅读先进单位"和"阅读先进个人"，并召开阅读表彰大会，对借阅图书多、读得好的单位和个人进行大张旗鼓的表彰，请校领导给他们颁发奖牌、证书及奖品，以此营造具有读书光荣和"比、学、争先"良好阅读氛围的"书香校园"。

三、改进服务态度，尽可能地方便读者借阅图书

图书馆文献资料的使用价值主要体现在这些资料的流通上。为促进本馆图书资料有效地流通，我们要求图书馆工作人员站在读者的角度考虑问题，不断改进服务态度，从小事做起，主动为读者提供方便。

1. 取消使用代书板的规定

以前为了避免图书乱架现象，我们规定读者进入书库时必须携带代书板，要求读者取书时，将代书板插到该书位置，阅毕不借，将书放回原处。这样做理论上虽然可以减少图书馆工作人员的工作量，但实际不仅给读者增添了一些麻烦，同时仍然难以避免乱架现象，有时甚至连代书板还要工作人员进书库寻找才能回收起来，反而给他们增加了工作量。为此，我们取消了使用代书板的规定，读者只管挑选自己需要的图书，书架乱了由工作人员随时排架整架。

2. 图书阅后不用读者还原

读者进入书库一般都习惯挑选一摞图书，先粗略地浏览一下再决定是否借出，为了方便读者阅读，我们在书库都安排了少量桌椅，经读者挑选以后的图书，愿意借的带走，不愿借的就可以放在阅览桌上，或者就近放在书架的顶端，图书上架和还原的事都由我们工作人员来完成，简单地说就是"把方便让给读者，把麻烦留给自己"。

3. 为特殊读者送书上门

对少数工作特别忙、学术研究任务又重的人员，我们提供送书上门的服务。主要做法：①根据此类读者通过电话或短信告知本馆需要某种图书，图书馆人员就代其办理借阅手续并将图书送到他们手上；②本馆人员根据这些读者的专业类别和个人爱好选择一定数量的图书不定期地送书上门。这样做图书馆人员的事情虽然多一些，累一些，但却为此类读者节约了宝贵的时间。

四、开展多种活动，不断激发师生的阅读兴趣

为了引导师生多读书、读好书，我们采取多种形式开展了与阅读有关的各类活动，以此不断激发师生的阅读兴趣。

1. 开展好书推荐活动

每当新书入库，我们都能做到及时地公布书目，使广大读者在第一时间了解新到图书的有关信息。另外，我们还利用每年的"读书月"开展好书推荐活动，请一些学有所成、学有所得的读者结合自己的切身体会向师生推荐好书，使师生直接体会到"学有所成、学有所得"并不神秘，也不是高不可攀的事，而是就在自己的身边，只要自己静下心来读点书，多少都会有所收获，最起码也比把时间用在打牌赌博上强些。

2. 开展阅读座谈活动

我们始终坚持以"服务读者"为宗旨，以"读者满意"为目标。每年，我馆及所属各部门都分别召开以不同的读者为对象的座谈会。如学生读者代表座谈会、教职工读者代表座谈会和阅读工作会议等，通过这些渠道，我们可以及时倾听到读者的心声，了解

他们的阅读需求，从而端正我们的服务态度，及时改进图书馆的工作，不断提高读者的满意度。

3. 开展主题读书活动

开展主题读书活动是提高图书流通量的一个比较有效的举措。因此，近几年我们连年坚持参加和开展不同形式的读书活动。从时间上分，有读书日、读书月、读书年等；从内容上分，有征文、演讲、知识竞赛等；从组织形式上分，有中国图书馆学会举办、中央广播电视大学举办、湖北省高职图协举办、院团委与图书馆联合举办等，并逐步形成了制度。2009年以来，我馆参加了中国图书馆学会和中央广播电视大学等单位主办的主题读书活动，我校师生共获得包括2个组织奖、5个一等奖在内的各种奖励70余人次，这些活动较好地激发了师生的阅读兴趣。

总之，随着信息技术的发展，在纸质图书流通量呈现下降趋势的背景下，武汉软件工程职业学院图书馆，近几年积极想办法，思路上敢于创新，并有意识地进行了一些实践探索，在提高图书流通量方面取得了比较明显的成效。目前，纸质图书的日流通量最高时可达2000册以上，年均图书流通量基本稳定在25万册左右，最高年份达到32万册，每年接待读者量超过50万人次，使学校的纸质图书资源得到了比较有效的利用。

参考文献

[1] 王春阳. 提高图书流通量的思考. 长沙大学学报，2000（1）.

[2] 朱淑南，曹健. 河北理工学院图书流通现状、问题及对策. 河北理工学院学报，2002（2）.

[3] 李勤. 提高高校图书流通量刍议. 三明高等专科学校学报，2001（3）.

[4] 景引玉. 提高党校图书馆的藏书利用率. 中共太原市委党校学报，2000（5）.

[5] 黄志霄. 如何提高藏书利用率降低拒借率. 图书馆论坛，1994（5）.

[6] 汤亚芬，包平. 论流通数据指标体系的建立. 图书馆建设，1994（5）.

[7] 姜青华. 谈图书流通量、利用率的计算. 图书与情报工作，1994（1）.

[8] 高庆云. 关于图书流通量与利用率的计算问题. 图书与情报工作，1993（1）.

[9] 宋明玄. 提高高校图书馆图书流通量的措施. 沈阳农业大学学报（社会科学版），2000（2）.

图书馆管理与服务新探
——湖北职业技术学院图书馆管理服务案例

张占华　张朋义

（湖北职业技术学院图书馆　湖北孝感　432000）

摘要　图书馆是学校的情报信息中心，是人们获取信息和知识的重要场所。图书馆以服务教学科研为己任，以优化资源配置和调整馆藏结构为重点，以数字化、服务型图书馆为发展目标，建立网络环境下的图书馆自动化、网络化服务体系，实现图书馆工作的"三大转变"，从传统向数字化转变；从初级向高级多层次服务转变；从保存型向信息资源利用转变。我们将继续坚持改革与创新，不断总结工作经验，拿出新举措；继续完善图书馆为教学科研服务、为读者服务的各项职能，以期尽快实现湖北职院图书馆进入高校现代化先进图书馆行列。

关键词　图书馆　管理　服务

一、图书馆概况

湖北职业技术学院图书馆面积13 000平方米。馆内设有办公室、采访部、编目部、流通部、系统部、咨询部、现刊阅览室（文科、理科、医科3个）、现报阅览室、过刊资料室（4个）、教工资料阅览室、电子阅览室、声像资料室、报库等；图书馆藏书98万余册，其中电子图书40万册（书生10万册，超星30万册），现刊近2 000种，电子期刊8 000种；收藏有医学光盘资料，课件，法律光盘，文学电影光盘资料，教育、财经、计算机、机电工程、旅游、酒店管理等电子光盘资料。服务方式为电子阅览、光盘检索、参考咨询、外借阅览、通阅互借、网上咨询定题查新等服务。图书馆建立了先进的网络系统，各类联网计算机200余台，实现了图书馆局域网、校园网及Internet网的互联。

（一）图书馆服务机构

图书馆服务机构包括（借阅服务、信息服务、技术服务）流通大厅、现刊阅览、过刊阅览、书目查询、参考咨询、电子阅览室、读者培训、系统部、打印复印、学术报告厅。

（二）图书馆平面示意图（略）

（三）图书馆馆藏设置指南（如表1所示）

表1 图书馆馆藏设置指南

楼层分布	库室	资源收藏情况	开放程度	服务对象
一楼西	文献流通	文科借阅室	开架借阅	全体读者
二楼西	文献流通	理科借阅室	开架借阅	全体读者
二楼北	报刊阅览室	本年度近百种报纸	开架借阅	全体读者
二楼东	电子阅览室	电子出版物、图书、期刊、数据库等	就室阅览	校内读者
三楼西	理科阅览室	本年度理科杂志	开架借阅	全体读者
三楼北	过刊阅览室一	文科多年过刊合订本	开架阅览	全体读者
三楼北	过刊阅览室二	理科多年过刊合订本	开架阅览	全体读者
四楼西	文科阅览室	本年度文学杂志	开架借阅	全体读者
四楼北	过刊阅览室一	文科多年过刊合订本	开架借阅	全体读者
四楼北	过刊阅览室二	医类多年过刊合订本	开架阅览	全体读者
五楼西	医科阅览室	本年度医学杂志	开架阅览	全体读者
一至五楼	自习室	自习		全体读者

（四）图书馆馆藏情况

图书馆现有纸质文献近87万册，电子图书40.2万册，馆藏文献量127.2万册。馆内购有中国学术期刊全文数据库（中国知网）、万方医学数据库、超星数字图书馆、书生之家数字图书馆、中国数字图书馆、维普数据库、起点考试题库等数字资源，可方便、迅速地查找国内各种文献资料。

图书馆在校党委的亲切关怀和主管领导正确指导下，紧紧围绕学校教学科研这一中心工作，坚持"以人为本、科学管理、关心职工、尊重读者"的管理理念和"读者第一、服务至上"的办馆宗旨，以求真务实的工作态度，不断强化图书馆的三大功能（服务功能、教育功能和信息功能），提高图书馆的服务质量和工作效益，为学校的教学科研服务。

二、加强政治业务学习，提高馆员素质，抓好常规管理

图书馆坚持抓好每两周一次的政治学习，开展"六讲"（讲学习、讲政治、讲正气、讲纪律、讲奉献、讲实干）活动；切实搞好馆员的思想作风建设；加强团结合作，弘扬无私奉献精神；服务意识、创新意识、质量意识进一步提高，发挥了图书馆在学院精神文明建设中的重要作用。统一思想，更新观念，落实基层党组织建设，积极开展党员创先争优活动。

（1）提高馆员素质。加强业务学习，提高管理水平，开展工作交流，增强业务技能，为读者提供优质周到的服务。

（2）抓好常规管理。加强日常管理，坚持签到考勤制度；工作抓落实；双休日、节假日照常开放，充分满足了广大师生的借阅需求。

三、深化改革，实施馆员轮岗

根据学校改革的要求，大力推行分级目标责任管理，实施岗位分类管理。精简高效，按需设岗。实行身份管理向岗位管理的转变，实施馆员轮岗。

四、积极探索，努力提升服务质量和服务水平

服务质量和水平是图书馆的核心。图书馆从更新服务观念入手，不断改进服务方式，通过一系列改革和创新，提高了服务质量和效率。

（1）实行藏、借、阅一体化的服务方式（全开架）。图书馆全面实行藏、借、阅一体化的服务方式，文献开架率100%。读者在书库就地就便借阅。配备学生协管员，以便捷、舒适的阅览环境和新型服务方式吸引和方便了读者。

（2）强化职业道德，开展优质文明服务。积极推进馆员素质教育工作，开展创建"优质文明服务岗"活动，实行党员值日和"服务首问责任制"，制订"文明服务方案"，大力推广文明服务用语。通过"读者留言"，随时收集意见，改进服务。

（3）延长开放时间，满足读者需求。图书馆多年坚持从早上8：00连续不间断开放至晚上21：00，双休日照常开放制度，每周开放时间达77.5小时，图书文献借阅数迅速递增。数字图书馆提供24小时在线服务。

（4）增设新书阅览室，让读者及时了解最新学科前沿信息。图书馆调整了书库和阅览室，将理工和医类图书集中借阅，使新书资源得到充分利用；在二楼报纸阅览室增设创业就业教育新书展，方便毕业生及时地了解最新就业信息。

五、加强图书馆信息化、网络化、安全和建设

（1）全馆实现无线网络覆盖。全馆布置此类无线终端20余个，可实现近300人同时使用无线网络信号，大大满足了广大读者查阅资料的需求。

（2）与学院一卡通系统实现了对接。

（3）全馆实现24小时电子监控。

（4）图书馆服务器并入学院网络中心实现统一管理。

（5）参与学校数字化校园建设，收集资料，提供方案，为吸收社会资源建设校内一卡通积极努力；图书馆的数字化建设也取得可喜成绩，软件已升级，移动图书馆准备试用，无线信号已覆盖全馆；图书馆在全省高职院校中已走在前列；配合学校改革进程，引进社会资源，在东区设立图书馆电子阅览室，方便学生查找信息。

六、加强信息研究，重视读者服务工作

（1）每年开展一次"新生入馆教育"；发放《读书指南》5 000份。

（2）借助学院网络平台和图书馆网站，加大图书馆资源的宣传。充分利用网络优势，辅助师生进行文献检索。在部分高年级专业开设信息检索课程，辅助学生进行毕业论文和毕业设计。培训读者3 000多人。

（3）争取学院支持，加大馆藏建设投入。文献资源建设是图书馆工作的重中之重，是体现图书馆作为学校文献信息中心以及信息化基地的重要保障。加强图书馆硬件资源建设，争取领导支持，加大对文献资源的建设力度，完善馆藏建设。

（4）注重数字图书馆建设。为方便、快捷地使用图书馆资源，图书馆网站进行了三次改版更新。在原有的图书馆书目网上查询功能、新书通报等功能的基础上实现了校外师生远程访问功能、文献传递功能、读者荐书等功能；还加大了数字资源的投入，除原有的维普、超星、书生、万方、中数图等9个数据库外，又增加了中国知网（6个专辑），起点多媒体视频数据库等，极大地丰富了全院师生的信息资源。

七、图书馆圆满完成各项服务工作情况

几年来，通过全馆工作人员的共同努力，图书馆保证了正常和节假日对读者开放。每年共接待读者30多万人次，节假日图书馆正常对读者开放，借还图书达7多万册；改变购书方式，由院部提供书目，实行现采、网购、委托代购等，千方百计满足教学科研需要，全年共采编新图书2万册，接收整理旧书3万册，报纸杂志1 500余种，购电子资源数据库4个；每年办证退证各5 000多人。

（1）在馆内安装门禁系统、增设探头，加强馆内安全；定期对全馆人员定期进行安全教育，做好图书文献资料的"六防"工作，全年未发生任何安全事故。

（2）积极协助有关部门搞好学术研究和交流工作。

（3）图书馆学术报告厅举办了报告会80多场；布展和培训活动30多次；完成参观指导的接待任务20余次。

（4）积极组织参加图协举办的竞赛活动：参加省高校图工委、数图管理中心、市图书馆学会召开的数字图书馆建设会议，加强专业人员培训；图书馆在省职教图协举办的网页评比中获得第一名；组织学生参加省职教举办的各种竞赛，其中一等奖两名，二等奖两名，三等奖五名。

多年来，图书馆在管理和服务方面大胆探索，勇于创新，终于换来了丰硕的果实。图书馆代表省高职院校在省高校图工委工作会上作典型发言；在全省职教院校图书馆评比中荣获"先进图书馆"称号。部分院校图书馆来湖北职院图书馆参观交流时对我馆在管理、服务等方面都给予充分肯定。

八、存在的问题与不足及对策

电子阅览室应及时更新改造；馆藏资源建设与办学的要求尚有较大缺口，应加大经费投入；数字资源建设方面，还需进一步加大数字化资源和网络虚拟资源的建设力度，使之更加趋向合理化；读者培训工作要全面开展；图书馆工作人员业务素质有待进一步提高，自动化管理有待进一步规范，网络建设还需进一步加强等。

九、几点体会

抓环节、突出重点、做好服务是根本,我们将认真按照学校的整体要求和部署,制定图书馆工作规划:

(1)切实把服务放在首位。

(2)制订购书计划,加强采访、编目工作。

(3)改造电子阅览室。

(4)实现移动图书馆;创建数字网络体系,扩大网络信息服务功能,建设开放性图书馆。

(5)参与省、市图书馆联网,实现资源共享。

图书馆建设的服务创新

罗 煌

(武汉商贸职业学院图书馆 湖北武汉 430070)

摘要 如何适应新时代发展的需要,以创新促发展,是高校图书馆建设面临的一个重要课题。本文结合图书馆建设的实际,以服务创新为出发点,从其必要性和理念进行阐述,在此基础上确立图书馆服务创新的策略。

关键词 图书馆 建设 创新服务

现代信息技术的高速发展,对图书馆建设是一个新的发展机遇,同时也是一个严峻的挑战。如何把握机遇迎接挑战,创新服务已成为新世纪图书馆发展的主旋律。提供服务是图书馆最基本的职能,也是图书馆存在的理由。而服务水平高低的关键,在于完善管理,更新观念和创新方式。图书馆进行服务创新,应从解决好馆员的素质和态度入手,创造一个优良的环境,为图书馆建设的服务打下良好的基础。

一、服务创新的必要性在图书馆建设中显得尤为凸出

计算机和网络技术在高校图书馆的普及和应用,使得图书馆无论在服务内容、服务方式还是服务手段上都较以前有很大进步和提高,文献载体既有印刷版,又有光盘版及网络版,读者借阅更加方便、快捷。在借阅范围上突破了时空的限制,通过互联网可及时进行文献查询和全文传递,但在服务手段现代化的同时,我们不得不冷静地看到图书馆在管理与服务中存在着与建馆发展趋势不相适应的地方。一方面,馆内信息不是与人才的相对富余存在矛盾;另一方面,读者对知识的渴望得不到满足。以上情况充分说明,图书馆面临着严峻的挑战,或者说面临着多方面的威胁。因此,图书馆人员要有忧患意识和危机感,强化竞争的观念。

更新观念,树立服务创新的意识,并不是要求每个图书馆人员都刻意标新立异,另搞一套,而是以提高服务质量为标准的更新和创新。通过更新观念,使图书馆人员主动为社会、为读者提供信息服务,在广阔的信息服务中走出自己的新路子,这才是实施服务创新的"源头活水"。信息化时代,知识更新速度加快,为用户提供的信息内容只有具备了快、新、精、细的要求时,才能称得上真正意义上的服务创新。因此,图书馆必须深化信息服务内容,充分挖掘馆藏实体资源和虚拟网络资源的内在价值。这是图书馆服务创新的实质内容。传统和现代互为促进,满足不同层次读者需求。

二、图书馆建设的服务创新以理念创新为出发点

（一）"以人为本"是服务理念的根本

传统的图书馆服务理念主要体现在"以书为本"，图书馆的业务活动围绕着书而展开。从采集到编目，从典藏到借阅，工作重心在"藏"上。现代图书馆的服务理念已经发生了质的变化，图书馆业务流程的每一个环节都围绕着人而展开。它主要反映在以读者为本和以馆员为本两个方面，二者缺一不可。"以人为本"应当贯穿图书馆服务的全过程，其核心是"读者第一"，其最终目的是读者的需要，其实现的过程是尽最大可能地方便读者。尊重、平等地对待每一位读者，不因其经济、身份、个性、成绩及身体的差异、感情的亲疏而厚此薄彼、区别对待。"人人生而自由，在尊严和权利上一律平等"，特别是对某些身心不健康者，决不能表现出轻视和反感的态度，相反，更应该提供周到、细致的服务，让其感到受尊重和被重视。

（二）"重新定位"是转变服务理念的开始

多年来，不少图书馆热心于为读者找书、藏书的传统模式资源管理，图书馆充当的是把东西管好的"看摊儿"工作，藏书数量和现代化设备的多少往往作为考核图书馆业绩的一个重要标志，而相对的工作量考核得不到体现，图书馆管理人员队伍存在着很多问题，专业结构不合理、学历层次不平衡等。图书馆员应由"守门人"、"中介人"，变为"知识领航员"。信息时代需要高素质的图书馆员，需要他们成为信息资源与用户之间的桥梁与纽带，成为高知识含量信息产品的设计者、操作者，成为捕捉信息资源方法的传授者。

（三）"一切为了读者"的服务理念需要进一步增强

网络环境下，图书馆的资源构成发生了明显的变化，用户概念也延伸为读者、网络用户和社会大众等共同构成的"大读者"群体。如何发挥馆员的主观能动性，馆员的知识结构、提供服务的能力、服务的意识都显得越来越重要。要做到以读者为中心，一切为了读者，具体应是在服务方式上采取现实服务与虚拟服务相结合；提供信息与培养能力相结合。针对用户需求进行调查分析，明确服务方向和目标，彻底改变封闭被动的服务观念，对读者的个性化需求开展有针对性的主动和深层次的知识信息服务。在设施和环境的设置上，也要变方便馆员为方便读者。

（四）"品牌意识"是服务理念建立打造的最终目标

这些年来，国内图书馆界主要以"硬件"建设为主，思维模式还处在"有设备就有服务"的阶段，一味地追求铺摊子，而把"软件"建设放到了从属地位。对于服务就是产品，品牌就是生命这一被商界广泛推崇的思想认识不足，缺乏前瞻性和创新性。在知识经济时代，馆藏资源、用户资源、馆舍与设备资源固然重要，而将服务视为产品随时适应用户需求的变化而更新，并使其具有生命力则显得更为重要。

三、多层次服务创新策略是推动图书馆建设的着力点

（一）拓宽服务领域让服务创新获得广阔空间

图书馆作为一种社会基本设施和服务于广大公众的社会文化机构，积累了丰富的图书资料，这些资料的系统性、完整性是其他机构都无法比拟的。图书馆工作人员要勇于创新，建立自己的数据库，让这些丰富的资料成为网上资源，使之转换成新的知识产品，为广大读者服务，加强资源交流和资源共享。图书馆人要充分利用馆藏文献，开展信息资源交流，通过网络把开发出的信息产品介绍给广大读者，使它得到有效的利用，真正实现馆藏资源共享，变馆藏资源为网上资源。

（二）转变服务方式开创服务创新新纪元

随着图书馆馆藏文献载体的变化和现代应用技术在读者中的普及，以及读者对图书馆需求的不断提高，图书馆单一、被动、静态的服务方式已越来越难以满足读者多样化的信息需求。现实要求图书馆工作人员要转向新的服务方式中，专业化的概念非常浅显，因为是依文献类型来设置部门的，各部门工作人员只熟悉自己部门的文献类型，服务的专业化也仅停留在专业的单一文献类型上。读者要得到某一学科或某一专业的信息资料，需要跑几个部门，如借阅书籍要到流通库、阅览室，查阅期刊要到期刊库，浏览光盘要到电子阅览室等，非常麻烦。而专业化服务方式就是打破部门界限，设置若干以学科为核心的平行组织，减少管理环节，读者只需点击接触某专业窗口，便能得到与其专业相关的书籍、期刊、报纸，或网络、光盘等电子媒体资讯，省却了读者在各个部门来回奔波的麻烦，较好地满足了读者的需求。由此可见，搞好专业化服务是转变服务方式的一个重要方面，是一种省时、简便、高效的服务方式。

21世纪，随着计算机、通信、多媒体技术的发展，尤其是以网络技术为核心的现代信息技术的不断进步和图书馆广泛地运用，使图书馆的馆藏结构也发生了根本性的变化，改变了文献的载体形式和传递方式。一方面，图书馆应努力改变原有的服务方式；另一方面，充分利用新技术，开展新的服务项目，拓展服务范围，如预约服务、跟踪服务、电话咨询服务、远程服务等。

（三）引进和培养复合型人才是图书馆服务创新策略的核心

信息时代图书馆的服务过程中知识和技术含量加大，对专业人才提出了较高的要求，要求图书馆员既要有扎实的传统图书馆学知识，又要具备计算机技术、网络技术、通信技术知识，还要通晓知识产权保护和网络安全维护知识，也就是要成为复合型的人才。此外，图书馆还需要中文、外语及各种学科的专业人才。因而，图书馆一方面要逐步加大这些人才的引进力度，另一方面要对现有工作人员进行培训，也可由内部专业人才对员工进行专业知识培训。新时期的图书馆员应是充满智慧与激情的，自信自强的，善于学习、善于交流的，能够发光发热、温暖人心的一群人，这是图书馆事业兴旺发达的基础，也是图书馆进行服务创新的基本前提。不仅要求馆员具备相应的基本素养，更应具备相应的责任意识。当前，图书馆正在由提供信息服务向提供知识服务转变，而知识服务是建立在图书馆服务功能和专门知识基础上的一种价值取向，是一种面向知识内容和解决方案的知识创新和增值的服务，它以用户为中心，以灵活的服务模式充分利用和调动知识工作者的智慧对问题进行分析、诊断和解决为标志，这就要求馆员必需具备相应的素养才能实现。知识馆员的素养具体体现在扎实的业务能力、娴熟的现代技术水平和复合的知识结构。

总而言之，新时代图书馆的竞争是服务创新的竞争，归根到底也是图书馆间图书馆员工素质和技能的竞争。如何加大图书馆建设的服务创新力度，追求读者满意理念，是值得我们不断深入探讨的问题。

参考文献

[1] 王红梅. 谈社区图书馆建设. 图书馆理论与实践，2001（3）：78.

[2] 张建文. 对新时期高校图书馆建设和发展的思考. 文教论坛，2007.

[3] 卢继红. 高校研究型图书馆服务创新体系建设. 机械管理开发，2004（10）.

[4] 任瑞羽工. 图书馆建筑与人文关怀的思考. 云南图书馆，2005（1）.

[5] 束漫. 城市发展中的图书馆服务创新. 现代情报，2006（2）.

图书馆是中职学生人文素质培养的重要平台

李东华　黄　星

(武汉铁路桥梁学校图文信息中心　湖北武汉　430050)

摘要　在职业技能日益强化的今天，培养能够直接在生产、服务、技术和管理第一线工作的技能型人才成为中职教育的主要目标。而重专业技能训练、轻人文精神熏陶的情况较为普遍，加强人文素质教育在职业教育中的渗透已成为共识。我们要重视图书馆在学校人文素质培养中的重要地位，积极探索有特色的人文素质培养途径，全面提高学生的整体素质，为学生积极参与社会竞争奠定良好的基础。

关键词　图书馆　人与素质　培养

一、中职学生人文素质的现状

受家庭教育和社会因素的影响，中职学生学习上多自卑，缺乏足够的学习信心，学习动力和热情不足，知识面窄，对民族历史、优秀文化、优良传统了解甚少，职业和人文素质不强。这些导致学生缺乏积极的人生信念，厌恶学习。与此同时，网络虽给学生带来了极大的便捷，但一些学生沉湎于虚幻的网络游戏和网络交际，对现实世界冷漠无知，不愿与人交往等，图书馆的借阅率也在逐年降低。在教育实践过程中，忽视"人文"教育，没有使职业技能教育与人文素质教育相互促进、协调发展；对培养"情商"的重视力度不足，对培养爱岗敬业、自信心、人际交往、挫折承受等素养的培养欠缺，导致学生社会适应能力较差，精神匮乏，素质不全面，后劲不足。

针对这些现象，努力开展适合学生发展的课外阅读指导和读书活动，在读书活动中"潜移默化"，开拓学生视野，发展学生智力、个性和特长，培养学生在今后的职业活动中所需要的情感与人文素养刻不容缓。

二、中职学生人文素质培养的意义

爱因斯坦指出："只用专业知识教育人是很不够的，通过专业教育，他可以成为一种有用的机器，但是不能成为一个和谐发展的人。"人文素质教育就是通过人文素质的教育活动，培养学生健全的人格和正确的价值观，让学生学会如何做人，使受教育者整体素质得到全面提升。人文素质教育，对于技能人才的培养，不局限于单纯的专业知识技能的掌握与运用，还在于它能帮助人形成全面的知识结构，促使人在情感和意志等方面健康地发展，是受教育者学习人文知识并将其内化为一种品质的重要途径。

(一)社会发展的需要

人文素质是一个人的基本修养与品质。每个人都是社会人,因此他要与自然发生关系、与人发生关系、与社会发生关系,如果失落了人文素养及精神,势必制约了人、社会、国家、民族的可持续发展。

(二)就业竞争的需要

随着社会的不断发展,各个领域对人才的要求也越来越高,尤其是在信息化时代,原来的单一化培养模式难以满足日益发展的人才需要。人文素质教育能给予学生从事任何工作、承担任何社会角色的一个重要基础——作为人的基础,帮助学生认清自己的社会责任和时代使命,坚定崇高的理想信念,树立正确的人生追求。大量事实表明,良好的人文素养已成为职业准入的一道门槛,现代企业用人则看重学生的综合素质,对于职校毕业生来说,要具备就业竞争优势,除了应具有扎实的专业基础理论知识和较强的技术应用能力外,还应具备良好的职业人文素养。

(三)个人发展的需要

事实上,一个优秀的职业人才所掌握的东西要比完全专业的本领多得多,很多同学毕业后不久又选择了其他的行业。无论在哪个劳动岗位,只有具备良好的人文素养和科学素养,具有创新精神、合作意识,拥有开放的视野,具有阅读能力与表达交流在内的多方面基本能力的人,才能快速适应环境,才具备可持续发展的基础。

三、图书馆在中职学生人文素质培养中的作用

人文素质教育是一种全新的教育思想和教育模式,中职学校图书馆是学校文献信息中心,是中职学生的第二课堂,理应成为中职学生人文素质教育的重要场所。

首先,图书馆具有丰富的馆藏资源,为学生进行人文素质教育提供了物质基础和必要条件;其次,图书馆可以通过各种手段和方法,引导学生多读书、读好书,使学生们通过对优秀书刊的阅读,受到人文知识的感染和熏陶,进而升华为人文精神;第三,图书馆可以充分发挥自身优势,利用丰富的文献资源、先进的服务设施、现代化的服务手段和高素质的人才,密切配合学校教育教学改革,开展丰富多彩的校园文化活动,全面提高学生的人文素质。图书馆开展的虽然是无声教育,但却是在校中职学生必不可少的一种教育手段,让中职学生走进图书馆,自由地翱翔在知识的海洋里,对陶冶他们的情操、培养他们的智力、开拓他们的视野,有着不可估量的作用。

四、图书馆对中职学生进行人文素质培养的途径

(一)营造校园高雅文化环境来陶冶中职学生的心灵

中职学校图书馆是建设"书香校园"的重要场所,营造独有的安宁、静谧、神圣、亲和、高雅的文化环境,浓郁的读书气氛,能激发中职学生的求知欲望,同时还可使中职生在参与中受到人生观、人文观的教育及美的熏陶。校园外部文化环境应与图书馆周围的道路标志、花草树木、雕塑物以及一些励志性标牌等一起组成一个清洁整齐、美观

大方、优美和谐的共同体，体现鲜明的、有时代感的个性化特色，使中职学生自然而然地融入这个文明场所。图书馆内部文化环境的构建要符合美学规律的实用空间与视觉领域，让艺术形式充分体现出空间的优美和高雅。正像王小影描述的那样，营造文化环境，通过展览、绘画、雕塑等艺术形式所具有的人文内涵，烘托出图书馆的人文氛围，使到馆的读者感到心灵的震撼和美的享受。让文化环境遏制那些不文明的阅读行为、平静那些浮躁的心情，充实那些空虚的灵魂，从而在潜移默化中提高其人文素质。

(二) 通过心智文化服务来感染中职学生

中职学校图书馆工作人员不仅是文化知识的传播者，更重要的是用心智文化服务读者，培养中职学生文化素养。做好这项服务，首先要树立先进的服务理念，营造完善服务机制，选择优良方法、先进服务方式及艺术手段，对读者细心、留心、热心、爱心，克己待人，使读者认可、认同，感激于心，从而赢得读者的尊重和口碑相传，树立起心的形象和心的品牌。在这特种心的环境下，蕴涵了一种心智文化功能，潜移默化着众多中职学生读者，陶冶情操、美化心灵，完成了理想和人格的塑造，达到提高中职学生人文素质的教育目的。

(三) 图书馆开展寓教于乐的文化活动提高学生的文化品位

中职学校图书馆拥有大量书籍、报刊、数据库等文献资料，开展馆藏文化教育，举办讲座、报告会、书刊展会、读者沙龙、作品欣赏、征文竞赛、人文知识比赛、社会热点展，定期或不定期举办节日庆贺活动专题展，引导学生读好书，激励学生写书评等，调动中职学生读书、爱书的热情，激发他们的求知欲望，帮助他们增长知识、开阔视野、活跃思维、陶冶情操，提高他们的写作能力和综合素质，引导其"读好书、做新人"。

1. 好书、新书推介

从我们的阅读问卷调查结果中了解到，很多同学不知道经典著作，更缺少对经典著作的了解。当问起他们喜欢的经典书籍时，很多同学显得比较茫然，脑子里缺少积累和熏染。针对这些现状，我们应积极组织"读书协会"会员利用自习时间到各班进行"好书、新书"推介，吸引学生走进图书馆，如推荐一些人物传记、励志图书，引导学生树立远大的理想，培养职业意识，提高职业道德修养。图1为"读者协会"针对新生优质的宣传栏。

2. 引导网络阅读

在互联网普及的今天，人们显然不再局限于以纸质文本为中心的阅读，而是有了多元化的选择，阅读的内涵和外延已经大大拓展，无论从内容还是形式上都注入了全新的东西。我们应该清醒地看到网络犹如一把双刃剑，同时要让学生了解互联网的各种功能以及积极作用和消极影响。作为阅读的两种方式，网络阅读与传统阅读各有特色，引导他们树立正确的阅读观和明确的阅读目标，不要随波逐流，健康合理地使用网络，主要表现在对上网内容和上网时间的控制。具体包括：玩电子游戏要适度、不浏览不良信息、不随意约会网友、不沉迷虚拟的网络等，使网络阅读与传统阅读相结合，两者相辅相成，互为补充。这样才能发挥各自的优势，达到我们求知和阅读的目的。开展"学习传统文化知识，感受传统文化魅力"为主题的网络答题读书竞赛活动，引导学生网络阅读。

图1

3．举办读书讲座和知识竞赛。

读书讲座倡导"学知识、学文化、多读书、读好书"的风气，帮助学生正视现实，转变传统的择业观念、思维方式和行为模式，调整好心态，提高自身的人文素养。引导学生积极主动地读书，具体指导读书方法，帮助学生制订和执行阅读计划，培养其阅读习惯。鼓励他们开阔视野，充实生活，通过自我阅读吸收丰富的精神营养，提高个人修养，为今后适应生活和工作的需要打下良好的基础。图2为我校图书馆在"世界读书日"到来之际开展的"读书与人生"主题报告会现场。

图2

在2009年9月湖北省职教院校图书馆协作委员会组织的"学习传统文化知识,感受传统文化魅力"知识竞赛上,我校代表队以雄厚的实力夺取了比赛的一等奖。全省70个队参赛,在获得一等奖的13支代表队中,我校是唯一一个获得满分的中职学校代表队,其余均为高职院校代表队。

4. 美文、经典诵读

诵读对培养学生健康的情感和高尚的情操起着春风化雨的作用。优秀的诗文需要在反复的诵读中体会情感、感悟诗意,语言上的平平仄仄、抑扬顿挫会产生一种韵律清晰的音乐美,经常诵读对学生运用母语的美化有着不可估量的作用。这样必然会提升学生的审美情趣,激励学生去追求美、发现美、表现美。我校成功举办了三届"仁教杯"经典美文诵读比赛。图3即为我校的"仁教杯"——"读经典美文,建书香校园"诵读比赛现场。

图3

5. 读书交流、分享

秉承读书、思考、实践、成长的原则,组织读书交流、讨论、分享会,旨在培养学生的读书习惯、交流读书方法、分享读书感悟。要求学生每学期制定明确的目标,引导学生阅读,勤动笔墨,平时点滴积累,从易到难,有序训练,教给学生观察方法和思考方法:对一个事物的评论要通过细致的观察,全面、深入的分析,要有意识地由此及彼、由里及表,透过现象看到本质,遇事要能独立思考,善于思考,联系实际;学会用语言表达思想、与人沟通,通过读书活动使自己学习能力和综合素质得以提高。

6. 开展读书月活动

以纪念"世界读书日"为契机，促进学生走进图书馆，利用图书馆。在校园开展多样性、知识性、趣味性的读书活动，如"读书征文"（图 4 为我校参加省职教院校图协组织的"书香伴我行"入选作品展示）、"读书知识竞赛"、"美文诵读"、"读书手抄报"、"主题黑板报"（如图 5 所示）、"班级图书角"、"读书摄影"、"读书讲座"等。

图 4

图 5

7. 推进人文社团创办

通过形式多样、具有丰富内涵的读书活动及自我实践，激发学生的读书兴趣，引导他们学会利用图书馆。这些活动的开展将对推动学生社团的创办起到积极的作用，有利于学生社团的发展，如读书协会、通信员协会，架起了图书馆与全校师生学生之间的桥梁；协助老师进行对图书馆的宣传、新书推荐、导读、组织读书活动；让学生通过参加社团活动锻炼自我管理能力，发挥学生的主体作用，提高学生的人文素质。

人文素质教育是做人与成才教育的全新模式，是人才培养目标的重要组成部分。因此，我们可以说加强中职学生人文素质教育是促进中职学生全面发展的重要因素，而中职学校图书馆作为人文素质教育的基地之一，具有课堂教学无法替代的作用和优势。充分发挥图书馆育人功能与优势，配合学校搞好对中职学生的人文素质教育已成为中职学校图书馆的一项重要职能，也是实现校园文化传承创新职能的重要手段。良好的文化氛围对学生起到潜移默化的影响，所以，学校要营造一种适合学生人文精神发展的校园文化氛围。通过加大经费投入，更新、增加教学设施和图书资料，加强校园自然景观和人文景观设施建设，举办各种人文知识讲座、校园艺术节、校园读书活动，开展各类竞赛等，营造生动而健康的人文环境，以文化引导学生成长。

图书馆资源建设与共享

张子君

(武汉城市职业学院图书馆　湖北武汉　430064)

摘要　随着市场经济的迅猛发展和信息时代的到来,信息资源的建设与共享是未来图书馆发展的必然趋势。本文首先分析了图书馆共享信息资源的重要性,然后分析了影响图书馆信息资源共享的影响因素,最后提出了规范图书馆资源建设与共享的相关建议。

关键词　图书馆　信息资源　建设共享

随着信息技术和互联网络的高速发展,现代高校图书馆馆藏的内涵已经远远超越了印刷型、缩微型、视听型资料的范畴,延伸至各种不同信息格式、信息类型的电子信息资源。这种形势下,图书馆资源的建设与共享显得更为重要。图书馆信息资源的建设与共享是各级各类图书馆根据用户对社会信息的需求,通过网络利用计算机、多媒体等先进的信息技术,高度理想化地对各馆藏信息资源和网络资源进行综合协作开发和利用的活动。图书馆收集、整理、保存并为读者所利用的各种文献称之为图书馆文献或图书馆藏书。它是一个既不断增长,又不断吐故纳新的高度组织化的发展体系,是社会文献资源的重要组成部分,具有开放性、系统性、保存性的特点。文献资源的建设在图书馆管理工作中起着重要的支撑作用,是图书馆工作的基础和中心,同时也是实现图书馆总体目标的前提和保障。总之,图书馆根据自身的性质、任务和读者的需求,有目的、有计划、系统地组织、规划、收集、选择、整理和管理各种信息资源,建立和发展图书馆馆藏信息资源体系的全部过程都称之为图书馆信息资源建设。

一、图书馆资源建设与共享的重要性

随着网络时代的到来,信息资源已经满足不了网络时代读者和用户的需求,实现资源共享是图书馆开发和充分利用信息资源的必由之路。资源的共建共享是当今图书馆界研究的重大课题之一,也是促进各个图书馆之间合作交流、填补信息鸿沟、提升服务水平、促使图书馆事业规模化、整体化发展的重要措施。

(一)解决知识信息剧增与馆藏力不足等矛盾的主要途径

网络知识信息与日俱增,书刊数量也不断增长,而目前图书馆的收藏力度相对低下,对已经产生的信息知识不可能完全包容,各图书馆为各类用户提供方便的信息服务已显得力不从心。同时,由于图书馆都各自为政,孤军奋战,固定用户对现有馆藏的利用率不高。另外,针对用户普遍需要的同类资源,各个图书馆竞相购置,而部分资源因大多用户不需要而没有购置，造成了目前图书馆对文献信息资源的低水平重复购置，相对有些信息资源却很欠缺。而图书馆资源建设共享是统一筹划的多方位、多渠道的立体化模式，是解决知识信息剧增、馆藏力不足和信息资源低水平重复购置等矛盾的主要途径。

（二）满足了用户的迫切需求

随着市场经济的迅速发展和科学技术的进步，用户对信息资源的需求方式和内容发生了根本的变化。单一的馆藏信息服务已经远远满足不了他们的需求。他们迫切的需要类型完整、形式多样、内容新颖全面、来源广泛的信息资源。一个图书馆根本无法满足读者这种全方位、综合化的信息需求。信息服务界迫切需要多个信息单位合作，进行资源的建设共享。

另外，用户对信息的需求表现在信息的电子化和网络化方面。这就需要图书馆加强对信息资源的电子化组合和网络化的实现。通过对知识信息进行分析、综合，以序列化的方式提供给用户，单个图书馆是无法满足用户这一需求的。

二、制约图书馆信息资源建设共享的因素

（一）管理制度的滞后

管理制度的滞后是影响图书馆信息资源共建共享进一步发展的不利因素。管理制度是图书馆信息资源建设共享的关键因素，在共建共享中起着全面协调、统筹规划的重要作用。一个图书馆的性质任务、规章制度、服务手段、馆藏特色、服务方式等因素极大影响图书馆在资源共享中的水平。图书馆的管理决定着信息资源共建共享的规模、形式、效益和活动能力。网络环境赋予了图书馆崭新的管理观念，以及相对应的管理体制。但是，目前的图书馆仍然处于无章可循的状态，传统的条件分割、各自为政的管理制度严重制约了图书馆信息资源建设共享的进程。

（二）图书管理员专业水平不足、思想理念落后

在目前的网络环境下，图书管理员应该具备专家型的素质。他们不仅要负责传统的图书馆工作，还要充分利用先进的信息资源、技术对图书馆资源进行深层次的开发利用，去粗取精、去伪存真，抵制垃圾信息，为用户提供健康有序的全方位信息资源。但是，目前从事图书管理的工作人员素质普遍不高，存在着学历偏低、专业知识结构老化、新信息技术人才匮乏等问题。另外，图书馆的一些领导思想保守，认识不足，对图书馆的继续教育工作缺乏积极的支持，阻碍了图书馆资源信息的共建共享。

（三）现代信息技术发展应用的局限

虽然现代信息技术的应用在不断地发展，但是也存在一定的缺陷。例如，计算机市场混乱、复杂，升级频繁，给信息技术工作者带来困难；通信路线传输速度低，尤其在传递多媒体信息时更是力不从心。各类图书馆也缺乏利用现代信息技术的能力。另外，影响图书管理系统信息资源共享的因素还有网络信息的安全系数、知识产权的有效保护、图书馆经费的保障等。

三、图书馆信息资源建设共享的策略

（一）建立图书馆资源建设共享的法律保障体系

健全的法律制度建设是图书馆资源共享工作的行动指南。图书馆信息资源共享需要多个行业参与进来，共同协作来完成的系统性工作。制定相关的法律保障体系可以协调不同行业的利益和职责，确保各方的利益不受侵犯。即将出台的《图书馆法》应该对信息资源共建的经费保障、各方权利与义务以及资源共享的体制、总体布局等做明确的规定；应该以发展的眼光来看待图书馆资源共享的建设，准确地预测可能产生的各种问题和矛盾，保证广大用户能充分利用图书馆信息。

（二）增强图书馆资源共享意识，规范资源共享体制上的保障措施

目前，我国的图书馆大致分为科研、公共、工会以及高效几个系统，管理松散。应该建立多元化、综合、立体的体制。一方面，建立全国性信息资源管理机构，负责全国图书馆资源建设、共享以及优势互补的总体规划，各地区图书馆综合配置资源，对自动化、网络化的图书馆建设进行统一规划。另一方面，加强图书馆职能，减少重复投资与建设。

（三）培养适应现代信息技术水平的人才

21世纪，图书馆的体系结构将由传统和实体图书馆向实体图书馆和虚拟图书馆并存转移，用户要求的是可以在任何地方（包括跨地域）、任何时候自由地咨询、搜索、利用虚拟图书馆及传统图书馆中的信息资源，不受借阅时间、期限与区域的限制，这是信息资源真正共享的"大公共图书馆"服务模式。这就迫切需要各图书馆积极投入普及使用中文信息处理技术、缩微技术、数据库技术、多媒体技术、光盘技术、网络通信技术、虚拟现实及计算机应用等新技术，引进适应图书馆信息资源共建共享发展需求的现代技术设备及掌握该技术的人才，所有图书情报工作人员及广大科技人员应结合图书馆信息资源共建共享进行系统软件的开发、设计和制作，加强图书馆局域网、广域网等系统工作人员高级技能的培训普及以及深层次继续教育，为图书馆信息资源共建共享提供良好的技术保障。

（四）加强网络建设，确保图书馆信息资源共建共享的顺利实施

第一，应建立一个全国性功能齐全、运转迅速的信息资源共建共享网络和资源布局保障系统，同时加强各级各类图书馆的特色馆藏建设，统一系统网络环境软、硬件和技术支持。第二，加强图书馆信息资源的数据库建设，尽快完成全国联合目录数据库的建设。第三，在图书馆信息资源共享网络中心，建立公共查询系统，以集体契约方式购买全国联合编目中心的MARC数据和国外的文摘索引类书目信息数据库，通过成员馆的分工协作，建立全国的馆藏联合目录和公共查询系统。第四，建立规范化的电子交换书目数据库，图书馆可以此来查重、登录、催缺、加工预订目录和新书报道，在此基础上建立统一协调的联合采购机构，从宏观上对信息资源的合理配置进行调控。第五，建立统一的馆际互借系统，处理馆际互借的相互联络、借出馆的信息资源在库情况、预约借阅

等。

充分利用各种专业的网络数据库,会使资料查询变得轻松愉快,而且速度更快捷,范围更宽广。目前,比较适合高校图书馆的数据库来源主要有清华同方的《中国学术期刊》、《中国期刊全文数据库》,维普公司的《中国科技期刊全文数据库》,万方公司的《中国学位论文全文数据库》、《中国学术期刊综合评价数据库》、《中国核心期刊数据库》,EBSCO 公司的《学术期刊数据库》、《商业资源数据库》等,但是这些数据库都存在着一些不足之处,如信息不全面、内容重复、不能满足高层次的学术研究需要,更新周期长等。高校图书馆不可能全部购买所有的数据库,但是单一的数据库又不能满足本校的教学、科研需要,这就需要高校与高校之间形成密切的合作关系,充分共享有限的资源,以克服高校图书馆数字化建设在特色化、专业化方面存在的诸多不足。

总而言之,高校图书馆资源建设与共享是时代进步的要求,它对高校图书馆现代化建设既带来了全面的冲击,也提供了极好的机遇。它不仅以信息处理的高度计算机化和电子数据传输来实现文献信息资源共享,而且以信息技术服务的转变影响和改变了高校图书馆的传统服务方式;同时也能促进各高校图书馆之间进行交流合作、互通有无,以有限的资源实现最大利用率,从而为高校教学、科研提供有效的服务。

参考文献

[1] 王学熙. 图书馆业务研究与业务辅导. 北京:北京图书馆出版社,2000.

[2] 张晓林. 中国专业图书馆发展报告. 北京:科学出版社,2011.

[3] 黄筱玲. 新世纪我国信息资源共建共享研究回顾. 图书馆工作与研究,2010(11):8-13.

[4] 张永红"实虚"结合——高校图书馆信息资源建设的选择. 数字图书馆论坛,2005(9):20-22.

[5] 沈芳. 高校馆文献资源建设的合理定位及发展策略. 新世纪图书馆,2006(6):30.

[6] 李友明. 数字图书馆信息资源建设. 科技情报开发与经济,2006(22):105.

[7] 刘彩虹,杨玉红. 论图书馆文献信息服务的创新. 图书馆工作与研究,2002(1).

[8] 李家清. 我国文献资源共享中存在的问题及对策. 中国图书馆学报,2002(1).

[9] 张怀涛,黄健. 网络环境下影响图书馆信息资源开发的因素. 图书与情报,2001(1).

图书借阅管理系统需求分析

彭治容

(湖北青年职业学院图书馆 湖北武汉 430079)

摘要 本文是在参观学习武汉其他高等学校的图书馆后,结合我校的自身特点,从图书馆建设、图书馆系统需求分析方面入手,对目前我校图书馆系统进行研究,为加速我校图书馆的发展和建设提供理论依据。

关键词 图书馆管理系统 系统需求

随着科学技术的不断进步和高等学校硬件、软件设施的不断提高和改进,国内各大高校都在积极开展高校图书馆建设。图书管理系统由系统管理者,系统使用者、计算机硬件和相应的输入输出设备等组成,具有收集、传递、加工、保存、维护和使用信息的功能。图书馆管理系统是一个综合性的工程,它综合了各种不同学科,包括计算机科学、管理学、统筹学等。在此,我们结合不同高校的图书馆管理系统的特点,归纳出了一套完整的系统应该具备的三个方面的基础要素:①应用系统的观点;②数学的实现方法;③计算机的应用。另外,一个良好的图书馆管理系统,应该至少具备这几个功能:①当学校师生需要查询借阅信息时,可以提供统一的查询格式,使各种统计工作简化,将搜索信息的成本降到最低;②师生在查阅自己的借书情况时,也可以方便地查看其他类别图书的借阅信息,当借阅情况产生冲突时,能提供最快的解析方法和解决方案;③能够进行决策支持,当图书量比较大时,可以利用挖掘工具,对系统进行有用知识的挖掘,给图书管理者提供决策分析和预测。

一、系统目标

从各大高校图书馆管理系统的设计说明书中总结而知,一个成熟的系统概念结构应该是由信息源、信息处理器、信息用户和信息管理者组成的。该系统主要是一个基于B/S模式的图书馆借阅管理系统。面对当前很多小型图书管理仍是人工管理带来的检索速度慢、效率低、借阅归还图书量大、图书统计工作量大、藏书不能完成及时更新的问题,该系统可以对本系统的三个用户类型有针对性的服务:

(1)对于读者在本系统的应用下可实现按照各种方式(如书名、编号、作者)查询图书馆的藏书情况,方便地借阅图书、续借图书、归还图书,以及查询自己的借阅图书情况。

(2)对于图书馆工作人员能够实现方便地对图书和读者借阅情况进行查询,方便地进行借书还书处理等,便捷地对图书信息及读者信息进行添加、修改、删除、分类管理等操作。

（3）对于系统管理员可以对图书馆信息进行修改更新操作，对系统用户进行添加、修改、删除、权限设置等操作，对图书馆的办证参数进行修改、维护等操作。

二、用户类与用户特性

图书借阅管理系统是一个基于 B/S 模式的对图书馆进行高效率管理的应用系统，它的用户主要是读者和图书管理员，学生通过该系统进行图书查询进而对自己需要的图书进行借阅及对自己的借阅情况进行查询；图书管理员则通过本系统实现对图书及读者的高效管理，除此之外，还需要一个系统管理员对不同的用户进行权限的设置等操作。三类用户的具体描述如表 1 所示。

表 1　用户具体描述

用户类	描述
读者	读者是该系统的重要使用角色，他们通过该系统查询自己需要的图书信息，并向图书管理员提出借阅图书的申请进而借阅自己所需的图书，还可以通过系统对自己的借阅情况进行查询
图书管理员	图书管理员是该系统的另一个重要使用者，他们通过该系统进行图书的增加、修改、删除、分类管理等操作，实现对读者借阅归还续接图书的方便操作，实现对系统中图书、读者、读者借阅情况的查询、信息更改维护、管理读者类型、对不同类型读者可借阅的图书数量进行设置等图书馆的基本操作
系统员	系统管理员主要是图书管理系统中用户的管理，实现用户添加、修改、删除以及用户权限设置等操作，实现对图书馆基本信息的修改、维护等操作，还包括对图书馆书架的设置操作，以及校外读者办证所需费用、证件有效期等参数的设置

三、图书借阅管理系统需求模型

（一）功能描述

图书借阅管理系统的主要任务是实现读者迅速检索查询，方便借阅归还图书。图书管理员高效地完成系统的各项基本操作，系统管理员则进行用户设置权限的管理等操作，具体来说，图书借阅管理系统要完成以下功能。

1．登录

读者、图书管理员进入该系统必须登录，身份验证正确了才可以进入该系统，以不同身份进入该系统所对应的系统使用权限是不同的。

2．系统设置功能

管理员可以设置图书馆相关的参数信息。

3．用户管理功能

管理员对系统用户进行添加、修改、删除、权限设置等操作。

4．查询功能

管理员对图书馆的馆藏图书、读者用户等信息进行查询。

5．其他功能

管理员可以修改自己的密码，并且拥有其他用户所拥有的所有功能。

（二）图书管理员详细功能描述

1．读者管理功能

图书馆理员对读者的类型和读者档案进行管理，包括添加、修改、删除读者类型和读者用户的相关信息，管理不同类型读者借阅图书的数量。

2．图书管理功能

图书管理功能包括对图书类型和具体图书信息的管理，可以增加、修改、删除图书，丰富具体图书的信息，对不同图书进行分类操作。

3．图书借阅功能

图书借阅功能可以完成对读者借阅、续借和还书的操作。

4．系统查询功能

系统查询功能查询图书相关资料、借阅历史和借阅到期期限。

5．修改密码功能

修改密码功能即可以修改自己的登录密码。

（三）读者详细功能描述

1．修改登录密码功能

修改密码功能即修改自己的登录密码。

2．查询功能

查询功能即读者可对图书馆图书信息、对自己当前借阅书籍、对图书规划到期题型进行查看。

（四）主要用例的用例描述

图书借阅管理系统涉及的用例包括：图书借阅、图书归还、读书查询、读者信息管理、图书信息管理、用户管理等，现就系统的主要用例图书借阅、图书归还、图书查询进行详细分析。

1．用例"图书借阅"（如表2所示）

表2　图书借阅流程

用例名称	图书借阅
标志符	UC-1
参与者	读者、图书管理员
描述	读者可以通过查询等方式获得自己想借阅的图书的名称、编号等其他可唯一识别的信息，向图书管理员提出借阅请求，管理员在系统中记录相应信息，将图书交给读者，借阅成功
前置条件	①登录；②进入图书借阅的页面

（续表）

用例名称	图书借阅
后置条件	更新图书借阅列表
主干过程	借阅图书：①读者请求借阅新地图书，并提供自己的编号；②系统显示读者借阅情况的表单；③读者提供想借阅的图书的标号；④系统存储读者和借阅的图书，并将之存储到数据库中；⑤系统更新借阅列表
分支过程	选择重置（第③步后分支出来）：①读者选择重置；②系统刷新该页面
异常	读者借阅已满（第②步）①读者借阅的数目已经到达自己借阅的上限；②系统将错误信息显示在借阅页面；③系统重新启动该用例
被包含用例	无
被扩展用例	无
优先级	高

2. 用例"图书查询"（如表3所示）。

表3 图书查询流程

用例名称	图书查询
标志符	UC-2
参与者	读者、图书管理员
描述	读者通过图书的标号、名称等信息对相应的图书进行查询
前置条件	①登录；②转到图书查询页面
后置条件	查询页面显示相应的图书的信息
主干过程	图书查询：①读者输入想要查询的图书信息；②系统显示相应的图书信息；③读者点击读书名称，跳转到图书详细信息链接页面
分支过程	输入信息时（第②步后）：①系统显示"请选择查询依据"；②用户进行相应选择 重新查询（第②步后）：③系统已经显示了相应图书信息；④读者想查询其他图书
异常	查询的图书不存在（第②步后）：①读者输入的图书信息不能在数据库中查询到；②系统显示暂时无该图书信息；③重新启动该用例
被包含用例	无
被扩展用例	无
优先级	高

参考文献

[1] 求是科技. Java数据库系统开发实例导航. 北京：人民邮电出版社，2004.
[2] 向传杰. Java编程案例教程. 北京：电子工业出版社，2005.
[3] 黄明，梁旭，曹利超. Java信息系统设计与开发实例. 北京：机械工业出版社，2005.

围绕品牌专业建设 进一步优化馆藏结构

曹秋萍

（武汉铁路职业技术学院图文信息中心 湖北武汉 430205）

摘要 本文主要从高职院校品牌专业建设工作出发，着重阐述了高职院校图书馆优化馆藏的必要性，从而提出了高职院校图书馆优化馆藏的原则，进而论述如何优化高职院校图书馆的馆藏。

关键词 高职院校图书馆 馆藏 优化

现阶段各高职院校加大了对品牌专业和重点学科建设的力度，图书馆是为高职院校广大师生服务的教学和科研机构，更好地为广大师生提供科学合理的文献资源，是高职院校图书馆面临的主要任务。因此，如何紧紧围绕品牌专业建设，进一步优化图书馆的馆藏资源，建立科学、合理的适合于本馆读者的藏书结构，成为新形势下图书馆为读者服务的主要内容之一。

一、高职院校图书馆优化馆藏的必要性

（一）馆藏优化是现代科技发展的必然结果

随着日新月异的科技发展，信息载体的多样化，电子图书的出现、信息爆炸使得传统图书馆的纸质图书成倍增长，因此，要收集到适合于本馆的藏书，就成为一个比较难以完成的任务，而调整图书馆藏书结构，合理安排电子图书和纸质图书的比例，就成为馆藏优化的一项重要工作。

（二）有限的文献经费和读者的无限需求使得藏书优化成为必然

每个高职院校图书馆的文献采购经费，都是按照各个学院的实际情况调拨的，在一定情况下，它是有限的，而高职院校图书馆师生对文献的需求，是千变万化的，从一定意义上来说，读者的需求是无限的。要处理好有限经费和读者无限需求的矛盾，就必须要求高职院校图书馆用这些有限的经费，采购到适合本馆读者的科学、合理的文献资料，这也使得馆藏优化工作成为必然。

（三）有限的图书馆场地使优化馆藏成为必然

高职院校图书馆是教学和科研的重要部门之一，各学院对图书馆的发展是重视的。当前，各个院校加强了对图书馆的投入，许多院校建立了新的图书馆，或扩大了图书馆的使用面积，但这些投入，对无限膨胀的文献资源来说，又是有限的，它满足不了文献高速发展的需求，因此，采购合理、科学的文献资料，优化图书馆的藏书结构，成为必然。

（四）馆藏的日益老化是优化馆藏的必然

现代科技的发展，使知识结构发生了翻天覆地的变化，知识更新使得许多知识的名称标准发生变化，新的知识代替旧的知识成为必然。这样，图书馆许多老旧藏书的使用率降低，甚至无人问津，但这些老旧图书仍然占据着有限的场地，并且阻碍着读者对文献的检索。剔除这些利用率低的图书，也是馆藏优化的必然举措。

二、高职院校图书馆优化馆藏的原则

（一）普及性原则

高职院校是培养职业技术操作人才的园地，它是重要的文化教育基地，培养出合格的专门人才，是高职教育的主要任务。它既是文化传播的前沿，也是学术和科研的前沿，这就决定了高职院校不仅具有文化传播的一般职能，还具有文化发展和科研的突出职能。因此，高职院校图书馆必须适合这些主要任务的信息需求。

普及性体现了高职院校培养高级人才的要求。这就决定了高职院校文化传播的专业性特点，决定了高职院校图书馆馆藏只能是专业层次上的普及。高职院校每个专业对其学生都有专业要求，要求其学生达到该专业的基本水平，这实际上就是高职院校文化传播的基本内容。这部分图书，对于普通读者来说是专业的，而对于高职院校的学生来说是普及的，可以说，这种文化传播是高校育人的主要内容。高职院校图书馆的馆藏要顺应这些职能，从而为社会提供合格的人才而服务。

（二）品牌专业性原则

高职院校是为了培养专业领域的操作人才而设立的。因此，高职图书馆藏书结构和藏书设置，就必须适应高职院校的这种品牌专业特色，建立具有自己品牌特色的，为学院专业教学和科研服务的专业藏书体系，而这是高职院校图书馆的主要任务。

品牌专业性不仅是教学上的专业性，而且是学术和科研上的品牌专业性。其主要任务不仅是满足学院各个专业设置的需要，在一定程度上，还要满足师生在学术和科研上的需要。高职院校图书馆的馆藏，必须结合这种情况充分体现出学术科研上的品牌专业性。其中最重要的是，图书馆的馆藏要体现学院品牌专业的特色。

（三）实用性的原则

高职院校是培养专门技能人才的基地，因此，它必须满足社会对这种人才的需求。把握时代的脉搏，适合就业的需要，这就是高职院校教育的主要目的。围绕着高职院校的主要任务，高职院校图书馆必须优化馆藏，建立适合时代的藏书结构，紧紧抓住实用性这个原则，培养出适合社会发展的实用型人才。这种实用性，不仅是适合学院专业的设置，更重要的是适合于社会的需要，实用于社会这个试金石。

三、高职院校图书馆馆藏优化的措施

（一）提高文献采购质量，优化馆藏结构

随着图书市场的竞争加剧，出版发行部门的出书热潮涌动，各种各类文献层出不穷，但许多书籍热起来快，冷起来也快，泥沙俱下，因此，采购工作人员必须具有分析鉴别的能力，从而从书山纸海中找出适合自己院校图书馆的文献，采购到适合本院特色的文献资料。

1. 制定科学的采购原则

采访的信息是否科学合理，直接关系到入藏文献的质量和读者服务效率的高低。制定科学的采访原则，不仅要根据本馆的实际任务和本馆读者的实际需求出发，还要调查本馆读者的需求特点，文献的实际特征，进而确定入藏图书各学科、各层次、各载体的比例和数量。

2. 文献经费的合理配置

图书采购经费是有限的，采购图书不可能面面俱到，特别是在图书经费紧张的情况下，更不能随意满足读者的要求。因此，新书的入藏，要考虑到专业的设置和读者的需要，更要考虑图书的时效性、针对性和性价比，合理分配图书经费，分清主次，满足重点图书。重点专业的图书采购，并根据实际情况，决定复本量的多少。

3. 根据实际情况，确定不同载体的入藏

现代许多图书，出版时都有纸质和电子图书两种不同版本，因此在采购图书时，对信息量大需要特别入藏的文献，一般购买电子版本，这样采购经费可以减少，入藏量反而增大，当然，也不可能全部采购电子版图书。采购时要考虑到读者的阅读习惯和方式，同时要考虑到是否方便实用。

（二）建立藏书剔除制度，优化馆藏结构

图书馆的主要职能，是为了满足读者对文献资料的需求，为读者提供更快速的文献检索服务，是图书馆的工作职责。图书馆有一些图书，利用率低下，知识老化严重，同时又占据一定的空间，给读者检索带来不便。为了更好地为读者服务，图书馆必须建立定期剔除制度，剔除那些不方便流通、利用率低下的图书，把它们放进密集书库或者保存本书库，这样既方便了读者，又能腾出空间，更好地满足入藏的需要。

但剔除这些图书，不要采取"一刀切"的方针，凡是老旧图书一律剔除，而是要根据一定情况和这些图书的学科内容、利用率的高低、读者的实际需要来剔除，适当保留一定数量的此类图书，保持文献的连续性。

（三）建立特色书库，优化馆藏结构

高等职业院校是国家培养专业技术人才的基地，各个高职院校，都有其品牌专业侧重点，有的专注于铁路，有的专注于船舶。根据各自的专业特点，建立高职院校图书馆的专业特色，是优化高职院校图书馆馆藏一项重要特色。

收藏学校重点学科和重点专业的课程设计和专业设计论文，建立具有自己学院品牌专业特色的论文数据库；收集学院教师编著的图书；安排适当的场馆，建立起具有高职特色的专门阅览室，这也是优化馆藏结构的一项举措。同时，根据本院品牌专业和重点专业的需要，特别是长期设置的品牌专业，集中一批适合这些专业的纸质和电子图书，以及电脑配置，建立品牌特色书库。

总之，只有合理地优化图书馆的馆藏结构，才能适应当前学院品牌专业建设的步伐，才能适应信息环境的变化对高职图书馆藏书的发展产生的影响，才能适应高职院校的发展和进步。

参考文献

[1] 员玉珍. 优化馆藏结构, 加强特色馆藏建设. 内江科技, 2009（3）.
[2] 张本浩. 做好图书采购, 优化馆藏质量. 六安师专学报, 1997（2）.
[3] 黄宗忠. 图书采访学. 北京：北京图书馆出版社, 2001.

高职院校图书馆文献管理集成系统简介及检索应用
——以长江工程职业技术学院图书馆为例

杨成芸

（长江工程职业技术学院图书馆　湖北武汉　430081）

摘要　本文以长江工程职业技术学院图书馆为例，介绍了图书馆文献管理集成系统及检索应用。

关键词　图书馆　文献管理集成系统　功能　检索应用

大多数读者到图书馆去借书或查看期刊，总习惯于直接到书库去找，觉得这样能更快找到想借的图书。这种方法，不能称为"检索图书"，只能称为漫无边际地"找书"。最终虽然能够找到所要的图书（有时还找不到），但既耗时又费力，而且"找准率"不会很高。正确的方法应该是在去书库之前，或在书库利用图书馆提供的手工检索工具和计算机检索工具。利用手工检索工具，就是利用各种工具书查找到自己所需书目的索取号；利用计算机检索工具，就是在检索终端机上或网上图书馆检索馆藏书目数据库，在计算机上选书。选好书后，再进书库去有目标地索取所需图书。如果操作相当熟练的话，从开始到借出图书，整个过程可能只需几分钟的时间。现在有很多的图书馆计算机集成管理系统，如汇文图书馆管理系统、雅信图书馆集成管理系统、ILAS图书馆管理系统、金盘图书馆管理系统、清大新洋图书馆软件、妙思文献管理集成系统等。下面介绍我院图书馆文献集成管理系统及检索应用。我院图书馆文献集成管理系统使用的是妙思文献管理集成系统，是由大连网信软件有限公司集成开发。2001年，图书馆引入了大连博菲特文献管理集成系统《文献管理集成系统》Ver5.10（妙思文献管理集成系统的前身）。它的引进加强了我馆数字化图书馆的建设，丰富了我院师生的文化需求。妙思文献管理集成系统是我馆2009年引进的最新系统，其核心功能包括：图书和连续出版物的采购、编目、典藏以及流通管理系统。辅助业务包括：随书光盘或其他电子资源的管理，应用于触摸屏的读者咨询系统，基于Internet/Intranet的读者咨询系统等。妙思文献管理集成系统的主要功能如图1所示。

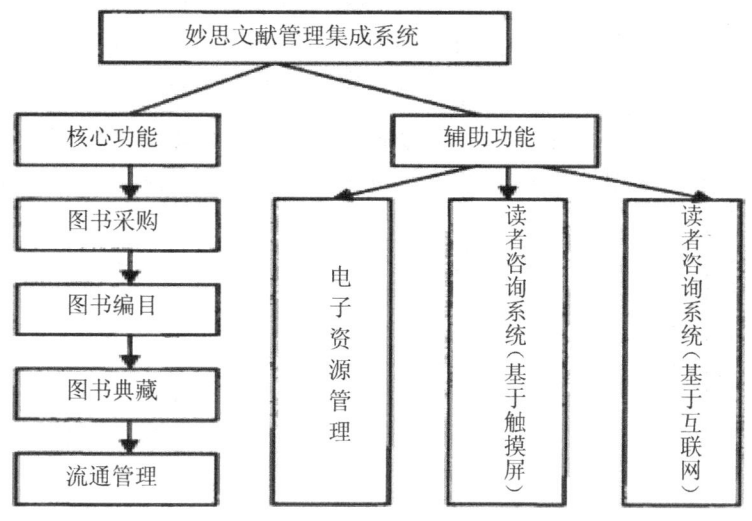

图1

本文着重介绍该系统辅助功能中读者咨询系统终端机(触摸屏)上"馆藏图书检索"功能和网上图书馆"馆藏图书检索"功能,本系统中的核心功能在此不介绍。

一、读者咨询管理系统(触摸屏)上"馆藏图书检索"功能

读者咨询系统(触摸屏)有新书新刊通报、馆藏图书检索、读者借还查询、读者预约查询、读者账目查询、二次文献检索、馆藏期刊检索、分类引导检索、读者口令修改等功能,图2为本馆读者咨询系统首页。

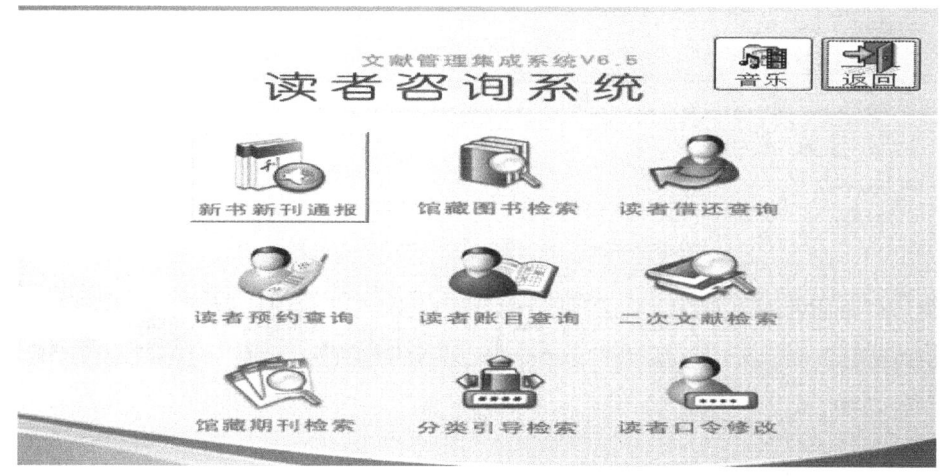

图2

它所提供的各种功能在系统首页上有明确的提示,读者可以根据提示进行操作,享受它提供的各种服务。下面用一个实例来说明怎样使用"馆藏图书检索"功能来检索馆

藏图书。

（1）单击流读者咨询系统中的"馆藏图书检索"，出现如图3所示的馆藏图书检索页面。

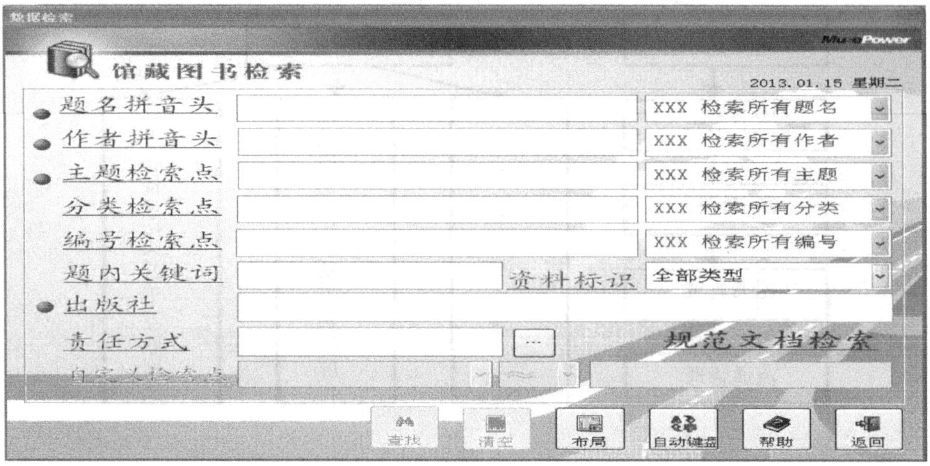

图3

（2）填写有关检索项"题名拼音头"，单击"自动键盘"输入题名"zcdqgc"，如图4所示，填完后，单击"查找"。

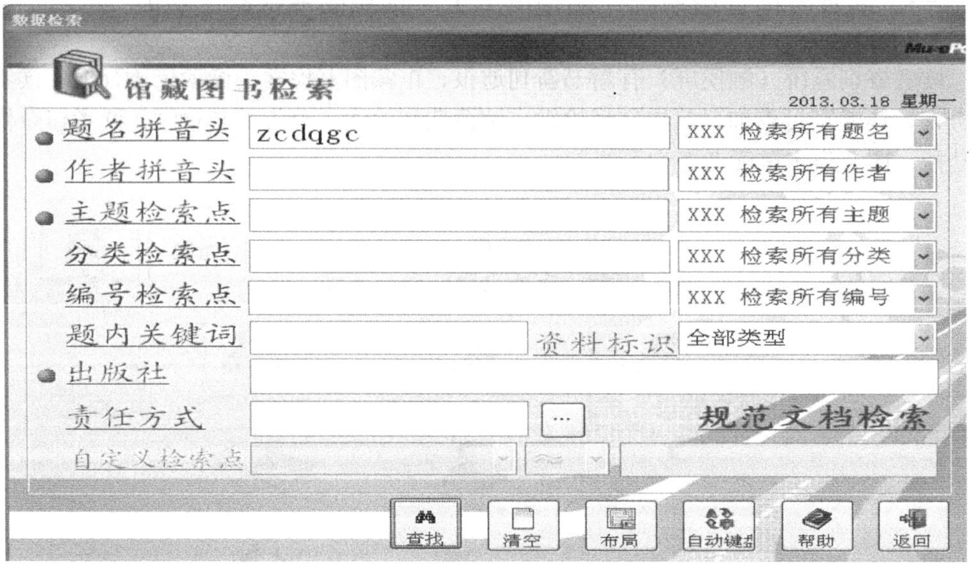

图4

（3）系统经过检索，命中的馆藏图书信息就显示在屏幕上，共检索出12种图书，检索结果如图5所示。

索取号	正题名	责任者	出版者	出版日期	页卷数	标准编号
TM/1293	注册电气工程师执业资格考试基础考试(下)复习教程	张炳达主编	天津大学出版社	2005.08	512页	7-5618-2173-5
TM/3758	注册电气工程师执业资格考试基础考试(上)复习教程	《注册电气工程师执	天津大学出版社	2006.06	718页	7-5618-2282-0
TM/3758	注册电气工程师执业资格考试专业考试复习指导书(发输变电专	注册电气工程师执业	中国电力出版社	2007.06	763页	7-5083-5526-1
TM/5654	注册电气工程师执业资格专业考试相关标准汇编(补充本)	中国电力规划设计协	中国电力出版社	2006.07	344页	
TM/5654	注册电气工程师执业资格专业考试相关标准汇编(发输变电专业)	中国电力规划设计协	中国电力出版社	2005.08	893页	
TM-4/7747	注册电气工程师自学问答	周超，王常余编著	机械工业出版社	2005.01	240页	7-111-15487-8
TM-44/3758	注册电气工程师执业资格考试专业考试习题集·发输变电专业	注册电气工程师执业	中国电力出版社	2007.06	476页	7-5083-5528-8
TM6-67/3758	注册电气工程师执业资格考试专业考试复习指导书(发输变电专	注册电气工程师执业	中国电力出版社	2007.06	763页	7-5083-5526-1
TM72-44/1951	注册电气工程师执业资格专业考试习题集(供配电专业)	孙成群主编	知识产权出版社	2004.07	314页	7-80198-023-9
TM72-44/4094	注册电气工程师考试辅导教材及复习题解·供配电专业技能部分	李兴林主编	中国建筑工业出	2004.06	1221页	7-112-06444-9
TM72-44/8682	注册电气工程师(供配电)专业模拟考试试题题库	全国智能建筑技术情	中国建筑工业出	2004.05	185页	7-112-06566-6
TU85-62/2544	注册电气工程师设计手册(建筑电气部分)	朱林根主编	中国电力出版社	2005.01	715页	7-5083-2548-6

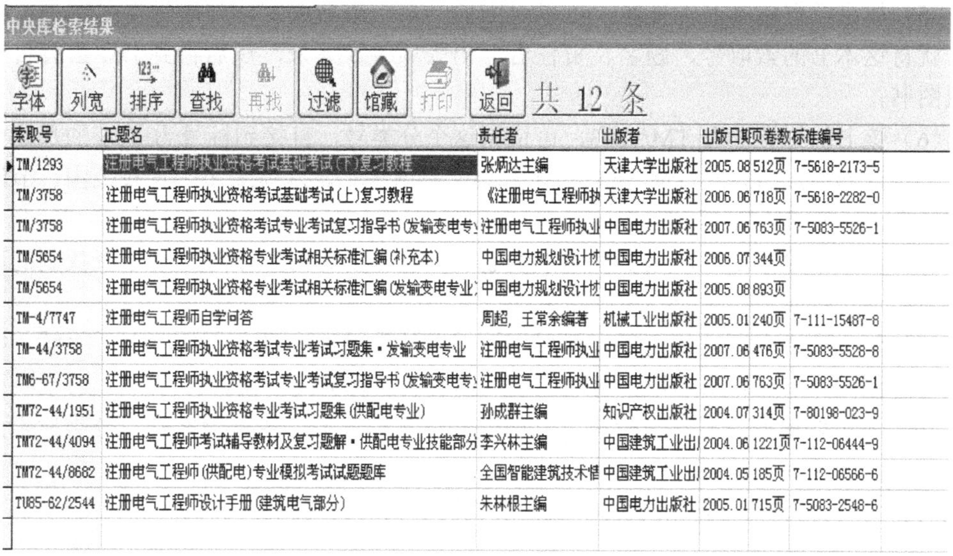

图 5

从图中可看出，每条图书的著录信息有索取号（即分类号）、书名、责任者、出版项、出版日期、页码、标准编号等，可依据这些信息进行选择。如果选中了一本图书，就查看它的“馆藏”情况。下面就以选中“张炳达编的《注册电气工程师执业资格考试基础考试（下）复习教程》”这本书为例查看它的详细信息。

（4）单击了“馆藏”后，出现了如图 6 所示的馆藏信息界面。在“馆藏信息”中除了提供这本书的详细信息外，还提供了馆藏信息：自科书库两本，一本借出，一本在馆。

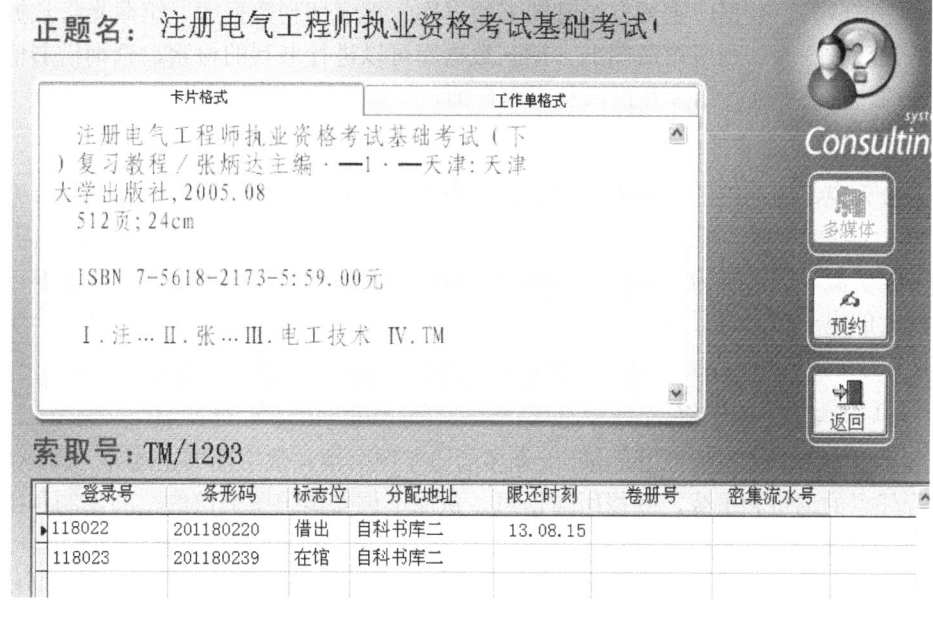

图 6

（5）如果觉得这本书不理想，可以返回前一页，重新选定。如果觉得这本书符合要求，就将这本书的索取号、题名、责任者、出版项等抄下来，然后再到书库去有目标地索取图书。

（6）该书的分类号为 TM/1293，可依据这个分类号，直接到标号为 TM 的那几个书架上去找这本书，而有关 TM 类的其他书架就不用找了。这就缩小了查找范围，节约了时间和人力，而且查准率相当高。

（7）找到了这本书后，还要把本书的题名、责任者、出版项等与刚才查找到的项目相比较，一一对应了，才能办理借阅手续。

（8）假如两本书都被借走了，可以利用"预约"功能办理"预约图书"手续，等其他读者返还回图书后，图书馆就会通知预约读者去办理借阅手续。

（9）还可以根据需要改变检索项，如改变作者拼音头、主题检索点、分类检索点、编号检索点、题内关键词、出版社等，会有不同的检索结果。

（10）同样的检索过程和方法，也可以查找馆藏期刊信息

二、网上图书馆的信息服务

目前，国内的图书馆基本已建成的自动化集成管理系统，正在向网络化和数字化方向发展，并通过校园网开始网上服务。读者进入相应的图书馆主页（Homepage），就可使用该图书馆的资源。网上图书馆可提供的服务资源主要有馆藏书目数据检索、网络信息资源导航和网上虚拟图书馆的利用等。

（一）网上图书馆的信息服务。

馆藏书目数据检索是指读者通过网址进入某个图书馆后，就可以利用馆藏数据库进行检索。馆藏书目数据库主要有馆藏图书数据库、馆藏期刊数据库、馆藏光盘数据库及其他的馆藏数据库。利用馆藏图书、期刊数据库可以进行书刊的检索，查询借书信息，办理预约、续借手续，馆际互借以及代理查询。

（二）网络信息资源导航

一般来说，图书馆的主页都提供了网络资源信息导航服务，主要从以下三个方面进行导航：①搜索引擎性质的导航，它可以帮助读者链接不同的网站，从而获得所需信息；②图书馆资源导航，它为读者提供了利用本馆资源的向导；③网上学科资源导航，主要指对网上的电子信息进行收集、加工、整理，形成网上虚拟资源，从而建立某个学科的导航库。

（三）网上虚拟图书馆

网上虚拟图书馆是指把 Internet 上众多的电子图书馆和数字图书馆连为一体，读者可以进行任意的浏览和下载，获得所需信息，从而不再受传统图书馆的空间限制和固定开馆时间的限制。

下面用一个实例来介绍我馆读者咨询管理系统（基于 Internet）的"馆藏图书检索"。

例2 查询有关"注册电气工程师考试"方面的馆藏图书信息。

（1）从网址进入我院网上图书馆馆藏检索界面，如图7所示。

图7

（2）填写有关检索项：文献类型、检索方式、检索词、题名类型、检索方式、最大记录数、页显示记录数、结果排序顺序。填写完后单击"检索"，如图8所示。

图8

（3）系统经过检索，命中的馆藏图书信息就显示在屏幕上，每屏显示10条，单击"下一页"查看下一页。共检索出12种图书，检查结果如图9所示。

首页| 本馆介绍| 公告通知| 最新文献| 馆藏检索| 电子资源| 读者导购| 参考咨询| 我的图书馆| 登录

文献检索列表

首页 上一页 下一页 尾页 共12条记录 每页10条记录 页次：1/2 转到：1 Goto

序号	索取号	正题名	责任者	出版者	出版日期	预约
1	TM72-44/8682	注册电气工程师(供配电)专业模拟考试试题题库	全国智能建筑技术情报网等编	中国建筑工业出版社	2004.05	预约
2	TM72-44/4094	注册电气工程师考试辅导教材及复习题解·供配电专业技能部分	李兴林主编	中国建筑工业出版社	2004.06	预约
3	TU85-62/2544	注册电气工程师设计手册(建筑电气部分)	朱林根主编	中国电力出版社	2005.01	预约
4	TM/3758	注册电气工程师执业资格考试基础考试(上)复习教程	《注册电气工程师执业资格考试基础考试(上)	天津大学出版社	2006.06	预约
5	TM/1293	注册电气工程师执业资格考试基础考试(下)复习教程	张炳达主编	天津大学出版社	2005.08	预约
6	TM6-67/3758	注册电气工程师执业资格考试专业考试复习指导书(发输变电专业)	注册电气工程师执业资格考试复习指导教材编	中国电力出版社	2007.06	预约
7	TM/3758	注册电气工程师执业资格考试专业考试复习指导书(发输变电专业)	注册电气工程师执业资格考试复习指导教材编	中国电力出版社	2007.06	预约
8	TM-44/3758	注册电气工程师执业资格考试专业考试习题集·发输变电专业	注册电气工程师执业资格考试复习指导教材编	中国电力出版社	2007.06	预约
9	TM72-44/1951	注册电气工程师执业资格专业考试习题集(供配电专业)	孙成群主编	知识产权出版社	2004.07	预约
10	TM/5654	注册电气工程师执业资格专业考试相关标准汇编(补充本)	中国电力规划设计协会编	中国电力出版社	2006.07	预约

首页 上一页 下一页 尾页 共12条记录 每页10条记录 页次：1/2 转到：1 Goto

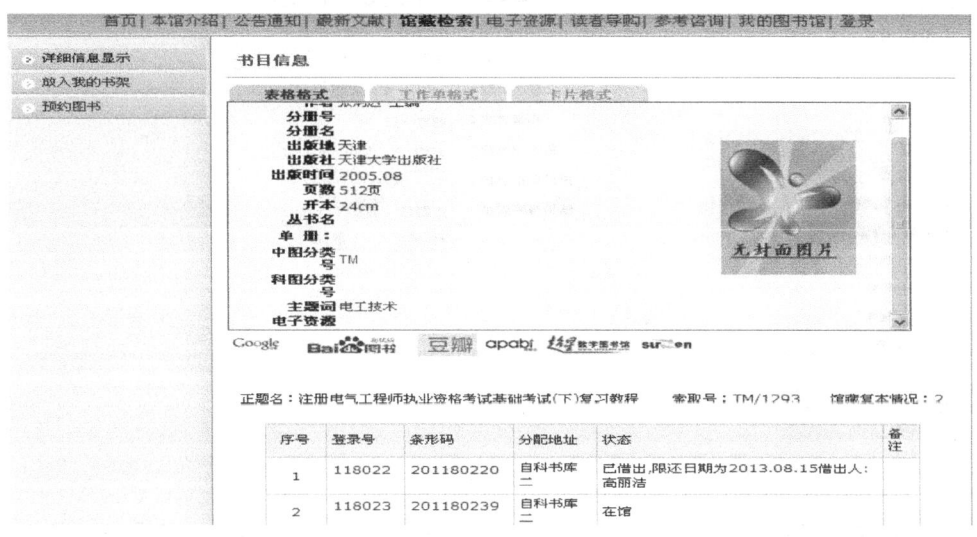

图 9

从图中可看出，每条图书的著录信息有索取号（即分类号）、正题名（书名）、责任者、出版项、出版日期，可依据这些信息进行选择。如果选中了一本图书，就查看它的“正题名”。下面就以选中 “张炳达编的《注册电气工程师执业资格考试基础考试（下）复习教程》”这本书为例查看它的详细信息。

（4）单击了“正题名”后，出现了如图10所示的书目信息界面。

图 10

在“书目信息”中除了提供这本书的详细信息外，还提供了馆藏信息：馆藏复本二本，一本借出，一本在馆。

后面的操作步骤同前，在此不再详述。

武当文献服务武当文化旅游的深度思考

胡遂生[①]

（郧阳师范高等专科学校图书馆　湖北十堰　442000）

摘要　武当山是我国著名的道教洞天福地，武当文献与文化旅游的关系是相辅相成、共同发展的。本文简述了武当文献的基本概貌，分析了其蕴藏的文化旅游资源，探讨了武当文献对发展武当文化旅游的重要作用，提出了利用武当文献服务其文化旅游的思路。

关键词　武当文化　文献服务　思考

武当山历史源长，文化积淀深厚，素有"百世双胜境，天下第一仙山"之美誉。历史上武当山曾被明成祖赐封为"太岳"，世宗封为"玄岳"，被尊为"五岳之冠"，成为明朝的"皇室家庙"。武当文化的研究，从20世纪80年代开始至今，研究领域涉及武当道教历史、人物、建筑、武术、医药、音乐、文学、经济等多方面，取得了丰硕的成果。但由于武当山位于鄂西北山区，经济较为落后，导致对武当文化旅游研究起步较晚，影响了武当文化旅游资源的发展。武当，作为和少林齐名的旅游胜地，旅游收入却只有少林寺的1/10；与黄山、泰山、峨眉山相比，旅游收入也只有他们的1/4。目前，发展武当文化旅游业，需要社会各阶层多方面共同努力，其中图书馆收藏的丰富多彩、博大精深渗透于武当文化多方面的武当文献，是作为支撑武当文化旅游业的重要资源之一，对推动和发展客家文化旅游起着重要的作用。

一、武当文献基本概貌及蕴藏着文化旅游资源

武当文化是反映武当山不同时代产生的具有典型武当山地域特征及文化特征的一种文化现象。从武当文化形成及研究的发展历史来看，自公元1324年始，至今已有600多年，其武当文献种类浩繁，既有内容精博的武当道教历史经典，又有当代国内外诸多学者对其研究所取得的丰硕成果。这些研究文献涉及武当道教哲学、历史、政治、人物、建筑、武术、医药、文学、音乐等诸方面。

（一）武当文献基本概貌

1. 武当道教历史经典

武当道教经典多收入明英宗正统十年（公元1445年）的《正统道藏》中，如《太上说玄天大圣真武本传神咒妙经》、《元始天尊说北方真武妙经》、《真武灵应大醮仪》、《玄

[①] [基金项目] 本文系郧阳师范高等专科学校校级重点科研项目（项目编号：2012A04）阶段性成果。

帝实录》、《真武灵应真君报父母恩重经》、《真武灵应护世消灾灭罪宝忏》、《北极真武普慈度世法忏》、《北极真武佑圣真君礼文》等经典，这些道教经典包含了真武神的来历、修道及显化、职司，道教基本信仰、道教内丹修炼等丰富的思想内容，对武当文化的发展、传播和研究起了重要作用。

2．武当文化研究文献

武当文化研究文献主要包括研究武当文化的专著、论文及全面反映武当文化研究各类非正式出版物等。武当地区自古人杰地灵，英才辈出。武当文化研究专著，目前已出版100多部，如武当山志编纂委员会编的《武当山志》，王光德、杨立志著的《武当道教史略》，中国武当文化丛书编纂委员会编的《武当山历代志书集注》，杨立志著的《武当文化概论》，李光富、周作奎、王永成编著的《武当山道教宫观建筑群》，高翔著的《武当秘门技击》，孔德著的《武当道教暨神仙人物》，尚儒彪编著的《武当道教医药》，史新民主编的《武当道教音乐》，欧阳学中、程培兰、陶真典编著的《武当民俗》，谭大江著的《武当山千古之谜》，李征康、陶真典主编的《武当民间文学》等。这些著作大都经过长期系统的收集与资料整理，从武当道教发展史、建筑艺术、神仙信仰与美术、武当武术、山水文学、医药养生、朝山进香民俗等方面进行了系统的梳理和阐释。

在武当文化研究专著不断出版的同时，也产生了大量的武当文化研究论文。通过中国学术期刊网检索，到目前为止发表研究武当文化的论文已有2 000多篇。这些论文研究涉及武当的文化理论、历史与人物、信仰与仪式、建筑与文物、民俗、武术、音乐与美术、医药与养生、文学、旅游与经济等多个方面，如张全晓的《武当山玄岳门与道教神仙信仰》、祝笋的《世界文化遗产武当山古建筑群的形成与特点》、梅莉的《武当山朝香风俗的历史研究》、甘毅臻的《武当道教武术形成及其影响因素》、温茂兴的《武当山道教养生医学的源流与特色》、李松的《武当民间故事的道教文化内涵》、黄爱琴的《武当道教文化旅游资源开发研究》等。

3．武当文化网络资源

武当文化网络资源主要包括中国武当网、武当旅游门户网、武当山特区政务网等网站上发布的旅游新闻、交通导游图、景点图片、视听音响资料等。

（二）武当文献蕴藏着旅游资源

武当文献真实地记录和反映了不同时期、不同社会的武当道教文化，反映了武当山区域一切自然现象和人文社会现象，融合了丰富的武当道教思想内涵，蕴藏着丰富的武当文化旅游资源。

1．记载了奇峰高耸、雄浑奇特的武当山自然风光

巍巍武当山，绵延八百里，群山峰林将峨眉的秀、华山的险、庐山的幽、黄山的雄集于一身，构成了一座莲花状形的山系，七十二峰朝大顶的壮丽景观。武当文献中对这些秀丽景点既有全面的概况介绍又有具体的描述。

2．记载了气势恢宏、规模宏大的武当古建筑群

武当山古建筑群是根据《真武经》中真武修真的神话来设计布局，整体布局是以天柱峰金殿为中心，以官道和古神道为轴线向四周辐射。体现了道教"崇尚自然"的思想，

集中体现了皇宫的宏伟壮丽，道教的神奇玄妙，园林的幽静典雅，民间的淳朴节俭等多种特色，形成了丰富多彩的传统建筑风格。

3. 记载了历史悠久、博大精深的武当武术

武当武术源于张三丰创立的内家拳，后经历代武术家不断创新、充实、积累，形成以"宇宙整体观"、"天人合一观"为宗旨，以"厚德载物"、"道法自然"为原则，以"动静结合"、"内外兼修"为方法，成为中华武术一大流派，素有"南尊武当，北崇少林"之称。

4. 记载了武当香客朝山进香的民俗

武当山朝山进香的历史始于宋代，延续千年。民间信士为家庭幸福、事业有成、祛病除疾、消灾免祸、健康长寿等来武当山进香，朝拜真武大帝。有进散香、苦行进香和香会进香等多种形式。

5. 记载了武当人物故事与传说

在卷帙浩繁、撰述宏富的武当文献里描述了很多传奇人物故事与美丽的传说，这些故事都根植于本土、根植于人民心中，具有很强的真实性和可信度。武当文献涵盖的文化旅游资源内容非常广泛，如武当道医、武当道乐、武当文学等。

二、武当文献服务武当文化旅游的重要作用

武当文献记载着武当的秀丽风光、人物传说、历史遗迹以及民俗风情等，凸显出武当道教文化内涵，是开拓创新发展武当旅游活动的重要信息源。

（一）提供历史考证，丰富文化旅游内涵

武当经典及有关研究考证的文献，挖掘出武当山道教历史等多方面的翔实史料，具有重要学术价值，如现存放于武当山紫霄宫内的《高上玉皇本行集经》上、中、下三卷。此经为玉皇崇拜的道教经典，道士诵此经作为功课，有关玉皇的朝、忏、灯仪等也以此为依据，所以在道教中和民间都有很大的影响。《武当山志》、《武当道教史略》等专著，参考了大量道教文献、正史、野史、地方志、个人文集，甚至小说笔记等方面资料，对武当山自然环境、古建筑、文物、武当武术、景区建设与旅游等领域进行了广泛的研究与历史考证，丰富了武当文化旅游内涵。

（二）为故事传说、修复景点提供依据和参考

武当文献研究和记载了其故事与传说，如《历代名人与武当》、《武当神仙鬼怪传说》、《武当道教暨神仙人物》、《武当民间文学》等，增加了游客对这些故事传说认知的可信度。武当景点由于时代久远、风干物化等因素而遭到破坏，为了修旧如旧，就得利用文献有关记载，进行修复保持其原始性。如《武当山道教宫观建筑群》，对武当山道教宫观、古桥、石牌坊等，进行了考证和续写，有利于其修旧如旧作重要参考，增强游客对武当建筑认知的真实性。

（三）体现文化特色，扩大旅游宣传

文化是旅游业的灵魂，武当文化经过千百年的繁衍生息，形成了自己独特文化传统

与内涵。武当文献保存和传递了武当历史、人物、民俗风情、文物古迹等众多方面文化内容。如《武当民俗》介绍了武当的婚姻、生养、寿诞、丧葬、衣食住行等习俗。影视作品《大武当》、歌曲《天下太极出武当》等扩大了武当旅游宣传，要善于从这些信息资源中捕获开发武当旅游商机。

（四）传承民俗文化，增强游客体验

武当民俗文化源远流长、普及面广。如武当主要宫观场所，每逢朔月、望日、重要节日、祖师圣诞，都要举行祝寿、庆贺等典礼。还有藏于民间的婚丧嫁娶、民歌演唱、说书唱戏、民俗表演等多种形式习俗。这些在武当文献上都有详细的记载。如《武当山古婚俗研究》、《武当民间歌谣》、《武当道教法事》等，对武当民俗文化起了传承、保护、利用和发展作用，构成了独特的武当民俗旅游资源，帮助游客参观，领略武当道家庄严神圣的氛围和博大精深的内涵，丰富了武当山旅游内容。

三、武当文献服务武当文化旅游的几点思路

武当文献典籍保留和反映武当特色的原生态文化资源，如历史遗存、宗教信仰、建筑艺术等，如何利用这些文献资源为发展武当文化旅游服务，是十堰地区高校图书馆及公共图书馆的一项既可以促进文献信息增值，又可促进武当旅游文化事业持续发展的重要特色服务。因此，图书馆应根据旅游信息用户的需求，走出馆门，深入社会，多渠道向有关旅游部门了解情况，利用武当文献所载的旅游信息资源，多层次、多形式地服务于武当文化旅游。

（一）加强武当文献的挖掘与收集工作

全面系统、多途径收集武当文献，除了在新华书店订购外，还要在互联网上及民间进行文献调研与收集，内容包括所有的有关武当人文景观、自然景观的研究论著及民间传说、口碑文献、实物文献等，以满足旅游用户的文献需求，为武当文化旅游的发展提供文献保障。如郧阳师专图书馆自20世纪80年代始就十分注意收集武当文献，通过书店、地方志办及民间调查获取，目前已收藏汉水、武当等文献万余册。

（二）深度开发二、三次武当文献及建立专题数据库

要根据武当旅游产业建设，积极对武当文献进行加工、整理，深层次、多方面地揭示和开发文献内容，如编制武当旅游书目、索引、文摘、题录、旅游专题评述、动态综述等，使之转化为二、三次文献，以满足旅游者的需求。与此同时，利用计算机，将武当文献编制出各种旅游专题目录、提要、题录、索引和建立不同专题、不同类型的数据库；将武当地区旅游交通图、导游图、景点图片、自然人文资料等加以数字化，结合视听、音响等方式，扩大旅游信息源，便于游客检索利用。郧阳师专图书馆正是充分认识到这一点，目前已建立了"武当道教文化研究索引"数据库，成立了"汉水武当文献资料中心"，利用现代技术，将分散于不同文献的武当信息资源进行整序、储存，为武当文化研究提供专题服务，提高武当文献的开发利用率。

（三）努力实现武当文献开发利用的产业化

武当文献包含着巨大的信息量和知识量，也蕴涵着无限的商机。武当文献资源为旅游服务的重要途径之一，就是图书馆要走出馆门，密切与文化部门、旅游部门相结合，利用其独特的客家文献，为旅游部门提供最具时效性的国内外动态信息，帮助决策者及时调整旅游规划与营销策略；同时要善于利用武当文献信息资源，到市场招商引资，创建旅游品牌，开发旅游产品，实现武当文献开发利用的产业化，使信息服务既有社会效益，又有一定的经济效益。

（四）加强馆际合作，实现资源共享

开展馆际协作，加强横向联系，实现武当文献资源共享，使有限的图书馆资源最有效、最合理地为武当文化旅游服务。十堰地区的 4 所高校馆及市馆，就可以利用十堰市图书馆学会这个平台，成立武当文献开发利用中心，各馆可本着优势互补、平等互利的原则开展工作，利用交换、馆际互借、载体转换、联合编目等手段广泛地搜集、获取武当文献资源，通过科学的知识集合形成系统化，使各馆藏武当文献藏以致用，达到资源共享的目的，提高图书馆的社会效益。

浩如烟海的武当文献，是记录武当文化的重要载体。它既是武当文化旅游的重要资源，又是武当旅游业的灵魂。科学地利用武当文献为武当旅游发展提供信息服务，是图书馆为社会服务的历史责任。为此，图书馆要遵循文献建设规律，注重挖掘武当文献的历史文化底蕴和内涵，开发有价值的旅游信息，帮助游客了解武当文化、体验道教文化，为武当文化和武当旅游产业的繁荣发展作出应有贡献。

参考文献

[1] 王光德，杨立志. 武当道教史略. 北京：华文出版社，1993.

[2] 房晓. 大旅游时代：中国旅游战略大便局. 北京：九州出版社，2011.

[3] 张明义. 武当山 100 个为什么. 武汉：湖北科学技术出版社，2009.

[4] 胡遂生，钱超，杜艳. 武当文化研究论文索引. 郧阳师范高等专科学校学报，2011（5）.

武汉职院数字图书资源使用现状与建设对策分析
——以武汉职业技术学院图书馆为例

曾宪萍

（武汉职业技术学院图书馆　湖北　武汉　430074）

摘要　高职教育的人才培养模式和教学方式不同于普通本科教育，它以为社会培养生产、管理、服务第一线高素质、高技能应用型人才为己任。高职院校如何根据自身的人才培养需要建设数字图书资源值得探讨，本文通过对武汉职院的数字图书资源使用现状等的调查，分析今后武汉职院的数字图书资源的建设对策。

关键词　武汉职院　数字资源　使用现状　建设对策　分析

一、武汉职院数字图书资源建设及使用现状

武汉职院图书馆建成了专业的网站，数字资源较丰富，从表1可看出，共引进中文数据库10个，其中包括电子期刊、电子图书、学位论文、试题库、图片数据库和视频数据库等。基本上也能满足本校用户需求，但是，图书馆的数字资源建设仍存在很多问题，主要是使用率不高。

表1　图书馆数字资源使用现状调查

序号	数字资源名称	类别	调查结果			备注
			回答选项	人数	比例	
1	读秀学术搜索	搜索系统	使用过	238	33.01%	
			没使用	483	66.99%	
2	万方硕士论文	论文	使用过	196	27.18%	
			没使用	525	72.82%	
3	知网数字化期刊	学术期刊	使用过	305	42.30%	
			没使用	416	57.70%	
4	维普中文科技期刊	学术期刊	使用过	286	39.66%	
			没使用	435	60.34%	
5	博看期刊网	人文期刊	使用过	196	27.18%	
			没使用	525	72.82%	

(续表)

序号	数字资源名称	类别	调查结果			备注
			回答选项	人数	比例	
6	超星电子图书	电子书	使用过	364	50.48%	
			没使用	357	49.52%	
7	书生电子图书	电子书	使用过	173	23.99%	
			没使用	548	76.01%	
8	网上报告厅	考证学习	使用过	207	28.71%	
			没使用	514	71.29%	
9	起点自主学习考试系统	考证学习	使用过	256	35.51%	
			没使用	465	64.49%	
10	知识视界	考证学习	使用过	325	45.08%	
			没使用	396	54.92%	

二、武汉职院数字图书资源使用状况分析

从表2中可以看出：

（1）师生不知晓、不了解学校数字图书资源。由于师生缺乏知晓、了解学校数字图书资源的途径，学校数字图书资源查找不方便、不快速，因而学校数字图书资源使用率不高。

（2）学校数字图书资源缺乏吸引力。师生使用数字图书资源主要是出于学习、教学、教（科）研的需要，知识技能指向性明显，具有很强的专业性及技能养成性，而学校数字图书资源中具有学校及专业特色的自建数据库少。

（3）学校数字图书资源的品种和数量受到限制。由于经费的原因，学校数字图书资源种类不齐全；同时，湖北省内高职数字图书资源共享平台尚未建立，难以完全根据专业建设的需要合理配置资源。

（4）建设资金及管理不配套。数字资源建设需要投入人力、财力，需要相关的配套硬件及技术支持。学校数字图书资源建设资金不足，技术落后，设备陈旧，管理分割，难以整合，极大地影响了数字图书资源建设的进程，进而影响了读者的使用。

表2 师生使用数字资源行为调查

序号	调查问题	调查结果			备注
		回答选项	人教	比例	
1	你在学校上网查找专业资料信息的常用途径是什么	社会网络资源	530	73.51%	可多选
		学校图书馆数字资源	374	51.87%	
		其他单位数字资源	59	8.18%	
2	你是如何知道本校图书馆数字资源的	别人推荐	195	27.04%	
		图书馆网站	207	28.71%	
		其他	26	3.61%	
		缺乏了解途径	293	40.63%	
3	你使用学校图书馆数字资源的频率是什么	每周都使用	173	23.99%	
		每月使用几次	206	28.57%	
		很少使用	236	32.73%	
		不使用	106	14.70%	
4	你使用数字资源的目的是什么	教学、工作、学习（作业）需要	331	45.91%	可多选
		科研、写论文、参加竞赛（活动）需要	269	37.31%	
		因个人生活（兴趣）需要查找资料或视频	210	29.12%	
5	你希望通过数字资源获取哪类信息	统计数据	23	3.19%	可多选
		各类论文	199	27.60%	
		各类研究报告	65	9.01%	
		考证、学习（含视频）资料	337	46.74%	
		专业（学术）期刊	268	37.17%	
		人文期刊	205	28.43%	
		电子书	357	49.51%	
		其他	26	3.61%	

(续表)

序号	调查问题	调查结果			备注
		回答选项	人数	比例	
6	你认为学校图书馆数字资源建设不足之处是什么	宣传推广力度不够	208	28.84%	
		使用不方便	297	41.19%	
		没有学校特色	367	50.90%	
		其他	32	4.44%	
7	你认为从以下哪方面改进,可扩大图书馆数字资源的使用	增加讲座等宣传推广力度	251	34.81%	可多选
		优化图书馆数字资源检索系统	367	50.90%	
		增加数字资源品种,丰富特色数字资源内容	335	46.24%	
		开设图书馆数字资源查找类课程	182	25.24%	

三、高职院数字图书资源建设对策分析

（一）选择符合学校实际的数字图书资源，提高资源的利用效率

尽管高职学校经费有限，仍要保证在数字图书资源方面的投入，增加数字图书资源品种，满足师生工作和学习的需要。但是，高职有高职的特点和实际情况，从表1和表2的调查结果来看，除了中文电子图书和电子期刊外，与学生学习和教师教学联系最为紧密的自主学习（各类与学校专业相关数据库）、考试题库、图片数据库、视频数据库等实用性较强的数字图书资源，应将其作为主流资源进行购置。除此之外，便于学生进行技能训练的，便于教师实施实践教学的，应将其作为重点数字图书资源引进。

另外，在引进数字图书资源后，硬件和软件要及时配套；同时，要随时根据教师教科研需要，调整和完善数字图书资源引进策略，切实提高数字资源建设质量、效益和可持续发展能力。

（二）利用高职院校的优势和特点，自建特色数字资源库

引进数字图书资源是实现学校数字图书资源跨越式发展的捷径，自建数字资源体现学校数字图书资源发展的水平。高职院校在专业建设、课程建设、实训体系等方面都具有一定的成果优势；人才培养以相关专业知识学习和实践技能训练为主，具有很强的教学特色优势。但目前市场上有关这类数字资源比较少，这正是高职院校自建特色数字资源的动力和压力。

1. 自建数字资源要协调、统筹规划

自建数字资源要耗费一定的人力、物力、财力，但目前高职院校的数字资源的管理

分割得较为厉害，各自为政，独立建设，互不相干，直接导致各数字资源仿佛一个个信息孤岛，造成信息资源、设备资源和资金的浪费。因此，高职院校在数字资源自建方面，要从长远考虑，提高自建数字资源的组织化程度，整合学校数字资源建设的资源要素，创新数字资源建设的管理机制，统筹规划，各方参与，分工协作。在认真论证的基础上，标准建设，减少用户使用学校自建数字资源的难度，提高数字图书资源服务的效率。

2. 学校自建数字资源的途径

高职院校注重综合职业能力的培养，因此，学校数字资源的自建要偏重于技能训练与学校成果资源的收藏。

1）专业特色数字资源库

结合本校专业教育的优势和特点，在对人才培养方案、精品课程、相关专业文献信息资源进行深度开发的基础上，建设有自己专业特色的数字资源库，为学校的专业建设及教学服务。同时，还开发与课程教学内容密切相关的数字资源，如课程案例库、教学课件库、学生作品库、实训资料库等。

2）师生作品库

主要通过收集教师著作库、论文库、科研成果库、获奖库和优秀教师博硕士学位论文库，以及学生的课程设计与毕业设计库、优秀毕业生论文库、学生科研成果库、学生获奖库、优秀校友库等，为教师和学生提供检索利用服务。

3）随书光盘数字资源库

由于现在图书随附光盘成为普遍，过去采取光盘借阅的形式，利用率较低且容易损坏光盘，不利于资源的长期保存。利用所购书的随书光盘资源，制作成数字图书资源库，供读者下载和阅读。

（三）推动建立高职校际间数字图书资源联盟

各高职院校不断加大数字图书资源的购买力度，且以较高价格向提供商购买，但在购买的数字图书资源中，主要集中在国内几个著名供应商如超星、CNKI、万方等中，在图书馆资金普遍不足的情况下，造成了资源的重复建设和浪费。各高职的自建数字资源也是以"自需自建"为主，缺乏协作共建，没有资源共享，很难形成自建数字资源品牌和规模效应。

1. 数字图书资源的分工采购、资源共享

由于数字图书资源的种类不断增多，采购费用较大，任何一所高职院校都难以完成。因此，可利用湖北省高职示范校图书馆论坛这个平台，建立湖北省高职示范校际间数字图书资源联盟。首先，在联盟成员内部，根据各成员校的办学特点，分工重点完整采购某一类或几类的数字图书资源；然后，在各校分别收藏的数字图书资源的基础上，整合成一个检索界面，共同保证联盟对高职教育大部分的数字图书资源完好地供给。这样，各高职校用较少的购置费，购置到最需要、最齐全的数字图书资源。

2. 分工协作共同自建特色数字资源

在分工采购的同时，联盟牵头，争取教育管理部门的支持，设立相关自建专题项目。各成员校可根据各校的专业特色和教学等资源优势，按照分工承担某一专题项目的特色数字资源库的部分或全部内容的建设，建设成果由所有联盟成员共享，形成自建特色数字资源品牌。

（四）加强数字图书资源的宣传推广与培训

通过举办形式多样的数字资源利用宣传活动，如利用宣传周、新生入馆教育、图书馆讯专刊、图书馆网站推广等，让师生及时了解数字图书资源。针对本校教师，定期有针对性地分类、分批举办信息检索培训班等，针对本校学生，开设信息检索课或每学期有2~4学时的图书资源查找技能培养课，使师生掌握各种数字资源的使用方法、数字资源获取方式和程序等。另外，还可通过邀请相关专家来校讲座和交流、演示，增强师生对数字资源的了解，有目的地引导师生利用各种数字资源，从而提高数字图书资源的利用率。

（五）提供方便、统一、高效的用户检索系统

目前，用户还不太会使用各类数字资源，因此，需要开发或引进数据资源整合技术，能够方便用户利用，节约用户的使用时间，提高用户的使用效率。为此，图书馆要运用计算机技术对学校的多种数字资源进行系统化，使之无缝地链接，用户在统一的集成界面中检索、浏览和使用各种数字资源。

（六）引进和培养相关专业人员

数字图书资源的建设与维护需要计算机、网络专业、信息管理等专业人员。由于学校对图书馆重视程度不够，导致了图书馆该类人才匮乏，只能靠数字图书资源提供商来维护本校的数字资源的运行，而没有能力对已有资源进行深度挖掘和整合，所以数字图书资源的管理及二次开发水平较低，影响了数字图书资源的利用效率。

总之，高职院校的数字图书资源建设起步较晚、人才不足，既需要丰富的科学理论做指导，又需要长期的实践经验做基础，更需要学校、图书馆及其社会各界人士的支持与努力。

参考文献

[1] 毕朝晖，等. 国家示范性高职院校图书馆特色数据库建设分析与研究. 河北科技图苑，2010（3）：79-81.

[2] 王若亭. 高校图书馆数字资源建设的现状及发展. 科技情报开发与经济，2010（24）：43-45.

[3] 高晋. 高校图书馆数字资源建设的经济理论分析. 图书馆学研究，2011（7）：62-64.

[4] 张世明. 高校图书馆数字资源建设现状及发展策略. 情报探索，2008（9）：44-46.

[5] 杨毅，等. 集团采购——购买电子资源的有效方式. 大学图书馆学报，2004（3）：6-9.

[6] 吴玉萍，等. 提高高职高专图书馆数字资源建设效益的策略分析. 桂林航天工业高等专科学校学报，2012（2）：191-193.

高职院校图书馆开展人文素质教育的研究与实践
——以武汉职业技术学院图书馆为例

柳金发

(武汉职业技术学院图书馆　湖北武汉　430074)

摘要　在当前社会及经济背景下，要推动我国经济发展方式的根本转变，促进社会和谐发展，使我国社会形象与全球有序地融为一体，高职教育的社会功能必须重新定位。首先，高职教育要培养适应产业升级、企业技术现代化、信息化所需要的技术、技能型人才。其次，适应和谐社会构建需要，教给学生有价值的生活技能和社会技能，引导学生正确认识自我、正确认识他人，协调社会关系和解决社会矛盾。第三，适应弘扬中国精神和建设创新型国家的需要，提高学生的创新素质和创新能力，促进人的现代化。所以，今天的高职教育必须将职业技术教育、科学知识教育和人文素质教育相融合，实现整体的文化素质教育，才符合时代发展的需要。本文就以武汉职业技术学院图书馆为例，阐述了高职院校图书馆开展人文素质教育的研究与实践。

关键词　武职　图书馆　人文素质教育　研究　实践

一、素质教育与高职教育关系研究

高职教育不是单纯的"基本知识+操作技能"的教育，更不是培养"会干活的工具"。高职教育从培养目标的角度看，应包含三个层次的要求：首要是培养"会做人"的人，重点是培养"能干活"的人，其次是培养"有头脑"的人。对于人才，素质起着决定性的作用，老子讲过"上德不德，是以有德；下德不失德，是以无德"。此处的德是指的素质，素质是经过日积月累而形成的，又是长期地、决定性地起作用的。素质是内因，内因是起作用的主要根据。

有知识，有能力、有技能，绝不等于有高素质；没有知识，没有能力、没有技能，绝对不会有高素质。高素质能使知识、能力与技能整合，正确而有效地发挥作用，服务社会并成就自我。反之，则会如孔子所说的"君子有勇而无义为乱，小人有勇而无义为盗"，只顾一己之私，无所顾忌。如果用数学中的向量来解释：人的知识、能力与技能是一个空间向量 r，它给社会带来的社会效益 R，是空间向量在坐标轴上的投影。$R=|r|\cos\theta$，R 不仅取决于其向量的模 $|r|$，还取决于向量与正坐标方向的夹角 θ（这个夹角就是人的素质）（如图1所示）。当人的素质高，与社会价值取向的一致性就高，夹角 θ 也就越小，R 就越大；当人的素质不高，与社会价值取向的一致性低，夹角 θ 也就越大，R 就越小；当夹角 $\theta \geq 90°$ 时，表明其与社会价值取向相背，R 就为负值，对社会造成一定的危害。

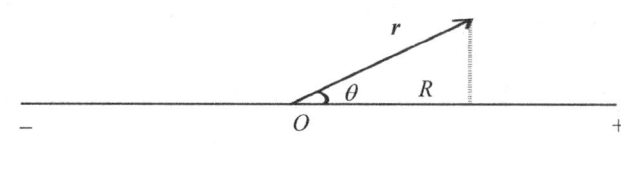

图 1

素质教育是针对当前高职教育中的"功利主义"而提出的,高职素质教育的核心是职业文化、科学文化与人文文化的交融。高职开展素质教育的目的在于促使学生全面而主动地发展,它有 4 条基本要求:①有较广的知识基础;②有一定的专业技术知识;③有优秀的思维品质;④有较强的实践能力(应用能力和技能)。其重点是解决"做事与做人一体化"的问题,它更有利于高职培养应用型及技术、技能型创新人才。所以,在高职教育中,素质教育应是一种教育思想,而不仅是一个教育方法和内容。

二、高职教育中素质教育的内涵研究

素质是一个整体,素质的内涵有业务素质、思想道德素质、身心素质和文化素质 4 个方面。其中,业务素质是主干,思想道德素质是方向,身心素质是保障,文化素质是基础。在高职教育中,业务素质教育、思想道德素质教育、身心素质教育在人才培养方案的设计和实施中得到较好的体现和落实,但文化素质教育在高职教育中没有得到足够重视和加强。文化素质教育的核心和内容主要是人文素质教育,人文素质教育的独特之处在于融知识、思维、方法、原则、精神教育于一体,这正是现代技术、技能应用型人才的重要内涵和时代特征。

在高职教育中,要明确人文素质教育同德育的关系。人文教育拓宽了德育的内涵、视野,既是德育工作应有之义,又为加强和改进德育工作开拓了新的领域;文化素质教育同"两课"教育都是为了提高学生的综合素质,它们既不能截然分开,更不能互相代替。

高职的人文素质教育主要内容可以界定为以下几个方面:文、史、哲;艺术;国内外文化精品;职业与职业文化知识等。这些不可能全在课程教学体系中体现,同时,高职院校的总教学时数有限,所以高职院校开展人文素质教育时应以课内教育为辅,课外教育为主。另外,人文素质教育强调"知行合一",需要通过有效而丰富多样的校园文化活动来实现,这些为图书馆开展人文素质教育提供了较大空间。

三、图书馆人文素质教育的方案设计

图书馆开展人文素质教育具有得天独厚的条件。图书馆拥有经过长期的积累而内容丰富,反映了几千年中华民族历史和优秀文化成果的馆藏资源。通过阅读这些文献资源,往往能给大学生以内在的鼓舞和启迪。图书馆为学生提供良好的人文环境和浓厚的文化氛围,引导学生有选择地吸取人类的一切优秀文化成果,在潜移默化之中启迪思想,陶冶情操,从而达到人文教育的目的。图书馆对大学生的人文素质教育是通过图书馆自身独特的人文因素来实现的，图书馆独特的服务规范和价值观，衬托着图书馆高尚与高雅、神圣与光荣的文化品格，丰富了生活情趣、陶冶了人文精神，激发了内在潜力。

另外，图书馆是学生的第二课堂和重要活动场所，丰富多彩的图书馆文化活动是图书馆实施人文素质教育的必要途径。他们通过参与各类文化艺术活动，形成健康的审美情趣，提高对美的感受力和鉴赏力，形成内在的素养和品质，完善自身人格的塑造，这是高职院校其他部门和教学环节无法达到的。

通过研究、实践、总结提炼出我校图书馆的人文素质教育规格，图书馆主要从5个方面进行人文素质教育：①以弘扬中国精神为目的的中国历史与民族文化教育；②以培养沟通与合作团队精神为主题的社会技能与生活技能教育；③以陶冶高尚情操为宗旨的文学、艺术教育；④以磨炼积极、进取性格为核心的励志教育；⑤以公民意识养成为落脚点的职业文化与职业文明教育。经过四年多的实践，基本形成了我校图书馆人文素质教育的基本工作框架，如图2所示。

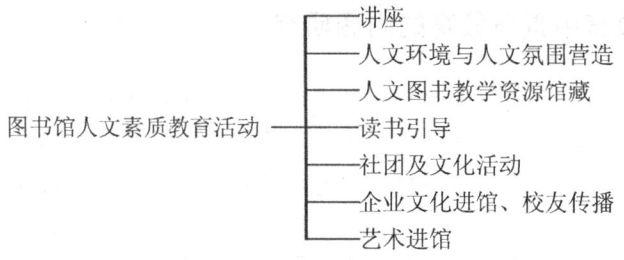

图2

四、我校图书馆开展人文素质教育的主要实践

（一）打造"凌家山讲坛"人文活动品牌

"凌家山讲坛"是我校图书馆开展学生人文素质教育的切入点，以社会对高职人才素质要求为视点，针对当前学生普遍缺乏人文知识、缺乏社会责任感、人文素质较低、非专业知识浅薄、社会道德水平不高、是非思维能力不足等问题，有组织地邀请社会知名专家学者等举办人文、社会发展的专题讲座、文化讲评等讲坛活动。

"凌家山讲坛"的定位，可从4个方面加以说明。一是内容上：突出文、艺、传统文化等人文素养板块；职业文化板块和"热点关注"及哲、史板块。做到不仅是知识的补给，情趣的添加和视野的开阔，更是人格的升华和素质的提升，也是文明时尚生活的倡导。二是策划上：要在变化中求新意，讲坛集知识性、趣味性、活动性于一身，突出雅俗共赏、理趣俱佳的特点。三是运作方式上：把讲座的触角延伸至学生活动，与学工、学生社团、工会、院系联"姻"。四是目标上：求精品，要努力办出图书馆的人文素质教育特色，打造出真正属于图书馆的校园文化品牌。

自我馆开办"凌家山讲坛"以来，部分二级院系和学校与学生直接关联职能部门根据各自学生工作特点和需要，纷纷开办相关讲座。2012年起，学校党委也将党委中心组学习与"凌家山讲坛"结合起来，每年举办一次有全体校领导和中层干部及学生参加的讲座。"凌家山讲坛"不仅丰富了学生的业余文化生活，提高了学生的素质，而且为学生搭建了走近名人名家、相互沟通和展现自我的平台，提升了学生的社会综合能力。"凌家山讲坛"获得教师的认可和学生的好评，成为图书馆服务学生的一个新亮点。

（二）单独设立文学书库

图书馆的文学类书籍所提供的知识和信息对学生有潜移默化的作用，对学生人文素质的培养影响很大。学生通过阅读优秀文学书籍，可培养正确的思维方式，选择正确的人生价值取向，升华精神品质，形成高雅的气质和良好的修养。同时，针对我馆文学类图书借阅量占整个馆藏图书借阅量的三分之一多这一客观现实，我校图书馆调整了现有的藏书结构及布局，单独设立文学书库，尽可能地收藏人文素质教育所需的文学图书类型，并部分尝试按文学图书专题收藏，既增强了图书馆的吸引力，又提高了图书馆藏书的品位。同时，每年拿出三分之一的图书购置经费，购买人文素质教育类文学图书。图书馆既满足目前学生对文学类图书的迫切要求，又达到提升学生人文素质的教化功能。

（三）图书馆成立"笃学"读书社

文化活动是实施大学生人文素质教育的重要途径之一，我校图书馆成立了以学生为主体的"笃学"读书社。图书馆以"笃学"读书社为依托，举办各种社团文化活动，为学生人文素质的提高和展示自我提供平台，使图书馆人文素质教育作用更加突显。例如定期或不定期举办读书报告会、作品欣赏、书评或征文竞赛、人文知识比赛等系列专题活动，激发学生的读书热情和求知欲望，促进学生增长知识、开阔视野、活跃思维、陶冶情操、提高实践能力。

（四）多方面开展导读活动

图书馆是学生课外求知的重要场所，图书馆要树立起以读者为中心的观念，做好书、刊导读。我馆成立了专、兼教师结合的导读小组，在"如何读书"、"读哪类书"等方面对学生进行指导。通过编制新书通报、网站情报信息专栏、馆讯等途径，通过教授荐书、学生互荐等形式，向大学生推荐优秀图书和杂志，通过导读宣传栏张贴高品质专题书刊、数字资料的导读题要，指导学生有目的地阅读并从中受到感染和熏陶。

（五）开展艺术教育活动

艺术素养教育是学生人文素质教育的重要组成部分，有利于提高学生文化品位和审美素质。我馆联合艺术学院、纺服学院等定期在馆内开展各种艺术设计、服装设计、摄影展、社会热点评议等各种主题的艺术活动，提高学生对美的感受力和鉴赏力，形成健康的审美情趣，完善自身人格。

五、我校人文素质教育的效果

2012年，第三方调查机构在对我校毕业生的非智力素质满意度调查中发现（如表1所示），我校毕业生的综合素质较好，受用人单位好评。

表1　用人单位对我校毕业生的非智力素质的满意度分析表（$n=120$）　　　　比例/%

项目	很满意	比较满意	一般满意	不太满意	很不满意	无答案
①有目标，有理想	59.7	34.5	3.4	0.0	0.0	2.5
②对自我发展充满信心	54.6	37.8	5.0	0.0	0.0	2.5
③对事物充满好奇心	42.5	40.0	15.0	0.0	0.0	2.5
④敢为人先，勇于创新	44.2	30.8	19.2	3.3	0.0	2.5
⑤求真务实，有强烈责任心	57.5	28.3	11.7	0.0	0.0	2.5
⑥善于调节自我情绪，注意自我鼓励	50.0	27.5	15.8	0.8	2.5	3.3
⑦能独当一面，独立思考	46.2	34.5	14.3	1.7	0.8	2.5
⑧遇到挫折，从不屈服	42.5	43.3	10.8	0.0	0.0	3.3
⑨能主动帮助别人，常为别人分忧解难	54.2	34.2	9.2	0.0	0.0	2.5
⑩工作和学习雷厉风行	46.7	29.2	18.3	1.7	0.0	4.2

总之，图书馆的人文素质教育是人文科学知识的传播、学习、再传播的循环过程，图书馆要充分利用自身的优势，创新人文素质教育模式，使图书馆真正成为学校内部人文素质教育基地。

参考文献

[1] 杨叔子. 杨叔子教育雏论选（上）. 武汉：华中科技大学出版社，2011.

[2] 肖龙. 管人不如管环境Ⅱ——组织环境再造. 北京：北京大学出版社，2011.

[3] 方桐清. 高职院校在文化传承创新中的担当. 中国教育科研参考，2012（19）.

[4] 崔清源. 当下高职教育使命. 教育与职业，2013（3）.

[5] 黄天民. 高职学生的职业素质现状与培养对策研究. 常州信息职业技术学院学报，2011（3）.

高职院校图书馆资源建设的现状与对策浅析
——以武汉职业技术学院图书馆为例

杜丽馨

（武汉职业技术学院图书馆　湖北武汉　430074）

摘要　本文以武汉职业技术学院图书馆为依据，分析了高职院校图书馆信息资源建设的基本现状，并结合高职院校建设与发展的实际，提出了新信息环境下高职院校图书馆信息资源建设的几项对策。

关键词　高职院校图书馆　资源建设现状　对策

一、武汉职业技术学院图书馆简介和百度新语书吧简介

（一）武汉职业技术学院图书馆简介

武汉职业技术学院图书馆坐落于东区校园的中心位置，成立于1973年，其前身为武汉无线电工业学校图书馆。近几年又先后与湖北省国防科技大学、湖北省电子工业学校、湖北省纺织服装工业学校合并，图书馆的规模迅速壮大。四十年来，伴随学校办学质与量的跃进，图书馆也实现了跨越式的发展，现已成为自动化基础设施良好、文献保障与网上文献信息服务功能齐全、能为教学与科研提供完善服务的文献情报中心和信息检索中心。

图书馆现有建筑面积18 000平方米，馆藏文献中纸质图书合计120万册，期刊、报纸1 000余种，电子资源10种。图书馆读者流通量年平均为290 657人次，有9个阅览室，1 000多个阅览座位，同时设有12个二级学院资料室。馆藏的信息资源涵盖了学校的所有专业，文献结构基本合理，能满足全院教学和科研的需求。

图书馆于2002年建立了网络环境下的图书馆自动化体系，实现了与校园网、中国教育和科研计算机网（China Education and Research Network，CERNET）因特网（Intermet）的连接，能为读者提供快捷、便利的书目查询、文献借阅、网上续借、咨询检索、课题服务、资源导航、用户培训等多种网络服务。图书馆已加入中国高等教育文献保障系统（China Academic Library&Information System，CALIS），分阶段逐步实现与全国高校图书馆数据资源的共建、共享。2002年，在湖北省高校图书馆自动化测评中，图书馆被评为自动化工作优秀馆。2004年，在全国高职高专人才培养水平评估中，图书馆被评为优秀馆。2013年，我馆"凌家山讲坛"创新服务案例获全国馆长论坛一等奖。

（二）百度新语书吧简介

图书馆百度新语书吧是集读书、休闲、聚会为一体的场所。师生们可以伴着优美的

音乐，在这里品饮品、上网、阅览各种期刊和书籍，这里是缓解疲劳和压力、放松身心和交流聚会的好去处。书吧分饮品区（提供各式冷热饮品、果盘及甜点）、休闲聚会区（能容纳两三个社团或探讨问题的学生会活动）、电子阅览区（提供电脑方便查询资料）和书刊阅览区（摆放了大量畅销书刊及受师生欢迎的各类书刊）。

二、图书馆的建设目标

图书馆的建设目标将以学校的教学科研服务为方向，以《普通高等学校图书馆规程》为纲领，以优化文献资源配置和调整馆藏结构为重点，进一步完善图书馆的自动化、网络化服务体系，逐步实现图书馆工作的三大转变：即从传统图书馆向数字化图书馆转变；从初级的被动服务向高级的多层次服务转变；从馆藏保存型向信息资源开发利用型转变。2008年，武汉职业技术学院被教育部确定为国家级示范性院校，同时学校还是国家紧缺人才培训基地，全国职业教育师资培训重点建设基地，国家高技能人才培养示范基地，湖北高职教育著名品牌等。2013年恰逢武汉职业技术学院成立40周年之际，在这历史的时刻图书馆应站在人才培养和专业建设的前沿，不得不冷静地思考、正确认识和解决图书馆资源建设与服务过程中存在的问题，通过发挥图书馆在教育、教学中的作用，积极探索文献资源建设与服务创新模式，不断满足对高素质劳动者和技能型人才培养的需要，使图书馆真正成为学校的三大支柱之一，最终使图书馆的发展真正步入学院同步发展的快车道。下面从几个方面分析目前高职院校图书馆信息资源建设的现状及存在的问题，并结合高职院校建设与发展的实际，提出了新信息环境下推动高职院校图书馆信息资源建设的几项对策。

三、高职院校图书馆资源建设现状及存在的问题

（一）资源结构不合理

一些高职院校的图书馆，虽然有几十万馆藏，但实际上能高效利用的资源并不多。首先是馆藏文献比较单一、陈旧。不少高职院校比较高比例的馆藏文献往往是前中专时期的馆藏文献。这些馆藏文献主要是学科类型比较单一的纸质文献，一些图书馆的剔旧率为零，新书补充缓慢，图书陈旧过时，纸质文献信息资源老化程度严重。其次是馆藏文献更新的专业针对性不强。为满足社会需求和学院的生存与发展的需要，不少高职院校的办学方向和培养目标进行了新的定位，其专业设置和课程安排也做了重大的调整，如有些高校几乎每年都有一些新开设的专业所征订的图书不及时到位，致使图书馆原有藏书已不能适应学院教学与科研的新需求，一些专业的文献缺口较大，继续补充，最后使馆藏文献满足读者需求的结构失衡。如"双师型"教师读者与能力型学生读者往往有多方位的信息需要，而高职院校图书馆却难以从不同的角度分别满足教师学术型和技术型双重信息需求，以及学生读者的有关基本阅读需求。还有很大一部分藏书与教学、科研需要不对口，入库上架后基本无人问津，而真正的好书、精品书却被淹没在书海中，造成鱼龙混杂的局面，难以满足学院教学、科研和学生课外阅读、课程设计、毕业论文、毕业设计这些主要教学活动的文献信息需求。

（二）高职院校图书馆人力资源建设亟待加强

目前，有许多高职院校图书馆专业队伍建设在数量上虽然达到要求，但是在文化素质、专业技能上远未达到图书馆工作人员的标准，非专业人员甚多，高学历人才比例小，精通计算机网络的人才缺乏，普遍存在着专业水平参差不齐、知识结构不合理的现象。

（三）高职院校图书馆资源重复建设问题严重

高职院校的图书馆资本积累时间较短。近几年，为了迎接教育部人才培养工作水平评估，并能达到评估指标要求的馆藏图书数量，一些高职院校图书馆在短时间内进行了突击采购、随意采购和盲目采购。这种非理性的采购行为导致的必然结果是馆藏文献数量大大增加，质量却明显下降。这显然违背了信息资源建设应遵循的协调原则，破坏了信息资源体系的整体建设，也必然造成极大浪费。

四、高职院校图书馆信息资源建设的对策

（一）整合纸质资源，调整馆藏结构

高职教育的特点是以培养高素质技能型人才为目的，体现在教学上，是学习本学科的基础理论与基本技能，以培养实践动手能力为重点，产学结合。高职院校图书馆在信息资源建设中必须紧密结合高职教育的特点，重点采购适合高职教育的技术性、可操作性强的专业图书和参考书。对原有信息资源进行分析和研究，找出不足，用新购进的信息资源进行有意识的补充和完善，对不适用的馆藏进行剔除。总之，高职院校图书馆在信息资源建设过程中必须考虑本馆读者的实际需要，根据本院的专业设置、高职师生的阅读倾向等，有目的有计划地选择、收集信息资源，坚持实用、有用的原则，形成科学合理、适应本院校教学和科研需求的信息资源体系。例如，我馆在进行文献建设时有目的、有计划地购买相应的文献信息资源，使图书馆文献资源与读者需求最恰当、最有序地结合起来，确保读者需求能够最大限度地获得满足，使馆藏资源得到充分利用，充分考虑不同类型读者需求，保证文献类型多样化。在文献订购时能广泛听取不同类型读者的建议，确保满足他们的需求，能正确处理纸质文献和电子文献的馆藏结构。

（二）着力抓好图书馆网络化、数字化、自动化建设

随着数字图书馆的建设，本馆拥有了多种现代化的服务手段，服务功能也日趋完备。除传统的外借、阅览等服务以外，还提供参考咨询服务，如数字资源检索、定题服务、课题查新、用户培训、馆际互借、文献复制、文献传递等。通过本馆主页（http：//61.183.207.198/）可利用10多种数字资源，包括万方、维普、中国知网等中文学术期刊全文数据库以及超星、书生之家电子图书，还有网上报告厅、知识视界等视频资源，内容覆盖全校所有学科专业。此外，我馆还及时更新了图书馆网页，增设了许多与读者交流的窗口，使读者直接通过图书馆主页检索、下载所需的各种文献信息资源，读者可以不受时间和空间的限制，更加便捷地查找和利用馆藏资源

（三）加大开展利用图书馆专题讲座、交流活动的力度

图书馆要不断创新发展，不仅要扩大藏书量，而且要买进大批数据库，以更丰富全

面的电子信息形式和更多样化的检索途径呈现在读者面前,供读者自由选择利用。但很多读者尤其是刚进高校大门的新生,不具备专业检索知识,面对 120 万册的藏书和丰富的网络电子资源,无法准确、迅速地获取自己所需的信息资源,这就影响了读者的借阅质量,同时也降低了图书馆馆藏的利用率。因此,对读者进行入馆前的相关教育十分必要,让新生在较短的时间里了解本馆及其资源,本阶段讲座内容主要包括:①信息意识教育;②馆室分布及功能介绍;③《中国图书馆图书分类法》简介;④馆藏电子资源介绍;⑤图书馆主页介绍;⑥图书馆规章制度介绍等;⑦开设信息检索课,针对二、三年级学生,开设信息检索课,其目的是让学生系统地学习和掌握信息检索的基础知识和基本技能,即培养学生的信息能力;⑧数字资源使用方法讲座,向广大读者全方位地宣传图书馆的信息资源及特色服务项目,以提高读者对电子信息资源的迅速获取和有效查找、利用的能力,使读者能适应信息化、网络化时代的要求,提升自我服务能力。讲座中分别介绍了图书馆内网数字资源使用方法和湖北省高校数字图书馆共享文献资源使用方法,其中包括书生、方正、超星等电子图书期刊及论文、学科导航、公共检索、新书推荐、参考咨询等内容,旨在为我校读者在使用科研文献方面提供方便。

(四)深入二级学院全面调研

为了提升图书馆文献资源建设的质量与水平,改善和促进图书馆服务工作,2013 年 9 月 16～23 日,馆领导带领相关工作人员,深入全校 11 个二级学院进行调研,了解教学一线的文献需求,听取师生意见和建议,分发了本年度图书购置清单以征求意见,确定了各学院图书、杂志订购联络人,现场解答了教师疑问,并进行了数字资源使用调查。本次调研得到了各二级学院的热情接待和积极配合,收集了关于文献购置程序、纸质与数字资源配置、改善服务质量、创新服务方式等方面的有益建议,是图书馆优化文献结构、提升服务水平的有力依据。

(五)图书荐购、期刊目次提供和邮件推送服务

我馆荐购系统是针对图书馆读者提供的便利服务,其宗旨是方便读者在第一时间推荐需要的图书,建议采购人员与读者之间及时、有效地沟通,便于图书馆进一步了解读者对图书采购的需求,从而提高馆藏文献资源的利用率。

总而言之,高职院校图书馆资源建设是一项长期而复杂的系统工程,它直接关系到图书馆的发展进程和服务质量,关系到学院的人才教育培养目标,因此必须高度重视文献资源建设,遵循馆藏建设的方针、政策,用科学的态度和创新的方法,建立科学、系统、实用、有特色的高等职业教育文献信息资源保障体系。

参考文献

[1] 朱咏梅. 高校图书馆资源建设的现状、问题及对策. 科技视界,2012(31).

[2] 马晓妹. 论高职院校图书馆资源建设的现状与对策. 文教资料,2010(1).

[3] 李永峰. "全方位、互动式、立体化"服务探究. 图书馆理论与实践,2013(3).

高职院校图书馆开展学生职业素质教育的探索

韩 玲

(武汉职业技术学院图书馆　湖北武汉　430073)

摘要　高职学生职业素质培养是高职教育的重要内容，本文介绍了目前高职学生职业素质教育的内容和主要模式，提出了图书馆可以利用自身优势、开展职业素质培养，从而完善职业素质教育体系，促进图书馆服务创新。

关键词　高职教育　职业素质　图书馆服务创新

在当前复杂的社会和经济背景下，大学毕业生的就业已成为一个社会问题，高职学生就业率也在逐年下降，其中一个重要原因是部分毕业生职业素质缺失，无法满足用人单位的需求。高职院校肩负着为社会培养应用技术型人才的重任，面对严峻的就业形势，高职院校必须改进职业素质教育体系，突破传统的教育程式，为高职人才培养质量、培养模式探索新理论，提高毕业生的职业素质，从而增强其就业竞争力。图书馆作为学校的信息中心、学生的第二课堂，对职业素质教育的潜能和作用应该加以足够的重视。

一、高职职业素质教育现状

(一)高职学生职业素质教育内涵

1. 现代社会职业素质

职业素质本身是从企业角度提出的，是企业对能够胜任内部工作岗位工作人员的素质要求。现代职业教育理念强调产学研一体化、学校与企业的无缝衔接，这个接口就是学校学生的职业素质水平。1999年，联合国教科文组织在汉城召开"世界技术职业教育大会"，大会主题工作文件指出："基本的挑战是在迅速变化的环境中，要求调整、竞争，世纪竞争的核心是造就一支有生产活动的劳动大军。""新的全球经济环境要求对技术与职业教育有新的定位，使之更好地回应学生、工人与雇员的要求。技术与职业教育不仅是为劳动世界提供培训，而且必须在终身学习过程中造就新一代劳动者。"可见，现代社会对人职业素质的要求，不仅是高职岗位职业技能的提高，更重要的是应变、生存与发展的综合素质，包括知识、技能、经验、态度、创新、意志品质、心理承受能力、与人合作能力和生存发展能力等。

2. 高职学生职业素质教育内容

高职学生职业素质的构成主要有职业道德、职业技能、职业心理、职业精神等。

职业道德是衡量一个人工作态度的职业规范，是指所有从业人员在职业活动中应该遵循的行为准则，是一定职业范围内的特殊道德要求，主要包括诚实守信、敬业爱岗、服务群众、奉献社会等。敬业精神、团队合作精神、人际沟通能力等"软实力"已经成为用人单位最看重的毕业生素质。这就要求在高职教育中，必须把思想道德特别是职业道德建设放在首位，坚持既教书又育人。当前，应重点加强学生敬业爱岗、诚实守信、团结合作、吃苦耐劳和遵守职业纪律的品质的培养。

职业技能是胜任岗位工作的能力，学生要掌握与本专业及相近专业的基础理论、基本知识和基本技能，对自己将要从事的职业有一个认同，明确认识职业岗位的特点、专业能力的要求。学校在教育教学中，还要把学生学习习惯的养成、学习方法的掌握、学习能力的提高放在突出位置，而不拘泥于点滴知识的得失；把创新能力、创业能力的培养贯彻教育的始终，激发学生的创新激情和创业欲望，培养学生良好的创新品质和创业意志。

职业心理素质是指从业者所从事的职业所必须具备的心理品质。高职教育不能单纯地追求技术能力的培养，而应积极拓展人文素质教育，致力于提高学生的人文修养和思想情操，激发学生的批判、反思、创新的热情，培养学生人与环境和谐发展的人格素养，要教育学生养成积极向上的心态，要帮助学生克服职业倦怠，培养学生健全的自我意识，从而使学生具备健康的职业心理，正确面对各种困难、挫折和压力。

（二）高职院校职业素质教育途径

目前，我国的国家示范性高职院校在人才培养模式的开发与使用上一直走在所有高职院校的前列。2008年，对国家第一批示范性高职院校建设方案的统计显示：28所高职院校共采用了155种培养模式，而在众多的培养模式中，只有一所院校明确提出了素质结构的概念。现在这种状况有所改善，大多高职院校对学生职业素质培养的途径与方法主要有充分依托以校、分学院和班级所组成的管理层次，加强辅导员的责任感；课堂理论教学；校内实训；顶岗实习；素质拓展训练。但与对学生职业能力培养相比，高职院校职业素质培养明显薄弱。

高技能人才素质构成有文化知识、专业能力和职业素质三类基本要素，其中职业素质培养的重要性是共识，也是企业对职业教育的基本要求，因此必须加强学生职业素质的培养，只有这样，高职院校才能培养出受社会欢迎的合格的高技能人才。

二、图书馆开展职业素质教育的条件

（一）丰富而结构合理的文献资源

图书馆的文献资料，有一个长期积累的过程，且重点文献具有知识的完备性、系统性和前瞻性，并不是各种知识、情报载体的随意堆砌，而是经过精心选择和组织的适应特定功能要求的知识体系，是为学校教育、教学、科研服务的物质基础。藏书量各个学校虽然不同，但也包罗万象，涉及古今中外，种类包括纸质和数字资源，内容涵盖各学校所有学科专业，可以基本满足师生对文献资料的各种需求，并随着师生教学和学习生涯不断更新，能源源不断地提供保障。尤其是数字资源，以文本、视频、音频等多种形式，及时反映学科的最新成就、各行业的发展动态，形式多样，使用方便快捷，在当今网络时代深受师生青睐。学生在课堂学习理论基础和专业知识，其他辅导资料和人文知识则需要从图书馆获取。

(二) 浓厚的文化氛围与开放的学习环境

图书馆的物质环境、管理水平、行为规范、学术风气、价值观念相融合,形成一种文化氛围和风貌,它丰富深厚的文化内涵对大学生在各个方面产生深刻的影响,尤其是素质的提高和品格的塑造。图书馆将馆藏文献所蕴藏的古今中外先进思想、科学文化的精华及公民基本道德规范的思想源泉,通过各种生动活泼、形式多样的方式主动传递给学生,如举办专题展览、专题阅读、读书心得征文、读书交流活动、专题讲座等,引导学生树立正确的世界观、人生观和价值观,大力弘扬中华民族的优秀文化传统,引导学生了解历史、认识国情,提高大学生文化评判能力,开阔视野,升华情操,净化心灵,形成对崇高理想人格的追求,从而提高综合素质。

(三) 专业的信息服务人才

在信息时代,信息往往意味着机遇,培养学生的信息素质以及帮助学生获取准确的信息是图书馆的重要工作内容。目前,高职院校图书馆人员素质整体不高,但正在逐步改善,许多图书馆近几年提高了入职门槛,引进高素质专业人才,有条件开展咨询与教学服务。

职业素质教育中一项重要的内容就是让学生学会学习,懂得不断地获取新知识,这样才能跟上时代的步伐。具备较强的信息意识、提高获取与鉴别信息的能力,既是学生在校期间接受学校教育的内容之一,又是将来步入社会进行自我教育、自我塑造的"拐棍",无论是今天在校,还是明天走向社会,他都处于终身受益的主动地位。这正是图书馆发挥人才优势"授人以渔"的目的。

图书馆资源优势和人才优势结合,还可以为职业生涯规划提供咨询服务、为求职创业信息导航、为各专业提供行业动态等。图书馆专业人员利用专业知识、专门的工具、合适的数据库,能更准确、更快捷地获取职业素质教育信息和社会需求信息。

三、图书馆开展职业素质教育的意义

(一) 有助于各高职院校调整和完善职业素质教育体系

目前,职业素质教育在各高职院校已得到较高的重视,但仅有学工系统、招生就业处参与,内容单一,力量薄弱,忽视了图书馆的作用。图书馆发挥自己的优势,参与其中,将使整个职业素质教育内容更丰富、形式更多样、层次更丰满。

(二) 激发图书馆的潜力,提高馆藏利用率

近几年大多图书馆借阅量呈下降趋势,这与传统的被动服务方式有一定关系。图书馆开展职业素质教育是主动服务,必须采取措施充分调动馆员工作积极性,挖掘馆藏精华,将馆藏"推"给读者,而不是坐等读者上门。这将极大地促进图书馆发挥出管理、人才和资源的潜力,提高馆舍和文献利用率。

(三) 促进高职院校图书馆服务创新

高职院校图书馆经过近十年的发展,纸质馆藏都有了不小的规模,但借阅量在下降;

数字资源也在逐年增加，但仅是数据公司的链接。图书馆要固守学校支柱地位，真正为教学科研服务，仅仅提供文献的借阅使用是远远不够的，必须创新服务方式，提供知识服务。

以图书馆的知识服务为平台，切入学生职业素质培养，使之成为学校实现人才培养目标的重要途径，这是我们正在探索的新的服务模式。

参考文献

[1] 张妍. 高职图书馆在职业指导工作的作用. 大学图书情报学刊，2005（10）.

[2] 郑彩云，曾海宾. 对高职院校大学生职业教育的几点思考. 中国现代教育装备，2009（11）.

[3] 于桂华. 高职学生职业素质教育的路径选择. 教育与职业，2007（29）.

关于高职院校图书馆馆藏资源建设的若干思考

李其港

(武汉职业技术学院图书馆 湖北武汉 430074)

摘要 本文分析了国家示范性高职院校图书馆在馆藏资源建设过程中存在的问题，从需求、馆藏、利用三方面进行了探讨与研究，提出了解决问题的具体办法和建设性观点，最后运用图书馆学五法则进行了归纳总结。

关键词 高等职业学校 图书馆 资源建设

经过国家高职院校示范性评估，部分高职院校在办学规模、办学条件等方面有了极大的提高。与此同时，图书馆在信息资源数量与质量、信息资源类型与品种、信息资源利用与服务等方面也有了极大的提升，达到了一个新的高度与层次。图书馆"藏"的资源丰富了，但"用"的整体情况如何、馆藏资源结构是否合理以及是否满足了读者需求等方面，许多示范性高职院校图书馆都没有进行深入的调查、统计和研究。

目前，这些示范性高职院校图书馆每年的采购经费大大下降，有些图书馆甚至连基本的保障性资源的采购经费也无法满足，使得图书馆资源建设出现断层现象。示范性评估期间那种采购经费充足、购买数量巨大、购买类型较多的现象，估计再很难出现。所以，各示范性高职院校图书馆必须转入常规建设阶段，在各业务工作中抓基础业务，注重内涵建设。其中在馆藏资源的内涵建设方面，要围绕"需"、"藏"、"用"三方面踏踏实实地开展业务工作，下面从这三个方面进行探讨。

一、"需"是馆藏信息资源建设的依据

"需"，是指读者的信息需求，即读者需要什么信息。这里的读者分为教师、科研人员、管理人员和学生等几个类型。示范性评估期间，图书馆购买各种信息资源存在着短期突击采购、被动购买的现象，几乎没有考虑读者的阅读需求，由图书馆单方面决定购买，导致部分购买到馆的信息资源无人问津，造成资源浪费。目前，在资源购买经费紧张的情况下，图书馆必须树立以人为本的思想，积极主动地了解读者的信息需求，任何忽视读者需求的馆藏资源建设都是不合理、不完善的。所以，各读者群体有什么样的信息需求，图书馆必须掌握，也必须无条件满足。但学校的读者群体较大，图书馆怎样收集读者的信息需求呢？图书馆必须脚踏实地地做好下面的业务工作。

1. 搞好调查研究工作

图书馆围绕"读者信息需求"主题编制问卷调查表，联合学校教务处、学工处、科研处等部门，采取分层抽样和随机抽样相结合的方法，开展大规模的问卷调查。问卷调

查表要求涵盖读者专业学习、拓展知识、个人兴趣、科学研究、短期需求、长期需求以及阅读方向等方面的内容。图书馆将收集到的调查表进行分析研究，总结出不同类型读者的信息需求特点、规律、阅读方向等，图书馆以此为依据制定信息资源采购计划。这项工作，列入图书馆的日常工作，最好能每学期进行一次。

2．搞好信息需求登记工作

图书馆主页设置信息需求登记栏。在读者流量大的部门放置读者信息需求投递箱。

3．搞好信息需求反馈渠道的宣传工作

图书馆通过文件、通知、讲座等多种形式，让全体读者知道可以通过电话、电子邮件、书面等多种形式将信息需求反馈到图书馆。

4．举办"信息需求征集与订购"专项活动

图书馆每学期举办一次"信息需求征集与订购"专项活动具体由学校读书社负责筹办。

二、"藏"是馆藏信息资源建设的基础

"藏"，是指馆藏资源建设，即科学地构建图书馆馆藏资源体系。馆藏资源是图书馆各项工作的物质基础。丰富的馆藏资源能为学校的教学和科研提供文献资源保障，同时馆藏资源质量、结构、类型等能影响学校的教学和科研水平。国家示范性高职院校图书馆都经历过短期内大量购买信息资源的阶段，当时只顾尽快达到符合示范性评估要求的馆藏数量，而忽视了资源采购的质量、馆藏结构、馆藏开发等方面的问题。所以，国家示范性高职院校图书馆必须从注重提高馆藏资源数量方面，转移到提高馆藏资源质量、调整资源结构、开发馆藏各类型资源等方面上来。可以从以下几方面开展这项工作。

1．搞好馆藏信息资源的调查统计工作

调查前要确立几种调查统计的目标，然后再科学编制相应的调查统计报表。调查统计的目标主要有：纸质图书各类别的藏书数量、2006年后纸质图书各类别的藏书数量、专业图书的藏书数量、2006年后专业图书的藏书数量、电子资源的品种及数量、近三年纸质图书各类别的借阅统计、近三年各种电子资源的访问量统计、信息资源开发统计、报刊资源的调查统计等。有了这些统计表，相当于摸清了馆藏资源的家底：馆藏图书总量、各类别图书总量、近6年各类别图书总量、近6年专业图书总量、图书馆新旧图书的比例、各类别纸质图书利用率、各类别电子资源利用率、信息资源开发程度以及报刊资源的满意度和利用率等。图书馆馆藏资源的家底摸清楚了，接下来要对这些统计表进行汇总、分析、研究，总结出详细的馆藏资源调查报告，以此来指导馆藏资源建设工作以及图书馆的其他业务工作。

2．搞好馆藏信息资源的评价工作

评价标准包括：馆藏资源的整体结构、各种资源的利用率、专业资源的连续性和新颖性、同类型资源的数量及比例、电子资源的交叉重复性等等。评价依据是借阅量、访问量、专家学者评价、读者满意度以及各种馆藏统计表。对馆藏信息资源的整体情况有了科学的评价，图书馆就会在经费、人力、物力等方面进行调整和重点安排，为图书馆

的工作指明方向。

3. 编制馆藏信息资源发展规划

在馆藏资源建设方面，如果没有一个科学的发展规划，就会导致馆藏资源建设无系统、无目标、无方向地发展。为了保证馆藏资源建设的连续性、系统性和科学性，图书馆必须制定馆藏资源建设的长期发展规划和短期发展规划。但每所高职院校的建设方针、专业设置、招生规模、年度经费等都不相同，所以馆藏资源建设规划要根据本校的实际情况来制定。

4. 调整馆藏信息资源采访原则

任何一所图书馆，如果没有编制馆藏资源采访原则，就使得购买信息资源时变得盲目和随意，缺少计划性、系统性、目的性。不但要编制馆藏信息资源采访原则，而且还要尽可能量化指标，并依据变化不断调整。目前，馆藏信息资源采访原则主要包括的内容有：总的原则是以文献型资源为基础、电子型资源为重点；文献型资源同电子型资源的分配比例；短期内优先采购资源；年度重点采购资源；信息资源的级别与层次性；文献的复本数；文献语种；保障性资源、专业性资源、一般性资源的分配比例以及原版外文资料的采访制度等。

5. 优化馆藏信息资源结构

在示范性评估中，有些类别的资源购买太多，特价书数量过大，导致馆藏资源结构缺乏科学性、合理性，给图书馆管理带来极大的副作用，必须进行馆藏结构的优化与调整。在纸质文献中，优化馆藏就是要依据图书馆剔旧制度，有计划地将书库中总量较大、复本较多、年限较长且价值不高的图书类别剔出一部分。在电子资源方面，增加新的数据库、更换重复交叉品种、减少商业数据库中不适用的类别、提高自建数据库的质量。

6. 开发网络虚拟资源

网络虚拟资源可以补充馆藏不足、节约经费、提高科研人员的研究效率。这部分信息资源，国家示范性高职院校图书馆必须开始重视。首先不要贪大贪全，可以选定学校的某个重点专业、某一学科领域或某个主题开始起步，有了经验和技术后，再慢慢做大做广做深。目前，开发和利用网络信息资源的方法，主要是建立网络资源导航和编制网络资源专题数据库。

7. 改变信息资源采购方式

在文献资源采购方式上，可以通过举办校园图书展销活动、带领师生到书店现采、发动专家学者推荐书目、将新书目传送到系部等多种形式，让读者参与选书、购书，以满足读者的阅读需求。在电子资源采购方式上，增加试用、评价及论证环节，充分尊重读者的建议和意见。

三、"用"是馆藏信息资源建设的目的

"用"，是指读者利用馆藏资源。这是图书馆一切活动的最终目的。再多再好的馆藏信息资源，如果没有读者使用或者利用率不高，图书馆的资源就失去了"藏"的意义。所以，国家示范性高职院校图书馆在丰富馆藏信息资源的同时，必须努力提高馆藏信息

资源的利用效率。如何提高馆藏资源的利用效率,需要做好下面几项业务工作。

1. 搞好读者馆藏信息资源利用状况的调查工作

大多数国家示范性高职院校图书馆对读者的阅读特点、阅读方向、利用馆藏资源的能力等方面不是十分了解。要掌握读者"用"的特点,必须开展大范围的调查研究工作。摸清读者的利用状况,图书馆才能有针对性地开展各项服务工作。

2. 搞好馆藏信息资源的宣传工作。图书馆有哪些馆藏信息资源,必须要让读者知道。读者不知道的馆藏资源,就谈不上去使用。所以图书馆必须通过主页、海报、新书通报、简报、宣传单等多种形式,对馆藏信息资源开展广告式的宣传工作。

3. 搞好利用馆藏信息资源技能的培训教育工作

在实际工作中,了解到大多数的读者不会或不能熟练使用图书检索系统和电子资源,严重影响了馆藏资源的利用效率。相对于普通高等学校,高职院校的读者有着自身显著的特点,他们理论知识薄弱、科研能力不高,但动手能力较强,在信息资源利用的种类、层次和需求数量等方面存在差异。所以,图书馆必须加强读者信息资源检索技能和使用方法的培训和教育。可以通过入学教育、举办讲座、开设检索课程、短期培训班等多种形式开展这项工作。读者利用馆藏资源的技能提高了,就能有力地提高馆藏资源的利用效率。

4. 搞好信息咨询导读工作

读者面对图书馆近百万册图书、几十种数据库,他们感到无所适从。所以,图书馆要开展咨询和导读工作,及时排除读者利用图书馆时遇到的各种问题,引导读者利用馆藏资源,向读者指明获取信息资源的路径。这时的馆员就像医生一样,必须具备拿脉问诊的能力。

5. 搞好馆藏信息资源的开发工作

图书馆的馆藏信息资源要便于读者利用。要实现这一目的,图书馆必须对馆藏信息资源进行开发,对各类型馆藏信息资源进行归类、集中,编制各种文摘、索引、目录等二次文献,将这些二次文献印成小册子,读者能免费索取。读者依此就能知道他要找的资源图书馆有哪些类型、存放在哪些馆室,能大大节省读者的时间和精力,帮助读者能方便使用。

6. 搞好阅览环境的改善工作

舒适的阅览环境、浓重的文化氛围、完善的设备设施、丰富的信息资源,这样的图书馆是任何读者都愿意去的。所以,图书馆必须尽可能地扩充阅览面积、摆放花草树木、装饰大型书画作品、增加检索机器、添置空气调节设备。阅览环境改善了,读者的流量、馆藏资源的利用率等都会极大地提升。

7. 开启移动图书馆的建设计划

顺应时代发展的需求,利用移动互联网和通信技术,启动移动图书馆的建设计划,让读者利用手机进行馆藏资源的查询、阅读以及互动反馈等。

总之,以上所论述的内容,都是图书馆资源建设的基础性工作,对于图书馆的内涵建设十分重要。印度图书馆学家阮冈纳赞很早就提出了图书馆学五法则:书是为了用的,每个读者有其书,每本书有其读者,节省读者时间,图书馆是一个生长着的有机体。目前,这一法则虽然得到了发展,赋予了新的内涵,但仍然具有指导意义。希望高职院校图书馆在馆藏资源建设及其利用的过程中始终遵循图书馆学五法则,为学校科学地构建文献资源保障体系。

参考文献

[1] 王珣. 试论当代图书馆文献信息资源的建设与服务. 科技情报开发与经济,2011（21）.

[2] 杨璐. 探析网络环境下高职院校图书馆信息资源的建设. 农业网络信息,2011（4）.

[3] 王淑娟. 论高校图书馆网络信息资源的建设. 教育探讨,2011（11）.

[4] 卢珊. 略论新形势下高职图呼声高信息资源的建设与服务. 淮海工学院学报,2012（2）.

[5] 关珊珊. 信息时代下对高校图书馆馆藏信息资源建设的认识与思考. 赤子,2012（10）.

数字时代高职院校图书馆服务方式的转变与人力资源配置研究
——以武汉职业技术学院图书馆为例

唐丽聪

(武汉职业技术学院图书馆　湖北武汉　430073)

摘要　本文从数字时代图书馆服务观念、方式、内容等转变的根本要求出发,以武汉职业技术学院图书馆现有人员基本情况为研究背景,对图书馆人力资源配置状况进行分析,找出高职院校图书馆人力资源配置和管理方面存在的共性问题,探求高职院校图书馆实施人力资源管理有效配置的思路与对策。

关键词　数字时代　高职院校图书馆　人力资源配置

随着数字时代的到来,以计算机技术、通信和网络技术、数据存储技术以及多媒体技术为媒介的数字图书馆逐步成长壮大,传统的藏书楼式的图书馆正逐渐演变成现代化的情报服务系统。高职院校图书馆作为学校的信息资源中心,原有的形态、特点,传统等服务模式遇到了数字时代颠覆性的挑战。其服务环境从以纸质印刷品为基础和中心转到以数字化信息为主;服务模式走向集成化、个性化信息服务;服务观念从以藏书为中心转到以读者为中心;服务方式向多元化信息服务发展;服务重点从物的传递转入到知识的传递;服务内容从提供信息到提供知识;这些转变最根本的一环就是如何使人力资源配置更适应数字时代服务工作转变的要求。因此,充分认识高院职校图书馆人力资源配置的基本状况,对图书馆人力资源进行有效开发、合理配置,科学管理,从而充分调动馆员积极性和主动性,更好地为学校教学、科研服务,是当下高职院校图书馆面临的最大课题。

一、高职院校图书馆现有人力资源配置状况分析

以武汉职业技术学院(以下简称武职)图书馆为例,以现有人员数量为基数,从其馆员的年龄结构、学历结构、职称结构等方面进行分析,以达到提升高职院校图书馆的服务层次、服务水平、服务能力为目的,为高职院校图书馆建立合理的人力资源结构,使之适应数字时代图书馆服务方式转变的根本要求。

（一）高职院校图书馆人力资源配置现状（如表1所示）

表1　武职图书馆现有人员基本情况表

总人数	性别		年龄			学历、学位				所学专业		职称				
	男	女	20~35岁	36~50岁	50岁以上	高中及以下	大专	本科	硕士	本专业	其他专业	初级	中级	副高	工勤	其他
44	21	23	8	17	19	8	13	21	2	7	29	5	17	4	8	10

1. 年龄结构

从表1数据来看，全馆现有人员44人，20~35岁人员只有8人，而35岁以上的人员有36人（其中50岁以上19人），约占总人数的82%。年龄偏大，比例结构严重失调。这就显现出图书馆在引进人才时较少考虑馆员队伍的整体建设和长期发展，更谈不上适应数字时代图书馆服务方式的变化要求。

2. 学历构成

从表1数据来看，44人中具有硕士学位的2人，占总人数的4.54%，本科学历的人员21人，占47.72%，但从实际情况来看本科以上学历的人员中，大部分为在岗培训后的学历，而且所学专业还不是数字化图书馆所需要的相关专业。

3. 职称情况

全馆副高职称者4人，占总人数的9.09%（其中只有2为副研究馆员）；中级职称的人员为17人，占总人数的38.63%。初级职称和工勤等人员23人，占总人数的52.27%，这部分人员占了总人数的一半多；而中级职称中图书馆员仅7人。可见职称结构极不合理。

4. 专业结构

高校图书馆应按一定的比例安排图情专业、外语专业和计算机科学等方面的专业人才，还要根据各院校主要学科配置相应专业的人才。从表1数据中看，只有7人所学的专业是计算机、图书情报类相关专业（其中仅3人是全日制毕业），只占总人数的15.90%，而既懂计算机，又懂外语，还具备图书情报来源专业人才很少，缺乏合格的学科馆员，与数字时代图书馆服务工作要求所需综合素质人才形成矛盾。

（二）高职院校图书馆人力资源配置现存问题的主要原因

随着高职院校办学规模迅速的不断发展壮大，作为文献信息中心的图书馆藏书规模、馆舍面积随之增长。与此同时，网络信息环境的日新月异、用户获取信息方式的变化以及各种新的管理理念的提出，对图书馆人力资源队伍建设及管理提出了新的要求，但现阶段高职院校图书馆人力资源配置状况不容乐观。一是对人力资源管理重视不够。由于现行人事制度管理的制约，高职院校图书馆没有人事安排权，导致图书馆成为学校解决各部门富余人员和学校改革优化下来人员、引进高级人才家属以及由各种关系照顾调入人员等的集散地。这些人大多没有受过高等教育，缺乏图书馆相关专业知识，使图书馆人员的学历、专业水平普遍降低，给图书馆工作发展带来了长期的阻碍。二是人力资源配置缺乏科学规划。在人才引进上，多年来图书馆就没有引进过计算机、图情等相关专业人员（武职从 1999 年至今未引进一人），致使图书馆人才缺失。在人员配置上，没有考虑数字时代图书馆对人员的要求，只关注传统的借借还还人员的配备，使得图书馆人员知识结构失衡。在岗位设置上没有考虑到数字图书馆工作的需要，没有考虑到复合图书馆事业发展的需要。固守原来传统图书馆的工作模式，使岗位设置不符合数字图书馆的发展要求。在人才评价机制上，缺乏合理有效的人才评价和激励机制，不少高职院校图书馆的绩效考核流于形式，干多干少、干好干坏一个样，这种考核方式无疑会产生消极影响，降低工作人员的积极性，最终导致消极怠工，效率低下。

二、数字时代高职院校图书馆服务方式的转变对人力资源的要求

（一）对图书馆馆员提出了新要求

传统图书馆是以借还纸质文献的流通阅览为基础服务方式，而数字图书馆不在满足于为读者提供单一的图书、期刊的服务，它将成为学术信息中心和普及教育的基地，主动为读者提供教学研究，定题服务，实现由单一的馆藏服务向资源共享服务和专家咨询服务模式的转变，服务方式变的多元化。多元化的服务方式要求图书馆员成为信息系统的建设者和信息使用的向导和顾问，成为信息专家。这就对图书馆馆员提出了更高更新的要求：①计算机、通信、网络技术的应用能力；②独立获取信息的能力；③精通专业基础知识又善于管理的能力；④外语应用能力及语言文字表达能力；⑤强烈的事业心和责任心。

从目前高职院校图书馆人员结构状况来看无法适应数字时代图书馆工作的需要，图书馆人力资源的综合素质问题成为图书馆必须全力去解决的一个核心问题。没有一支高素质的专业队伍，数字时代图书馆是无法正常运转的，更谈不上进行有效的服务。因此，建立行之有效的、适应数字图书馆服务方式变化发展的人力资源队伍势在必行。

（二）对人才资源队伍建设提出了新要求

1. 服务理念新要求

数字图书馆是建立在网络环境下以数字化的信息为其信息源的资源共享系统提供信息收集、加工、传递服务，服务理念由以往的被动服务转变为主动服务；由以往的封闭服务变为开放服务，注重信息的获取与整合能力。

2. 人才队伍结构新变化

数字图书馆服务方式的新变化必然带来人员结构调整，必须打破传统意义上的人员结构模式，尽可能满足数字图书馆对人力资源多方位多层次的需求。人才队伍结构体现为学历层次较高（应有博士、硕士）；年龄梯次合理（以中青年为主体）；职称比例协调（高、中、初级职称人员比例得当）；学科配置适宜（容纳多种学科人才）。

3. 组织管理新模式

数字环境下图书馆组织结构越来越呈现出扁平化、虚拟化的特性，要求再造组织模式和业务流程。从各高职院校流通部门的统计数字看，纸质图书的借阅增量逐年在减少，而网络阅读的数量激增，这就要求我们更加重视网络系统的支撑作用，关注网络信息的安全维护，增加网络技术人才的数量和培训等，在管理模式上加重技术保障的筹码。而工作方式也要适应网络环境的需求，让原来相对独立的每一个环节在以网络为中心的工作流程中重新整合，消除阻碍和屏蔽，达到服务零距离、信息零滞后、系统运行零故障。

三、数字时代高职院校图书馆人力资源配置的思路与对策

（1）整合现有人力资源，优化组配模式。要发挥图书馆人力资源的综合效应，首先从图书馆人员的年龄、性别、性格、特点入手，对现有人力资源队伍进行调配，整体设计，科学组合。其次对图书馆具体岗位的性质、职责、内容、强度、工作关系等进行深入研究，不断地根据形势的变化和技术的发展进行合理的调整，保持相关人员的各项素质与各岗位的知识与技能的要求相互匹配，尽量将每个人都放在最适合的岗位上，量才适用。

（2）有计划地组织在职培训，提高图书馆员业务素质。数字时代的服务方式要求图书馆员的知识不断更新和补充，而现有图书馆员的知识结构和技能无法适应数字图书馆工作的需要。为此，图书馆员的继续教育和培训显得尤为重要。图书馆要通过教育、培训和自我学习等多种途径不断扩展馆员的专业知识和增强他们的实际操作技能，以保证他们具有一种持续性，符合实际工作需要的专业能力。

（3）建立科学的绩效考核体系，保障人力资源队伍良性运行。高职院校图书馆的绩效考核必须建立科学可行的绩效考核体系。首先明确岗位职责，考核的内容和标准应以岗位职责的规范和要求为依据。其次是制定业务量化考核标准，采取定性考核与定量考核相结合的方式。根据各部门不同岗位职责要求，制定相应的考核标准和评分细则。再次，考核是根据考核对象平时的工作实践、工作业绩、工作能力、工作态度对考核对象做出评价。绩效考核的结果既为人力资源配置过程提供公正的评价标准，又保障了图书馆人力资源队伍的健康良性发展。

（4）引入竞争机制，发挥图书馆的整体效应。建立公开、公平竞争上岗的人才机制，对现有人员实行全员聘用、双向选择。摒弃以往只按学历、按职称和凭印象等旧框框的限制，按能力和实际业绩，让所有员工能进能出，职务能上能下，待遇能升能降，最大限度地为优秀人才创造公平竞争的机会。引入竞争机制还可减少由于人情、近亲而导致高校图书馆人才引进的不正当现象。只有这样，才能使真正有学识、有能力的人在重要和关键岗位上发挥自己的聪明才智。同时也有助于实现图书馆组织内部的平衡，发挥图书馆的整体效应。

（5）合理引进人才，构造合理的人才结构。图书馆管理层应该更多地与学校人力资源部门进行沟通，按照合理的结构比例，有计划地聘任多种学科的专业人员充实到图书馆专业队伍中来，要逐步引进具有硕士、博士和计算机应用、软件开发及网络技术等高级人才，提高现有人力队伍学历结构、知识结构层次，使图书馆人员资源结构合理化。

在美国,有这样一种说法:图书馆服务所发挥的作用,5%来自图书馆的建筑物,20%来自信息资料,75%来自图书馆员的素质。可见,服务工作是基于人的工作。无论图书馆的形态如何变化,在构成图书馆的资源、技术、人员三个主体元素中,只有人才是图书馆做好服务的真正实现者。因此,顺应数字时代图书馆发展的需要,采取一切有效措施,加强图书馆人才资源队伍建设,才能不断推进高职院校图书馆信息服务质量和水平的提高。

参考文献

[1] 秦梅. 高校图书馆组织结构变革及人力资源配置问题研究. 重庆大学硕士学位论文.

[2] 苏瑞兰. 数字图书馆时代高校图书馆人力资源的建设. 高校图书馆工作,2006,(5).

[3] 王敏. 高校图书馆人力资源配置优化策略研究. 北京:廊坊师范学院学报(社会科学版),2009,25(2).

[4] 方东权. 数字时代之图书馆. 线装书局,2007.

[5] 张泽梅,刘日升,张治江. 数字图书馆概论. 长春:吉林科学技术出版社,2005.

"校企合作"模式下高职院校图书馆工作探析

杨太秀

（湖北交通职业技术学院图书馆　武汉湖北　430079）

摘要　校企合作办学已成为世界职业教育发展的一种趋势，多年的实践探索，校企合作作为我国高职教育培养模式的主流，得到了社会的广泛认可。本文论述了在"校企合作"模式下，高职院校图书馆如何适应"校企合作"培养模式的要求，充分发挥其服务教学、服务科研、服务企业需求，培养学生综合素能的功能。

关键词　校企合作　高职院校　图书馆工作

我国高等职业教育担负着培养适应社会需求的生产、管理、服务第一线的高端技能型专门人才的使命。2006年，教育部分别颁布的《教育部关于职业院校试行工学结合、半工半读的意见》和《关于全面提高高等职业教育教学质量的若干意见》等文件，在文件中正式强调要把校企合作作为高等职业教育人才培养模式改革的重要切入点和示范性高职院校建设的标准之一。2013年，教育部关于深化教育领域综合改革的意见（教改[2013]1号文）中明确指出，要深入研究制定职业教育校企合作促进办法，探索校企联合培养人才的新机制，完善职业教育人才培养模式，加快构建现代职业教育体系，深化校企合作，增强人才培养的针对性和适应性。在"校企合作"模式下，高职图书馆必须主动适应校企合作培养模式的要求，积极参与校企合作，为校企合作搭建特色平台，服务企业需求，服务专业教学，提升学生综合素质，做好专业与产业、企业岗位对接服务，充分发挥"校企合作"模式下图书馆服务功能。

一、"校企合作"模式下高职图书馆的特殊使命

校企合作是一个多元化合作体系，涉及的内容包括人才培养、技术开发、资源共享与信息沟通等。因此，校企合作背景下的图书馆被赋予了特殊的使命。

（一）转变思路，参与人才培养质量工程建设

在校企合作人才培养模式下，要以行业企业的实际需求为基本依据，遵照高端技能型人才成长规律组织教育教学，充分根据市场需求建立灵活的人才培养机制和体系，培养学生的综合素质和就业技能。高职图书馆应该紧密跟踪学院人才培养质量工程建设，全面了解教育教学改革的进程；加强与行业企业的沟通与联系，深入了解行业企业和区域内相关企业对人才培养需求情况，及时了解学生综合素质提升需求，根据人才培养质量工程建设的需求，不断调整和充实图书馆馆藏资源、数字图书馆资源，打造特色鲜明

的"二课阵地",做好图书馆综合质量工程建设。

（二）开拓创新，拓展相关技术开发与服务

高职院校图书馆要主动适应"校企合作"办学模式的需要。作为高职院校重要资源的图书馆具备了一定的人才、技术和信息资源方面的优势，必须利用这些优势激活自身的活力，并扩大自身的社会影响，主动服务企业发展需要，发挥人才高地和技术研发中心的优势，为企业发展助力。因此高职图书馆将不应只向在校师生服务，还要为企业员工提供培训工作，为社会读者开放。另外，可以为企业提供专业技术咨询，为行业开展科技项目查新检索服务，开发适合使教学与实践相结合的信息技术应用平台，充分共享现有资源，如书籍和数据库等。另外还可以在学校的社会化服务中作出贡献，如建立行业科技档案馆，服务行业、服务科研、服务教研教改，这样可以提高高职院校的教学水平和声誉，在实现自身的社会效益的同时，促进自身的发展。

（三）适应发展，构建一流的数字化图书馆

在信息化时代飞速发展的条件下，实施校企合作培养模式需要我们对传统图书馆的功能进行改革。由于信息技术和网络技术的发展，高职学生对网络越来越熟悉，并经常利用网络资源进行学习，而新时代的图书资源不仅包括馆内现藏的文献，也包括馆藏以外的资源；不但包括纸质资源，也包括电子文献资源，尤其是像CNKI为代表的网络数字资源。同时在校企合作背景下，很多学生需要到企业开展顶岗实习学习，如何满足顶岗实习学生查找学习资料的需求，对高职图书馆提出了新的要求。实现数字化教学、数字化科研、数字化培训、数字化校企合作、数字化咨询服务，为高职学生的自主学习与可持续发展提供信息化平台，为教师与学生构建数字化的教学、学习与生活空间，将图书馆作为企业员工的终身学习场所，建立开放灵活的教育资源公共服务平台，促进优质资源共享，健全完善一流数字图书馆，建立人才培养立交桥，是"校企合作"模式下高职图书馆义不容辞的责任。

二、高职图书馆的现状

随着一批成人高校的转制和一大批办学条件较好的中专升格为高职学院，高职院校队伍不断壮大，而作为高职院校的图书馆是机遇与挑战并存，笔者通过网络、电话、实地访谈等多种形式对20所高职院校进行了调查访问，按照《普通高校图书馆规程》及《普通高等学校图书馆评估指标》的要求，大部分学院在文献资源、硬件设施、人才队伍质量等方面存在着诸多问题，同时，忽略了"校企合作"的人才培养模式对图书馆发展的要求。

（一）经费投入力度不够，不利于图书馆的稳定持续发展

随着高等教育的快速发展，普通高等院校图书馆遇到了前所未有的发展机遇，普通高等院校图书馆的经费投入大幅增长，很多年度经费达到几百万，但高职院校图书馆的经费投入力度远远不够，且投入不平衡。据统计，高职院校图书馆平均年度经费为55万左右，经费投入最多的达300多万，最少的不到10万元。在年度经费上很多馆没有一定的

标准，时多时少，遇到示范建设、评估时，学院投入的经费就多，评估过后，经费骤减，忽视馆藏资源建设的规律性、科学性、合理性。

（二）馆藏文献资源总量不足，配置不合理，结构失衡

高职院校在发展过程中，忽视馆藏资源建设的规律性、科学性、合理性，普遍受经费制约，文献建设发展缓慢，年进新书量少，生均文献量达不到《普通高校图书馆规程》及《普通高等学校图书馆评估指标》的要求（最低生均60册），由中专、职高升格而来的职业院校图书馆，其原有基础主要是中专时期的纸质图书和期刊，其部分已经不适应高职教育的要求。近年来为了满足评估对量的要求，不少图书馆购买了大量电子图书，用于满足生均馆藏册数的达标。由于高职院校年年扩招，学校办学规模迅速扩大，学科专业不断增加，学生人数快速增长，但办学资源又明显不足，而"评估指标"又对高职图书馆有生均馆藏书册数的硬性要求，这就使得一些图书馆为了馆藏图书达标，用学校下拨的经费购买大量对教学和科研毫无用处的特价书，这就势必造成馆藏文献数量上的增加和质量的下降。另外，各馆在文献资源建设上普遍存在着盲目性和随意性，忽略了"校企合作"的人才培养模式对馆藏文献的要求，不注重有利于"双师型"教师队伍建设、教学改革、提高学生技能的综合素养方面的文献收集；不注重有利于学生等级考试实验、实训方面文献的收集，不注重本院教学、科研成果的收集。这就使得图书馆的馆藏文献不能较好地满足高职教育的要求，不能彰显职教特色。此外，网络数据库资源重复现象严重，大型数据库同时被多个图书馆所购置，缺乏有效的协调机制，没有实现共建共享，造成一定的资金与资源浪费。

（三）人才队伍素质普遍偏低，知识结构、专业结构不合理

在图书馆人员队伍方面，各高职图书馆普遍存在人员数量偏少，质量偏低的现象，整体人员队伍在知识结构、专业结构、职称结构等方面存在较多的问题。图书馆服务对象与工作人员的比例偏高，有的学院服务对象已达1万多人，而整个图书馆才8位工作人员，存在一人多岗、一人多责的现象。目前高职院校引进人才制度中，绝大多数偏向教学第一线，高学历人才几乎全部集中在教学部门，管理创新人才匮缺，多数院校人员素质达不到评估要求，很多图书馆情报专业、计算机专业毕业人员只占20%左右，图书馆成了引进人才配偶、照顾领导家属的集聚地，这些人员中普遍学历不高，专业水平较差。

（四）信息服务功能单一

高职院校图书馆软硬件方面的严重不足，致使纵深层次服务无法开展。服务功能单一主要表现在：①主要提供纸质文献服务；②大多数图书馆的参考咨询、信息编译、课题查新等纵深层次的服务难以展开；③在文献资源建设中，大多数高职院图书馆还未将自建文献数据库提到议事日程上来；④是有半数的图书馆未开设信息检索课讲座或教学；⑤电子文献阅览、扫描、打印、文献传递、协作联合等工作没能展开；⑥极少数图书馆开展了"校企合作"服务项目。造成上述服务功能单一的原因，主要是由于经费不足、人才队伍结构、人员素质、文献收藏量、计算机应用与服务水平的影响，大部分图书馆服务只限于传统图书馆的借还阅览工作，而不能从事科研、咨询、情报信息开发；无法有效地开展信息挖掘、整理与检索、跟踪服务；无法适应"校企合作"的人才培养模式

下图书馆的发展，这与快速发展的高职院校极不相符。

三、"校企合作"模式下高职院校图书馆工作创新举措

（一）服务学科、服务专业、服务科研，优化馆藏资源

1. 校企合作教育模式下图书馆的准确定位

在校企合作教育模式下，高职院校图书馆制定图书馆发展计划，一方面应该根据高职院校的目标任务、办学规模、专业设置等对图书馆进行正确定位；另一方面需要根据《普通高校图书馆规程》，结合所在的高职院校与合作企业制定的合作规划中的定位和目标等，制定图书馆自己的短期、中期与长期建设发展规划和建设目标。通过一个个目标的实现，努力把图书馆建成一所文献资源特色鲜明、功能齐全、服务优良、能最大限度满足院校和企业教育需求、能为教学和科研提供切实有效的文献信息保障的现代复合型图书馆，充分发挥图书馆在传承文化、传播知识、传递信息、培养人才等方面的作用。

2. 建立图书馆工作委员会

为适应高职院校图书馆事业的发展，充分发挥图书馆为人才培养、科研服务功能，成立由校领导、有关部门领导、各系、企业有关专家和学生代表组成的图书馆工作委员会。工作委员会根据学院教学、科研和"校企合作"建设的发展规划和要求，讨论并制定学院的文献信息资源建设发展规划和采购原则；协调学院的文献信息资源配置，指导图书馆更好地为学院教学、科研和学科建设服务；帮助图书馆解决有关专业的疑难问题，解答有关专业问题的咨询。

3. 优化馆藏资源配置

构建"工学结合 校企共育"的人才培养模式的目标是培养既具备理论知识，又具有较强实践能力的高端技能型人才。它在全过程中以培养学生的全面职业素质技术应用能力和就业竞争力为主线，通过学校和企业合作，充分利用学校和企业两种不同的教育资源，实现理论学习，基本技能训练与实际工作经历的有机结合。这就决定了高职院校图书馆的藏书结构应以基础知识教育和技能性用书为重点，依据本校的专业设置、办学方向、培养目标、教学计划和科研项目，确定图书、期刊的收藏范围，有计划、有针对性地确定专业图书、期刊的品种、类型比例；加大应用型、技术性图书、期刊的比例；特别要加强院内重点专业、新兴支柱专业、精品课程、核心课程藏书资源建设，并重视对这些专业、学科相关文献资源积累的系统性、完整性和连续性；逐步建立具有企业文化特色的藏书机构和体系，如在期刊阅览室开设职教集团专区，将职教集团各成员单位的学报（内刊）、企业荐书向读者开放；将反映这些企业历史发展、现状描述、发展规划、企业文化、管理制度等方面的信息加以收集、归类、整理，并制作成光盘资料，通过局域网为学生播放，这样可以更好的拉近学生与企业的距离，从而使学生更好地适应企业和社会的需求，注重对与企业相关的国家标准、行业标准、技术标准等的购置，按合作企业的生产及研发项目需求，有计划、有重点地扩大收藏相关专业及项目的各种信息资料及科研成果材料，不断优化图书馆在"校企合作"模式下的馆藏结构和体系。

（二）打造"校企合作"培养模式下图书馆特色服务平台

1. 校企合作，人才共育

"校企合作"培养模式重在建立"人才共育、过程共管、成果共享、责任共担"的校企合作办学体制机制，为了更好地培养高端技能型人才，校企双方在互惠共赢的基础上，充分发挥各自的资源优势。由于图书馆资金不足，可考虑与企业单位共同建立电子阅览室、茶吧、书店等，为计算机、管理专业类学生搭建校内实习实训基地平台；向企业开放校内图书馆，实现图书文献的互借互还。这样，图书馆与企业就可以形成密切配合的合作关系，在双方合作的平台上更好地提高人才培养质量，促进校企双方的发展。

2. 充分发挥数字图书馆的作用，搭建知识高速立交桥

21世纪是信息时代，随着计算机及网络技术的飞速发展，具有信息更新快、搜寻方便快速，可无时空限制提供服务的数字图书馆建设在高职院校应予高度重视。高职院校应加强自建数据库的建立；加强专业数字图书馆建设；建立区域图书馆共同发展联盟体网，实现资源共享。在校企合作背景下，一方面可以为企业提供专业咨询，开发适合使教学与实践相结合的信息技术应用平台，如顶岗实习申报和管理系统，实现顶岗实习校企联合全过程跟踪管理与考核，开设网上选修课程，解决少部分学生顶岗实习阶段未完成选修学分的难题，另一方面可以发挥自己的优势为企业和社会开展服务。笔者所在学院，就正在湖北交通运输厅的支持下，进行湖北交通图文档案信息系统项目建设，通过湖北交通图文档案信息系统建设，将加强湖北交通运输系统档案管理信息化的建设，有效的组织和挖掘现有档案数据，建立交通档案业务垂直管理体系，建立各类档案开放、分布的数字资源信息库，实现信息资源共享和协同应用，并可通过数据挖掘，为湖北省综合运输体系建设提供决策支持。同时，也正在为湖北交通科技检索查新系统进行技术开发。此外，对学生开设信息检索课，开展图书馆数据库用户培训工作，提高读者的应用技术水平。

（三）争取各方支持，加大经费投入，保证图书馆可持续发展

经费的投入是图书馆可持续发展的基本保障，一方面应尽可能地争取学院领导及上级主管部门的重视，争取保障良性循环的基本经费均衡有序的投入，另一方面要更新观念，拓展思路，多渠道凑集资金，如与专业系部沟通联系，争取重点专业等建设资金的支持，用以来建设专业数字图书馆，增添专业优质数字资源；争取社会及企业等的联合建设支持，比如之前提及的与企业联合建设电子阅览室、茶吧、书店等，以学校与社会资金联合投入，实现滚动发展；此外，还可倡导社会、企业及校友个人的捐助。

（四）适应形势，加强人才队伍建设

人才队伍是图书馆发展和服务的基础。拥有一支职业道德高尚、业务水平过硬的馆员队伍是高职图书馆发挥育人功能的关键。校企合作下的高职图书馆要求馆员不仅要有高度的责任感和事业心，有较高的业务水平和创新能力，还要具备图书情报专业知识，能熟练地应用计算机和网络技术。高职图书馆可采取培养与引进相结合的人才发展策略。一是加强现有馆员的培训，提高馆员的业务水平。结合工作实际，鼓励专业人员通过脱产或在职学习提高学历层次和专业学术水平，开展业务培训和交流活动等人才培养方式，

提高图书馆员的整体素质。二是有计划引进专业人才。从图书馆学专业、情报学专业、计算机专业等招聘应届本科以上毕业生，壮大专业队伍，改变人才队伍结构，适应现代图书馆的需要。三是用环境凝聚人才，用机制激励人才，让人才进的来，留得住，干得好。

高职院校图书馆在"校企合作"的背景下，紧紧围绕高职院校高端技能型人才培养目标，深入贯彻"以人为本"的思想，与时俱进，锐意创新，大力开发兼具学校与企业鲜明特设的图书馆育人功能，让高职院校图书馆在新的历史条件下不断焕发活力，更好地完成时代赋予的使命。

参考文献

[1] 教育部. 关于全面提高高等职业教育教学质量的若干意见. 教高[2006]16号.

[2] 教育部. 关于深化教育领域综合改革的意见. 教改[2013]1号文.

[3] 边疆红. 校企合作视野下的高职图书馆功能定位. 科技信息，2012，（31）.

[4] 廖洁明. "校企合作，工学结合"模式下高职院校图书馆的发展思路. 职业时空，2012，（5）.

[5] 赵丽琴. 校企合作教育模式下的高职院校图书馆发展研究. 图书与情报，2011，（188）.

新媒体时代智慧馆员的素质结构及培养

张 燕

(郧阳师范高等专科学校图书馆 湖北十堰 442000)

摘要 本文分析了新媒体环境下图书馆员面临的新挑战，论述了智慧馆员的素质结构，并提出智慧馆员提升素养的对策。

关键词 新媒体时代 智慧馆员 馆员素质 图书馆服务

新媒体，这个概念是对于我们通常讲的"传统媒体"而言的，它是在计算机技术、互联网技术、通信技术的基础上出现并发展起来的，比如数字电视、移动通信、电子书等等。它出现后迅速吸引了各类型受众，尤其受到年轻朋友的青睐。它与我们的工作、学习、生活融在了一起，网络化、电子化的信息接收理念正逐渐渗入我们生活的点滴，也改变了我们的生活方式。图书馆作为文献信息的提供窗口，文献存储方式、传递方式的巨大变化使得传统图书馆管理手段、服务功能有了更新与变革，图书馆员能力素养的提升也迫在眉睫。

一、新媒体环境下图书馆员面临的新挑战

"新媒体"这个词最早是由美国学者Goldmark在20世纪60年代提出的。相对于期刊报纸、电视、广播、互联网这四大传统意义上的媒体，它被冠之以"新"字。它的出现对图书馆而言，提升了图书馆的服务，提高了社会对图书馆的认知度，扩大了各类型图书馆之间的协调与合作，给图书馆员的思维方式和服务方式带来了新的挑战。

（一）读者阅读危机的挑战

生活学习的压力和工作的繁忙使得现在阅读大多是"快餐式阅读"。以我校图书馆为例，作为专科层次师范院校，受学制影响，除去实习找工作时间，两年多的在校时间内，学生读者多以应付专业课程考试为主，只注重课程学习，如教材参考书、英语四六级考试参考书、计算机等级考试辅导类书的阅读，考完就忘记了。对于高年级同学而言，则是"短期功利性阅读"，即应对社会竞争压力为目的的阅读，如心理咨询师、导游资格证、秘书资格证、会计资格证等专业资格考试辅导资料的阅读，阅读面非常窄。也就是说，读者的阅读在便捷、互动、丰富的同时，也出现了阅读的盲从、短期性。

阅读过于依赖电子产品。例如以2013年6月底某机构网调的结果来看，中国网民已达到5.91亿，这意味着44%的人都在上网，并且在这些网民里70%的人都经常使用手机上网。也有专家通过研究统计指出在文化消费的时间方面，每年中国网民在文学网站花费的时

间超过传统书本阅读时间两分钟多,这些都充分说明了我们的阅读正在逐渐从纸质到电子在转换。

（二）资源危机的挑战

由于使用新媒体,可以根据自身的独特需求,通过互联网将各类图像、文本、音频、视频等下载到智能手机、平板电脑等媒介中使用。文献信息载体的多元化和资源获取途径的多渠道,使得传统图书馆纸质文献信息资源优势逐渐失去,如我馆这种层次的高校馆而言,传统的购买、交换、接受捐赠等图书采购方式也难以建立满足用户需求的、完整的文献信息资源体系。由于新校区建设占用了资金,图书馆购置费用受限,新购置的数据库数量较少,外文电子资源更少,这也使得图书馆现代化建设困难重重。

（三）馆藏资源利用率低的挑战

读者对新兴媒体过度依赖,这种依赖不仅表现在对新媒体传递的内容过度关注,还表现在形式上的依赖。生活中有许多人每天都习惯性地在某时段打开电脑,浏览门户网站信息,登录QQ、查留言、看微博、分享、转载,而鲜少有人能够每周固定时间到图书馆去借几本自己感兴趣的书然后仔细认真阅读。这就使得传统图书馆资源利用率逐渐走低。比如,像我校这种专科层次的院校虽然搬到了新校区图书馆,各种条件都有显著改善,但是据统计近几年馆内纸质图书的实际流通率都有明显的下降趋势,电子资源利用率也不高,像CNKI等学术期刊论文数据库和超星等电子图书数据库每年的点击率都不高。遇到考试,很多学生不是用图书馆提供的数据库,而是通过百度、谷歌来获取资源。

（四）图书馆员人才队伍缺陷的挑战

在图书馆数字化进程中,人才是最重要的因素。新媒体时代图书馆员队伍中人员学历结构、职称结构不够合理,专业人才和复合型人才匮乏。偏低学历者居多,中低职称者居多,计算机及相关专业科班毕业生偏少。这也从一定程度上影响和制约了图书馆内涵建设和发展。馆员的非图书情报专业背景和年龄结构分布不均匀、男女比例不协调等,也是制约发展的重要因素。尤其在类似我校这样的中小型图书馆,能够从事参考咨询、课题研究、从事专题资料检索及对信息资源进行深度挖掘开发的人才明显偏少。

二、智慧馆员的素质结构构成要素

（一）智慧的知识储备

智慧馆员应该具备一定的图书情报专业知识和计算机知识,熟悉馆藏文献布局,掌握本馆的各项业务流程,熟练操作图书馆自动化系统;要有丰厚的文化知识和信息素养;还应熟练应用各类中外文的文献信息检索工具,具有较强的文献检索和信息收集、整理及信息传递能力;还要有相应的表达能力,多撰写专业学术论文、专题报告。

（二）智慧的语言表达

馆员在平常工作中,在与读者的交流中,要以一种自然真诚的方式贴近读者。在给读者解答时要有耐心,切忌搪塞糊弄。另外,读者的文化、专业、年龄、阅读偏好都不一样,对馆员讲解的反馈也都存在着差异,所以馆员的语言也要有"智慧",要讲究表达方式，要简洁、准确、艺术。以我馆为例，服务对象是高校师生，在面对面的教师咨询服务中，要倾听、追问，要及时抓住问题关键点，挖掘读者的潜在需求，对于有科研课题、研究项目的教师读者可以提供课题查新、跟踪服务；而在面对新生读者的时候，馆员则可以根据自己的工作经验，判断它的咨询内容和诉求，从而给出咨询建议，指导学生正确使用馆藏数据库和独立网络检索。

（三）智慧的"充电"能力

为了顺应图书馆新技术的发展，图书馆馆员在工作之余要继续学习、及时"充电"、更新知识结构、吸取新观念、新技术。我校图书馆就非常重视这一点，图书馆班子严抓业务知识的学习，每周三上午1～2课时间闭馆，作为馆内集中业务学习的时间。先后数次派青年业务骨干到武汉大学、大连理工大学参加图情专业基础知识的脱产培训；并且从各个馆员的所学专业、年龄层次、部门工作需求等实际出发，进行不同层次的教育；对于省内外各种图情方面的专题会议及培训也都派相应部门同志积极参加。搬入十堰后，还定期去十堰市图书馆等兄弟单位参观交流。学完后，参学人员都写出感想体会，在全馆会上与同事们进行交流总结，以学习来促进工作。

（四）智慧的团队协调能力

图书馆工作是一种团队特点突出的工作，要为读者提供准确、高效的服务，仅靠一个馆员的力量是不行的，需要发扬集体主义精神，需要各部门各岗位的馆员协调合作才能做好，因此，馆员之间还应和睦相处，精诚团结，相互帮助，共同做好读者咨询和服务工作。

三、智慧馆员提升素养的对策

（一）智慧环境是基础

首先，新媒体时代，图书馆在新馆建设中要环境智慧化。消防与安保系统要到位，新型空调系统要能监测出空气中的有害污染物含量，并调节温度、湿度，提供给读者温馨的环境，优化资源的配置，节能减排绿色和谐。

其次，智慧化图书馆要以智慧的系统作保障，来收集、加工、整理各种实体和虚拟的信息，做出科学的指令，让图书馆真正智慧化运行。例如：传统的借书习惯下，读者把借书证和所借的书递给操作人员，然后扫描借书证号码和图书的条形码，这种方式效率不高，还容易错借误还。新媒体冲击下，工作人员手持具有射频功能的手机在书架中扫描，可以毫不费力地统计某类图书的册数，也可以轻松知晓某本书的借阅记录，还可以透过这些信息进行分析和二次总结，得出工作的规律改进工作质量。

（二）智慧管理是保障

首先，智慧管理是全方位的，有硬件设施的管理、读者服务管理，信息资源采访加工管理，还有图书馆日常运行的维护管理。以我馆为例，近些年借助教育部办学质量评估的契机逐步健全图书馆各项规章制度，制定了《图书借阅规则》、《读者文明规范》、《图书馆职工考勤制度》、《图书馆工作人员职业道德规范》、《图书馆消防安全制度》、《图馆环境卫生制度》等，使图书馆各项管理工作职责明确，有章可依，减少乃至杜绝因职责不明而产生各类推诿、扯皮现象。

其次，各类型馆要建立一定的评估机制与绩效管理激励机制。馆办要及时分析、收集读者的需求，了解读者对图书和数据库的使用情况，建立一套有效的评估机制；同时，应当根据每个馆员的实际工作绩效，采取合理的激励手段，协调好图书馆管理的各要素，给出合理的指标来衡量馆员的工作成效，并通过适当的精神或物质途径来奖励那些工作踏实认真、科研成果显著、深受读者好评的馆员，真正成为真正的"示范岗"。

再次，创新人才机制，实行公平公正公开的竞聘上岗制度。以我馆为例，近几年内，选拔培养了一批德才兼备的青年业务骨干推送到各部门主任的岗位上，引进了高学历年轻人加入到图书馆队伍中来。馆领导在政治上、生活上关心他们，业务工作中逐步给他们提供机遇和平台，创造更多的锻炼机会。同时，多位副研究馆员在业务上也发挥了自己的传帮带作用，迅速提高了年轻馆员的能力水平，使我馆近年业务工作和科研工作有了长足的进步。

（三）智慧服务是归宿

首先，为读者提供智慧的服务是图书馆员工作的价值体现。智慧服务需要馆员提升服务内涵，对信息资源进行二次加工、深层次的开发和利用，给读者提供信息增值服务。例如，分析读者的需求，搜集相关信息并进行归类、重组，为读者开展定题服务，科技查新服务，知识推送服务，课题跟踪服务等。

其次，可以利用网络上丰富资源开展个性化服务。互联网技术的强大分析能力可以通过数据统计分析各类型读者的借阅习惯和信息使用状况。尤其在高校图书馆工作中，还可以通过云计算等技术对流通各环节数据进行分析、汇总，形成读者学科需求数据库，针对不同教学系读者的信息需求制定不同服务策略，为读者提供符合需求的信息。

（四）交流沟通、共享合作是趋势

首先，新媒体时代，数字图书馆、手机图书馆的出现，使传统的纸质文献已经不能满足读者的需求。图书馆应当通过数字化、网络化、信息化的途径，改变传统馆藏模式；另外，通过多种载体形态、多种动态渠道，如微博、微信、邮件等为用户提供服务，让用户感到图书馆随时存在、随地存在。

其次，图书馆应当加大对外宣传的力度，建好馆内网站，设立本馆博客，通过电子杂志等方式将图文信息，如新书报道、读书协会活动、专题文化讲座活动等进行发布，使更多的人通过网络了解图书馆动态。

再次，新媒体时代的图书馆是人与人交流的空间，是聚集信息和资源的知识空间，还应当加强各类型高校馆和公共馆的合作与共享，从服务形式到内容进行资源整合。例如我校图书馆就与湖北医药学院、湖北汽车工业学院等院校的图书馆签署了信息资源共享协议，实现了十堰地区图书馆之间的文献资源共享。这不仅节约了资金，还能多途径获取更多的资讯信息。

数字化、信息化、个性化是图书馆工作努力的方向，新媒体的出现给图书馆发展开辟了新空间。在这种变化下，图书馆员应当充分重视它给我们的工作所带来的新挑战，把挑战变为机遇，化为前进的动力，尽快应用新媒体技术，更新管理和服务理念，用更新的服务模式来顺应新的时代和各类型读者的要求，给他们提供各种智慧化的服务，使图书馆在新媒体时代真正实现自身价值。

参考文献

[1] 严栋. 基于物联网的智慧图书馆. 图书馆学刊，2010（7）：8-10.

[2] 潘登. 论高等院校图书馆建筑智能化建设. 长春理工大学学报：高教版，2010（1）：186-187.

[3] 黄宗忠，王晓燕. 论复合图书馆与图书馆发展趋势. 图书馆论坛，2002（5）：6-7.

新时期高职院校图书馆馆藏资源建设的思考

叶绒丽

(襄阳职业技术学院图书馆 湖北襄阳 441050)

摘要 本文探讨了新时期高职院校图书馆馆藏资源的发展方向，馆藏资源建设思路和措施。提出应校企合作，围绕重点专业和区域支柱产业建设特色专题资源库，在服务中形成高职特色图书馆馆藏。

关键词 高职院校 图书馆 馆藏资源 建设

高职院校正处于办学体制机制，人才培养模式等重要内涵发生深刻变革的时期。高职院校未来的发展定位和内涵建设必须主动适应区域经济社会发展需要，自觉承担起服务经济发展方式转变和现代产业体系建设的时代责任。图书馆作为高校的三大支柱，不仅是学生汲取知识、开阔视野、陶冶情操、提高信息素养的重要场所，同时对于高职院校在新形势下改革发展有着重要的基础性的支撑作用。所以，在新的形势下，高职院校图书馆如何发展，特别是馆藏资源的定位发展策略就非常重要，尤其应引起高职院校高度重视。本文试图就高职院校图书馆如何适应新形势建设馆藏资源，构建信息资源体系，深化文献信息服务工作进行探讨。

一、学校的发展定位与馆藏资源的关系

学校图书馆的发展必须符合学校的发展定位，高职院校发展的必由之路是以服务为宗旨，以就业为导向，校企合作，产学研结合，融入地方经济发展，主要表现在专业，特别是重点专业是否有效对接区域支柱产业，能否为区域支柱产业发展起到服务和助推作用。每一所高职都有本校特别强的专业群，一所学校的办学特色也往往是通过这些重点专业形成的。所以，高职图书馆馆藏体系就必须紧紧围绕学校重点专业来规划建设。既可有力地为重点专业建设提供文献信息保障，充分体现学校的教学特点和发展方向，又可以通过馆藏结构的优化来推动馆藏特色的实现。

（一）高职院校的办学定位决定了高职图书馆馆藏资源发展的方向

高职院校的办学定位主要包括：发展目标定位、专业建设定位、服务面向定位和人才培养定位几个方面。学校图书馆因学校的发展而存在，是为学校发展而服务的。高职图书馆馆藏资源的发展必须紧贴学校的办学定位，学校的发展目标定位和专业建设定位决定了图书馆馆藏体系结构，学校的服务面向定位和人才培养定位决定了馆藏使用对象。所以高职院校的办学定位决定了高职图书馆馆藏资源发展的方向。目前很多高职院校因

资金问题馆藏发展落后，建校时间不长，很多是几个中专学校合并而建，图书馆馆藏基础较差，或因评估对图书数量的要求而突击买书，导致高职院校图书馆馆藏没有特色，利用率很低，利用率低就更不愿投入，图书馆逐渐边缘化。化解这个问题的关键是要明确高职图书馆馆藏资源发展的方向，依据学校专业发展定位和目标建立馆藏文献体系，提高使用的针对性，逐步形成馆藏特色。

（二）图书馆馆藏资源是高职院校内涵建设的重要基础

高职院校内涵建设的重点是专业和课程建设，基础是师资队伍，目前高职院校专业建设、课程改革如火如荼，然而也出现不少画虎不成反类犬，与改革初衷相背离的现象，国家提出专业建设要产学研结合，而现实是"研"不够，缺乏理论指导。"研"是专业和课程建设改革的制高点，"研"的基础之一是文献信息。如果没有高质量的文献信息资源作保障，科研也就会失去其先进性，专业和课程建设就会盲目或停滞不前。图书馆的馆藏资源（包括网络资源）是专业课程建设团队掌握前沿信息、及时了解国内外专业发展动态，提高综合能力和自身发展的重要条件，所以要加强高职院校内涵建设必须重视图书馆馆藏资源的基础作用。

（三）构建好图书馆馆藏体系是实现图书馆自身特色和价值的前提

高职图书馆是为教学和科研服务的学术性机构，为了满足教学和科研的需要，高职图书馆馆藏资源不仅要有一定数量，而且必须保证质量，二者相比，质量应放在首位。高职图书馆保证馆藏质量的关键，在于要构建一个符合学校发展定位和专业结构的馆藏体系。依据学校专业分布和建设重点确定文献收藏范围，根据专业建设、教学和科研的需要，制订文献资源建设方案，形成较为完整的、达到一定收藏水准的、具有本校特色的馆藏文献体系，不求大而全，只求精和准，藏以致用，形成馆藏特色，实现自身价值。

二、高职图书馆馆藏资源建设的思路和措施

高职图书馆发展面临具体环境不好、基础薄弱、资金紧张、认识不足、队伍水平较低等问题。在这种情况下更需要我们明确建设思路，抓住关键，明确馆藏原则、文献收藏范围、收藏重点和采购标准，强化文献的利用，从被动的低水平服务发展为主动的高水平服务，通过主动参与学校重要的建设项目和教科研项目，在服务中实现馆藏资源的丰富发展。其主要思路如下。

（一）紧跟专业建设步伐完善馆藏结构

高职院校的生命力在于要有符合区域经济发展需求，能为区域经济转型升级发展起支撑和推动作用的骨干强势专业。专业发展的具体要求是实现专业与产业对接，课程内容与职业标准对接，教学过程与生产过程对接，学历证书与职业资格证书对接，职业教育与终身学习对接。高职图书馆馆藏建设必须及时了解专业发展动态，深刻把握其内涵要求，准确分析专业和课程建设以及使用对象的需求，紧跟专业建设步伐，收集文献资料，形成有明显地方特色、行业特色和学校专业特色的馆藏资源体系。不仅要加强对传统印刷型书刊资料的收藏，还要注意对数字化文献馆藏建设以及非正式出版物的收集。

需要特别指出的是：高职院校要善于利用同社会、企业关系相对密切的优势注意收集非正式出版物。非正式出版物是指没有公开出版的各种技术文献、技术报告、技术案例、技术标准、相关生产工艺和图纸、调研报告、各种内部专业和学术会会议资料、内部刊物和内部交流资料等。这些文献资料内容丰富，信息量大，是高职院校专业建设和课程建设特别需求的。实际上，高职院校图书馆在收集这些非正式出版物，打造馆藏优势的同时，也促进进一步学校与行业、企业和社会的广泛联系，促进产学研的结合进一步深化，也为图书馆拓展文献的用户群，提高文献的利用率打下基础。

（二）系统规划，科学设计，合理使用经费

经费是保障文献建设的经济基础，高职院校图书馆经费不足是较普遍的现象，不少学校对图书馆建设认识不够，仅为应付评估检查突击购书，经费额度不稳定。用好有限的经费，使其发挥最大效益的关键是要做好馆藏规划和详尽采访计划。注意计划性和效益性相统一，从本校实际出发，文献收集向重点专业、重点课程和重点科研项目倾斜。考虑本馆重点藏书与一般藏书的比例关系，注意不同专业、不同载体文献采集的比例，根据一般读者和特殊读者的需求，以及教学、科研对文献的实际需求做出采访计划，合理安排购置经费。

此外，还应积极争取外援，一是争取与社会团体建立互惠互利的合作关系，争取社会支持；二是与企业特别是大型企业建立合作关系，争取企业的捐赠；三是与其他馆建立馆际合作共享关系，弥补文献的不足；四是与学校科研管理机构取得共识，从各级科研课题下拨和配套经费中以及各院、系自筹的科研经费中拿出一定比例的资金，用于文献资源建设。

（三）合作开发网络资源，建立信息导航系统

主动参与重点专业团队活动，参与学校重点课题，以便充分了解、把握教学科研的实际需要，与团队或院系协作共建多功能的检索与专业导航系统。一是对馆藏电子资源和网络电子资源进行收集整理、按类归并、统一格式，建立电子资源库。二是对网络信息和网络资源库进行收集、评价、分类、组织和有序化管理。将二者按照学校重点专业或课程需求，建立方便快捷的检索导航系统。因为网络资源极为丰富，要提高资源的利用率和针对性，就不能求大求全，而要依靠专业团队成员，建立信息收集制度，在服务中不断完善。

（四）校企合作，共建特色专题数据库

高职院校图书馆应主动融入学校改革发展的中心工作，与行业企业、科研单位组成校企联盟，开发专题特色数据库。高职院校积极探索实践校企合作、产学研结合的办学新机制，与行业企业、科研单位联系紧密，通过校企联盟收集各类相关内部出版的会议资料、技术手册、生产案例、工艺和技术标准、年度报告等非正式出版物制成电子资源，建立特色资源库，如××案例库、××技术标准库、××典型产品图纸库等。同时整合、序化校内外已有资源，建立如专业资源库、培训资源库、课程资源库、成果数据库、论文数据库和人才数据库等一批专题数据库。通过特色专题数据库的建立，还可拓展图书馆服务范围，为行业、企业科研服务，深化图书馆的服务功能。

图书馆馆藏资源的建设与发展是一项需要长期积累、长期努力的系统工程。高职院校图书馆的馆藏建设应当把为专业建设发展服务作为工作重点，克服"等、靠、要"的静态发展思想，树立主动服务、"有为才会有位"的动态发展理念，在不断改进、完善服务中形成自身的馆藏特色和服务特色。

参考文献

[1] 曾昭鸿. 高校图书馆为重点专业建设服务的理论与实践探讨. 河南图书馆学刊，2000（3）.

[2] 吴慰慈，董焱. 图书馆学概论. 北京：国家图书馆出版社，2008：145.

[3] 金声. 高职院校图书馆发展特色馆藏之必要与优势. 图书馆论坛，2006（6）：156.

[4] 成小燕. 高职院校图书馆馆藏建设及其发展方向. 中国科技博览，2010（29）：255.

[5] 胡强，李波. 关于高校图书馆为学科建设服务的几点思考. 图书馆工作与研究，2005（4）：82.

信息检索课实践探索
——以咸宁职业技术学院图书馆为例

姜 斓

(咸宁职业技术学院图书馆 湖北咸宁 437100)

摘要 随着信息技术的快速发展,为保证用户能够更方便、快捷的查找资料,高校图书馆应该为用户提供更多专业化信息服务。因此,咸宁职业技术学院开设了关于信息检索课程,针对信息检索的相关学习内容以及馆藏的相关情况,采用理论与上机相结合的教学方式,目的是教会学生如何获取与利用信息检索学习资源。

关键词 信息检索 获取 利用 发展

学科服务是图书馆界的热点研究项目,广大学校图书馆正在努力实践与探索,力求为高校师生读者提供专业、个性化与深入的可靠性服务,到目前为止,已取得了一定的成效。但是,为师生读者提供专业学科服务与开展信息素质教育的意识在高校图书馆并没有很好地体现出来。目前,大部分图书馆都还只是为师生读者提供综合信息讲座与综合文献检索课,很少能根据专业学科进行信息素质教育。为此,咸宁职业技术学院图书馆根据自身图书馆的情况以及师生读者的需要,开设了信息检索课程,使得师生读者能够进行专业的信息检索。经过研究与实践,并在实践的过程中不断改进,这一课程的开设取得了一定的成绩,希望能为其他院校图书馆专业信息检索课的开设与发展提供一定程度上的参考。

一、开设专业文献检索课的必要性

(一) 教学内容缺乏与实际应用的实用性

不同专业的学生接受的信息教育是不尽相同的,他们多需要的学习资源也是有所不同的。然而,一般的信息检索课的教学内容过于空洞,没有针对性,内容上过于偏向学科学习资源的获得,经典的数据库内容过于单一,虽然学术性很强,但是缺乏目的性,导致学生检索出来的内容过于广泛,使得学生失去对课程内容深入了解的兴趣。在教学内容上,过分偏重对理论基础知识与学科文献信息获取的论述,缺乏实用性。

(二) 满足网络与信息技术的快速发展

随着科学技术的发展,高校学生对于信息的获取量也越来越大,各种信息获取途径也越来越丰富,可供选择的资源也越来越多,然而,如何更好地将这些资源进行选择与利用,是目前遇到的重要问题。许多高校都开设了信息检索课,目的是为了提高大学生的信息意识、自学能力、创新能力以及信息获取能力,使其能够更好地适应现代化社会的发展。然而这样的课程只是针对一般性需要,根本不能满足专业需要。因此,只有设置专业的信息检索课,才能更好地满足专业要求,这也是高校图书馆发展的必然趋势。

二、文献信息检索课的实践过程

（一）确定相关的教学内容

信息检索课程的教材颇多,我们学校采用的是由杨飏和吴长江编著的《大学生信息检索与利用》作为我们信息检索课的教材,它运用了大量的实际生活中的检索案例和实用性,大大提高了学生对信息检索课的学习兴趣和积极性。

1．课程简介

我们课程简介主要是以图书馆概述来对课程进行相关介绍,它是整个课程的重要组成部分,包括课程开设的目的、主要内容、相关要求以及高校图书馆的职能和利用。目的是为了使学生能更好地了解课程的意义,提高其信息意识以及检索能力,更好地将专业与文献检索相联系,方便学生进行深入了解与学习。课程主要内容包括课程的安排和基本课程内容；课程要求是为了使学生了解这门课程的一些注意事项；上机实践是为了更好地了解学生对于计算机、检索等相关知识的掌握情况,还有就是学生对于这门课程的建议与意见,以便教师能够根据操作结果及时的调整教学内容和教学模式,以满足学生的学习要求,提高其专业文献信息检索的能力。

2．馆藏专业资料的获取与利用

馆藏资源学习的获取与利用主要包括专业学习类书籍、电子图书资料、报纸期刊以及馆藏的相关数据库资料的获取和利用等,其中每一项资料的获取和利用都是有着自身的特点、使用途径及使用方法等。所以教师在课堂上要将自己充分了解的知识传授给学生,介绍学生查找与期刊内容与下载方法,使学生能够更全面地学习。

3．检索策略的获取和利用

检索策略的获取和利用主要从专业本技能入手,包括了解基本检索技能的特点、方法、途径以及使用方法。专业资源的获取和利用,先让学生思考自己专业的特点,引导他们进行归纳总结,比如面对一个课题应该如何对课题名称进行分析,而不仅仅只是从现成的课题名称中抽取检索词或词组,还要注意有的词分开后将失去原本的意义,如"咸宁职业技术学院",不可分割为"咸宁"和"职业技术学院"。检索策略是整个文献检索过程的核心,它直接影响到检索结果的好坏,要不断调整检索字段、修改检索词,才能得到一个完善的检索表达式。随着"检索→阅读→策略调整→再检索……"这样的一个过程,可以提高和激发学生学习的兴趣和积极性。

（二）采用合理的教学模式

专业文献信息检索课是一门具有高度实践性的技能课程,因此这一门课程采用理论课加上机课的教学模式是比较合理、有效的。学生在理论课上学到的知识可以及时地在上机课过程中进行实践,目的是检验其掌握程度,从而加深学生的理解与记忆。课堂语言的使用可以兼顾专业与检索,这不仅可以明确其学习目的,还可以提高学生的学习效率，可谓一举两得。

（三）进行期末考核

考核主要由两部分构成，一部分为课上的随机考核，另一部分为课程结束时的考核。课上的随机考核是不定期的，在一定程度上对学生起到了一定的制约作用。同时，还可以让教师充分了解学习的学习情况，根据学生的专业让学生搜索与其专业相关的资料，然后根据考核结果适当的调整教学大纲，从而保证学生的学习状况以及他们掌握知识的程度。

三、文献信息检索课的发展方向

由于我校安排文献信息检索课的课时比较短（一共为 16 个课时），在这仅有的 16 个课时里教师不可能将全部知识教给学生。因此，在这有限的时间里，教师不但要传授相关知识给学生，还要培养他们对专业信息的敏感度、判断力以及洞察力。面对现在日益发达的网络技术，对于专业知识的学习，学生要多从课外进行学习，特别是学术期刊、论文等丰富的。如果学生缺乏这种信息意识，就会使得学生的视野狭窄，阻碍其专业能力的提高，对于学生今后的发展都是很不利的。

文献信息检索课是高校开展信息素质教育的重要领地。面对日益发展的网络技术，传统的信息检索课程已经远远落后，必须通过改革创新，不断实践与发展专业文献信息检索课程，更新教学内容，将学生培养成为具有适应现代社会需要的高信息素质人才。总之，信息检索课是培养大学生信息素质的重要基础，是高校图书馆发展的重要标志，希望学校各部门能与图书馆积极的配合，同时也需要教师在课堂上与课外的积极辅导，这样一定能提高信息检索这门课程的教学水平，使其更上一个新的台阶，也能为图书馆的发展打下坚实的基础。

参考文献

[1] 刘雪雁，樊桂萍. 高校文献检索课教学改革的思考. 内蒙古医科大学学报，2013（S1）.

[2] 刘玥伶. 文献检索课对医学生信息认知能力的影响. 中华医学图书情报杂志，2010（7）.

[3] 李艳玲，郭楠，于成杰. 关于文献信息检索课教学改革的思考. 成功（教育），2011（2）.

[4] 郑文艳. 浅谈加强大学生信息检索能力的重要意义. 电子世界，2013（12）.

[5] 杨飑，吴长江. 大学生信息检索与利用. 武汉：华中科技大学出版社，2011.

移动网络时代的图书馆移动服务

陶 波

(武汉职业技术学院图书馆 湖北武汉 430074)

摘要 国内外实践表明,图书馆服务已进入移动互联网时代。通过手机等移动终端实现的移动互联网信息服务已经成为21世纪的新潮流,移动图书馆也以迅猛的势头出现在人们的生活中,移动互联网服务在图书馆中应用,会成为图书馆发展的新挑战与机遇。

关键词 移动图书馆 图书馆服务 移动互联

随着计算机科学的飞速发展,3G技术的推广应用和互联网的普及,移动互联网已带来巨大变革,它使3G、社交、视频、网络电话和移动设备五大趋势进行有效融合,也使得移动服务真正地移动了起来。据统计,2007年全球互联网用户数为2.68亿,2011年底为11亿,2012年底为24亿,其增长速度远远高于PC(Personal Computer)桌面互联网用户增长速度。最为重要的是,目前移动互联网用户增长还在加速。未来5年内,手机上网用户将超过PC上网用户。

中国互联网络信息中心在2013年1月发布的《第31次中国互联网发展状况统计报告》显示,截至2012年12月底,中国手机网民规模已经达到4.2亿人,占总体网民的比例达到74.5%,与2011年相比增加了18.1%。使用手机上网逐渐成了传统互联网上网的延伸,传统桌面互联网用户已经开始转向使用移动网络,人们获取信息的途径已越来越依赖移动终端设备。

目前移动互联网的大部分用户来自社会,他们不能从高校图书馆及公共图书馆获取所需要的信息,取得资源的渠道多是通过互联网,这无疑为图书馆的发展和创新提供了新的挑战,因此,构建依附于移动互联网平台的移动数字图书馆是图书馆适应读者新的获取信息和阅读行为需求的必然途径。在移动互联网时代,读者可以在任意时间和地点进入互联网获得信息,使用互联网上的服务。未来图书馆服务的一项必不可少的内容就是使用移动互联网的技术开展图书馆数字化移动服务,这样读者就可以方便快捷地使用自己的移动设备获取图书馆的各类数字化网络服务。在手机等移动设备上使用图书馆服务,也会是图书馆服务发展的一个新趋势。近几年,国内图书馆和互联网公司也已对图书馆移动技术开展了相应的研究和使用,如书生公司、超星公司等公司都在移动图书馆服务等方面进行了探索和研究,有些公司已开发出了比较成熟的产品;清华大学、北京理工大学、北京大学等高校图书馆以及国家图书馆、上海图书馆等公共图书馆已经开始推广使用图书馆的移动服务,移动图书馆正式从社会走向高校,为读者提供更方便快捷的用户服务。

图书馆行业面向手机、笔记本电脑、平板电脑等移动设备提供的移动图书馆的研究在2000年以前就已经出现，但由于移动互联技术的局限及网络带宽等方面的限制，始终只是少数图书馆探索式的服务，最近四、五年来，世界范围内移动图书馆才开始大规模的开发与应用。联机计算机图书馆中心（Online Computer Library Center，OCLC）2011年初发布的《2010图书馆环境调查报告》中引用美国library journal所做的调查显示："美国有超过44%的大学图书馆和34%的公共图书馆都为用户提供了某种程度的移动图书馆服务，未提供移动服务的图书馆中有40%的图书馆在不久的将来也会推出。"从2007年开始，国际移动图书馆会议每两年一届，至2012年5月已经召开了四次会议，与会代表来自于美国、澳大利亚、德国、印度、中国、南非等几十个国家，这已足够说明移动图书馆的建设和研究已经成为世界各国业界近年的热点问题，图书馆服务正大规模地走向了移动互联时代。

一、移动互联时代图书馆服务的发展机遇

（一）移动互联网为图书馆带来的机遇

移动互联网将移动通信和互联网紧密地结合在一起，提供了随时随地无处不在的无线互联网络环境。图书馆作为传统信息服务的中心，有着大量且高品质的信息资源，有着设备和专业技术人员的优势，还有多年读者服务的经验，高校图书馆在移动互联网时代开展移动服务有着明显优势，并可扩大服务外延。而且，为用户提供随时随地无处不在的服务也是图书馆未来的发展趋势，移动互联网不仅会改变用户使用图书馆数字资源服务的方式和习惯，也会改变读者在图书馆内的信息使用习惯，符合用户需求的移动图书馆服务将会把读者和图书馆紧密地联系在一起，对图书馆将产生非常积极的影响。

（二）移动设备为图书馆带来的机遇

据调查，我国的手机用户数量庞大，高校中大部分学生基本上都是一手一机或多个移动设备，这个年龄对新生事物充满好奇，且接受能力很强，移动上网基本已成为他们手中移动设备的必备条件。这使我们能更加准确地了解每个用户的信息需求和信息习惯，为他们提供更加准确和个性化的服务创造了极有利的条件。随身携带的移动设备所具有的功能也为图书馆开展新型服务提供了良好的条件，大多数移动设备都具备可拍照，可以听音乐，可以视频对话，可以接收短消息和发送电子邮件，可以上网浏览和搜索网页，可以在线阅读和收听图书与文章，还可以使用GPS导航系统等，智能化程度相当于一台小型手提电脑。图书馆可以根据移动设备的短信功能实现图书借阅信息、到期通知、逾期催还、书目查询等服务的推送，还可以向用户发送课题跟踪、科技查新、文献传递等相关的信息，发送图书馆最新的资讯，便于用户及时了解图书馆动态，还可发展移动馆藏用于提供用户阅读在线全文书刊，数据库资源检索等服务，还可利用移动设备的拍照功能和相应图片处理工具实现对馆藏资源目录和索书号转换成二维码，并添加到移动书目检索结果中进行识别。用户也可通过手机的视频功能浏览和共享图书馆流媒体资源。另外，智能手机和移动设备都可安装客户端软件，这也使得图书馆将服务嵌入到用户移动设备桌面提供了可能。

二、图书馆移动服务的开展方式

从技术形式来看,国内图书馆的移动服务主要是通过短信、无限应用协议(Wireless Application Protocol,WAP)及近来兴起的手机应用程序实现的,如上海图书馆、国家图书馆都已经推出了各自的手机应用程序。从服务内容上来看,图书馆普遍提供基于手机的借阅信息查询、讲座展览信息通告等服务,部分图书馆提供在线展览、在线讲座、在线阅读等服务,也有一些图书馆在尝试利用手机便捷性提供其他新型服务,如清华大学图书馆提供自修室预约服务,如图1所示。

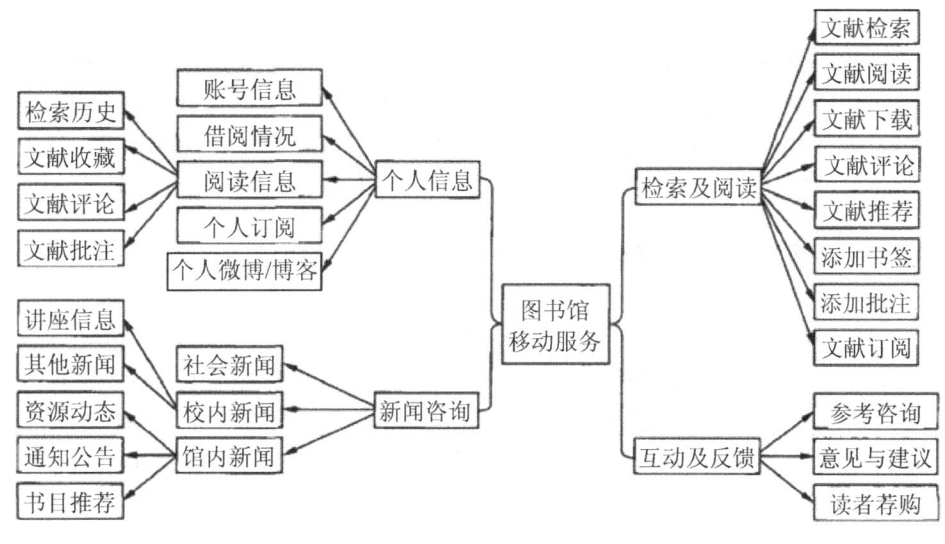

图1

(一)短信方式

由于短信服务的普及以及技术架构的成熟,短信是图书馆最早利用移动技术为读者提供服务的方式。短信服务主要为读者提供基础服务,在目前移动通信资费中,也是最便宜的一种服务渠道。读者通过短信服务平台,可以享受书目查询、图书馆服务公告、外借到期提醒、图书续借、读者荐书和选书、个性化定制服务、参考咨询、留言咨询等服务。这种服务模式既能满足读者对高效、迅速、及时传播信息的需求,又能使读者足不出户就可了解图书馆动态。由于短信承载的信息量比较小,很多大数据量的服务(如阅读等)无法通过短信来实现。

(二)浏览器(WAP)的服务方式

在目前移动互联网环境下,基于浏览器的服务方式主要是利用WAP网站提供服务。WAP网站提供的服务主要有图书馆最新动态、图书馆使用指南、馆藏书目检索、读者借阅信息查询、书刊推荐、在线咨询和个性化推送等服务。很多图书馆通过构建WAP网站提供数据库的检索服务,读者可以随时随地搜索、下载、阅读各类数字资源。WAP的移动信息服务对移动终端的配置要求较高,要求读者的设备具备上网功能,具有浏览器软件,能够访问WAP网站。目前,我国已有多家公共图书馆和高校图书馆建立了WAP平台,如国家图书馆、东莞图书馆、深圳图书馆、黑龙江省图书馆、清华大学图书馆、重庆大学图书馆、武汉大学图书馆。

（三）客户端（移动应用程序）

移动客户端软件是指安装在手机上的软件，运行在手机终端系统平台上，需要下载、安装的服务管理软件产品。通过客户端实现移动图书馆信息服务对用户的终端设备要求更高，一般是智能手机或平板电脑才能够安装客户端程序。其优势是可以带来很好的用户体验，实现 WAP 等方式不能实现的功能，而基本上通过浏览器方式能够实现的服务都可以通过客户端实现。图书馆通过客户端应用程序提供服务经历了两个阶段：图书馆通过自有渠道（如自身 WAP 网站）提供客户端程序下载；基于苹果和安卓的应用程序商店提供客户端程序下载。目前，上海图书馆、清华大学图书馆、复旦大学图书馆、武汉大学图书馆等均已启用手机图书馆客户端服务，苹果手机和安卓系统手机用户可以根据自己的手机系统下载相应的客户端，在客户端里可自助获取开放时间查询和馆内导航、书目检索、新书预览、已借图书查询与续借、展览查询、讲座查询与预订等服务。

三、移动图书馆的服务特点

（一）便捷性

便捷性是移动图书馆信息服务最显著的特点，也是用户最关注的原因之一。移动图书馆超越时空限制，提供随时随地、无处不在的服务。用户可以随时接收图书馆的动态消息、新书推荐、预约通知，可以通过无线网络查询个人借阅状况、检索书目信息，也可以下载电子书、音频、视频，随时随地阅读，是便携式的小型图书馆。

（二）个性化

个性化服务是图书馆"以人为本"的服务宗旨在网络环境下的实质体现。手机等移动设备都属于个人性质的特殊载体，这种特殊载体可使我们能更精确地去与用户进行及时的沟通，并且可根据每个用户不同的专业、年龄、爱好、习惯和借阅历史去了解用户的兴趣及其变化，根据这些信息为用户建立用户档案，定制更精准的个性化服务，有针对性地进行信息推送和信息搜索等服务。移动图书馆使图书馆的服务内容、服务项目、服务方式更大地方便了每一个读者。

（三）互动性

移动终端设备特有的"移动"特点注定它具有强烈的互动性。在用户与图书馆馆员的沟通的过程中，在图书馆系统的自动服务与交流中，都能充分体现沟通交流的互动性。这种互动性可拉近用户与图书馆的距离，使用户在使用图书馆的过程中更加人性化，使图书馆开展的信息服务更有针对性和灵活性，对提升图书馆服务质量与服务水平有极大的促进作用。

（四）广泛性

在无线网络环境下，移动终端设备成为用户发现、获取、传播和使用数字信息资源最重要的平台。根据中国互联网络信息中心（CNNIC）发布的《第31次中国互联网络发展状况统计报告》，截至2012年12月底，我国网民规模达到5.64亿。随着智能手机等终端设备的普及，无线网络升级等因素进一步促进了手机网民数量的快速提升，2012年手机网民数量为4.2亿。广泛的用户基础加上数字图书馆信息资源内容的广泛性与传播方式都决定了移动图书馆信息服务的广泛性。

四、移动互联时代图书馆服务现状

"移动服务"将是未来图书馆服务的主要形态，图书馆移动服务将逐步成为一个主要的学习交流专业知识的模式。国内移动数字图书馆的服务还处于起步阶段，明显落后于国外的大学图书馆，各方面的建设还没有摆脱过去的服务模式和服务内容单一的状态，仅仅搭起了一个框架，内容还很单一，还需要一段时间的摸索与研究。当前，国内大部分图书馆移动服务的现状可概括为以下4点。

（一）从短信服务模式到WAP网站服务模式的转变

从2005年开始，国内移动数字图书馆服务才开始进入大规模集中发展，早期的服务模式仅仅是图书馆读者通过手机短信形式获取和查询相关信息，如在手机上进行馆藏书目查询和参考咨询服务。而WAP网站服务是2007年以后才在国内逐渐兴起。WAP网站服务可使读者通过无线网络连接图书馆的在线目录，查询馆藏资源，读者可以在马路上、在宿舍里利用图书馆的数字资源。国内大学图书馆的移动服务主要是提供本馆概况、馆藏目录查询、个人借阅历史查询、馆藏预约续借、数据库检索、留言反馈等WAP服务。但是国内大部分图书馆还是处于短信服务模式的阶段，这种单一内容的服务形式已不能满足大多数读者的需要。

（二）操作系统不统一，数据格式标准也未统一

国内移动服务的主要对象为手机和PDA为主的移动设备，但因手机所装载的系统没有统一，各个数据开发商开发的数据格式和相关协议也没有统一标准，造成很多的移动设备不能兼容，需要分别下载各个开发商的阅读器才能查看，所以建立统一的数据格式和标准才能更大的发展数字服务的进程。

（三）经费和宣传的力度不够

移动数字服务需要图书馆的工作人员具体一定的专业技术知识，还必须会熟练地使用计算机，而专业技术人员的缺乏在国内大多数高校图书馆是一种普遍现象，这给移动服务的开展和开发带来了很大的阻力。除此之外，图书馆的经费紧张，对于移动服务这项新的服务模式宣传力度不大，致使读者没有了解到移动服务带给大家的便捷，这便需要图书馆加大宣传，为移动图书馆的开展提供群众基础。

（四）关于版权保护

数字资源的版权保护问题在国内一直都存在，目前国内图书馆大多采用的是读者身份认证这一方式来确认读者信息，但是知识产权保护的问题并未因此得到解决。在建设数字图书馆的同时还必须要解决好版权保护的相关问题，才能使读者在使用数字资源的同时不侵犯作者的版权，只有找到这样途径才能使数字图书馆的未来更加光明。

五、移动互联网数字图书馆的展望

尽管图书馆移动服务还存在不少问题，但随着电子通信技术的发展、手机用户的不断增加、3G技术的不断创新，图书馆移动服务的应用前景还是令人憧憬的。可以预见，图书馆移动服务在读者服务上将从单一功能的服务模式转向多功能、全方位的服务模式。最重要的是，我国手机用户数量的迅速攀升，用户手机终端的持有率非常高，尤其是年轻一代已经习惯了移动数字信息服务，将为我国图书馆移动服务的发展奠定良好的用户基础。总的来说，图书馆移动服务是移动通信网络和数字图书馆系统相结合的产物，经过多年的努力，我国数字图书馆服务已经逐渐开始普及。经过近几年的探索，图书馆移动服务也取得了一些成果。随着移动互联网信息服务环境的成熟，实现随时随地的数字图书馆服务将逐渐变成现实，图书馆手机服务的影响将越来越大，关于图书馆移动服务的研究和开发也将成为图书馆学界一个重要的研究方向。

参考文献

[1] 中国互联网络信息中心. 中国移动互联网发展状况调查报告. 中国互联网络信息中心，2012.

[2] 萧志华. 试论移动数字图书馆现状及其发展策略. 图书馆论坛，2011（4）：103-105.

[3] 周满英，任树怀. 基于移动互联网的移动数字图书馆服务现状研究. 图书馆学研究：应用版，2011（1）.

[4] 陈艺. 掌上图书馆服务——国家图书馆"掌上国图"模式探析. 图书馆学研究，2009（9）：70-72.

用学科服务创知识服务品牌
——以上海交通大学图书馆和丹东市图书馆为例

宁 浩

（武汉商学院图书馆　湖北武汉　430056）

摘要　网络时代的知识服务需要品牌。图书馆品牌既指文献信息产品，又指信息服务。图书馆的纸质文献在读者心目中形成了品牌；网络时代图书馆信息中心的地位受到挑战；网络信息泛滥使图书馆有机遇重新树立品牌。图书馆要真正开展学科服务并建立品牌，就需要按照学科服务的要求重组图书馆信息资源与服务。学科服务的积累与深化可以创知识服务品牌。

关键词　知识服务　学科服务　学科馆员

一、网络时代的知识服务需要品牌

（一）图书馆品牌既指文献信息产品，又指信息服务

品牌，是人们对产品、服务、文化价值的一种评价和认知，是一种信任。品牌是综合品质的体现和代表。图书馆要树立品牌，首先要有丰富的文献信息产品，这些信息产品要经过整序和整合，方便用户使用，才能成为品牌。同时图书馆员要能很好地利用文献信息产品为用户开展有针对性的服务。在图书馆信息产品同质化的当代，信息服务在形成图书馆品牌时显得更加重要。随着信息用户水平的不断提高，图书馆信息服务也应该从低附加值向高附加值升级。当一个图书馆的文献信息产品和信息服务在用户心目中树立了良好的形象和较高的信任度时，这个图书馆就具有了品牌。

（二）图书馆的纸质文献在读者心目中形成了品牌

在印刷品为主的时代，图书馆系统全面地收藏了图书、报刊等文献资料，被称为知识的宝库。这些丰富的纸质文献经过了图书馆的分类排架，又通过目录、索引等对纸质文献进行组织和揭示，方便了读者利用。人们学习、查资料、做研究需要依赖图书馆；图书馆文献布局与排架的复杂性使得读者要依靠图书馆员的帮助，才能找到自己想要的文献。图书馆成为人们学习研究的场所，帮助很多人开阔了视野，丰富了知识，有些人甚至靠图书馆成为名家。因此，图书馆的纸质文献在人们心目中形成了品牌。

（三）网络时代图书馆信息中心的地位受到挑战

网络时代，许多人遇到问题往往习惯自己上网查阅资料，信息检索的便利性使得许多人尤其是年轻人从来不进图书馆，当然也就不了解图书馆除了收藏纸质文献外，还有大量的电子文献数据库。即使有一部分研究者要用图书馆的文献数据库，也往往是自己

查阅，他们认为图书馆员不懂自己的专业，当然就不会寻求图书馆员的帮助。

图书馆虽然有许多电子文献数据库，但并不是图书馆独有。以最普遍的中国知网为例，它既对图书馆等机构销售，又对个人销售，个人只要在网上充值就可以使用。信息检索的便利性使得人们对图书馆的依赖性逐渐减少。

（四）网络信息泛滥使图书馆有机遇重新树立品牌

信息泛滥的网络时代造成人们选择信息的困难。一般人习惯用普通的搜索引擎在流行网站上搜索，当输入某个关键词进行简单检索时，可能会出现几十条到几百条内容相同的信息，而自己真正想要的专业性强的信息往往很难找到。人们感到被淹没在信息的海洋中而不能自拔。

受过专业训练的图书馆员首先会根据不同的信息需要选择不同的信息源，然后会用检索策略准确查找到用户所需要的信息。因此在网络时代图书馆员通过专业技能为用户提供个性化的信息服务就能重新树立图书馆品牌。

例如，科研人员在科研立项调研时面对的是海量的信息：要全面深入地掌握相关专业的历史、现状和发展趋势；找到同行的研究成果，包括专著、论文、专利、产品等信息；了解相关的政策法规；还要知晓相关市场的需求与发展动态。显然这些文献信息如果让不熟悉信息源的类型、特点与检索方法的科研人员自己来查找检索，就会耗费大量的时间与精力。图书馆员如果能熟悉用户的专业，帮助用户快速准确地查找到相关的文献信息，就会在用户心目中建立知识服务品牌，用户在遇到难题时才会寻求图书馆员的帮助。

二、学科服务是开展专业知识服务的基础

（一）学科服务能使用户信任图书馆员

图书馆员开展知识服务首先要取得用户的信任，尤其是专业性较强的知识服务，更要求图书馆员懂得相关的专业知识，图书馆员仅凭文献检索知识是不可能准确深入地开展知识服务的。用户不会相信什么都懂的万能专家；实际上在知识爆炸的现代，图书馆员的知识面也不可能涵盖所有学科专业。图书馆员只有按照用户需要和自身特长，担任某一两个专业的学科馆员，成为某一学科的专家，才能更好地为用户开展专业知识服务。

网络时代的图书馆员要主动出击，挖掘用户的潜在需求，向用户推介图书馆的文献，帮助用户全面了解并学会检索图书馆的信息资源。

上海交通大学图书馆从2008年开始开展学科服务。采用先进的"资料随手可得，信息共享空间；咨询无处不在，馆员走进学科；技术支撑服务，科研推进发展"的服务理念。学科馆员不是集中坐在办公室里，而是分散在最接近读者的各个借阅室里，随时面对面地解答读者的咨询，并了解读者的需求。学科馆员全面负责对口专业的文献选购、新书推介、参考咨询、信息检索课教学、科研查新等服务。在师生心目中已经形成了品牌效应。其他的图书馆也纷纷到上海交通大学图书馆来学习取经。

上海交通大学图书馆的学科馆员主动深入到教学院系中去，为教学科研提供个性化的知识服务。例如航海建工专业的学科馆员力争为每位教师提供知识服务。当她注意到

某位教师从来不到图书馆查资料时，就主动与这为教师交谈，了解到这位教师是搞技术的，不需要学术文献，就主动向他推荐专利文献，果然符合这位教师的需要，接着向他讲解并演示了国外专利原文的检索方法和专用的管理软件，使这位教师眼界大开，他以前都是花重金从商业机构购买国外的专利文献，从来不知道图书馆员可以帮助他免费查阅专利文献原文。之后这位教师不仅自己要求学科馆员给他提供知识服务，还邀请学科馆员到系里去给研究生开办专业文献检索知识讲座。可见主动服务才能使图书馆员取得用户的信任，建立知识服务品牌。

（二）图书馆应按学科服务的要求重组信息资源与服务

图书馆尤其是专业性较强的大学图书馆，要真正开展学科服务并建立品牌，就需要按照学科重组图书馆信息资源与服务。以学科馆员为中心，将印刷版和电子版的图书、期刊和各种文献数据库按照不同专业重新组织，使学科馆员能够全方位地掌握某一学科的全部文献资源，利用这些资源不断积累和更新自己的专业知识，并向用户主动推送专业信息资源，提供全方位和深层次的专业知识服务。

上海交通大学图书馆针对不同院系，安排不同专业背景的图书馆咨询馆员负责，按学科开展全方位的服务，全馆形成了以学科馆员为龙头的新的服务模式。

以学科馆员为核心，配备"学科馆员—咨询馆员—馆员"的服务梯队，推出一系列学科化创新服务项目，除了在馆内开展提供全方位的参考咨询服务：通过电话、网络等方式，解答读者对使用图书馆服务所产生的各种问题；还开展学科馆员走进院系、融入学科团队、嵌入研究过程的服务，为广大师生和科研人员架起高效、快速和准确的文献资源保障体系的桥梁。

学科馆员一方面要自己熟悉、开发、整合本馆的和互联网上的信息资源，为学科服务奠定扎实的专业基础；另一方面要对用户开展信息素养培训。上海交通大学图书馆在新生入学时开始利用图书馆教育，之后跟踪大学 4 年的学习课程，策划与定制阶段性的培训内容，在大一至大四的不同学习阶段，由浅入深地开展培训。学科馆员与专业授课教师紧密合作，参与教学目标制定、课程规划、作业设计等教学全过程，最大限度地利用图书馆的人才优势和信息资源。

三、学科服务的长期积累与深化可以创知识服务品牌

（一）学科服务的长期积累可以创知识服务品牌

品牌是给拥有者带来溢价、产生增值的一种无形的资产，增值的源泉来自于消费者心智中形成的关于其载体的印象。这种印象通过时间积累不断强化。

学科服务有一个由浅入深、积累发展的过程。图书馆只要针对目标用户的需要，持之以恒地坚持做下去，就会有厚积薄发的积累效应，在用户心目中建立知识服务品牌。

丹东市图书馆从 20 世纪 80 年代开始就主动提供公共决策服务。1986 年创办了《城市工作信息》，受到政府决策机关的重视和好评，把图书馆纳入市委和市政府的信息联络系统中。1987 年，丹东市图书馆在《城市工作信息》上连续编发了外市调整产业结构的政策和做法，引起市领导的重视，信息工作人员被特邀参加市政府会议，制定全市调整

产业结构的框架和相关政策。1989年丹东市图书馆围绕决策热点,推出两篇专题综述《资金紧张了怎么办?》和《采取得力措施,遏制生产滑坡》,丹东市委的《信息快报》和市政府的《信息与反馈》争相刊发,市政府11个部门召开联合会议,参照综述中的办法制定具体措施,并发文到有关单位贯彻执行,这是丹东市开展知识服务的典型案例。1990年丹东市图书馆抓住市领导急于解决蔬菜供应问题的决策难点,写出《菜篮子问题综述》,市委马上在《信息快报》上以增刊形式全文转发,这篇综述在传阅过程中有5位市领导在上面作了批示,之后召开专门会议,确定"八五"期间基本解决城市蔬菜供应问题的奋斗目标。1991年,丹东市政府与市图书馆合办信息刊物《他山之石》,作为政府决策的重要参考。

2008年,丹东市图书馆决定将《他山之石》打造成服务品牌。选拔高素质人才担任学科馆员,加大网络信息资源的搜索利用,不断提供综述与研究报告,为决策提供参考。2008年围绕丹东市制定的"坚持大开放、狠抓大项目、构建大旅游、营造大环境"的战略目标,图书馆组织学科馆员撰写一系列专题综述,例如《从外省市经验看如何坚持大开放、拉动大发展》,《从外省市经验看如何发展大旅游、形成大产业》等,受到市政府的好评,认为《他山之石》每期都能紧跟政府中心工作提供各地先进经验。最新的2013年6月《他山之石》的主题是《各地政府纷纷出台政策,解决大学生就业难问题》,介绍了十几个城市和地区解决大学生就业的政策和措施,对丹东市解决大学生就业问题有重要的参考作用。经过20多年的积累发展,丹东市图书馆的专题信息服务已经成为丹东市的知识服务品牌。

(二)学科服务的深化可以创知识服务品牌

学科服务不仅需要时间积累,还需要不断深入挖掘。只有深入到用户中,有针对性地开展深层次的知识服务,才能形成用户依赖的知识服务品牌。

上海交通大学图书馆的学科馆员深入院系开展专题培训,针对院系、科研团队和创新社群的需要,定制个性化的专题信息素养培训,仅2011年就举办各类专题培训70多讲。其主要类型有:①走进实验室系列,为科研人员提供个性化培训与实时咨询;②双语系列,为国际化师生提供全英文的培训教学与咨询服务;③专利系列,面向理工科师生举办专利知识与检索培训,搭建专利知识学习与交流平台;④开启学术之路系列,教授研究生如何向国际期刊投稿,邀请国际期刊主编传授论文写作、投稿及评审经验,助推学术研究成果的发表。此外,图书馆还为科研团队培训了600多名信息专员,这些信息专员都是各科研团队选派的研究生、博士生或青年教师,主要学习专业数据库的检索方法和专用的管理软件,学习后能熟练地检索与整理文献,了解科研项目的发展历史和发展方向,提高了信息专员个人和科研团队的课题调研能力。以上这些针对性强的深层次信息素养培训使图书馆能真正为科研服务,在师生心目中形成了知识服务品牌。

大学图书馆应利用自身的资源优势和学科馆员的人才优势,融入高校人才管理、学科建设和科研开发的主战场。多位人力资源专家建议图书馆为高校的人才引进提供学术论文水平鉴定、分析和测评工作;为科研人员的绩效考核提供文献计量依据。学科馆员可以利用最新的专业信息为专业教学课程设计与内容更新提供参考资料,院系一旦采纳,就跟踪教学的全过程，不断地用新的信息来充实与更新教学内容，让教师和学生都能学到最新的知识，而不是陈旧老化的知识。多位博士生导师和教授建议图书馆员为精品课程建设提供视频资料，尤其是要收集国内外知名学者的视频讲座。学科馆员通过专业知识积累和文献内容分析，可以引领科研课题的开发，提供科研前沿动态和发展方向预测，为科研人员提供最有价值的信息。

参考文献

[1] 郭晶. 上海交通大学图书馆学科服务创新的特色. 图书馆杂志，2010（4）.

[2] 高协. 面向创新的信息素养教育与实践：以上海交通大学图书馆为例. 图书情报工作，2013（2）.

[3] 姜平. 面向公共决策信息需求的知识服务 以丹东市图书馆《他山之石》为例. 图书馆学刊，2013（1）.

[4] 姜岳. 丹东市图书馆为领导决策服务. 北京图书馆馆刊，1996（4）.

[5] 李秋实. 基于用户访谈的高校图书馆知识服务需求质性研究. 图书馆工作与研究，2013（3）.

云时代下图书馆"云"服务

周云锋　袁黎明

（武汉电力职业技术学院图书馆　湖北武汉　430079）

摘要　本文从云时代环境下对图书馆服务带来影响和改变，进一步发展到图书馆云服务，本文举例说明新技术给图书馆服务领域的应用与研究，以及图书馆服务生存和发展过程，建立图书馆新的服务模式，就是云时代下的图书馆服务——"云"服务。

关键词　图书馆　云计算　云服务

正当我们享受互联网带来的丰富信息资源、便捷通信和网上购物时，云时代即云计算时代正悄悄地影响到我们的生活和工作。在宣传、讲解或应用云计算时，有人以为又是一个类似互联网的科技产品。准确来说，是互联网变革后的时代，把现有的网络平台推向新的高度，这也将为我们图书馆提供一种新的服务模式。

一、云时代对图书馆服务带来影响

任何新事物的产生，都会对现有的事物带来两面性，即有积极的一面也有消极的一面。由于信息技术创新推动各行各业服务变革，图书馆同样受到影响，图书馆服务变革将成为图书馆界新的服务模式。作为图书馆的信息资源收集集中地，在云计算的冲击下，对图书馆服务将产生怎样的影响？

（一）优化信息资源，创建"图书馆云"共享资源

云计算就是整合资源，将现有的所有的硬件能力整合一体。这样图书馆业界组合成"图书馆云"，图书馆作为个体之间即可共同创建资源共享体系，整合或建立大量软硬件资源，成而减少软硬件资金投入和人力，降低运行成本，减少重复资金上的浪费，各图书馆能够随时随地从"图书馆云"那里获得信息资源，满足广大读者对信息资源的需求。简言之，在图书馆领域，各图书馆的多项分类资源可以借由一朵"云"统一结合起来，内容高度融合。读者通过网络搜索"图书馆云"的信息资源，通过相关的平台，按照简单指令后通过计算机运作，能很快搜索到"图书馆云"，即世界各地图书馆的共享信息资源。

（二）整合云计算服务，降低软硬件服务成本

整合云计算服务的好处，使个体图书馆硬件能很好的相互支持，保证"图书馆云"服务能不间断的保持下来，也可使"图书馆云"中所为个体图书馆信息资源数据相互备

份。通过技术不断改进，个体图书馆之间备份数据稳定性和安全性越来越高，也越来越成熟，软硬件成本也降低很多，这就避免了因图书馆升级换代中断或停止服务。

（三）合适分配运算能力，保证数据资源正常运转

大家都知道，图书馆计算机室大多有100~500台电脑，遇到高峰期，几百人同时集中上网和搜索，使得文件服务器运行速度变慢，甚至崩溃。现在云计算可以解决这个问题，能瞬间自动解决网络拥堵问题，无需人工操作。云计算服务通过程序设计运算使之瞬间分配运算资源，保证数据库的良好运作。一来要求分配较多的运算资源时，通过云计算运行适时分配资源以保网络数据通畅；反之，则归还多余的运算能力，减少资源浪费。因此，各图书馆通过"图书馆云"服务，即集中各图书馆软件硬件优化组合，自适分配运算能力，保证数据资源正常运转，向更多的读者提供所需信息服务。

二、云时代对图书馆服务带来的挑战

云计算已对图书馆事业带来了巨大的影响甚至取代可能性，有关云计算对图书馆服务影响话题越来越多出现在论文刊物上，在图书馆会议或讲座上也常见到，其评价有利有弊，对是否需要图书馆服务产生了怀疑。云计算的确对搜索引擎的发展起到巨大作用，原本作为图书馆服务检索服务一大优势已大大消失。随着搜索引擎能力的进一步增强，云计算技术提升从多方面对图书馆服务带来挑战。

（一）云时代信息多样化带来的挑战

云计算技术发展使信息渠道的不再使图书馆读者获取信息的唯一途径。每年图书馆年终统计发现，读者借书人数和人均持书比例比往年逐步减少，抽查过程中发现读者没借书占了多数，纸质图书文献已不再是读者获取信息的重要来源，尽管图书馆数据库虽然存储着大量文献资源，但由于受地域因素限制，不能满足众多读者的需要。现在有了通信技术和网络技术支持平台，使读者不受时间、地域限制，就能获取所需要的信息服务。云计算服务可以通过读者检索相关的资料信息，进行计算机分析和运行，自动的为读者提供所需要的类似或相关的信息资料的服务，满足用户的信息需求。如此巨大的网络技术支持更快更精准的搜索平台自然吸引甚多的用户，甚至成为了读者获取知识的来源习惯。在现实面前，图书馆服务走向已到了生死关头。

（二）云时代新技术服务带来的挑战

云计算应用将使读者通过云计算技术的搜索引擎平台，更加快速获取信息资料，进而能实现全球化的信息资源共享，已无借助图书馆提供的服务。由于云时代的影响，带有高技术的搜索引擎这种集信息资源组成"云"成自然成为读者获取所需信息的首选，而图书馆文献检索的原先优势已无价值的存在。作为收藏纸质图书文献的图书馆，应为读者需求提供服务时产生无法随时满足，新书到架在知识更新加快的情况下已成旧书现象常常发生，而且信息服务对象无法确定，无法把握现时读者信息的主流性和个性化需求，图书馆作为信息集大成馆藏目的显得可有可无。收藏纸质图书和电子图书等资料的图书馆被动服务，在云计算技术吸引更多读者时，图书馆成为一个只有纸质图书文献的

价值优势存在了。

三、云时代在图书馆服务的应用

云计算服务巨大优势，自然可作为图书馆利用，解决图书馆长期以来无法满足读者快速获取信息资料，并能通过特有的平台为读者定制和相关性服务。目前图书馆有的正在试探，有的正在计划中。云计算来提升图书馆服务水平，可吸引读者利用图书馆云服务，制定特有的平台，集中优势成为图书馆云服务的一大法宝。变被动为主动，改变落后的服务方式，变云计算服务为图书馆服务，应对网络技术给图书馆服务带来挑战。我们不利用云计算服务，不能主动服务，在未来信息技术应用领域中无法掌握现代技术发展走向，更无法利用现代高技术为图书馆服务了。

（一）Web级协作型图书馆管理云服务平台

世界上最大的提供文献信息服务的机构，即联机计算机图书馆中心（Online Computer Library Center，OCLC），于2009年4月23日宣布推出一款以WorldCat书目数据的"Web级协作型图书馆管理服务"，这被公认为是一项云计算服务开始。

OCLC是图书馆云服务的先驱者，作为一个会员制的世界性图书馆网络，OCLC积累了海量的书目数据和其他文献信息，同时OCLC又是世界图书馆技术创新的先驱者，更重要的是，OCLC拥有覆盖全球的巨大的图书馆用户群，这一切确保了OCLC具有展开图书馆云服务得天独厚的市场条件、技术基础和数据储备。2009年初，一家英国Talis公司的叫理查德·沃利斯（Richard Wallis）等人首次提出了"云计算图书馆"，Talis尝试起个关于云计算在图书馆应用的新的术语时，开始把云计算的图书馆商业应用到市场中。它最具典型云计算特征的产品，就是WorldCat海量的书目数据信息和图书馆馆藏信息，可以为各个成员馆定制基于本馆馆藏的OPAC，以此替代图书馆本地OPAC。显然这是一种云计算模式的服务，图书馆将本地OPAC外包给了WorldCat Local，图书馆自己不需要提供自己的OPAC服务，不需要维护OPAC，只需要准确地上载本馆馆藏信息和流通信息到WorldCat Local。OCLC把云计算概念应用在图书馆影响，对后来云计算在图书馆领域广泛应用提供了方向。

（二）CALIS创建数字图书馆云服务平台

中国高等教育文献保障系统（China Academic Library & Information System，CALIS）是经国务院批准的我国高等教育"211工程"中"九五"、"十五"、"十一五"总体规划中三个公共服务体系之一。CALIS的宗旨是在教育部的领导下，把国家的投资、现代图书馆理念、先进的技术手段、高校丰富的文献资源和人力资源整合起来，建设以中国高等教育数字图书馆为核心的教育文献联合保障体系，实现信息资源共建、共知、共享，以发挥最大的社会效益和经济效益，为中国的高等教育服务。

CALIS通过"十五"建设，初步建成了"中国高等教育数字图书馆（China Academic Digital Library & Information System，CADLIS）"，形成了较为完整的分布式的全国高校数字图书馆服务体系。它以系统化、数字化的学术信息资源为基础，以先进的数字图书馆技术为手段，建立了包括文献获取环境、参考咨询环境、教学辅助环境、科研环境、培训环境和个性化服务环境在内的六大数字服务环境，为高等院校教学、科研和重点学科建设提供高效率、全方位的文献信息保障与服务，成为中国经济和社会发展的重要基础设施。迄今参加CALIS项目建设和获取CALIS服务的成员馆已超过800家。

CALIS在"十一五"期间将继续组织全国高校共同建设以高等教育数字图书馆和海量数字资源长期保存为核心的新一代数字图书馆，运用web2.0/3.0等技术，开发新一代各类数字图书馆应用系统，完善和提升CALIS三级文献保障体系，为全国高校图书馆以及其他行业图书馆提供"高度个性化、用户高度参与和互动"的全新的数字图书馆系统，扩大CALIS服务范围。这极大提高了中国高等教育数字图书馆整体服务水平，为用户提供个性化定制和推送服务，提供了高质量的保证，并为高校师生提供高利用率、高速度和高查准率的服务。

（三）一体化电子书籍借阅图书馆云服务平台

以科技创新著称的多元化企业 3M 公司携手北极星软件开发公司共同推出全球首个"一体化电子书籍借阅平台"，该平台运用3M先进的云图书馆技术，为图书爱好者带来了足不出户的电子阅读新体验。读者在无线网络区域环境里，支持无线网络的任何电子产品装上北极星系统，即可在操作界面平台上阅读到加入服务组织的图书馆电子图书。除此之外，还能为用户或读者提供各方面的定制或特殊要求阅读方式，同样能提高图书管理员工作效率，简化工作，减轻了劳动力。一体化电子借阅平台在美国巴里兰州巴尔的摩市广泛应用，一个真正意义上的图书馆"云时代"已在全球图书馆领域展开。

四、云时代图书馆云服务

图书馆是信息服务场所，变被动服务为主动服务，只有借助现有的云计算服务才能真正实现主动性的服务。图书馆服务从本地化服务升华为基于互联网的云端服务，无论是机构还是个人，如果需要建立一个自己的图书馆，都可以通过图书馆云服务提供商或云服务平台及时按需地建立起来。这种根据自身海量的数据，提供基于网络的个性化定制服务是可行的一个途径。图书馆云服务是一种混合类型的云服务，大致分为社会化云服务、区域化云服务及个性化云服务。另外，也提到云图书馆馆员，认为所有的服务都离不开人作为主体，否则其他服务成为空壳，所以图书馆馆员作为云服务中不可分的重要一项。

（一）图书馆社会化云服务

社会化云服务也可以说是公共云服务，它包括社会化登录组件和社会化分享组件，可以帮助用户便捷的接入云服务平台资源，实现向各个社会化平台分享信息。帮助用户更好共享社会化网络资源。在云时代，互联网把每一个读者变成一个个可追踪的cookies、真实的ID。互联网让每一个读者变得可以感知、接触、沟通，而云计算的大数据就是帮助读者找到所需信息的桥梁，其全方位社会化服务过程使其读者之所需可快捷得到满足。

真正的图书馆"云服务"，离不开云计算技术方面的"云"服务，几乎所有的工作或多或少的都通过系统化方式"云计算"来完成，各图书馆的信息资源通过网络平台分布在"云"区域里，各图书馆利用云计算平台对数字资源自动分类、整理、组织、关联和可直观的人性化服务,通过网络实现各图书馆之间互联互通,使读者瞬间可共享各图书馆的信息资源资。

（二）图书馆区域化云服务

区域化服务是指按照集中优势资源原则,经过早期的粗犷式变革和随后的垂直细分阶段后,进行信息资源合理配置,有利于充分发挥区域资源比较优势。它能提高信息资源使用快捷和方便,加强行业化、专业化、地缘（同城）化方面形成集中优势信息资源平台。图书馆利用自身信息资源优势,利用原有的存储和每年经费资金投入,加强与云计算有关公司各方面合作,利用云计算优势服务平台,提高计算运行能力,快速整合图书馆内外的大量信息资源数据,这样能节省经费,并有IT技术人员帮助和支持,提供专业化、高效率、规范化的服务。图书馆可根据特色的、专业化信息资源进行分类、组合,并分布在相应的"云"服务里,向服务区域范围内用户使用,如同虚拟化图书馆一样,像在实体图书馆一样查找图书目录,借还图书,提供咨询,使用户不出门即可查找所需资料。

简言之,图书馆的各种资源按行业化、专业化、同城化方面进行优化组合,借由服务云,让每一个读者能直接得到所需要最全最专业化的信息资源。

（三）图书馆个性化云服务

个性化服务是哲学领域顾客满意的具体体现,体现了服务以人为本的经营理念,是图书馆服务提高质量和具针对性的重要途径。个性化服务减少了中间环节且缩短了双方之间的距离,强化了图书馆与读者之间的沟通,更便于收集用户的信息资料,更能发现、满足用户的需求,提高服务质量。实现一对一的个性化服务,更具有针对性,更易于为读者建立一套定制信息资源库,以达到获取信息资源理想化的目的。

借用云计算服务,改变图书馆传统服务观念,利用云计算服务特点,制定个性化、专业化服务,通过云计算自动运作,即可根据读者的具体要求瞬间可定制成个性化信息服务,共享着该服务"云"里所提供的所有信息资源,来吸引读者或用户可快捷的获取图书馆自身特色信息资源。

（四）图书馆员云服务

培养图书馆云计算技术人员是图书馆服务云中重中之重。尽管在云计算环境下,有云计算公司技术人员的支持,但不可能做到每时每刻的服务,有些工作需要图书馆员参与和工作,借用服务云提供服务,以上就是云图书馆员本身做的工作。有些复杂IT技术的工作交给云计算公司,集中精力熟悉和学习云计算的特性和工作方式,解决云计算和图书馆之间存在的技术问题,提高服务水平,成为一个合格的云图书馆员。

当科技不断进步时,图书馆的存在不仅是为了保存人类文明的进程与痕迹,也提醒了我们应该更多的关注读者的需求。当读者的服务需求变得不可回避时,图书馆应该审慎的思考新的服务形态的提供与应用。在新技术快速发展时代,其认识也相应地作出改变,应对新技术发展威胁,直面困难。哲学的两面性理论告诉我们,往往能把坏处变成好处,或把弱势变成自身优势。图书馆要走向新兴技术,但不应该是"为了技术而技术"。但更多的时候,两者将互补互足,营造美好的未来。事实已经证明,云计算本质上是一种全新的更加灵活、高效、低成本、节能的信息运作方式，是自互联网革命以来IT产业最深刻的变革，也是集信息技术长期发展和积累之大成，相信云计算的应用将会使新一代图书馆服务实现一次新的飞跃。

参考文献

[1] 黄清芬. 基于云计算的图书馆服务. 情报探索，2012（11）：111-112.

[2] 刘颂莉. 云计算技术在图书馆中的应用前景分析. 科技资讯，2012(24)：255-256.

[3] 黎春兰，邓仲华. 论云计算的价值. 图书与情报，2009（4）：42-46.

[4] 孔凡娟. 云计算带给图书馆的影响与思考. 图书与情报，2010（2）：93-94.

[5] 王金平，熊英，涂伟. 云计算环境下的图书馆服务模式创新. 科技广场，2011(1)：248-250.

[6] 李洪伟. 云时代图书馆服务面临的挑战及其发展趋势. 世纪桥,2013(1)：149-150.

[7] 林海清. 图书馆云计算应用模式. 数字图书馆论坛，2012（3）：10-15.

职业学校图书馆与校园文化建设

黄先玲

(武汉市交通学校图书馆 湖北武汉 430205)

摘要 图书馆是校园文化建设中不可缺少的一部分,和校园文化相互影响、共同发展。充分发挥其功效是图书馆在校园文化建设中时刻要关注的问题,对于中专院校来说,除了重视基本的图书馆作用外,更应该从挖掘自身潜力出发,加强自身建设,为更好地促进校园文化建设服务。

关键词 图书馆 校园文化 自身建设

校园文化是以学生为主体,以课外文化活动为主要内容,以校园为主要空间,以校园精神为主要特征的一种群体文化。它包括校园建筑设计、校园景观、绿化美化这种物化形态的内容;也包括学校的传统、校风、学风、人际关系、集体舆论。健康的校园文化,可以陶冶学生的情操,启迪学生心智,促进学生的全面发展。校园文化可以说是一所学校的灵魂,是学校前进的动力,是学校枝叶常青的根本,是师生所遵守的价值道德观与之相应的物质文化系统,更是加强校园内涵建设和品质建设的重要手段。图书馆是学校的文化阵地,是倡导者,更是实践者,理应将培养独特的校园文化作为重要的职责。

一、图书馆与校园文化的关系

(一)图书馆是校园文化的重要组成部分

环境影响人的心灵、思维和精神。图书馆是学校文化形象的标志,有着庄重、静穆的人文底蕴,深邃、含蓄的文化品格,是学校最美丽、最引人注目、最令师生向往的地方。优美舒适的学习环境,求实奋进的文化学术氛围,宽敞明亮的阅读场所,对陶冶学生的精神世界、净化心灵、塑造健康人格有着潜移默化的作用。为此,图书馆应努力营造幽静、典雅、整洁、有序的环境,充分利用丰富的文献资源和完善的管理规章制度,以优质的服务使图书馆成为校园文化中一道亮丽风景线。

(二)图书馆的发展依赖于校园文化建设

图书馆是发展的有机体,和校园文化相互影响、共同发展。一方面,师生对文献信息资源的需求刺激着图书馆的发展,这种需求来源于一所学校的学风、教风以及各项科研项目的要求,是师生的求知欲和刻苦治学的教学环境及精神氛围的体现;另一方面,学校完善的管理体制保障了图书馆完善的规章制度,从而使得图书馆的建设自始至终都处在校园文化建设的背景之下。校园文化的改变随时影响着图书馆的发展。

二、图书馆在校园文化建设中的地位与作用

（一）图书馆是校园文化活动的主要场所

图书馆作为学校的文献情报信息交流中心，是校园文化系统工程中的重要组成部分，处于中心地位，为校园文化建设提供着丰富文献资源的同时还提供了良好的活动环境，以及创造了广阔的发展空间。它不仅是知识的宝库，更是文化的有序集合；保证了教师的备课、科研项目的开展以及教师教学能力交流等能更有效地进行；是学生的课外学习、知识巩固等多种活动的纽带和场所。

（二）图书馆是学生的第二课堂

信息社会的飞速发展，对人才的要求越来越高。对于中专院校的学生来说，要求也更为严格。中专院校的课程设置，不可能仅仅利用45分钟的课堂时间来培养出某个专业和领域的通才。这个时候，图书馆的作用就显而易见了。对于一部分有着强烈的求知欲的学生来说，他们是不满足于课堂的知识教育的，更需要课堂之外的知识场所。丰富合理的馆藏，无疑是满足中专学生兴趣爱好的最佳场所，还可满足部分学生个性发展的需要。"第二课堂"逐步培养学生形成良好的学习习惯和思维方式，使其具备独立获取知识的能力，在享受文化知识熏陶的同时，也培养了学生高尚的情操和优良的品德。

（三）图书馆是学术信息的中心，是校园文化的阵地

图书馆是学校文献信息资源中心，其藏书涵盖了所有种类学科知识，是学生知识交流的纽带。1931年，印度学者阮冈纳赞曾经提出图书馆学五定律，他认为："书是为了用的；每个读者有其书；每本书有其读者；节省读者的时间；图书馆是一个生长着的有机体。"五定律被世人誉为"图书馆职业最简单的表达。"这一观点得到了广泛的认同，被尊为经典理论。从表面上看很通俗，但实际意义却很深刻，它从根本上阐明了图书馆应该为之努力的目标。今天，尽管由于信息技术的渗透，"图书馆学五定律"的内容已经发生了变化，更多的知识获得渠道充斥着我们的眼球，但是其精神实质却仍具有深远和重要的指导意义，仍旧是图书馆奉行的金科玉律。不管信息时代怎么发展，图书馆作为信息中心，永远是校园文化的阵地。

三、关注图书馆自身建设，进一步促进校园文化发展

（一）丰富馆藏资源，充实学生精神

图书馆被誉为是学校的心脏和学生的第二课堂，直接承担着培养人才的重任。图书馆可以通过对馆藏的加工和集萃，向读者提供健康有益的精神食粮。此外，随着信息技术的发展、网络技术、数字化技术在图书馆的应用，图书馆作为知识信息的集散中心，其优势更加明显，可以提供给学生查找文献、阅读文献、自学或网上浏览的机会，学生置身于知识的海洋中，博采众长、开阔视野、活跃思维，其个性能得到充分的张扬和发展，从而激发他们的创新能力，振奋他们的学习精神。

（二）调整政策导向，满足学生需求

图书馆的藏书受办学时长及评估验收等各项指标要求的影响，适当降低办学时间长的学校图书馆藏书总量指标要求，在一定幅度范围内使图书馆敢于根据需要剔除使用率不高的图书，解决无用图书长期滞留书架充数的问题。如果内容过时和质量不高的图书长期占据书架，学生就失去更多的机会接触到自己需要的图书。

（三）科学规范管理，影响学生行为

科学规范的管理依赖着科学的制度建设，而制度体现的是一种特定环境中的意志和习惯，进而发展为一种文化。因此，作为一种可传承的文化，在加强制度建设和严格执行各项制度时，应注重日常行为规范的养成教育。中专学校图书馆工作人员不能忘记自己服务育人、管理育人的神圣职责，不能忘记图书馆的思想政治教育宣传阵地的职能，要教育学生如何获取文献资源的过程和方法，掌握终身学习所必需的技能；教育学生爱护图书和公物，爱护环境，尊重他人，遵守纪律和公共道德规范。图书馆科学规范的管理，在培养高素质技术应用型人才的日常行为规范养成教育中有着不可替代的作用。

（四）三方形成合力，围绕学生工作

通过几年的实践工作，发现图书资源的使用存在以下现象：社科类借阅量最大的是小说类；政治类书籍只有在开展读书活动的时候才被问津；在期刊阅览室，绝大部分同学只关注体育、娱乐性质的刊物，专业期刊经常无人问津，很多图书资源就这样闲置浪费了。要充分利用资源，光靠图书馆的宣传力度是不够的，图书资源的有效利用需要学校、图书馆和学生三方面的共同努力，以学生为本，围绕学生的阅读需求，做好硬件和软件方面的改善工作是根本。

（五）开展多样活动，促进学生发展

中专学生精力充沛，图书馆利用有利条件开展校园活动是促进校园文化建设及促进学生身心全面发展的有效表现之一。多样化的活动，应以注重学生专业知识的提高、注重学生社会技能及道德素质的提高为基础。活动可包括各种技能培训、专业知识竞赛、读书活动等。不仅树立了学生的专业意识，还提高了学生自身的专业技能。从实践经验来看，还可拓展至学生精神层面的活动。图书馆只有在活动的开展中才能与校园生活融为一体。

（六）及时做好宣传，引导学生浏览

图书种类共为22类，如果经费允许，可加大对政治理论、德育、技能、心理、音乐、美术、体育等类书籍的采购，一方面满足不同学生的发展需要，另一方面可适应个体学生特长发展。图书馆在拥有丰富图书资源的基础上加快书籍编目速度，按时推荐新书导航和健康有益的专著类、期刊类的优秀书目，推出读者阅读排行榜，对读者的阅读给予积极的引导，在鱼龙混杂的文化知识领域为读者剔除低级作品，将陶冶情操、完善心智、启迪思想的好书提供给读者，才能激发大家主动看书、共同看好书的热情，才能提高优秀书籍的流通率，图书馆才会被读者所了解和利用。

（七）树立育人理念，综合学生素养

图书馆作为校园文化建设的阵地，每个服务窗口都担负着育人的工作。在加强人员素质建设，提供优质服务的同时，还可着手提高工作的熟练程度，缩短单位服务的时间，以"岗位练兵，实行轮岗"的形式提高全体馆员的业务水平和数据库检索技术及使用，在"熟能生巧"的基础上，才能快速、准确地在窗口解答读者的各种咨询，读者和馆员的交流久而久之便会融洽和彰显亲切。这种以服务立形象，以行为树楷模的塑造便会潜移默化地影响并提高学生的行为素质，图书馆的教育职能才能发挥出来。现代教育理念强调"育人以学生为主体"，在教书育人、管理育人、服务育人的总体原则指导下，形成全员育人、全程育人、全方位育人的工作格局。图书馆作为育人的窗口，责无旁贷。

一所学校核心竞争力的生成，其核心要素是教育文化的创新和学校文化力的建设，学校文化丰富了学校品牌的内涵，学校品牌展现了学校文化的魅力，创建学校品牌必须在提升学校文化品位上做文章。教师作为人类灵魂的工程师，爱学生是本能，但不一定都能转变成为行动。只有良好的制度和文化，才能促使教师付诸行动，从而给学生树立良好的榜样。中专学校图书馆在不断的成熟与完善之中，也只有在不断挖掘自身潜力，加强自身建设的同时，加大对实践及创新方面的研究，才能关注到自身在校园人文教育中的重要作用，才能为和谐校园文化建设添砖加瓦。

参考文献

[1] 杨莉，郑敏. 图书馆与学生心理健康教育. 中图职业技术教育，2007（2）.

[2] 朱珍. 机会成本与图书馆服务. 图书馆杂志，2005（8）.

[3] 吴晓梅. 高职院校图书馆促进和谐校园文化构建的研究. 长春理工大学学报，2010.

[4] 黄俊贵，林汉城. "馆员第一"的辨识与实现. 中国图书馆学报，2004（1）.

[5] 王流芳. 中小型公共图书馆馆员现状与建设探索. 图书馆杂志，2005（8）.

[6] 陈惠芳. 浅谈高校图书馆与校园文化的建设. 科技情报开发与经济，2010.

中等职业学校图书馆服务创新之我见

黄先玲

（武汉市交通学校图书馆　湖北武汉　430205）

摘要　"读者第一，服务育人"、"一切为了读者"不仅是图书馆工作的关键，更是图书馆以质量求生存的出发点和归宿点。本文结合中等职业学校图书馆的实际，以服务创新为出发点，进行了简单阐述。

关键词　中职学校图书馆　服务创新

在科技迅速发展的今天，人们对知识的需求呈现多元化。知识经济时代的到来不仅对各类图书馆提出了更高的要求，对于中等职业学校图书馆来说，更是面临严峻的挑战。相当一部分中等职业学校图书馆无论是在人员配备、环境布局、经费投入还是管理模式及服务手段上，距离知识经济时代发展的要求还有相当的路程。只有牢固树立"读者第一，服务育人"、"一切为了读者"的理念，不断地从基础服务拓宽至深层次服务，才是做好图书馆读者服务的根本。中等职业学校图书馆服务对象主要是本校的师生，读者比较固定单一，但具体到每位读者，其需求又各不相同。正如印度著名图书馆学家阮冈纳赞"五定律"中提到的："书是为了用的"、"每个读者有其书"、"每本书必有其读者"、"节省读者时间"、"图书馆是一个生长着的有机体"。作为从事图书馆事业的成员，只有始终以"读者第一，服务育人"、"一切为了读者"为图书馆读者服务工作的标尺，才能从根本上做好读者服务工作。

一、营造良好的借阅环境

良好的借阅环境不仅可以促使读者将"读书变为一种习惯"，而且是提升图书馆服务质量的关键。中等职业学校图书馆是学校教学的重要场所，是育人的文化阵地和学生的第二课堂。对于专业性较强的师生，会对图书馆倾注更高的关注度，此时图书馆就成了师生最愿意进出的场所。因此，馆舍建设人性化、环境布置舒适化、馆内清洁卫生化、制度管理有情化都是营造良好读书氛围的重要方面。读者在书香四溢、干净卫生的环境里，享受馆员带来的热情服务和借阅的便利，徜徉在书海中体验满足快乐和愉悦心境，长此以往便会获得精神上的满足，在良好、文明的氛围熏陶下，每位读者的涵养都会发生潜移默化的变化，图书馆作为文化阵地，也就真正起到了润物细无声的效果。与此同时，馆员与读者之间的交流也会变得更为融洽，有效地提升了图书馆服务管理工作的实效和保证了馆内制度的落实，真正实现用制度来管理的深层次服务理念。我校作为全国示范校，在营造良好的借阅环境方面尝试了如下做法，并取得了显著效果。

（一）改半开架借阅模式为全开架借阅模式

我校对学生实行闭架借阅近二十年，但对教职员工实行开架借阅，归纳起来属于半开架管理模式。闭架具有容易保持排架整齐、准确的优点，但有直观性差，借还手续麻烦和读者不能直接提取而需要通过工作人员协作等多项不足。半开架式管理具有读者不用查目录的优点，但要经常调整，书架上要配置当前形势需要的图书和流通率高的图书，这样对工作人员的素质要求也较高。我校是中职学校，学生正处于身心发展阶段，具有好奇心重，求知欲强的特点。又因学生在校时间是三年，因此可以将他们视为有规律的流动读者，对他们实行闭架借阅，在很大程度上造成他们与书库隔离。索书时，必须先查目录，填写索书单后交至管理人员取书，如果取书后发现不理想，必将再次填写索书单，再次取书，这样一来，学生可能会对枯燥的目录和烦琐的借书手续感到厌倦，从而失去到图书馆借阅的兴趣。倘若图书资料得不到流通，那就失去了图书资料的价值。平时，有的学生闲来无事时三五成群、没有目的地来馆逛逛，如果是闭架，面对专业性较强的图书分类法，学生根本没有方向可言，最后只能怏怏而回，久而久之，也会对图书馆失去兴趣。实行开架借阅后，情况就完全相反，学生可以尽情地在书库中浏览。这个浏览的过程就是兴趣产生的过程，甚至有的学生原本在借不到某一本书的情况下，准备走人，但浏览后，学生找到了替代的书籍。开架模式的转变，使学生对图书馆的兴趣越来越浓厚，从而激发出他们的阅读兴趣；与此同时，图书资料也得到有效流通。来馆借阅的学生多了，馆藏资源就增值了，也就意味着我们产出了"知识经济"。图书馆作为一所学校传播知识的部门，效果也就达到了。

（二）管理上讲求艺术性和科学性

中等职业学校在育人方面，不仅要做到塑造学生高品位的人格，而且要注重向学生传授知识和技能，两手都要抓且两手都要硬。近年来，职业学校招生情况下滑，加上人们的荣辱观、价值观发生改变，从而影响到了择业观。不愿当工人，和无奈选择职校成为考生们无路可走的选择。在此情况下，学生素质对于图书馆读者服务来说是一个挑战，馆员们只有真正做到由爱出发，从严管理，教育为先，疏导为治，管理为法，才能彻底改变开架所带来的一系列问题。在流通过程中，管理工作的落脚点始终是"管"，用"管"来体现对学生的约束和行为的纠正，但"管"并不是人管人，人管人只能说是管理的最低阶段，而是要以制度做保证，用制度来管理，违反制度者必纠。在制度执行过程中，一方面要做到有组织的落实，自上而下，层次分明；另一方面要体现出人性化的管理，正所谓制度无情人有情，作为管理者，既要保证制度的严肃性，又要努力把工作做在执行制度之前，充分体现馆员工作的超前意识和人性化管理水平。中职学校学生年龄一般为15~17岁，正处于一个不稳定期，思想活跃且约束力差，出现违纪现象也是正常的。如果要求学生规规矩矩地按照图书馆的规章制度行事，困难必然存在，这就要求管理工作必须讲究艺术性，具有分析读者心态，把握读者动态的能力。当读者在馆内出现问题时，坚持疏导为主，力戒堵卡；以理服人，以情感人；疏而不放，导而有序。时时注意保护学生的积极性和闪光点，从细小处鼓励他们进步，在营造良好借阅氛围的同时，也为教学工作创造良好秩序。

（三）将传统的藏书模式改为集藏书和阅览于一体的管理模式

全开架后，流通率得到了大幅度的提高，深入了解后发现学生往往是今天借的书，明天就还了回来，原因是学生觉得书不适合自己。于是我们又对藏书模式进行了改革——将传统的以藏为主的模式改成集藏书和阅览于一体的管理模式。在流通书库内专门开辟场域摆放符合示范校建设标准和比例的桌椅及板凳。学生现场借阅后，可在宽敞明亮、整洁干净的大厅内先浏览所借书籍的大致内容，发现不适合可立即归还到书架的原位，直到挑选到自己喜欢的书籍才到工作人员处办理借阅手续。图书馆流通部不仅静而有序，有效借阅率也得到飞速提升，学生在借阅过程中对图书分类法也有了大致了解。

二、以多种形式吸引读者入馆

中职学校的学生大多基础知识薄弱，自学能力普遍较差，为了吸引学生到图书馆来，我们采取各种形式对学生进行宣传。

（一）加强入学初期的宣传是图书馆服务的关键

在新生军训总结表彰大会上，派专人对学生以读书的重要性、学校专业设置和馆藏的比例分配情况、图书馆具备的服务功能、每年由图书馆举办的常规培训、比赛及入馆须知等为主题对学生进行宣传。从加强学生的思想认知开始，使学生具有图书馆意识，最后帮助学生提升利用图书馆的能力。

（二）吸纳一定数量的义务管理员参与图书馆的日常管理

中职学校图书馆应把义务管理员的培训作为每年的工作计划之一，定期开展图书馆相关知识、技能讲座，不断加强学生的文献检索与利用技能培养。经过培训的义务管理员按一定比例择优录取后，再推荐到各个部系对学生进行图书馆利用教育，使所有学生读者都具有一定的图书馆意识并具备利用图书馆的能力。

（三）做好各类图书宣传和导读

定期利用专栏、网页等平台向读者推荐新书，开展读者座谈会，积极有效地宣传本校的藏书概况、排架规律和书库结构布局、借阅手续及馆内规章制度等，让读者明确图书馆服务功能以及管理过程中实行开架书库的利弊，避免毫无针对性地借书而造成的破损及乱架现象。馆员工作时间内积极巡视、引导，提高读者借书的有效性。

三、做好咨询答疑服务

中职学校图书馆的服务工作，不仅要体现出为教学服务，更要兼顾学生的不同需求，使馆藏文献资料"各有所用"，使读者能够"各有所需"。除了日常的图书流通、宣传辅导等工作外，图书馆还应拓宽服务领域，加深服务层次，努力开展好工具书的利用、及时有效地答疑读者咨询、新书入馆后的推荐、职教动态的宣传等，第一时间内为学校科学研究、教学提供参考。通过此类服务的拓展，不仅可以有效解决读者对各类书刊资料的不同需求，还能帮助读者加深对图书馆格局的了解，缩短索取资料的时间，在熟悉、便利的借阅环境下，提高图书馆服务质量。

四、全方位提升馆员素质

目前而言，中职学校图书馆馆员素质普遍偏低，这也直接决定了图书馆的对外服务形象和馆内服务质量。因此，强化馆员内涵是中职学校图书馆做好读者服务工作的前提。一方面，使馆员在思想素质上具有良好的道德品质，热爱图书事业、有责任感及团结协作精神；另一方面，要牢固树立"读者第一，服务育人"、"一切为了读者"的思想，这样才能使馆员逐步具备良好的职业形象，在工作中以主动热情的态度和文明礼貌的语言为读者服务。在业务技能方面，可由专业技能娴熟、工作经验丰富的馆员在全馆内开展图书馆专业基础理论知识和图书馆管理方面的培训讲座，也可由熟悉中图法、了解学科体系和分类方法及熟悉网络资源利用的馆员轮流交流工作经验。在要求馆员具有本领域的文化知识，熟悉本校馆藏资源和满腹经纶、博览群书的基础上，使馆员们逐步具备扎实的专业技能并在工作中寻找理论与实践的结合点，适时撰写相关论文，进行学术交流，在提升信息服务水平和提供深层服务的同时，自觉营造钻研业务的氛围。

总之，读者服务工作是图书馆工作的灵魂。中职学校图书馆应根据自身实际量体裁衣，因地制宜地探索符合自身发展的新型服务模式。正所谓，没有最好，只有更好。一方面，要根据不同读者的需求，提供不同的服务方式，以达到最好的服务效果；另一方面，中职学校图书馆要从思想上认识到做好读者服务工作的重要性。当今社会，学历是铜牌，能力是银牌，人脉是金牌，观念是王牌，只有不断更新观念，采取得力举措，才能使图书馆读者服务工作从形式多样化、内容多元化、手段科学化等方面紧跟时代发展需要。学校图书馆只有在工作中努力做到主动化服务态度、社会化服务方向、信息化服务内容、多样化服务方式、现代化服务手段，才能缩小图书馆与读者的距离，使读者更好地了解图书馆、利用图书馆，成为图书馆服务工作中最大的受益者。

参考文献

[1] 阮冈纳赞. 图书馆学五定律. 夏云等译. 北京：书目文献出版社，1988.
[2] 安茹春. 中等职业学校图书馆的定位与发展. 人力资源管理：学术版，2009（2）.
[3] 林利芳. 中等职业学校图书馆如何利用文献信息检索为读者服务. 卫生职业教育，2012（4）.
[4] 王玉巧. 如何做好中等职业学校图书馆的读者服务工作. 文教资料，2009（10）.
[5] 江宇枫. 浅谈中职院校学生管理. 职业技术，2012（6）.

筑"中国职业教育梦":建设和谐高职图书馆

万清安

(武汉交通职业学院图书馆　湖北武汉　430065)

摘要　本文探讨了建设和谐图书馆的意义,揭示了高职图书馆存在的不和谐问题,提出了建设和谐高职图书馆的建议。建设和谐高职图书馆,筑"中国职业教育梦",是我们图书馆人的"中国梦"。

关键词　高职图书馆　和谐图书馆　中国职业教育梦

实现"中国梦",是中国共产党新的治国理政指导思想。实现中华民族伟大复兴的中国梦,就是要实现国家富强、民族振兴和人民幸福;它对人民有极大的吸引力、凝聚力和感召力。实现两个百年目标和"中国梦",教育是先导和基石。"中国职业教育梦"是"中国梦"的重要组成部分。高职图书馆是为学校的教育服务的,是为国家培养高职人才服务的,应该为职业教育的"技术技能强国梦"、"全面发展梦"、"人人成才梦"作出自己的贡献。

在实现"中国职业教育梦"的过程中,高职图书馆应该把构建社会主义和谐社会同建设和谐图书馆结合起来,为国家培养高职人才提供和谐的学习资源与学习环境。

一、建设和谐图书馆的意义

(一)是构建和谐社会、实现"中国梦"的重要环节和不可或缺的组成部分

图书馆具有保存人类文化成果、开展社会教育、传递科技信息、开发智力资源的基本功能,能为实现"中国梦"提供学习资源。党的十八大报告要求"努力办好人民满意的教育"、"加快发展现代职业教育",对新时期职业教育工作做出了战略部署。从"大力发展职业教育"到"加快发展现代职业教育",是中央从经济社会发展全局出发做出的重要决策,是中央领导对职教战线同志们的嘱托,是人民群众的期盼,是我们每一个职教人最伟大的"中国梦"。要实现职业教育事业的科学发展,就要加快发展现代职业教育。图书馆不仅是"中国职业教育梦"的建设者,也是"中国职业教育梦"的实践者。在实现"中国梦"的过程中,国家需要大量的高级技术人才,图书馆应该为丰富和发展"中国职业教育梦",为国家培养更多的高级技术人才作出自己的贡献。

(二)能充分发挥图书馆的信息功能,为实现中国梦提供信息资源

和谐社会的构建,实现"中国职业教育梦",离不开本世纪最大的基础——信息社会。信息社会的基本特征是知识爆炸,数字技术、网络技术充当社会发展的发动机。信

息社会更是需要数字化图书馆来充当网络社会中的起点、中继站、终点，成为一个开放的数字化文献信息交换平台。图书馆作为文化知识的载体，有义务也必须为每个读者提供平等、充分的服务。和谐社会是公平的社会，社会中每个成员都有平等、充分地享受精神文明建设带来的好处，获取文化知识及各种信息文献的权力。高职院校的学生在学校的主要任务是学习，是努力掌握现代科学文化知识，不断吸取反映当代世界新发展的各类新知识，为实现"中国梦"做好知识储备。"中国梦"是民族的梦，是每个中国人的梦，实现"中国梦"，需要我们每个人共同的努力。青年学生是实现"中国梦"的建设者和实践者，和谐图书馆应该为广大学生提供丰富的信息资源。

二、图书馆存在着不和谐的问题

要建设和谐图书馆，我们还应该看到高职图书馆现存的不和谐问题。这些不和谐问题影响了和谐图书馆的建设和发展。只有逐步解决这些问题，才能使图书馆变得更加和谐。

（一）人与人的不和谐

1. 馆员之间的不和谐

一是因为图书馆员文化层次参差不齐，专业结构不够合理，发展机会较少，发展空间狭小，以及馆员个性差异所致；二是因为有些员工易斤斤计较而存在心理不适。

2. 馆员与读者之间的不和谐

一是表现在部分馆员服务意识不强，服务态度不尽如人意；二是部分馆员服务技能较低，不能满足读者相关的合理要求；三是读者也有不尊重图书馆员劳动，不遵守图书馆规章制度，不配合图书馆工作等情况。

（二）人与岗的不和谐

1. 性别结构不合理所致

女性职工过多，造成男女性别优势不能互补，容易对工作产生不利影响。

2. 知识结构不合理所致

目前，图书馆员存在着学科专业单一的问题，既懂图书情报学，又具有一定计算机知识背景的复合型人才严重缺乏，导致网上信息资源开发不够，影响了在网络环境下为读者提供的信息服务。

（三）人与环境的不和谐

人与环境的不和谐，主要表现在图书馆建设与周边环境不协调，建筑本身文化色彩不浓、结构不合理、功能不完善，同时存在着内部环境缺乏人文关怀。

（四）文献资源建设的不和谐

（1）文献资源建设单一，且以纸质图书资料为主，难以满足现代读者信息需求及时性的特点，对于电子资源建设则更显不足。

（2）馆藏特色不鲜明。

（五）图书馆软硬件建设与学校发展整体要求不和谐

在硬件上，一是相当一部分高职图书馆馆舍陈旧，结构不合理，生均占有面积、生均占有阅览座位率均低于普通本科院校，有的高职图书馆甚至没有独立馆舍；二是藏书量不足，文献资料严重老化，破损严重，电子信息资源匮乏等。

三、如何建设和谐高职图书馆，实现图书馆人的中国梦

坚持以科学发展观指导和谐高职图书馆建设。图书馆人的中国梦，要靠坚持求真务实，一切从实际出发，一步一个脚印地描绘蓝图、实现梦想。梦想照进现实，关键在于行动、在于实干。中国梦具有多个维度，而其价值维度就是要实现人的全面发展。

（一）构建馆领导班子的和谐

图书馆领导是和谐图书馆建设的关键。在和谐图书馆建设中，图书馆领导应始终发挥示范和引导作用，努力营造肝胆相照、荣辱与共、同舟共济的共事氛围。因此，馆领导应不断加强自身建设，改变学风、文风，重在实干。在用权理念上要始终坚持权为馆所用、情为馆所系、利为馆所谋；在德才培养上，应注重品德修养，智商、情商的培养，注重治馆的能力和素养，不断提升领导艺术和治馆能力；在协调处理各种矛盾和关系中，注重公平、公正。在团队精神和馆员素质的培育方面，注重对馆员的人文关怀，满足馆员合理的愿望和需求，努力在图书馆内形成互相尊重、诚实守信、团结互助、同舟共济的人际关系，并以高尚的人格魅力和卓越的领导才能，调动一切有益于构建和谐图书馆的积极因素，实现图书馆、图书馆人及读者的和谐发展，为实现"中国职业教育梦"而努力。

（二）构建馆员团队的和谐

馆员是实现高职图书馆信息、知识资源与读者交流、传递的桥梁和纽带。馆员的精神面貌、服务态度、服务技能、职业精神等方面，都直接关系到读者对图书馆的管理与服务工作优劣的评价，关系到读者对图书馆的满意与忠诚度。因此，必须打造一支具有共同的理想信念、共同价值观，平等互信、团结互助、锐意进取、爱馆敬业、充满激情、富有活力的馆员团队。因此，在团队建设中，必须以图书馆人所共同具有的职业精神和核心价值观为引领，不断改进服务态度，提高服务质量，创新服务方式，为推进图书馆事业的发展，而同舟共济，激情工作，为现代职业教育的发展而努力。

（三）构建读者与馆员之间的和谐

1. 在为读者服务的过程中馆员要具有亲和力

馆员要本着全心全意为读者服务的思想，关心读者，尊重读者，把读者当成亲密朋友与合作伙伴，使图书馆同读者之间形成一种既温馨和谐、又融洽向上的氛围和作用力。这样，馆员的心就会紧贴着读者，让读者感受到图书馆人的亲和力。例如，下雨天为读者存放雨伞；为摘抄资料的读者提供纸、笔、墨水、胶水，给读者提供复印服务；帮助读者保存重要的、贵重的物品等。于细微之处见精神，这种体贴入微的爱心服务，通常能抓住读者的心，最能让读者感受到图书馆温馨服务的亲切、舒适和方便，觉得在图书

馆阅读是一种休闲、一种快乐和一种享受。

2. 要加强对读者教育,做好读者培训工作

图书馆可以利用课堂教学的形式,如举办导读讲座、开设文献检索课程、组织数字资源使用培训等,以培养读者的学习兴趣、终身学习的意识和能力;增强读者的自我学习能力,以适应逐渐形成的学习型社会。利用图书馆和学校的人才优势,举办各种实用知识讲座,如市场营销、广告设计、财务、股市操作、电脑文秘、收藏投资等,提高读者的生活能力、职业知识与技能。

3. 要把握读者的知识需求,提高文献资源的利用率

只有准确地把握读者的知识需求,才能为读者提供更多样化、更深层次和个性化的服务,促进馆员与读者之间的交流,提高读者的认同度和满意度。

4. 要充分调动读者的积极性

要让读者参与图书馆的监督与管理,确定读者在图书馆工作中的主体作用,增加他们的主人翁意识。图书馆可以通过在馆内设立意见箱,在网上设立留言簿,请读者为图书馆建言献策,并且最重要的是要把读者的合理建议落实下去。只有当读者受到信任和尊重时,读者才会热爱图书馆、热爱馆员,才会站在图书馆的立场上来思考和解决问题,达到平衡发展。

5. 加强馆员岗位培训,提高馆员的服务水平

在图书馆的服务中,图书馆员是图书馆最重要的资源。针对高职图书馆现有工作人员所具有的传统技能和知识难以适应现代化图书馆发展需要的现状,图书馆要加强的工作如下:

(1)引进一批具有图书馆专业知识并熟练掌握计算机知识和相关学科知识的高层次复合型人才。

(2)根据工作需要有计划地对馆内人员进行现代化技术培训工作,一方面向他们传授图书馆学专业知识,另一方面提高其现代技术的运用能力。使全馆人员都有更新观念、更新知识、扩展视野和提高技能的机会。在条件允许的情况下,还要支持鼓励馆员参加本专业的学术交流活动,不但可以提高自己研究问题的能力,也有利于本学科的发展。

(3)图书馆工作人员还可以自学成才,并在工作实践中摸索经验,改进服务方式,丰富服务内容。

在未来的信息服务中,图书馆员必须承担起"信息资源管理者"、"网络导航员"、"知识导航员"、"主题专家"等时代赋予的任务与职责。只有精通业务工作,给读者提供优质服务,使读者得到实实在在的帮助,读者才能乐于"用"图书馆。可见,继续学习,不断提高自身的业务素质对于图书馆员来说迫在眉睫。图书馆只有提高馆员素质,提高服务质量,才能更好地为读者服务,更好地为教学和科研服务。而这也是建设和谐图书馆的根本。

(四)构建资源开发与资源利用的和谐

针对知识信息领域多学科交叉渗透,信息海量增加,各种信息混杂,对信息资源选择难度加大,而读者对信息、知识的广度和深度需求不断延伸、扩大,对信息资源的精

度要求高等情况,高职图书馆应基于用户需求,利用自身资源优势,运用网络信息技术,对各类信息资源进行去粗取精、去伪存真的甄别、加工、整理,为读者提供个性化的信息环境。并通过读者需求服务研究、跟踪服务、定题报道,参考咨询、问题解答等一体化的动态读者服务手段,建立满足读者需要的智能化信息检索、专业信息资源导航、一对一的信息开发与服务系统来实现高校图书馆资源开发与资源利用的协调,实现高职图书馆由知识存储型向知识开发与传播型转变。

（五）构建图书馆自然环境与人的和谐

1. 构建馆舍环境与人的和谐

高职图书馆无论是新建还是改造,应始终注重外形与内部功能的和谐统一。

（1）在外形构建上,要把图书馆定位为校园内的人文景观,体现高校的文化品位和文化内涵。因此,在建筑理念上应注重表现高校育人与追求科学的美感体验,在造型设计上应体现图书馆核心价值理念与精神,将代表本校、本图书馆最有代表性的文化内涵融入图书馆的建筑中。

（2）在内部构造上,应从充分发挥图书馆功能,有利于内部结构的优化和布局,有利于方便读者和提高工作效率等方面,并结合现代图书馆开放灵活、电子信息化要求高等特点进行设计,努力追求图书馆外美与内秀的和谐统一。

（3）图书馆建筑应注意自身环境与高校自然环境的融合、协调。无论馆舍居于何处,其内外环境应优美典雅、温馨宜人,使人置身其中感受到美的享受和文化的熏陶。

2．构建馆舍功能布局与人的和谐

图书馆内的功能应符合现代图书馆的发展和开放的要求,体现"一切为了图书馆人和读者,为了图书馆人和读者一切"的人文关怀。因此,其功能应满足图书馆人和读者的需求,并应具有下列功能:①要有幽静、宽敞、明亮的阅读功能;②要有备课、写作、研究的功能;③要有智能化的网络、电子数据传输及导读、宣传、检索等功能;④要有学术报告、学术交流的功能;⑤要有方便馆员、读者和图书进出的垂直与平面的运输功能;⑥要有为特殊人群（老、弱、病、残、孕）的服务功能;⑦要有满足人的生理和心理需求的功能,如馆内应配备空调、温、湿度调节系统,有消防设施和消防通道,通风、采光良好、饮水、如厕方便等功能;⑧要有人文化的制度和管理功能。

3. 构建馆舍装饰风格与人的和谐

图书馆的装饰和布置要始终与馆舍建筑一样体现高职图书馆的文化底蕴和内涵。因此,图书馆的装饰和布置在构思上要讲求温馨雅致,舒适宜人。无论是标示标牌、字画、名言佳句、诗词歌赋、温馨提示的制作,花草、雕塑、馆内物品的选择与陈设,馆舍内外的卫生,室内装饰风格,还是图书馆人的着装、仪表等,都要彰显图书馆的文化和艺术感染力,道德情感的渗透力,励志、劝学的引导力及阅读环境的吸引力,图书馆各种点缀、装饰、物品陈设与馆员风貌构成一幅和美的画卷,给人以美的享受和文化的熏陶。

参考文献

[1] 王东红. 探究和谐图书馆建设. 科技信息, 2011（7）.

[2] 吴国蓉. 构建和谐高校图书馆的理性思考. 图书馆，2011（3）.
[3] 夏曙霞. 试论"构建和谐社会"中图书馆的地位和作用. 中国图书馆网，2009-8-12.
[4] 邱小桃. 以读者为本，提升图书馆员的亲和力. 河南图书馆学刊，2011（1）.
[5] 朱晖. 构建馆员与读者和谐关系之我见. 经营管理者，2002（19）.
[6] 鲁昕. 加快发展现代职业教育助力实现伟大"中国梦". 中国教育报，2013：4-7.
[7] 葛莉. 充分发挥高校图书馆作用为实现中国梦做出贡献. 青年文学家，2013（2）.
[8] 徐国良. 基于职业精神的图书馆人的中国梦. 艺术文化交流，2013，2.

改进的 TOPSIS 方法在图书供应商评价中的应用

高翠英

（武汉铁路职业技术学院图书馆　湖北武汉　430205）

摘要　针对图书馆在图书采购中选择满意的图书供应商，根据图书馆文献建设的特点，可建立由服务能力、影响力、供应能力、交货能力和价格五大决策目标及 12 个评价指标组成的图书馆图书供应商评价选择模型，并运用改进的 TOPSIS 方法对决策模型进行了求解。结果表明，该方法为图书馆在图书采购中正确选择供应商提供了依据。

关键词　图书馆　图书供应商　TOPSIS

随着图书市场的活跃与繁荣，民营书商的规模化为高校图书馆的图书采购提供了更大的运作空间。建立一种科学的选择图书供应商模式，是做好图书馆图书采购工作的前提，是提高图书馆采编工作效率和馆藏质量的基础，也是提高图书馆购书资金使用效益的保证。

一、图书供应商评价模型框架及评价模型

（一）图书供应商评价模型框架

图书供应商评价包含以下 4 个步骤：

（1）根据图书馆文献建设的特点，从提高馆藏质量、馆藏结构及提高文献资源购置经费方面出发，建立图书供应商评价指标体系。

（2）评价小组针对供应商评价的定性指标，按 5 级评判集（即好、较好、一般、较差、差，相应的分值集为 10、8、6、4、2），对入围的图书供应商各指标进行评价，得到评价矩阵。

（3）根据评价矩阵计算权重。

（4）借助改进的 TOPSIS 方法对图书供应商进行评价（排序）。

（二）建立图书供应商评价指标体系

图书供应商评价问题是一个多层次、多因素的问题，必须构建一个合理的评价指标体系，对图书供应商评价应遵循系统全面性、灵活可操作性和科学实用性原则。在综合已有研究成果，并结合图书馆专业专家和研究管理人员的意见，这里建立了表 1 所示的评价指标体系。

表1 供应商综合评价指标体系

目标	一级指标	二级指标	供应商
供应商综合评价指标体系	服务能力	书目信息提供 C_1	供应商1 供应商2 $\vdots$ 供应商n
		书目及时性 C_2	
		采编数目加工 C_3	
		个性化服务 C_4	
	影响力	供应商规模 C_5	
		供应商信誉 C_6	
	供应能力	书目供全率 C_7	
		书目重复率 C_8	
	交货能力	按期交货率 C_9	
		到货率 C_{10}	
		支付方式便捷程度 C_{11}	
	价格	书目折扣率 C_{12}	

二、评价模型的算法

在考虑的评价方法中，假设参与评价的图书供应商集 $S=(S_1,S_2,\cdots,S_m)$，评价指标集 $C=(C_1,C_2,\cdots,C_n)$，专家对 S_i 的 C_j 评价值为 x_{ij}，指标权重向量为 $\omega=(\omega_1,\omega_2,\cdots,\omega_n)$（$\omega_j$ 为 C_j 的权重）。具体评价步骤描述如下：

（1）取评价值的平均值构成评价矩阵，
$$X=(x_{ij})_{m\times n} \quad (i=1,2,\cdots,m;\ j=1,2,\cdots,n) \tag{1}$$

（2）构造标准化矩阵 $F=(f_{ij})_{m\times n}$，对于效益型指标（越大越好）有
$$f_{ij}=x_{ij}\bigg/\sum_{i=1}^{m}x_{ij} \quad (j=1,2,\cdots,n) \tag{2}$$

对于成本型指标（越小越好）有
$$f_{ij}=(1/x_{ij})\bigg/\left(1/\sum_{i=1}^{m}x_{ij}\right) \quad (j=1,2,\cdots,n) \tag{3}$$

（3）构造数据无量纲化矩阵 $V=(v_{ij})_{m\times n}$，
$$v_{ij}=f_{ij}\bigg/\sqrt{\sum_{i=1}^{m}f_{ij}^2} \quad (j=1,2,\cdots,n) \tag{4}$$

（4）求指标权重向量 $\omega=(\omega_1,\omega_2,\cdots,\omega_n)$，
$$\overline{v}_j=\frac{1}{m}\sum_{i=1}^{m}v_{ij} \tag{5}$$

$$s_j=\sqrt{\frac{1}{m-1}\sum_{i=1}^{m}(v_{ij}-\overline{v}_j)^2} \tag{6}$$

$$\omega_j=s_j\big/|\overline{v}_j| \quad (j=1,2,\cdots,n) \tag{7}$$

(5)根据无量纲化矩阵获取评估目标的正负理想解。

正理想解：
$$v_j^+ = \max_{1 \leq i \leq m}(v_{ij}) \quad (j=1,2,\cdots,n) \tag{8}$$

负理想解：
$$v_j^- = \min_{1 \leq i \leq m}(v_{ij}) \quad (j=1,2,\cdots,n) \tag{9}$$

(6)计算各目标值与理想值之间的欧氏距离。

每个评价目标到正理想解的距离为
$$S_i^+ = \sqrt{\sum_{j=1}^n w_j(v_{ij}-v_j^+)^2} \quad (i=1,2,\cdots,m) \tag{10}$$

每个评价目标到负理想解的距离为
$$S_i^- = \sqrt{\sum_{j=1}^n w_j(v_{ij}-v_j^-)^2} \quad (i=1,2,\cdots,m) \tag{11}$$

(7)计算各个目标的相对贴近度，
$$d_i = \frac{S_i^-}{S_i^+ + S_i^-} \quad (i=1,2,\cdots,m) \tag{12}$$

(8)根据各个目标的相对贴近度大小排序，最大者最优。

三、供应商选择与评价案例分析

根据设定的阀值，评价小组经过初步筛选后，需从4家图书供应商中做出选择（分别用 S_1, S_2, S_3, S_4 表示）。评价步骤如下：

(1)根据图书供应商提供的资料，评价小组对4家图书供应商按表1指标进行评价，结果如表2所示。

表2　书商各指标的评价值

	S_1	S_2	S_3	S_4
C_1	8	8	6	8
C_2	8	8	6	8
C_3	10	10	10	10
C_4	8	8	6	8
C_5	10	9	9	8
C_6	8	8	6	6
C_7	9	8	8	7
C_8	5	3	5	7

（续表）

	S_1	S_2	S_3	S_4
C_9	10	10	10	10
C_{10}	6	8	8	5
C_{11}	10	10	10	10
C_{12}	0.7	0.74	0.72	0.71

（2）运用公式（2）、（3）和（4）对表2中的数据归一化，如表3所示。

表3 归一化数据

	S_1	S_2	S_3	S_4
C_1	0.530	0.530	0.397	0.530
C_2	0.530	0.530	0.397	0.530
C_3	0.500	0.500	0.500	0.500
C_4	0.530	0.530	0.397	0.530
C_5	0.554	0.498	0.498	0.443
C_6	0.566	0.566	0.424	0.424
C_7	0.560	0.498	0.498	0.436
C_8	0.481	0.289	0.481	0.674
C_9	0.500	0.500	0.500	0.500
C_{10}	0.436	0.582	0.582	0.364
C_{11}	0.500	0.500	0.500	0.500
C_{12}	0.488	0.516	0.502	0.495

（3）运用公式（5）、（6）和（7）求权重。
$$\omega = (0.133, 0.133, 0, 0.1333, 0.091, 0.165, 0.102, 0.327, 0, 0.222, 0, 0.024)$$

（4）运用公式（8）、（9）、（10）和（11）求欧氏距离。
$$S_j^+ = (0.251, 0.426, 0.285, 0.254)$$
$$S_j^- = (0.306, 0.278, 0.297, 0.447)$$

（5）运用公式（12）计算相对贴进度。
$$d_j = (0.55, 0.395, 0.51, 0.638)$$

结论：$S_4 > S_1 > S_3 > S_2$，即选择图书供应商4。

本文在前人研究成果的基础上，建立了高校图书馆图书供应商的评价体系结构，运用改进的 TOPSIS 方法对高校图书馆图书供应商进行了评价。实例表明，该方法具有合理性和较好的可操作性，为高校图书馆图书招标采购中供应商的选择和评估提供了一种有益的思路。

参考文献

[1] 史敏鸽，赵辉. 高校图书馆图书供应商的选择及其评价方法研究. 图书馆工作与研究，2006，136（6）：48-52.

[2] 孙晓雅. 基于层次分析和模糊评价法的高校图书馆图书供应商评价研究. 现代情报，2007（8）：149-151.

[3] 冯凯，李雪萍. 基于改进 TOPSIS 方法的数字图书馆用户界面综合评价. 现代情报，2006（10）：96-97.

[4] 陈伟. 关于 TOPSIS 法应用中的逆序问题及消除的方法. 运筹与管理，2005，14（3）：39-43.

[5] 王春燕，张占亮. 图书馆图书供应商评价模型及优化选择. 韵关学院学报，2009，30（6）：24-28.

[6] 谢小梅. 试析高校图书馆图书采购招投标中供应商的选择. 图书馆论坛，2006，26（3）：143-145.